刑事法研究

第一卷
中国刑法学

张智辉 著

中国检察出版社

作者简介

张智辉,男,陕西武功人,1954年10月生。法学博士,国务院政府特殊津贴享有者,首批"当代中国法学名家"。现任湖南大学教授、博士生导师,最高人民检察院咨询委员,国家检察官学院教授。兼任国际刑法学协会中国分会副主席、中国廉政法制研究会副会长、中国刑法学研究会学术委员会副主任。曾任最高人民检察院检察理论研究所所长,中国检察官协会秘书长,中国检察学研究会秘书长,最高人民检察院司法体制改革领导小组办公室主任。

自 序

　　人到了老年往往会怀旧，喜欢回忆曾经的辉煌和趣事。一个学者，当学术思想枯竭的时候，也会追溯以往的成就，一方面是总结学术研究之路，宽慰自己的一生没有白过；另一方面也是给自己的家人、同行、亲友及弟子一个交待，留下一生劳苦的瞬间喜悦。

　　我与大多学者有所不同。一方面，我不是一个专门从事学术研究或教学的学者。自1984年从中国人民大学刑法专业硕士研究生毕业之后，在中国人民公安大学学报编辑部（后来并入中国人民公安大学出版社）当编辑、编辑部主任、副总编辑，到1996年调入最高人民检察院检察理论研究所（亦称"中国检察理论研究所"）担任编译部主任、《检察理论研究》副主编、《中国刑事法杂志》主编（2012年卸任），我一直从事"为他人作嫁衣裳"的工作。同时，在最高人民检察院检察理论研究所和司法体制改革领导小组办公室工作期间，我的"主业"是科研管理和行政管理工作。直到2014年退休以后被湖南大学聘为全职教授，才算专门从事法学教学研究工作。所以，我的理论研究，在很大程度上是一种业余爱好。另一方面，我虽然学的是刑法，但研究的范围并不全是刑法。围绕着刑法学的研究，我把自己的视野扩展到与刑法学密切相关的国际刑法学、犯罪学、犯罪被害者学、刑事诉讼法学、检察学、司法制度及其改革等多个领域，形成刑事一体化的研究领域。《刑事法研究》中所汇集的就是我这些年来围绕刑事法学进行研究所取得的部分成果。这些成果，对于现今的学者是否有参考意义我不敢断言，但对我个人而言，毕竟是值得珍视的。

（一）关于刑法学的研究

在大学读书时，我虽然每一门功课都是优秀，但自己还是比较喜欢刑法，觉得刑法是惩恶扬善、伸张正义的法律。大学三年级选择学年论文时，我写了"论过失犯罪"，其中第二部分以"试论过失犯罪负刑事责任的理论根据"为题发表在《法学研究》1982年第2期。1982年2月，我提前毕业，考入中国人民大学，跟随高铭暄、王作富教授攻读刑法专业硕士学位。硕士学位论文《我国刑法中的流氓罪》，由群众出版社1988年出版（1991年获北京市高等学校第二届哲学社会科学中青年优秀成果奖），成为新中国成立以来第一部以单个罪名为题出版的学术著作。1999年，我重返中国人民大学跟随高铭暄教授攻读博士学位。博士学位论文《刑法理性论》（2003年获中国人民大学优秀博士学位论文，2004年获教育部和国务院学位委员会颁发的"全国优秀博士学位论文"），由北京大学出版社2006年出版。

在刑法学研究中，我针对当时刑法立法中"宜粗不宜细"的指导思想，首次提出了刑法立法的明确性原则（1991年）；针对不同地方的不同定罪标准，首次提出了刑法的公平观（1994年）；针对刑法适用中存在的问题，把刑事司法引入刑法学研究的视野，首次指出了刑事司法中的地方化、行政化、大众化对刑法适用的负面影响（2002年）；作为大陆学者，首

自 序

次在我国台湾地区出版了"学术著作·大专用书"之《刑事责任比较研究》（1996年）。

作为一个业余的刑法学者，我未能参加每年的全国刑法学年会，但在30年来的历届刑法学年会优秀论文评选中，我都获得了一等奖或特别奖，成为最幸运的学者：《论刑法的公平观》一文，2000年获中国法学会"海南杯世纪优秀论文"（中国法学会刑法学研究会1984—1999优秀年会论文）一等奖；《论贿赂外国公职人员罪》一文，2006年获中国法学会"西湖杯优秀论文"（中国法学会刑法学研究会2000—2005优秀年会论文）一等奖；《社会危害性的刑法价值》（与我的博士研究生陈伟强联合撰写）一文，2011年获中国法学会"马克昌杯优秀刑法论文"（中国刑法学研究会2006—2010优秀年会论文）特别奖；《网络犯罪：传统刑法面临的挑战》一文，2016年获中国刑法学研究会（2011—2016）优秀年会论文一等奖；《刑事责任通论》一书（警官教育出版社1995年版），1999年获全国检察机关精神文明建设"金鼎奖"图书奖一等奖第一名；《刑法改革的价值取向》一文（载《中国法学》2002年第6期），2003年获全国检察机关精神文明建设"金鼎奖"文章类一等奖第一名，并被收入《改革开放三十年刑法学研究精品集锦》（中国法制出版社2008年版）。

此外，我有幸参与了高铭暄教授主编的系统总结新中国成立30年刑法学研究的代表作《新中国刑法学研究综述》（河南人民出版社1988年版）和高铭暄、王作富教授联合主编的代表新中国成立30年来刑法学研究最高水平的著作《新中国刑法的理论与实践》（河北人民出版社1989年版）的撰写；参与了中国与法国刑法合作研究项目（该项目的研究成果以中文版三卷本在中国人民公安大学出版社出版、法文版四卷本在法国巴黎第一大学出版社出版);参与了香港城市大学与中国人民大学为香港回归所做的香港法律中文文本的编撰工作。我还有幸作为最高人民检察院刑法修改研究小组成员参加了1997年刑法修改的相关工作。这些学术活动对我研究刑法问题提供了极好的机会和很大的帮助。

(二) 关于国际刑法学的研究

我在1983年就与大学同学刘亚平携手翻译了巴西奥尼代表国际刑法学协会起草的《国际刑法及国际刑法典草案》(译稿全文经夏登俊、杨杜芳老师审校,西南政法学院《国外法学参考》以1983年增刊的形式印发),部分内容收录在群众出版社1985年出版的《国际刑法与国际犯罪》和四川人民出版社1993年出版的《国际刑法概论》等著作中,是中国大陆最早出现的国际刑法学译文。1991年应邀撰写了《中华法学大辞书·刑法学卷》中国际刑法部分的全部词条。1993年出版了《国际刑法通论》(中国政法大学出版社1993年版),1999年出版了《国际刑法通论》(增补版),2009年出版了《国际刑法通论》(第三版)。20多年来,该书一直被许多大学作为刑法专业研究生的教材或必读参考书。

我从1990年加入国际刑法学协会以来,参加了一系列国际刑法学方面的会议、论坛及活动。1995年起担任国际刑法学协会中国分会秘书长,2002年起担任国际刑法学协会中国分会副主席,2009—2014年担任国际刑法学协会理事。2002年起草了中国分会向国际刑法学协会提交的国别报告《国际经济交往中的贿赂犯罪及相关犯罪》;2003年带领中国法学会代表团出席了在东京大学召开的第17届国际刑法大会专题预备会;

2004年全程参与了国际刑法学协会第17届世界刑法大会的筹备和会务工作,并担任了第三单元大会讨论的联合主持人;2005年参加了在北京召开的第22届世界法律大会,并作为中方代表作了题为"惩治腐败犯罪应加强国际合作"的大会发言。这些活动,促使我不得不关注国际刑法问题,也为我研究国际刑法提供了素材和灵感。

(三)关于刑事诉讼法学的研究

尽管在大学读书时就学习过刑事诉讼法学,但对这门科学只是初步的了解。1984年研究生毕业后分配到中国人民公安大学学报编辑部继而并入出版社工作期间,因为负责法学方面的稿件,我开始学习有关刑事诉讼法学方面的知识。在检察院工作期间,经常接触到刑事诉讼方面的问题,于是便开始了对刑事诉讼法学的研究。特别是2000年,我带领最高人民检察院代表团应香港保安局的邀请赴香港对内地与香港的刑事诉讼制度进行比较研究,为香港市民撰写了宣传内地刑事诉讼制度的小册子,这件事进一步激发了我研究刑事诉讼法学的兴趣。2000年,我协助主编完成了国家哲学社会科学研究规划基金资助的重点课题"庭审改革后的公诉问题研究",并撰写了该项目的结题报告;2003年主持召开了"预防超期羁押与人权保障研讨会";2006年主持完成了国家哲学社会科学基金项目"刑事非法证据排除规则研究";2009年主持完成了福特基金会资助项目"辩诉交易制度比较研究";2011年主持完成了丹麦人权研究中心资助项目"附条件不起诉制度研究"。此外,我还主持完成了"认罪案件程序改革研究""强制措施立法完善""简易程序改革研究"等刑事诉讼方面重要课题的研究。作为最高人民检察院刑事诉讼法修改研究的职能部门负责人,我有幸参与了2012年刑事诉讼法修改后期的部门协商工作。

在刑事诉讼法学研究领域，我不仅是一个业余研究人员，而且是一个后学者，对刑事诉讼的许多问题都缺乏深入的研究。值得一提的是，2001年最高人民检察院检察理论研究所最早把"量刑建议"作为研究课题，我有幸主持召开了检察机关量刑建议研讨会，先后在《检察日报》和《法制日报》上组织发表了两版有关量刑建议的文章，促进了检察机关量刑建议工作的开展和最高人民法院对量刑问题的重视。从2007年起，检察理论研究所就协同全国8个地方的公检法机关开展认罪案件从简从轻处理试点研究，2009年在我主持召开的"认罪案件程序改革试点"总结会议上，我提出的对犯罪嫌疑人认罪的案件在程序上应当从简、在实体上应当从轻的观点，受到与会的全国人大法工委刑法室的领导和其他刑事诉讼法学界专家们的认同。这个观点与2012年修改后的刑事诉讼法关于简易程序的规定高度契合，即对认罪案件，除特殊情况外，都可以适用简易程序审理，对不认罪案件适用普通程序审理。此外，我在1999年就提出了刑事司法的理性原则，2005年提出了检察机关有权介入死刑复核程序的观点，2006年提出了"二审全面审理制度应当废除"的观点等，都受到了有关领导机关和刑事诉讼法学界的广泛关注。

（四）关于犯罪学与犯罪被害者学的研究

在读研究生期间，我翻译了《经济犯罪学》（载北京政法学院1984年编印的《犯罪学概论》），和同届研究生一起翻译了《新犯罪学》（华夏出版社1989年版）。此后，我出版了个人著作《犯罪学》（四川人民出版社1993年版）。1992年，中国犯罪学研究会成立时，我有幸成为第一批理事（以后担任常务理事,后来由于工作繁忙未能坚持参加研究会的活动而脱离了中国犯罪学研究会)。我参与了《美国犯罪预防的理论实践与评价》(中国人民公安大学出版社1993年版)的翻译,参与了《中国劳改法学百科辞书》(中国人民公安大学出版社1993年版)犯罪学部分的联合主编和部分词条的撰写,参与了《犯罪学大辞书》(甘肃人民出版社1995年版)部分犯罪被害者词条的撰写,参与了国家哲学社会科学"九五"规划重点科研项目《中国预防犯罪通鉴》(人民法院出版社1998年版)第一编的联合主编和部分章节的撰稿。1997年参与了司法部法学教材编辑部编审的高等学校法学教材《犯罪学》(法律出版社1997年第一版)的撰写,该书此后曾多次再版,成为普通高等教育"十一五"国家级规划教材和教育部普通高等教育精品教材。2009年,我与国务院法制办副主任张穹联合主持完成了国家社会科学基金重点项目"权力制约与反腐倡廉",提出了制度链理论。

在犯罪学与犯罪被害者学的研究方面,我首次提出了犯罪的制度性原因;首次把日本学者宫泽浩一的《犯罪被害者学》三卷本编译成中文;针对国内学者多数运用第二、第三手资料研究西方犯罪学的状况,邀请从国外留学回国的学者,首次运用不同国家的第一手资料共同编写了《比较犯罪学》;首次提出了治安预防、技术预防、刑罚预防三位一体的犯罪预防思路。

(五)关于检察学的研究

我调入最高人民检察院检察理论研究所(原称"中国检察理论研究所")工作后,研究重心转向了检察学的研究。特别是在我主持检察理论研究所工作期间,我力主检察机关的研究机构要把研究检察理论作为自己的中心工作,并身体力行地带领研究人员从事检察理论研究。幸运的是,这期间的三任检察长和主管领导都非常重视检察理论研究,最高人民检察院还专门下发了《关于加强检察理论研究的决定》。据此,我主持筹备了12届全国检察理论研究年会(2000—2011年),主编了《中国检察》(1—20卷),创办了《中国检察论坛》,先后主持完成了加拿大刑法改革与刑事政策国际中心资助项目"检察官作用与准则比较研究"(2001年)、最高人民检察院重点研究课题"检察改革宏观问题研究"(2004年)、国家社会科学基金重点项目"检察权优化配置研究"(2014年)等课题,主持编写了最高人民检察院教材编审委员会审定的《拟任检察官培训教程》(2004年),与朱孝清副检察长联合主编了《检察学》。我独立撰写的《检察权研究》(中国检察出版社2007年版)于2008年获得了最高人民检察院2007年度检察基础理论研究优秀成果特等奖,同年获得了中国法学会首次评审的"中国法学优秀成果奖"三等奖。此外,我主持了《法制日报》"检察话语"专栏52期(2004—2005年)。

在检察学研究领域,我重点论证了中国把检察机关作为国家的法律监督机关来建设的历史必然性和现实合理性,论证了法律监督的基本内涵及其与其他类型监督的异同,论证了检察权的基本构造和运行机制,提出了检察权优化配置的指标体系。

(六)关于司法改革的研究

1997年党的十五大报告提出司法改革的任务之后,我与国内的多数学者一样,对中国的司法制度及其改革投入了较大的热情,一直关注司法改革的进程,并就司法改革中的问题进行

自 序

研究。2000年，在与刘立宪联合主编的《司法改革热点问题》一书中，我提出了把理想与现实结合起来，理性地对待司法改革的观点。同年，我在《检察日报》上分期介绍了法国、澳大利亚、日本、德国的司法改革，希望借鉴国外司法改革的经验，冷静地思考和对待中国司法制度与司法实践中存在的问题。由于工作原因，我对司法改革的研究重点在检察制度的改革方面，先后提出了检察改革的宏观目标和切入点。特别是2012年担任最高人民检察院司法体制改革领导小组办公室主任以后，我有幸参与了第四轮司法体制改革的顶层设计，并主持完成了司法部重点课题"司法体制改革问题研究"（2014年）和国家哲学社会科学基金重点项目"优化司法职权配置研究"（2018年），就司法体制改革中的一些重大问题提出了自己的看法。

马克思说过"人是最名副其实的社会动物"。[1] 人的一生，都与他所处的社会有着千丝万缕的联系，既离不开前人所创造的物质财富和精神文明而独自生存，也不能摆脱社会环境的羁绊如天马行空。一个人的学术道路和学术思想总是不可避免地印着他所处时代的烙印。我们这一代人处在新旧交替的改革年代，我们的学术研究无论在内容上还是在深度上都难以避免地带有这个时代的特殊性和局限性。就个人而言，我是在农村长大的孩子，骨子里有着吃苦耐劳的精神，从不吝惜自己的体力和智力，但是学术上的每一个成就，一方面离不开部队的锤炼、老师的教诲、领导的要求、同学同事的帮助、家人的支持，另一方面离不开改革开放的时代所提出的研究课题、所提

---

[1] 《马克思恩格斯全集》（第12卷），人民出版社1962年版，第734页。

供的学术环境,以及研究空间供给的学术资源。加之我本人又是在工作与生活的夹缝中进行学术研究的,难以进行深入的思索和系统的考证。在个人的学术生涯中,我虽然奉行刑事一体化的思路,倡导理性地对待犯罪问题,力图多视角地研究犯罪及其对策,但仍未能把这些方面有机地结合为一个整体,所研究的成果也未必都是自己的理想之作。但它毕竟是时代的产物,是自我思考的成果。诚望《刑事法研究》能给后来的学者提供一些研究的线索和批判的笑料。

需要说明的是,为了反映研究的历史足迹,《刑事法研究》中收集的文章基本保留了发表时的原貌,只是为了减少重复,对个别文章作了删节。原文中引用的法律条文,也是以当时有效的法律为蓝本。由此给阅读带来的不便,敬请读者见谅。

张智辉

2019年9月12日于北京广泉小区

目 录

回首新中国刑法学研究 50 年 ……………………………（ 1 ）
    一、新中国刑法学研究的历程 ……………………………（ 1 ）
    二、新中国刑法学研究历程的启迪意义 …………………（ 16 ）
    三、新世纪中国刑法学研究展望 …………………………（ 20 ）

提高刑法立法的科学化程度 ………………………………（ 24 ）
    一、刑法立法的重要性 ……………………………………（ 24 ）
    二、刑法立法科学性的内涵 ………………………………（ 25 ）

论刑事立法的明确性原则 …………………………………（ 28 ）
    一、明确性是刑法存续的保障 ……………………………（ 28 ）
    二、明确性原则的基本要求 ………………………………（ 32 ）
    三、明确性原则对我国刑法修改的指导意义 ……………（ 34 ）

论刑法的公平观 ……………………………………………（ 38 ）
    一、市场经济呼唤刑法公平 ………………………………（ 38 ）

二、刑法公平对刑事立法和司法完善的指导
　　　　意义 …………………………………………（41）
　　三、两个有关刑法公平问题的探讨 ……………（46）

论罪责刑相适应原则 ………………………………（55）
　　一、罪责刑相适应原则的演变 …………………（55）
　　二、关于罪责刑相适应原则的理论之争 ………（63）
　　三、罪责刑相适应原则与量刑原则的关系 ……（88）

论责任刑罚原则 ……………………………………（107）
　　一、责任刑罚的基本内涵 ………………………（107）
　　二、责任刑罚原则的立法确认 …………………（112）
　　三、责任刑罚原则的理论根据 …………………（115）
　　四、责任刑罚原则的实践价值 …………………（118）

刑法有权解释主体辨析 ……………………………（123）
　　一、关于刑法有权解释主体的争论 ……………（123）
　　二、法官解释刑法条文能否称为刑法的有权
　　　　解释 …………………………………………（128）
　　三、最高检察机关能否成为刑法有权解释的
　　　　主体 …………………………………………（135）

刑法改革的价值取向 ………………………………（140）
　　一、刑法的严密性问题 …………………………（144）
　　二、轻刑化问题 …………………………………（148）

三、严格执法问题 …………………………………………（151）
　　四、改革刑罚执行制度 ……………………………………（161）

社会危害性的刑法价值 ………………………………………（163）
　　一、社会危害性的本体之争 ………………………………（164）
　　二、社会危害性的存废之争 ………………………………（168）
　　三、社会危害性与罪刑法定原则的关系之争 ……………（171）
　　四、社会危害性的独立价值 ………………………………（174）

试论过失犯罪负刑事责任的理论根据 ………………………（182）
　　一、过失犯罪的表现形式 …………………………………（182）
　　二、过失犯罪负刑事责任的主观根据 ……………………（184）
　　三、过失犯罪负刑事责任的客观根据 ……………………（186）

互殴案件刑事责任分析 ………………………………………（189）
　　一、互殴案件中是否存在正当防卫 ………………………（190）
　　二、一方的死亡结果是否必须由另一方来承担
　　　　刑事责任 ………………………………………………（194）
　　三、死亡结果是否能够免除死亡者一方在互殴
　　　　中的刑事责任 …………………………………………（196）

论滥用职权罪的罪过形式 ……………………………………（199）
　　一、对行为的态度并不必然决定犯罪的罪过
　　　　形式 ……………………………………………………（199）

二、把滥用职权罪视为故意犯罪违背刑法的
　　　　基本原理 …………………………………………（204）
　　三、把滥用职权罪视为故意犯罪难以与刑法
　　　　中的类似犯罪相协调 …………………………（205）
　　四、把滥用职权罪视为故意犯罪可能使刑法
　　　　理论陷入困境 …………………………………（208）

"徇私舞弊"刑法意义之探讨 ……………………………（210）
　　一、"徇私舞弊"是主观要件还是客观要件 ………（210）
　　二、如何理解徇私舞弊的含义 ……………………（217）
　　三、如何理解刑法第397条第2款关于徇私
　　　　舞弊的规定 ……………………………………（223）
　　四、关于徇私舞弊立法之完善 ……………………（228）

论刑法中的伴随行为 ……………………………………（230）
　　一、伴随行为的界定 ………………………………（230）
　　二、刑法关于伴随行为刑事责任的规定 …………（236）
　　三、伴随行为刑事责任中几个问题的探讨 ………（238）
　　四、伴随行为法定刑的选择 ………………………（244）

宽严相济刑事政策在《刑法修正案（八）》中的体现 ……（247）
　　一、体现从宽的精神 ………………………………（247）
　　二、体现从严的精神 ………………………………（253）

目　录

　　三、体现宽中有严、严中有宽的精神……………………（257）

论刑罚适用的价值取向………………………………………（260）
　　一、刑罚适用的必要性……………………………………（261）
　　二、刑罚适用的合理性……………………………………（263）
　　三、刑罚适用的适度性……………………………………（265）
　　四、刑罚适用的公平性……………………………………（266）

刑罚改革的切入点……………………………………………（269）
　　一、我国刑罚制度改革应以轻刑化为切入点……………（269）
　　二、轻刑化需要解决的问题………………………………（274）

论行政处罚与刑事处罚的衔接问题
　　——以知识产权侵权行为处罚标准为视角……………（281）
　　一、关于处罚的实体标准…………………………………（282）
　　二、关于处罚的数额标准…………………………………（286）
　　三、处罚标准引发的问题…………………………………（293）
　　四、处罚标准相互衔接的基本思路………………………（294）

网络犯罪：传统刑法面临的挑战……………………………（297）
　　一、网络犯罪对传统刑法观念的挑战……………………（298）
　　二、社会危害性评价面临的挑战…………………………（303）

试论网络犯罪的立法完善……………………………………（310）
　　一、弥补现行刑法之缺憾…………………………………（310）

二、吸纳司法解释中较为成熟的规定 …………………… (314)

　　三、增加规制网络犯罪的新形态 ……………………… (317)

论拒不履行信息网络安全管理义务罪 ………………………… (329)

　　一、关于该罪的主体范围 ……………………………… (329)

　　二、关于该罪的客观方面 ……………………………… (333)

　　三、关于该罪的主观方面 ……………………………… (342)

受贿罪立法问题研究 …………………………………………… (352)

　　一、关于受贿罪立法的指导思想 ……………………… (352)

　　二、关于受贿罪的犯罪对象 …………………………… (359)

　　三、受贿罪与行贿罪的关系 …………………………… (362)

　　四、刑罚轻重与受贿数额的关系 ……………………… (368)

单位贿赂犯罪之检讨 …………………………………………… (374)

　　一、我国刑法中单位贿赂犯罪的立法特点 …………… (374)

　　二、单位贿赂犯罪立法之缺憾 ………………………… (377)

　　三、关于单位贿赂犯罪司法解释中的缺憾 …………… (382)

试论《刑法修正案（七）》第13条的法律适用 ……… (388)

　　一、罪名问题 …………………………………………… (389)

　　二、犯罪构成问题 ……………………………………… (392)

　　三、与受贿罪的关系问题 ……………………………… (402)

　　四、与中介收费的关系问题 …………………………… (407)

目 录

论贿赂犯罪的刑罚适用 …………………………………………（409）
  一、贿赂犯罪刑罚观的重大转变 ………………………………（410）
  二、关于受贿罪刑罚的具体适用 ………………………………（417）
  三、关于行贿罪的刑罚适用 ……………………………………（433）
  四、关于罚金刑的适用 …………………………………………（438）
  五、关于对有影响力的人行贿罪的法律适用 …………………（443）

宽严相济政策的司法适用 …………………………………………（448）
  一、司法实践中如何区分宽与严 ………………………………（448）
  二、宽严相济与严格执法 ………………………………………（462）
  三、宽严相济与公正执法 ………………………………………（475）
  四、宽严相济与"疑案"处理 …………………………………（479）

附录：有关刑法学的成果索引 ……………………………………（482）

回首新中国刑法学研究 50 年

伴随着新中国的诞生和前进步伐，新中国的刑法学研究也经历了风风雨雨的 50 个春秋。回首 50 年来的刑法学研究，对新世纪的刑法学研究将是一个有益的启迪。

一、新中国刑法学研究的历程

中国是世界上最早出现成文刑法的国家。对刑法及其功效的研究历来受到重视。但是由于刑法始终是作为维护现存的社会关系的工具而为统治阶级服务的，所以新中国成立前夕，中共中央就于 1949 年 2 月发出了《关于废除国民党的六法全书与确定解放区的司法原则的指示》，强调"人民的司法工作不能再以国民党的六法全书为依据，而应当以人民的新的法律为依据"。1949 年 9 月为新中国的成立颁布的《中国人民政治协商会议共同纲领》明确宣布，"废除国民党政府一切压迫人民的法律、法令和司法制度，制定保护人民的法律，建立人民的司法制度"，敲响了新中国刑法学研究的钟声。

为了建立、发展和完善新中国的刑法制度，刑法学者们和刑法实务工作者们进行了长期不懈的努力，使新中国的刑法学研究与新中国同呼吸共命运，经历了一段坎坷曲折的、难以忘怀的历程。回首 50 年的历程，可以说，新中国刑法学的发展大致经历了四个阶段：

（一）创建时期（1949—1957 年）

新中国的刑法学，开始于对旧刑法的批判和维护新政权的斗争，借鉴于苏联刑法理论成果，形成于巩固新政权的实践。

新中国成立之初，社会阶级矛盾错综复杂，敌我斗争十分尖锐，反动势力的颠覆破坏活动十分猖獗。为了保卫新生的人民政权，镇压敌对势力的反抗，国家开展了镇压反革命运动、"三反"运动和"五反"运动，使新生的人民民主专政的政权得以巩固。这个过程所产生的运用刑法手段同反革命及一切破坏新政权、新秩序的行为作斗争的客观需要，开创了新中国的刑法学研究。特别是 1952 年开展的全国性司法改革运动，在整顿和纯洁人民司法机关、加强党对司法工作的领导的同时，在刑法学领域，系统地批判了国民党统治时期形成的旧法观念，确立了无产阶级专政理论和人民民主专政思想在刑法学研究中的支配地位，并且导入了马克思列宁主义的理论、观点和方法，为新中国社会主义刑法学奠定了基础，同时也使新中国的刑法学研究具有鲜明的时代特征。

这个时期的刑法学研究，主要表现在三个方面：

1. 论证镇压反革命对维护新政权的必要性

在镇压反革命、开展"三反"运动和"五反"运动的过程中，全国人民代表大会常务委员会法制委员会于 1951 年编印了《镇压反革命》（第一、二辑），西南军政委员会司法部编写、西南人民革命大学于 1953 年印制了《惩治贪污与保护国家经济建设》，《新中华》1950 年第 8 期发表了李建钊撰写的《论〈惩治反革命条例〉》，《西北司法》1950 年第 3 期发表了贺连城撰写的《对反革命为什么必须严厉镇压》，《政法研究》1955年第3期发表了李猛撰写的《如何认定反革命罪》、第4期发表了蔡云岭撰写的《坚决镇压反革命，巩固人民民主专政》等文章。这些书籍和文章，反映了当时刑法理论在研究反革命罪和贪污等经济犯罪方面的成果，对镇压反革命的必要性，进行了充分地论证，也为当时制定和贯彻执行《中华人民共和国惩治反革命条例》《中华人民共和国惩治贪污条例》《妨害国家货币治罪暂行条例》等奠定了理论基础。这个时期的刑法学研究为运用刑法维护新生的人民民主政权提供了有力的理论支撑。

2. 研究刑法规范，为新中国的刑事立法做理论准备

新中国成立后，刑法工作者积极总结和研究新民主主义革命时期人民民主政权的刑事立法实践，为创建新中国的刑法制度做了大量的准备工作。1950年7月，中央人民政府法制委员会组织一批刑法专家起草了《中华人民共和国刑法大纲（草案）》。其中明确指出："中华人民共和国刑事立法的目的是保卫人民民主的国家，人民的人身和其他权利及人民民主主义的法律秩序，防止犯罪的侵害"；"凡反对人民政权及其建立的人民民主主义的法律秩序的一切危害社会行为，均为犯罪"；"以推翻、破坏或削弱人民民主政权及其政治的、经济的、文化的革命成果为目的之一切严重的危害国家人民利益的行为，为反革命罪"。

1954年9月，随着中华人民共和国第一部宪法的颁布实施，中央人民政府的刑法专家们起草了《中华人民共和国刑法指导原则草案（初稿）》，其中明确提出："一切背叛祖国、危害人民民主制度、侵犯公民的人身和权利、破坏过渡时期的法律秩序，对于社会有危险性的在法律上应当受到刑事惩罚的行

为，都认为是犯罪。情节显然轻微并且缺乏危害结果，因而不能认为对社会有危险性的行为，不认为犯罪。"1954年10月，在全国人民代表大会常务委员会办公厅法律室的主持下，开始了《中华人民共和国刑法》的起草工作，到1957年6月，写出了第22稿。1957年全国人民代表大会常务委员会法律室编印的《关于刑事案件的罪名、刑种和量刑幅度的参考资料》，对刑法的起草工作起了重要的参考作用。

3. 学习借鉴苏联的刑法理论，建立新中国的刑法学体系

为了创建新中国的刑法学，在批判旧的刑法观念的同时，刑法学者们翻译出版了一批苏联的刑法学研究成果，学习借鉴苏联的社会主义刑法理论。如由彭仲文翻译、大东书局1950年出版的《苏联刑法总论》（上、下册），中国人民大学刑法教研室翻译、中国人民大学出版社1954年出版的《苏维埃刑法总则》，中国人民大学刑法教研室编译、中国人民大学出版社分别于1955、1956、1957年出版的《苏维埃刑法论文选译》（第一、二、三辑），以及这个时期翻译但在1958年由中国人民大学出版社出版的苏联学者特拉伊宁的《犯罪构成的一般学说》等。这些著作，对新中国刑法学的研究，提供了重要的参考，在新中国刑法学理论体系的建立过程中，起到了积极的推动作用。

1954年以后，随着新中国第一部宪法的颁布实施，新中国的刑法学研究迅速发展，由最初的学习借鉴和批判，走向探索适应新中国社会主义革命和社会主义建设的刑法制度与刑法学体系的阶段。特别是当时由全国人民代表大会办公厅法律室主持的刑法起草工作和各政法院校的刑法教学活动，有力地推动了刑法学研究的深入。1956年2月，在司法部的指导下，中国人民大学刑法教研室和北京政法学院刑法刑诉法教研室合作制

定了《中华人民共和国刑法教学大纲》；1957年2月，中国人民大学刑法教研室编印了《中华人民共和国刑法总则讲义（初稿）》上、下册；1957年4月，东北人民大学出版了张中庸编写的《中华人民共和国刑法》；1957年10月，法律出版社出版了中央政法干部学校刑法教研室编写的《中华人民共和国刑法总则讲义》；1957年10月，西南政法学院刑法教研室编印了《中华人民共和国刑法总则讲义（初稿）》。上述教学大纲和四部教材，比较系统地论证了与中国社会主义革命和社会主义建设的客观实际和基本要求相适应的刑法理念和刑法原理，勾画了刑法总则的体系，阐述了新中国刑法的主要内容，从而标志着新中国刑法学理论体系的基本形成。

此外，这个时期，在刑法的因果关系、共同犯罪、刑罚目的等领域，也取得了显著的成果。如《华东政法学院学报》1956年第1期上发表的梅泽浚撰写的《哲学上的因果关系及其在刑法中的运用》，法律出版社1957年出版的李光灿撰写的《论共犯》一书，《政法研究》1957年第2期发表的史言撰写的《过失罪》一文，《教学简报》1956年第12期、1957年第1期上连续发表的关于刑罚目的的系列文章等，都反映了这个时期刑法学研究的深入。

这个时期，刑法学研究的特点，一是强调马克思列宁主义对刑法学研究的指导意义，坚持人民民主专政的理论，同时注重刑罚运用的策略性，主张实行宽大与惩办相结合的刑事政策；二是强调刑法的阶级性，认为刑法是统治阶级的意志和利益的反映，同时宣告与资产阶级的、半封建半殖民地的刑法制度决裂，揭露和批判资产阶级刑法的虚伪性；三是强调犯罪构成理论对认定犯罪的指导作用，主张根据行为的社会危害性程度区分罪与非罪；四是强调运用辩证唯物主义和历史唯物主义的方法研究刑法理论问题。

(二) 徘徊时期 (1958—1977年)

1958年以后,在批判"修正主义"和反"右派"的斗争中,极"左"思潮甚嚣尘上,一度支配着意识形态的各个领域,刑法学研究受到了法律虚无主义的严重影响,刚刚形成的新中国刑法学处于停滞不前的徘徊状态。以《政法教学》1958年第1期上发表的亦民撰写的《反对刑法科学中的修正主义倾向》和《政法学习》1958年第1期上发表的李克仁等人撰写的《反对刑法教学中的修正主义旧法观点和教条主义》为标志,刑法学研究开始走向低谷。特别是1966年开始的"文化大革命",使新中国的法制建设遭到空前浩劫,刑法学研究也基本中断。所以一些学者将这个时期称为"停滞时期"。

但是实际上,这个时期的刑法学研究并非完全一片空白。这个时期的刑法学研究,主要表现在四个方面:

1. 对刑事立法问题的研究

经过4年停顿之后,1961年10月再次开始了对《中华人民共和国刑法草案》的研究探讨。特别是1962年3月22日毛泽东发出"没有法律不行,刑法、民法一定要搞"的指示之后,全国人民代表大会常务委员会法律室在有关部门的协同下,对1957年的《中华人民共和国刑法草案》第22稿进行了反复深入的研究修改和征求意见,最后形成了作为1979年刑法之蓝本的刑法草案第33稿。

2. 对犯罪与"两类矛盾"关系的研究

1957年,毛泽东发表了著名的《关于正确处理人民内部矛盾的问题》。刑法学界围绕犯罪与"两类矛盾"的关系,展开了深入而持久的研究。从1958年到1965年,《政法教学》《政法学习》《政法研究》《法学》《人民司法》等刊物上发表了大量的有关犯罪与两类矛盾问题的文章。一些学者认为，两类矛盾学说对刑法科学具有重要的指导意义，犯罪现象中存在两类不同性质的矛盾，不能把一切刑事犯罪都看成敌我矛盾，因此在刑事司法工作中定罪量刑时要严格区分两类不同性质的矛盾。一些学者就在犯罪现象中如何区分两类不同性质的矛盾，在司法工作中如何正确处理两类不同性质的矛盾，以及如何从两类社会矛盾看犯罪的矛盾性质等问题，进行了深入的研究。一些学者就人民内部的犯罪分子能否作为专政对象，发表了各自不同的观点。这些研究和争论，对于运用刑罚同犯罪作斗争，起了积极的作用。

3. 对刑事政策的研究

由于这个时期政治运动较多，一些学者为了适应政治运动的需要，放松了对法律规范的研究，而转向对刑事政策的研究。《政法教学》1958年第3期发表了姜达生等人撰写的《谈谈政策与刑法的关系》一文。此后，一些政法院校的刑法教学逐渐转为以刑事政策的教学和研究为主。1963年北京政法学院刑法教研室编印了《毛泽东同志论人民民主专政与肃反工作讲义》；1969年湖北大学编印了《法律课程学习资料（第二辑：刑事政策）》；1976年北京大学法律系刑法教研室编印了《刑事政策讲义》。这些教材，主要论述了如何运用阶级斗争的观点和阶级分析的方法认识和处理犯罪问题。

4. 对刑法中一些具体问题的研究

虽然由于法律虚无主义的影响，刑法学研究处于低谷，但还是不断地有一些成果出现。1958年，武汉大学法律系编印了《刑法教学新问题论集》；1964年，中国人民大学编印了《刑法、审判法参考资料（第二辑）》。此外，《法学》1958年第5期发表了杨一平撰写的《贪污案件中几个问题的初步研究》，第9期发表了张耀华、陈显静合写的《对盗窃罪的初步研究》；《政法研究》1963年第3期发表了权新广撰写的《谈谈刑法中的因果关系》，1964年第1期发表了杨敦先撰写的《对犯罪危害结果的一点浅见》等。这些书籍和文章，表明这个时期的刑法学研究并没有完全停止。

1966年"文化大革命"开始后，司法机关一度被迫停止工作。但是，急剧动乱之后，司法机关很快开始"联合办公"。如何运用刑罚制裁"文化大革命"初期借群众运动实施的杀人、放火、抢劫等严重犯罪行为，成为"专政机关"面临的问题。这个时期，刑法学研究，在表面上可以说销声匿迹了。但是应当看到，即使是在急剧动乱的日子里，有责任感的刑法学者们并没有停止对刑法问题的思考。他们有的在"浩劫"中保存了新中国成立以来刑事立法的珍贵资料和研究成果，并孜孜不倦地加以研究；有的在"下放劳动锻炼"，甚至在"劳改农场"的繁重体力劳动之余，不断地思考着中国刑法的未来。正是这些刑法学者们的研究和思考，积蓄了新时期刑法学研究的强大动力，孕育了1979年刑法的诞生。

这个时期，刑法学研究基本上是在挫折中徘徊的。其主要特点，一是强调刑法的适用必须为现实斗争服务，但在主张刑法工具论的同时又忽视了刑法在维护社会秩序中的功能作用；二是各种刑法观点并存，但是以无产阶级专政为支柱的刑事政策策略思想占主导地位；三是用阶级斗争的理论代替对刑法自身特点的研究。

（三）恢复时期（1978—1985年）

1978年12月召开的中国共产党十一届三中全会宣告了"文化大革命"的结束，确立了改革开放的政策，使中国进入一个新的历史发展时期，新中国的刑法学研究也由此进入一个新的发展阶段。

实际上,这个时期的刑法学研究从上半年就开始了。在1978年3月召开的第五届全国人民代表大会第一次会议上,叶剑英借《关于修改宪法的报告》宣布:"我们还要依据新宪法,修改和制定各种法律、法令和各方面的工作条例、规章制度。"这给了所有法律工作者一个令人鼓舞的信息。同年10月,邓小平在一次谈话中说:"文化大革命前,曾经搞过刑法草案,经过多次修改,准备公布",现在"很需要搞个机构,集中些人,着手研究这方面的问题"。此后不久,就组成了一个刑法草案的修订班子,开始了对刑法草案第33稿的研究、修订工作。1979年7月,第五届全国人民代表大会第二次会议通过了新中国历史上的第一部《中华人民共和国刑法》。刑法的颁布实施,使压抑了多年的刑法学研究热忱突飞猛进地迸发出来,新中国的刑法学研究出现了空前的繁荣景象。

这个时期的刑法学研究主要围绕着以下四个方面展开:

1. 围绕1979年刑法展开

1979年刑法颁布实施以后,围绕着刑法的学习宣传和贯彻实施,刑法学界和刑事司法部门进行了积极的大量的研究。这些研究,既有总结反思"文化大革命"的历史教训,对刑法颁布实施的必要性和刑法基本原则的论述,也有领会刑法条文的精神实质,对刑法适用中各种具体问题的分析论证;既有运用刑法基本原理来分析论证刑法规定的合理性,也有通过具体案例的分析来解释刑法条文中贯彻的基本原理;既有全面讲解刑法规范的小册子,也有对刑法中具体问题初步研究的专题论文。

2. 围绕犯罪构成理论展开

中国人民大学出版社1958年出版的苏联学者特拉伊宁的《犯罪构成的一般学说》一书,对新中国刑法学理论曾经产生过很大的影响。但是自《政法学习》1958年第1期发表了邹石山撰写的《犯罪构成是刑事责任的唯一根据吗?》一文以后，犯罪构成理论在很长一段时间无人问津。1978年以后，随着"实事求是、解放思想"的思想路线的出现，犯罪构成逐渐成为刑法理论研究中的一个热点问题。这个问题，从构成犯罪的规格，辐射到犯罪的概念和区分罪与非罪的标准以及刑法中的一系列基本问题，成为构筑新中国刑法理论体系的一个核心问题。这个时期，围绕犯罪构成的概念及其刑法意义，以及与犯罪构成四个要件有关的各个方面，发表了大量的文章。

3. 围绕着青少年犯罪展开

"十年浩劫"制造和遗留下来的大量社会矛盾，在"文化大革命"结束后迅速爆发出来，其极端表现形式便是各种刑事犯罪的增长，而首当其冲的是青少年犯罪问题。当时青少年犯罪的突出特点是"结伙作案、胆大妄为、不计后果"。对于这些犯罪青少年如何准确适用刑法，是刑事司法部门在刑法颁布实施后首先遇到的一个难点问题。围绕这个问题，刑法学界展开了热烈的讨论。其讨论的内容，涉及如何认识严厉打击严重刑事犯罪的斗争，如何认识社会主义社会产生犯罪的原因，如何理智地解决未成年人犯罪的刑事责任问题，以及犯罪的间接故意和复杂罪过、犯罪的动机与目的、正当防卫与防卫过当的界限、故意犯罪的阶段、共同犯罪的形式及共同犯罪人的罪责区分、罪数问题等一系列刑法基本理论问题，同时也涉及故意杀人罪与故意伤害罪的区别以及强奸妇女罪和奸淫幼女罪、抢劫罪、流氓罪等具体罪名的刑法适用问题。

4. 围绕经济犯罪问题展开

1978年以后，中国开始实行"对外开放、对内搞活"的政策，进行经济体制改革。这种改革最初是在计划经济的框架下允许商品经济的存在和发展。长期以来对商品经济的批判和压抑，使商品经济积蓄了很大的能量，从而构成对计划经济和传统观念的巨大冲击，以致在改革初期经济犯罪急剧增长，成为又一个突出的社会问题。1982年3月8日，全国人民代表大会常务委员会作出了《关于严惩严重破坏经济的罪犯的决定》。这个决定作出后，刑法学界围绕着与经济犯罪作斗争的必要性，如何界定经济犯罪的范围，经济体制改革过程中如何认定经济犯罪的具体形态、如何区分经济活动中罪与非罪的界限，以及对经济犯罪如何适用刑罚等问题，展开了热烈的讨论。这场讨论也涉及打击经济犯罪与保障经济体制改革顺利进行的关系问题，引起了有关"法人犯罪"问题的探讨，导致了"经济刑法学"的出现。

这个时期虽然只有短短的8年时间，但是在这个时期出版的刑法书籍和发表的刑法文章，在数量上大大超过了新中国成立后前30年间刑法学研究成果的总和。其中系统反映这个时期的研究成果，从而具有一定代表性的教科书有：中央政法干部学校刑法刑事诉讼法教研室编著、群众出版社1980年出版的《中华人民共和国刑法总则讲义》和《中华人民共和国刑法分则讲义》；杨春洗等编著、北京大学出版社1981年出版的《刑法总论》；王作富等编著、中国人民大学出版社1982年出版的《刑法各论》；高铭暄主编、法律出版社1982年出版的《刑法学》。

这个时期，刑法学研究的主要特点，一是注重于对1979年颁布的《中华人民共和国刑法》、1982年通过的《关于严惩严重破坏经济的罪犯的决定》和1983年通过的《关于严惩严重危害社会治安的犯罪分子的决定》的宣传解释，强调严格依照刑法定罪量刑，保障无罪的人不受刑事追诉；二是注重于运用50年代形成的刑法理论来说明和论证刑法规范，强调刑法的阶级性和镇压功能；三是注重于对刑事司法中遇到的突出问题的研究，强调刑法理论研究的实践价值。

应当看到，这个时期的刑法学研究，主要是继承和发扬50年代形成的刑法理论，在已有的刑法理论框架下研究新制定的刑法规范和现实社会中新出现的犯罪问题。虽然在许多问题上提出了新的观点或者较为系统的理论，但是在刑法的一系列基本问题上并没有重大的突破，在总体上对刑法问题的研究还比较肤浅。因此，这个时期应当视为刑法学研究的恢复时期，它与刑法学研究在1986年以后的发展具有某些明显的不同。

1986年11月，高铭暄主编、河南人民出版社出版的《新中国刑法学研究综述（1949—1985）》，通过对刑法领域51个基本问题上的各种观点的全面介述，系统地回顾总结了新中国成立以来刑法学研究的成就，预告了这个时期的结束。

（四）繁荣时期（1986—1999年）

1986年以后，刑法学研究进入了一个新的发展阶段。以《论教唆罪》《刑法因果关系论》等专题论著的出版为标志，刑法学研究开始走向专题性深入研究；以《社会主义刑事责任理论初探》《论刑罚个别化》等论文的发表为标志，刑法学研究开始将自己的视野伸向刑事责任、刑事法律关系、刑事立法学、刑罚个别化原则、电脑辅助量刑等新的领域；以《对犯罪本质的再认识》《对犯罪构成要件的反思》等论文的发表为标志，刑法学研究开始对传统的刑法理论进行反思，提出新的理论观点。

这个时期，出版了一大批刑法学论著，发表了大量的刑法学论文，使刑法学研究无论在广度上还是在深度上，都是前三个时期所无法比拟的。从总体上看，可以说，这个时期的刑法学研究是从四个领域向纵深发展的：

1. 注释刑法学

1985年以后，立法机关连续作出了一系列补充修改刑法的决定。为了配合这些决定的贯彻实施，刑法学界作了大量的注释性研究，力图解释这些单行刑事法律的含义及其与1979年刑法之间的协调问题。特别是1997年刑法的颁布，激起了刑法学界的极大热忱。在短时间内，出版了一大批解释和评析新刑法的书籍，对公民学习理解新刑法的基本内容和有关修改的意图、对刑事司法部门正确适用新刑法，起了积极的推动作用。

2. 理论刑法学

1986年之所以可以视为刑法学研究的一个新阶段的起点，在很大程度上是因为这个时期理论刑法学的发展。1986年以后出现的一些新的刑法教科书突破了传统刑法学的理论框架并提出了一些新的理论观点，如赵秉志、吴振兴主编的《刑法学通论》，赵廷光主编的《中国刑法原理》（上、下册），何秉松主编的《刑法教科书》，高铭暄主编的《新编刑法学》等。一些学者对传统的刑法理论在系统研究的基础上有了新的发展，如高铭暄主编的《刑法学原理》（三卷本），马克昌主编的《犯罪通论》和《刑罚通论》，赵秉志主编的《刑法争议问题研究》（上、下册）等。特别是一些刑法学者开始摆脱规范刑法的羁绊，就刑法学中的一些基本问题进行系统的思辨性研究，如陈兴良的《刑法哲学》、张智辉的《刑事责任通论》、邱兴隆的《刑罚理性导论》和《刑罚理性评论》等。这些成果，反映了新中国刑法学研究的理论深度，构成了这个时期刑法学研究的显著特征。

3. 实践刑法学

理论与实践相结合，是新中国刑法学研究的一大特色。80年代后期陆续出版的一些个罪专题研究论著，就某一个或一类犯罪进行了系统深入的研究，其中关于罪与非罪的认定、此罪与彼罪界限的划分以及对犯罪人的准确量刑等问题的探讨，为刑事司法机关及其工作人员全面理解有关个罪、正确适用刑法，起了明显的作用。特别值得一提的是王作富撰写的《中国刑法研究》，使刑法理论、刑法规范与刑法实务的结合达到近乎完美的程度。

这个时期，除了针对刑事司法实践遇到的实际问题进行的理论探讨之外，案例研究的理论深度明显增加。中国检察出版社出版的案例辑，收集大量案例，对司法实践中常见的十多个犯罪的各种表现形态进行系统分析，反映了当时案例研究的水平。张军撰写的《刑事错案研究》和王勇撰写的《定罪导论》，对刑事司法实务中的实体问题进行了系统深入的研究，形成了一种新的理论体系。这标志着刑法理论对司法实务的研究，可以称为刑法学的一个分支。

4. 外向型刑法学

尽管1985年就有金凯撰写的《比较刑法学》一书的出版，但是这本书中所引用的国外刑法资料主要是50年代以苏联刑法学者作为批判对象而引用过的资料，所以其参考价值是有限的。

1986年以后，对刑法问题的比较研究，有了突破性的进展。不仅出现了一些研究介绍外国刑法理论的成果，如甘雨沛、何鹏联合撰写的《外国刑法学》（上、下册）和张明楷撰写的《外国刑法纲要》等，翻译出版了一些外国刑法原著，如《肯尼刑法原理》、贝卡里亚的《犯罪与刑罚》等，而且出现了一些比较研究的成果，如高铭暄与法国刑法学者米海依尔·戴尔马斯－马蒂联合主编的《经济犯罪和侵犯人身权利犯罪研究》《经济犯罪和侵犯人身权利犯罪的国际化及其对策》《刑法国际指导原则研究》，朱华荣主编的《各国刑法比较研究》等。

对国际刑法的研究，是这个时期外向型刑法学研究的一大特色。80年代就有关于国际犯罪的专题研究论文或著作问世。90年代以来，陆续出版了陆晓光主编的《国际刑法概论》、黄肇炯的《国际刑法概论》、张智辉的《国际刑法通论》、邵沙平的《现代国际刑法教程》，以及黄风的《中国引渡制度研究》、赵永琛的《国际刑事司法协助研究》等论著，发表了《论国际刑法中的普遍管辖原则》等一系列论文，填补了新中国在国际刑法研究领域的空白，并使中国对国际刑法的研究在较短时间内赶上了其他国家关于国际刑法的研究水平。特别值得一提的是，1988年成立的国际刑法学协会中国分会，在参与国际范围内的刑法学研究方面，发挥了积极的作用。

此外，对我国香港、澳门特区和台湾地区刑法的研究和介绍，也是这个时期外向型刑法学研究的一个方面。

这个时期刑法学研究的基本特点，一是在研究的广度上突破了传统刑法学的理论框架，出现了多极发展的态势。理论刑法学、实践刑法学、外国刑法学、国际刑法学与注释刑法学并存，并且各自不断向前延伸。二是在研究的方法上打破了传统的思维模式，呈现出多样化。宏观研究与微观研究并存，思辨研究与实务研究比翼，比较研究与单项研究共进。三是在研究的深度上不断延伸，刑法思想非常活跃。既有对传统刑法理论的维护和深化，也有对传统刑法理论的挑战和超越；既有对现行刑法规范的肯定和辩解，也有对现行刑法规范的否定和批评；既有非常务实的刑法思想，也有理想化的刑法思想。四是在研究成果的出版上改变了传统的作风，呈现出明显的随意性。刑法书籍不仅在数量上空前膨胀，而且在质量上良莠混杂，其中既有严谨精到之作，也有粗制滥造之物。

刑法学研究的这种现状，一方面与我国经济体制改革的前进步伐相适应，另一方面也与我国当前的社会思潮相吻合。1986年以后，我国的经济体制改革进入了实质性改革的阶段，市场经济初现端倪，多种经济成分并存的局面逐渐形成，社会经济生活和文化生活丰富多彩。社会发展的这种特色，赋予刑法学研究以思想活跃、多极发展的特征。与此同时，80年代后期以来，我国社会意识形态中出现了一股急功近利的思潮，希望快速获取功名利而不愿付出艰辛的劳动、强调抓住机遇而不信奉功到自然成的思想，有意无意地制约着刑法学的研究，使刑法学研究中潜伏着一种浮躁的学风。

二、新中国刑法学研究历程的启迪意义

回顾新中国刑法学研究的历程，我们可以从中得到诸多启迪。

（一）刑法学研究的发展与社会的发展是同步的，只有置身于现实社会，紧密结合社会实践，刑法学研究才有前途

刑法学研究历来十分关注社会生活中的重大问题。50年代的刑法学研究就是围绕当时在全国范围内开展的镇压反革命、"三反""五反""反右"等政治运动进行的。80年代中期以后，我国经济体制改革进入了全面启动的阶段。中国法学会刑法学研究会[1]即于1986年召开了以"经济体制改革与打击经

---

〔1〕 中国法学会刑法学研究会于1984年10月成立。当年年会除了研讨刑法学的研究对象及其体系问题外，主要研讨了当时正在进行的"严打"中遇到的突出问题即强奸罪和流氓罪的问题。1996年召开了第二次年会。

济犯罪"为主题的专题学术讨论会，1987年又召开了以"体制改革与刑法"为主题的专题学术讨论会。1988年刑法学研究会年会的主题是根据当年通过的两个规定（1988年1月通过的《关于惩治贪污罪贿赂罪的补充规定》《关于惩治走私罪的补充规定》）研讨"改革开放的新形势下如何完善我国刑事立法"。1989年年会的主题，一是"刑法学研究如何坚持四项基本原则和为改革开放服务"，二是"制止政治动乱、平息反革命暴乱中的刑法问题"，三是"关于正确运用刑法武器惩治腐败的问题"。1990年年会的主题是"廉政建设中的刑法问题"。1991年年会除了研讨刑事政策、刑事责任、刑罚执行等刑法的宏观问题之外，对1990年12月和1991年9月通过的四个决定（《关于禁毒的决定》《关于惩治走私、制作、贩卖、传播淫秽物品的决定》《关于严禁卖淫嫖娼的决定》《关于严惩拐卖绑架妇女、儿童的决定》）进行了专题研讨。1992年年会主要研讨了刑法与改革开放、刑罚的运用与完善、经济犯罪与当年通过的几个单行刑法的问题。1993年年会的主题是"社会主义市场经济与刑法的适用与发展"。1994年年会的主题是"市场经济与刑法的修改与完善"和"市场经济条件下经济犯罪的认定与处罚"两个问题。1995年年会主要研讨的问题是"我国当前的经济犯罪问题"。1996年年会以"中国刑法改革研讨会"为题，集中研讨了全国人民代表大会常务委员会法制工作委员会提出的刑法修订草案。1997年年会的主题是"新刑法的贯彻与实施"，围绕修订后的刑法贯彻实施中的一些理论与实践问题进行了研讨。1998年年会的主题是新刑法实施以来司法实践中遇到的疑难争议问题。1999年年会的主题主要是刑法的适用问题和新型犯罪问题研究。中国法学会刑法学研究会历来研讨的主题表明，中国刑法学的研究，始终是紧密结合国家的政治经济形势和刑事立法、刑事司法进行的。

这表明，在中国，刑法学是一门政治色彩很浓的社会科学，它的兴衰存亡总是与法制在国家政治生活中的地位有关，以致刑法学者们总是有意无意地使自己的理论研究服从于、服务于国家和社会发展的现实需要。这就使中国刑法学的研究具有鲜明的实践性的品格。这种品格，既是中国刑法学研究的特色和优点，也表明中国刑法学研究的可悲的一面。如何在保持刑法科学的应用价值的同时，避免它成为政治权威的附庸和现存制度及习惯的脚注，是我们在新的世纪里应当经常思考的一个问题。

（二）刑法学研究离不开社会法治状况的大背景，刑法学研究的繁荣又反过来促进社会法治的进步

新中国刑法学研究50年的历史表明，中国社会法治状况的好坏，直接制约着刑法学研究的繁荣与否。但是另一方面，刑法学研究以及其他部门法学研究的繁荣，又可以促进法治的发展。因为人们对法治在社会生活中的作用有一个逐步认识的过程，只有当人们认识到法治对社会生活和社会发展的重要意义时，才会选择法治的道路。而法学包括刑法学研究的功能之一，就是唤起人们对法治的热忱和渴求，进而为人们选择法治提供理论准备。80年代初，围绕着学习贯彻新中国的第一部刑法，一些刑法学者敏锐地提出，中国刑法体现了罪刑法定的原则，由此引起了刑法学界关于罪刑法定原则的讨论。有的学者认为，中国刑法明确规定了类推制度，而类推制度正是罪刑法定原则所排斥的，因此不能认为中国刑法体现了罪刑法定原则；有的学者认为，罪刑法定原则是资本主义的刑法原则，并且资产阶级从来就没有真正实行过罪刑法定，我们社会主义国家更不能照搬；有的学者认为，与罪刑法定原则相比，类推制

度更能适应同犯罪作斗争的需要；有的学者认为，从资产阶级刑法学者最初所倡导的罪刑法定到200多年来所实行的罪刑法定原则，有一个逐步发展完善的过程，不能用资产阶级刑法学者最初所倡导的严格意义上的罪刑法定来否定现实的法治国家的罪刑法定原则；有的学者客观地比较罪刑法定与类推的优劣，指出罪刑法定比类推更有利于实现刑法的预防功能，并且有利于保护公民的基本权利；有的学者强调，中国刑法虽然没有完全实行罪刑法定，但是体现了罪刑法定原则的基本精神；有的学者主张，中国刑法应当取消类推制度，全面实行罪刑法定。这场讨论的不断深入，不仅深化了刑法理论界对罪刑法定原则的研究，而且促进了全社会尤其是立法机关对罪刑法定的认识和重视。正是刑法理论界对罪刑法定原则的这种研究，导致了1997年刑法对类推制度的废除和罪刑法定原则的确立。刑法学研究的这段史实再次证明，理论是行动的先导，前瞻性的法学理论研究的深入，可能引起社会法治的进步。

（三）刑法与人类生活的关系决定了刑法学研究没有疆域

刑法可以说是人类历史上最早出现的法律，也是与人类生活关系最密切的法律。只有在刑法所保护的人类共同生活的基本秩序建立并稳定之后，人类才寻求其他领域的法律来发展和调节社会生活的其他方面，进而制定一般性的宪法。随着人类生活领域和空间的扩大，刑法学研究的视野也在不断扩展。50年来，新中国的刑法学研究，在内容上不断丰富，不仅在刑法基本问题的研究上开辟了许多新的方面，而且在具体犯罪的研究上增加了对许多新的犯罪形态的研究；不仅从一国刑法的研究延伸到区际刑法，进而到国际刑法的研究，而且紧跟国际领域刑法学研究的趋向，将研究的触角伸向环境保护领域和生命工程领域。这种迹象表明，刑法学是一门开放性的科学。刑法学研究，不仅要吸收其他学科的研究成果，发展自己的研究方法，而且要关注人类生活的新领域，研究人类在新的发展空间遇到的刑法问题。

（四）刑法理论研究的成果只有包含更多的理性思考，才具有生命力

刑法本身是人类对共同利益的理性思考战胜本能的复仇情感的产物。对刑法问题的研究，包含的理性色彩越浓，其研究成果的生命力就越强。50年来，尤其是近20年来，刑法学研究取得了丰硕的成果。然而值得思考的是：这些研究成果中，为什么有的一显即失，从其问世的时候起就无人问津，为什么有时甚至出现大量的非周期性的淘汰，而有的则长期为人们所提及和引用？其中一个很重要的原因就在于理论研究的成果本身是否包含或包含着多少理性的思考。只有那些经过深入的理性思考，把握或反映了刑法的内在规律，能够预示刑法发展趋势的研究成果，才能经受住时间的考验，表现出顽强的生命力。

三、新世纪中国刑法学研究展望

50年的历程表明，新中国刑法学研究不仅勇于探索，具有顽强的生命力，而且在新的历史时期具有广阔的研究领域和美好的发展前景。展望未来，中国刑法学研究在新的世纪应当特别重视以下几个方面：

（一）审视刑事立法和刑事司法的理性化

改革开放以来，中国的刑事立法有了很大的发展。但是应当看到，同其他部门立法一样，刑事立法往往是应形势之急需制定的，即使是1997年修订的刑法，也缺乏深入的研究和严密的论证，其合理性、科学性和操作性都不无再思的余地。刑事司法虽然与新中国成立后的前30年相比有了巨大的改进，

但是非理性的成分依然存在。这与"依法治国,建设社会主义法治国家"的要求,还有一定差距。刑法学研究,应当更为理智地思考刑事立法的利弊得失和刑事司法的操作规则,为完善刑事立法、改善刑事司法提供建设性的而不是注脚性的、经过深思熟虑的而不是单纯标新立异的理论观点。刑法学研究有责任为提高刑事立法的科学性和刑事司法的合理性,为改善刑事立法理念和刑事司法观念作出贡献。而如何发挥理论的魅力,完成刑法学应有的使命,则是21世纪向刑法学者们提出的挑战。

(二) 研究国际刑法与国内刑法的融合问题

在90年代,外向型刑法学的研究,尤其是国际刑法学的研究,填补了新中国刑法学研究中的一项空白,并且取得了显著的成果。但是这些研究成果并没有在国内刑事立法中得以反映。随着知识经济的发展,21世纪将是一个经济全球化的时代。经济的全球化必然引起法律、文化的国际化,必然带来跨国性犯罪增多的趋势,必然导致刑事领域国际合作的加强和国际刑法的发展。新世纪的刑法学研究,不仅应当密切关注犯罪的国际化趋势,研究同跨国性犯罪作斗争的刑法对策,而且应当加强对国内刑事立法如何应对国际刑法规范的研究,应当加强对如何在已有的国际和国内法律框架内更有效地同国际犯罪和跨国性犯罪作斗争的研究,应当加强对国际刑事法院及其可适用的和应适用的法律规则的研究,应当加强对国际刑事合作的有效途径的研究。使国际刑法规范通过国内刑事立法在同国际犯罪和跨国性犯罪作斗争发挥其应有的作用,应当成为新世纪中国刑法学研究的价值追求之一。

(三) 重视刑法的预防功能和刑罚改革

刑法是理性的产物,刑法的目的性在刑法学研究中应当受到更多的重视。80年代以来，中国从刑事立法到刑事司法都十分重视运用刑法遏制和预防犯罪。但是这种做法与其说是理性选择的结果，不如说是传统的重刑思想支配的结果。是不是遏制和预防犯罪就一定要用重刑？有没有比用重刑更有效地预防犯罪的途径，是刑法学者们应当反复思考和充分论证的一个问题。与这个问题相联系，由于刑法的预防功能的一个重要方面是通过刑罚来实现的，如何改善刑罚的执行方式，更好地发挥刑罚在预防犯罪中的作用，也应当成为21世纪中国刑法学研究的一个重点。

（四）改善研究方法

比较研究是刑法学研究中历来倡导的一种研究方法，尤其是90年代以来，中国出现了一些比较研究的成果。但是比较研究并不只是不同国家或地区刑法资料或刑法学研究成果的简单堆砌。比较研究作为学术研究的一种方法，应当通过对不同国家和地区的刑法资料或理论观点的分析比较，从中得出有理论价值的结论。尤其是在21世纪，知识经济必将冲破国界的限制，各国刑法方面的信息会源源不断地拥进中国，比较研究将成为刑法学研究的重要手段。如果只是照搬照抄外国的东西，或者只是将各国的信息资料堆砌在一起，而没有对其利弊、优劣进行全面深入的分析，刑法学的研究就将走向庸俗化。

此外，刑法是以对犯罪人适用刑罚为基本特征的。刑法学研究对象的特殊性，决定了它的研究方法必须是谨慎的、严肃的理性思考，而不应当是追逐经济效益的东拼西凑。在新的世纪，刑法学研究应当改进学风，努力克服学术研究上的浮躁之风。

总之，刑法学研究如何迎接新世纪，尤其是以一个什么样的心态来面对和从事新世纪的刑法学研究,无疑是值得每个从事刑法学研究和刑事立法和司法工作的同志认真思考的问题。

(原载《国家检察官学院学报》2000年第1期)

提高刑法立法的科学化程度

一、刑法立法的重要性

司法人员习惯于研究刑法的具体适用，而很少关注刑法立法的科学性。其实，刑法立法的状况，对于刑事司法具有极为重要的意义。因为：

第一，刑法的存在必须通过刑法立法才能实现。现实社会对刑法的需求，只有通过刑法立法作为法律规则表现在刑法中，才能规范人们的行为，才能成为约束人们可能实施的危害社会的犯罪行为的国家意志。特别是在奉行成文法的国家，刑法立法是刑法规范产生的最主要的渊源，所有需要动用刑罚来禁止的行为，都必须通过刑法立法将其确认为犯罪，才能对其施以刑罚。没有刑法立法，就没有刑法、没有犯罪，就不能对任何人施以刑罚。

第二，司法的准绳是法律。法律必然制约着司法。法治越进步，刑法立法的规范作用对刑事司法的指导意义就越明显。

第三，刑法立法的优劣直接关系到刑事司法的存在价值，关系到刑事司法的结果能否实现社会的公平正义。

二、刑法立法科学性的内涵

刑法立法的科学性，表现为合理、公平、严密、规范。

（一）刑法所规定的罪刑关系价值合理

刑法中无论是对犯罪的规定，还是对刑罚的规定，都应当具有价值合理性。这种价值合理性不仅表现在把某种行为规定为犯罪并对之规定刑罚的必要性上，而且表现在对其所规定的刑罚是否适当方面。刑法中对每一个具体犯罪所规定的刑罚，在整个刑罚体系中应当是与该犯罪的危害性质及其程度最相适应的刑罚。如果是对比较重的犯罪规定了比较轻的刑罚，或者是对比较轻的犯罪规定了比较重的刑罚，都会使刑法规范在价值选择上丧失合理性。

立法应当确立一个明确的价值目标，并始终坚持这个价值目标，把这个价值目标贯彻到刑法的各项规定之中。当然，这个价值目标可能包括若干内容，而不是单纯的一个具体内容。但是这个价值目标在全部的刑法规范中应当是一以贯之的。

（二）刑法的规定对不同主体行为的评价公平

公平是市场经济对刑法立法的基本要求。这是因为市场经济离不开竞争，竞争则必须公平地进行。在市场经济中，只有公平地竞争，才能保障各类经济活动主体所生产和需要的商品按照价值规律的基本要求在市场上等价交换，交换的状况才能真实地反映社会供给与需求的关系，促使社会资源更合理地配置；交换的结果也才能使真正的优者胜、劣者汰，从而促使商品生产者和经营者节约生产成本、提高技术和经营管理水平。

市场经济对公平的客观要求，在刑事法律中虽然不像在经济法律中表现得那么普遍，但却更为强烈、更为集中。这是因为：第一，刑法虽然不直接规范经济活动主体的行为，但却具有运用最严厉的法律制裁手段处罚经济犯罪的职能。刑法一旦插足经济活动，其对经济活动主体可能产生的影响是极为重大的，甚至可能决定特定经济活动主体的命运。第二，经济活动主体的合法权益虽然可以通过各种法律手段来保护，但是当经济活动主体的合法权益遭到严重侵犯的时候，最有力量的保护莫过于刑法的保护。刑法如果在保护企业和公民的合法权益、规定和制裁犯罪、适用刑罚等方面，不能公平地对待不同类型的经济活动主体，不能有力地制裁采取不正当手段严重侵犯他人权益的竞争者，市场经济中的竞争就无法公平地进行，市场调节机制的正常运转就得不到应有的保障，市场经济体制就不可能顺利建立。因此，刑法公平，可以说是市场经济对刑法立法最强烈、最集中的要求。

刑法公平不仅是市场经济的客观要求在刑法中的集中反映，而且也是刑法自身发挥功能的基本条件。刑法是通过设定和追究刑事责任的方式发布禁令，阻止人们实施犯罪行为来发挥保障和保卫功能的。而刑事责任的设定和追究只有最大限度地满足特定社会普遍信奉的公平观，才有可能受到众人的尊重和遵守；如果刑法被普遍认为是不公平的，便会遭到众人的蔑视、抵制和唾弃。因为公平是公理和正义的保障，没有公平，就谈不上公理和正义。人们遵循公理和正义，便要求公平地解决他们之间的争端，要求公平地对待他们的功过和正谬。在刑法领域，人们也就自觉或不自觉地用公平的尺度来衡量刑事责任的设定和追究，要求立法者和司法者公平合理地解决人的刑事责任问题，并根据这种要求的满足程度决定对刑法所发布的禁令的服从程度。因此，公平原则，虽然名不见经传，却始终作为一种潜在的无形的力量牵制着刑法功能的发挥。

在市场经济的条件下，人们的公平观有了新的内容并被市场上激烈竞争的需要而强化，人们对刑法公平的要求也相应地更显明确、更为迫切。

(三) 刑法条文所构成的规范体系严密

刑法规范是通过刑法条文表现出来的,刑法规范的科学性,也就表现在刑法条文的严谨和协调上。就具体条文来说,它应当具有严密性,没有给从中寻求否定该规定的立法精神的人留下可以利用的漏洞;就条文之间的关系而言,它们应当是彼此协调的,而不是相互矛盾、顾此失彼的。

(四) 刑法的用语符合语言规范

概念的准确性在刑法规范中具体表现在用语的规范性上。使用规范明确的语言,可以准确地表达立法者的意志,可以使每个犯罪的构成要件准确无误地为人们所理解、所把握,而不致因刑法具体适用过程中执法者的变化而大幅度地变化。法律用语的规范性,可以说是刑法价值合理性的最起码的保障,是刑法科学性的最低要求。

(原载《人民检察》2007 年第 19 期)

论刑事立法的明确性原则

现代法治国家普遍承认这样一条原则：刑法不具有明确性，即没有法律效力。刑法的明确性是通过四个环节实现的，即刑事立法、立法解释、司法解释和判例说明。其中，刑事立法是保障刑法明确性的第一个环节，尤其是在实行成文法的国家里，刑事立法中遵循明确性原则更有其特殊的意义。

一、明确性是刑法存续的保障

刑法的存在和延续是以其具有明确性为前提的。一部刑法，不论是刑法典还是单行刑事法规，只有当它的规定明白无疑、清晰可辨时，它才有可能在现实社会中存在下去。缺乏明确性的刑法，就不可能具有法的规范功能，因而也就不可能具有生命力。

（一）明确性是刑法目的的内在要求

刑法存在的全部价值在于预防和减少犯罪，以保障当下社会的生存条件免受犯罪的侵害。所以，在刑事立法和刑事司法的整个过程中，人们总是追求预防和减少犯罪的效果，并把预防犯罪作为刑法的直接目的。因为，只有达到了预防犯罪的目的，才能完成刑法在"保卫无产阶级专政制度、保卫社会主义的全民所有的财产和劳动群众集体所有的财产，保护公民私人所有的合法财产，保护公民的人身权利、民主权利和其他权利，维护社会秩序、生产秩序、工作秩序、教学科研秩序和人民群众生活秩序，保障社会主义革命和社会主义建设事业的顺利进行"中的任务。并且，只要达到了预防犯罪的目的，刑法在上述各个方面的任务也就完成了。如果刑法不能有效地预防犯罪，那就丝毫谈不上刑法任务的完成。刑法所追求的更高层次的目的就成了空中楼阁，刑法的存在也就失去了自身的价值。

刑法要想有效地预防犯罪，就必须使自身明确化。刑法是通过对一定行为追究刑事责任的方式向人们发布禁止性命令的，只有刑法本身规定得清晰明白，人们才能通过刑法对应受刑罚处罚的犯罪的明文规定，知道哪些行为是刑法所禁止的，从而明确不可涉足的领域；通过刑法对各种犯罪所规定的不同刑罚知道刑法对该行为禁止的程度，从而对这种禁令予以不同程度的重视，对相应的行为冲动予以不同程度的抑制。如果刑法的条文含糊其词，人们就不清楚刑法所要禁止的究竟是什么样的行为、禁止到何种程度。这对于所有守法的人，由于不能提供区分罪与非罪的明确界限，从而很难保障其不实施犯罪行为；对于想要实施犯罪的人，由于不能使其清楚地认识该种犯罪行为可能给自己带来什么样的不利后果，从而无法保障其犯罪冲动能够受到来自刑法的足够的威慑力量的抑制。同时，刑法规定得不明确，也无法使人们在刑法的适用中看清罪与刑之间的必然联系和刑法禁令的绝对性，从而无法遏制潜在的犯罪人实施犯罪行为，无法防止犯了罪的人再次犯罪。

因此，刑法的目的性本身就要求刑法的规定必须明确，要求在刑事立法中遵循明确性原则。

(二) 明确性是社会主义法制的必然要求

加强社会主义法制,是党的十一届三中全会以来的路线的基本内容之一,是全国人民的共同心声。加强社会主义法制的首要环节是有法可依。只有"有法可依"了,才有可能做到"有法必依,执法必严,违法必究"。无法可依,社会主义法制就无从谈起。"有法可依"的前提是"有法",但是有了法并不意味着就一定"可依"。虽然制定了法律,如果法律的条文过于简单、法律的用语含混不清或者法律的规定不切实际,人们照样无所适从,那实际上仍然无"可依"之法。所以,要做到"有法可依",就不仅要制定法律,而且要保障所制定的法律能够为人们提供遵守的可能。为此就必须在立法中遵守明确性原则,使所制定的法律明确无误。尤其是刑法这种关系到剥夺人所能具有的一切重大权利的法律,更应当保障其内容的明确性。

刑法规定得不明确,不仅无法保障刑事执法人员准确无误地执行刑法,而且还可能为某些刑事执法人员利用刑法规定的不明确恣意解释刑法的某些规定而在"执法"的幌子下推行罪刑擅断、任意出入人罪留下可乘之机。刑法规定得不明确,就无法保障全体公民和法律监督机关依据刑法的规定监督刑法的执行情况,督促刑事执法系统在解决具体人的刑事责任问题时严格依照刑法。刑法规定得不明确,也无法使刑事执法过程中的违法现象在有关人员和机关面前曝光,无法保障对之进行追究。总之,刑法规定得不明确,既不能使自己成为广大人民和刑事执法系统同犯罪作斗争的有力武器,也不能使自己成为公民用以保护自己的合法权利免受非法追诉的有效依托。

因此,加强社会主义法制的每个环节都要求刑法具有明确性。刑法不具有明确性，社会主义法制在刑事立法和刑事司法领域就会化为乌有。

(三) 明确性是刑事立法的起码要求

对于刑事立法，人们可以提出各种各样的要求，其中明确性是最起码的要求；刑事立法应当遵循若干个原则，其中明确性原则是最基本的原则。虽然这个原则并不涉及刑法的实质问题，但是，在刑事立法中解决每一个具体问题时，它都是必须考虑的因素。因此，它是刑事立法中必须坚持的原则之一。

在刑事立法中坚持明确性原则，往往会受到某些模糊认识的干扰。例如有的同志认为，刑事立法"宁疏勿密""宁粗勿细"；甚至有的认为刑法规定得过于明确具体会束缚司法人员的手脚，不能适应同犯罪作斗争的需要。他们认为，犯罪现象是复杂的，一部刑法不可能对社会上已经出现和可能出现的犯罪都作出具体明确的规定，所以刑法应当具有高度的概括性和一定的伸缩性，以便为运用刑法同新出现的犯罪作斗争留下余地。这种认识，从表面上看，似乎在强调更有效地发挥刑法在同犯罪作斗争中的作用，孰不知它会把刑事立法引向疏漏、含糊的窘境，不但可能使某些犯罪在刑法中找不到确切的禁止性规定和相应的刑罚规定，而且还可能为曲解和滥用刑法提供方便，以致刑法无法在同犯罪作斗争中充分发挥作用。另外，疏漏、含糊的刑法虽然看起来简炼、易记，但在适用过程中却难以被司法人员所驾驭，最后不得不依靠不断地制定单行刑事法规、不断地补充修改刑法、不断地进行司法解释来弥补刑法典之不足，进而最终使刑法典在实质上被取代，或者使其变得更加浩繁、更缺乏稳定性。而在这个过程中还难以避免刑法典与单行刑事法规以及单行刑事法规相互之间的矛盾、抵触和空档。因此从效果上看，"宁疏勿密""宁粗勿细"的立法，在实践中必然走向自己的反面，背离立法者原有的愿望。而所谓"有利于同新出现的犯罪作斗争"的初衷，与其在实践中的副作用相比，则显得大相径庭。因为在现实社会中，新出现的犯罪形态毕竟是极为少见的，而在立法时人们所能认识到的犯罪形态不论在数量上还是在危害程度上，都是更值得认真对付的。为了同为数甚微的新出现的犯罪作斗争而影响同已有的、耗去刑事执法系统几乎所有精力才能控制的犯罪作斗争，实在是舍本逐末，不足为训。

二、明确性原则的基本要求

在刑事立法中坚持明确性原则，并不是要求对任何有关犯罪和刑罚的问题都在刑法典中作出具体详尽的规定，更不意味着否定立法解释和司法解释之必要。明确性原则对刑事立法的要求，主要有四个方面：

（一）准确明了地表达立法意图

刑事立法应当用明了无误的语言公开宣布刑法的基本原则，并在有关条文中表明立法的意图，而不应当让人们在学习、执行刑法过程中煞费苦心地去猜测立法意图。这样可以为以后制定单行刑事法规和补充修改刑法时提供准绳，以防止背离原有立法精神的立法。特别是在我国，强调这一点更具有重要的意义。因为，我国的刑法典作为基本法律是由最高国家权力机关——全国人大制定的，而单行刑事法规和对刑法的补充修改则往往是由最高国家权力机关的常设机关——全国人大常委会制定的。我国宪法第67条第3项明确规定，全国人大常委会对全国人大制定的法律进行补充和修改时，"不得同该法律的基本原则相抵触"。如果刑法典中没有明确规定刑法的基本原则，如果有关条文的立法意图不明确，就很难保障单行刑事法规和对刑法的补充修改不同刑法的基本原则相抵触；即使抵触了，人们也难以认定，难以监督。因此，只有当刑法典准确明了地反映了最高国家权力机关在制定刑法时的立法意图，才有可能保障人大常委会其后对刑法的补充修改不同刑法的基本原则相抵触，并使相抵触的部分无效。

不仅如此，刑事立法中准确明了地表达立法意图，就可以避免在刑法适用和司法解释中人为地猜测和解释立法意图，误解立法精神。否则，有些人、有些机关，就可能利用自己参与立法的经历或自己的权威地位，按照个人的理解来引导刑法的适用，把个人的刑法意识变为国家的刑事立法，甚至恣意解释、"透露""立法意图"，把个人好恶强加于刑法。这样就势必破坏社会主义法制的严肃性。

（二）用词准确，不致产生歧义

刑事立法使用的语言应当通俗、规范，以使具有中等文化水平的人通过对刑法条文的字面理解就可以清楚刑法禁止的是什么以及是如何禁止的。刑法的用语不应当含混不清，否则，人们就无法了解刑法规定的具体内容和指向，从而也就无法遵守和适用刑法。刑法的用语更不能有两种以上的解释。如果刑法的用语既可以这样理解，又可以那样理解，那么人们就无法判断哪一种理解是正确的，守法者和执法者都将无所适从。

（三）具有确定的范围

刑法的任何规定，都应当具有明确固定的适用范围，而不应当赋予执法者在这方面任意决定的权力。一项规定，如果没有明确固定的适用范围，适用刑法的机关和人员就可能根据自己的刑法意识或者形势的需要甚至某个领导人的意图将刑法的规定适用于很宽的领域或者限制在很小的范围。其结果，刑法就可能变成人治的玩物，出现同一类行为在同一部刑法面前具有不同的命运，而各种判决竟然都"合法"的咄咄怪事。这类刑法规定的适用，必然违背普遍接受的公平原则，破坏公民的法制观念。

（四）不给法官留下过大的选择余地

刑法的任何规定都是针对被类型化了的行为的，它要求适用于同类型中的每一个具体行为，然而每一个具体行为除了具有同类行为的共性之外，总是具有自己的个性，因此一般的法律规定适用于具体行为时，就不可避免地要给法官留下一定的自由裁量权，以便法官在法律规定的范围内根据具体行为作出抉择。然而，刑法给法官留下的选择余地如果过大，就会使刑法形同虚设，而使刑法的适用取决于法官个人或司法机关的刑法意识。因此，刑法的明确性原则要求在刑事立法的过程中尽可能减少任意性规范，尽可能缩小法官自由裁量的范围。一方面，应当消除对同一行为有两种以上罪名的规定，杜绝一种行为可以在几个罪名中选择的现象；另一方面，对同一种犯罪规定的法定刑幅度不应当过大，如果规定一种犯罪可以适用几个量刑幅度，那就应当对适用各个量刑幅度的情节作出具体的规定。否则就会出现极不公平的"合法"执法，损害刑法在人们心目中的形象。

三、明确性原则对我国刑法修改的指导意义

运用刑法的明确性原则反思我国刑法的现有规定，笔者认为，1979年颁布的刑法基本上贯彻了明确性原则，在很多方面都作了具体明确的规定，但是它毕竟是新中国的第一部刑法典，在某些方面和某些问题上规定得还不够明确，尚待进一步修改完善。这主要表现在：

（一）没有规定刑法的基本原则

刑法的基本原则既是刑事立法时对刑法中若干根本问题的基本态度的声明，又是贯彻全部刑法和刑事司法工作的准则，是解决其他刑法问题的基本依据，因此在刑法典中应当有明确的规定。我国刑法没有对之作出明确的规定，以致引起不断的争论。人们根据各自对刑法的理解解释刑法的基本原则，先后出现了30余种表述方法。尽管经过几年的争论，理论界多数同志取得了大致相同的看法，但是这些看法并不具有法律效力，并且其内涵也不够明确，因而刑法修改补充和刑事司法中对若干新问题的解决仍然没有准则可循。在刑法典修改时应当终结这种状况。

（二）法定刑幅度过宽

我国刑法对许多犯罪规定的法定刑都过于宽泛，其中同一罪名的法定刑幅度轻到拘役、重至死刑的就有十余条。而在如此宽泛的法定刑幅度内用以划分轻重等级的，又是外延模糊的"情节严重（恶劣）""情节特别严重（恶劣）"之类难以把握的界限。在实践中，每个审判人员对情节是否严重（恶劣）的认识总是不尽相同的，有时甚至相去甚远。这就使刑法的适用在实践中必然出现较大的差异，特别是当不同地区、不同时间判处的罪犯在同一监狱执行时，这种差异就显得更为突出。这对在每个公民包括犯了罪的公民之间树立刑法的严肃性和公正性是极为不利的。因此，我国在修改刑法的时候，应当尽可能地缩小法定刑的幅度，对同一罪名规定不同等级的法定刑时应当明确规定各自的适用条件，以使刑法的适用有可能符合人们普遍的公平要求。

（三）有些规定的适用范围不够明确

例如，刑法第14条关于已满14岁不满16岁的人的刑事责任范围的规定就不够明确。因为究竟哪些犯罪属于"其他严重破坏社会秩序罪"，在整个刑法典中没有作出任何解释和限定，而刑法典中对"社会秩序"一词的使用又很不规范，所以人们可以对此根据各种不同的理解来适用刑法而不违反刑法的规定。又如刑法第 20 条是关于未遂犯的规定，其对未遂犯的处罚是适用于所有故意犯罪还是只适用于某些故意犯罪，并没有相应的具体规定。如果适用于一切故意犯罪，那显然是不可能的，因为刑法分则中规定的许多故意犯罪都是以"后果严重""情节恶劣""数额较大"等为构成要件的，既遂犯尚未必处罚，未遂犯就更谈不上处罚；如果只适用于某些故意犯罪，那么这些犯罪又具体包括哪些、需要什么条件就不得而知了。再如，我国刑法分则中对不少罪规定法定刑时都没有明确规定其构成要件，以致在司法实践中时常引起无法解决的争议。

（四）有些规定的用语不够明确

这包括三种情况：一是前后并列的概念之间没有严格的区别。例如，刑法第 2 条中规定的"社会秩序、生产秩序、工作秩序、教学科研秩序和人民群众生活秩序"，其中与其他各种秩序并列的"社会秩序"的内涵就令人难以理解，特别是当该条与刑法第 158 条结合起来考虑时，它与其他几种秩序的区别就更难以理解。又如，刑法第 57 条中规定的"犯罪的事实、犯罪的性质、情节和对于社会的危害程度"，也令人难以区分。二是法律用语没有表达立法原意。例如，刑法第 12 条第 2 款的规定，普遍认为，该立法的原意是法律没有规定的不构成过失犯罪，因而也不负刑事责任。而该款的用语却是"过失犯罪，法律有规定的才负刑事责任"，言下之意是过失犯罪如果法律没有规定就不负刑事责任；这无异于告诉人们过失构成犯罪并不以法律有规定为限，只是过失负刑事责任才以法律有规定为限。三是法律用语对立法意图表达得不明确。例如，刑法第 153 条中的"犯盗窃、诈骗、抢夺罪"是仅仅指实施构成了犯罪的盗窃、诈骗、抢夺行为，还是指一切具有盗窃、诈骗、抢夺性质的行为";"抗拒逮捕"是仅仅指抗拒依据刑事诉讼法第39条规定的程序和第40条规定的条件而实施的逮捕,还是指包括依据刑事诉讼法第41条实施的"拘留"和依据刑事诉讼法第42条实施的"扭送"在内的紧急处置措施;以及在犯诈骗罪的情况下该条规定的"当场"如何理解等,都不够明确。又如,刑法第186条规定的泄露国家机密罪,是仅指故意犯罪或者仅指过失犯罪,还是既包括故意犯罪也包括过失犯罪,其意图也不明确。诸如此类的用语,在刑法修改时应当力求避免,以保证刑法的科学性和可循性。

应当指出,我国刑法中的不明确之处绝不限于以上所列。近年来,一些理论工作者和司法工作者从不同的角度指出了我国刑法中不甚明确的条款和用语。本文举其几例,只是为了说明在修改刑法的时候,应当遵循明确性原则的必要性。

(原载《法学研究》1990年第6期,人大复印报刊资料《法学》1991年第1期全文转载)

论刑法的公平观

一、市场经济呼唤刑法公平

党的十四大以来，建立社会主义市场经济体制，已成为我国经济体制改革的既定目标，市场经济也将成为我国经济的基本模式。市场经济是以经济活动的独立自主为条件，以公平竞争的市场关系为基础，并受市场机制调节和价值规律作用的经济。没有市场上的竞争，就不可能实现配置社会资源、优胜劣汰的市场功能，也就没有市场经济可言。市场经济离不开竞争，竞争则必须公平地进行。在市场经济中，只有公平地竞争，才能保障各类经济活动主体所生产和需要的商品按照价值规律的基本要求在市场上等价交换，交换的状况才能真实地反映社会供给与需求的关系，促使社会资源更合理的配置；交换的结果也才能使真正的优者胜、劣者汰，从而促使商品生产者和经营者节约生产成本，提高技术和经营管理水平。如果市场竞争不是在公平的条件下进行，而是不同的经济活动主体在市场上具有不平等的地位，政府的权力干预商品的交换，一部分市场主体可以把自己的意志强加于另一部分市场主体，允许采取假冒、诈欺、贿赂等不正当手段从事市场交易，那么，商品交换的过程就会摆脱价值规律的支配，商品交换的状况就可能扭曲地反映社会供给与社会需求的关系，导致社会资源的不合理配置；商品交换的结果就会使诚实、守法的商品生产者和经营者遭到打击，使社会的生产力遭到严重破坏。从这个意义上讲，公平竞争是市场经济健康发展的必要保障。

存在决定意识，市场经济对竞争公平的客观要求，必然要通过市场活动主体在其观念形态中表现出来，进而成为他们对法律保护的基本要求。因为在市场经济中，利润原则总是刺激着每一个商品生产者和经营者，以致其中引起一些人必然会在价值规律作用的范围之外去寻求超过正常利率的利润，采取不正当的手段参与市场竞争。然而，正是这种不正当的竞争手段，使广大诚实的竞争者更加强了对竞争中公平原则的要求，增强了对公平竞争进行法律保护的渴望。

市场经济对公平的客观要求，在法律领域最直接、最大量地表现在经济立法上。在刑事法律中虽然不像在经济法律中表现得那么普遍，但却更为强烈、更为集中。这是因为：其一，刑法虽然不直接规范经济活动主体的行为，但却具有运用最严厉的法律制裁手段处罚经济犯罪的职能。刑法一旦插足经济活动，其对经济活动主体可能产生的影响是极为重大的，甚至可能决定特定经济活动主体的命运。其二，经济活动主体的合法权益虽然可以通过各种法律手段来保护，但是当经济活动主体的合法权益遭到严重侵犯的时候，最有力量的保护莫过于刑法的保护。刑法如果在保护企业和公民的合法权益、规定和制裁犯罪、适用刑罚等方面，不能公平地对待不同类型的经济活动主体，不能有力地制裁采取不正当手段严重侵犯他人权益的竞争者，市场经济中的竞争就无法公平地进行，市场调节机制的正常运转就得不到应有的保障，市场经济体制就不可能顺利建立。

刑法公平不仅是市场经济的客观要求在刑法中的集中反映，而且也是刑法自身发挥功能的基本条件。刑法是通过设定和追究刑事责任的方式发布禁令，阻止人们实施犯罪行为来发挥保障和保卫功能的。而刑事责任的设定和追究只有最大限度地满足特定社会普遍信奉的公平观，才有可能受到众人的尊重、支持和遵守；如果刑法被普遍认为是不公平的，便会遭到众人的藐视、抵制和唾弃。因为公平是公理和正义的保障，没有公平，就谈不上公理和正义。人们遵循公理和正义，便要求公平地解决他们之间的争端，要求公平地对待他们的功过和正谬。在刑法领域，人们也就自觉或不自觉地用公平的尺度来衡量刑事责任问题，并根据这种要求的满足程度决定对刑法所发布的禁令的服从。当然，在刑法的历史发展中，刑事责任的设定和追究未必总是遵循公平的原则。特别是在专制制度下，统治阶级总是把刑法作为阶级压迫的工具，或明或暗地确认不同阶级之间在刑法中的不平等，极不公平地对待不同主体的犯罪问题。但是，这并不意味着刑法功能上的发挥可以摆脱社会普遍信奉的公平观的制约。

事实上，在刑法发展的任何历史阶段上，刑法功能的发挥总是与刑法对当时社会公平观的满足程度相联系。对某种犯罪的规定以及对之规定的刑罚、对不同犯罪主体的刑事追究，如果符合当时社会人们普遍信奉的公平观，便会被视作合理、公正的，便得到众多人的认同和遵从，从而最大限度地发挥其功能；如果不符合当时社会人们普遍信奉的公平观，便会被认为是不合理、不公正的，便会为众多的人所憎恶和反抗，刑法的制定和适用也往往是适得其反，导致更多更严重的犯罪。因此，公平原则，虽然名不见经传，却始终作为一种潜在的、无形的力量钳制着刑法功能的发挥。在市场经济条件下，人们的公平观有了新的内容并被市场上激烈竞争的需要而强化，人们对刑法公平的要求也相应地更为明确、更为迫切。

二、刑法公平对刑事立法和司法完善的指导意义

公平是一个历史的范畴。在历史发展的不同阶段，公平要求的具体内容不尽相同。但是构成公平观的基本方面即公平的基本含义是相同的，这就是必要、合理和平等。一项要求的提出、一个争端的调解、一种责任的分担、一批财产的分割、一个问题的处理，只有当它在内容和形式上都是必要的时候，人们才会认为它是公平的。任何举措，失去了它的必要性，就没有公平可言。公平不仅要求必要，而且要求合理。在必要的前提下，合理地处置才是公平的。虽然必要但处置不合理，同样谈不上公平。公平还要求同一标准或原则在大致相同的情况下平等地适用于每个人，不允许因人而异。如果在不同主体之间存在着不平等的待遇，也就无公平可言。

公平于刑法，并不是要求刑法适用主体与适用对象平等，而是要求刑法应当在必要的情况下适用于必须适用的对象，而不能滥施刑罚；在解决人的刑事责任问题时，应当对所有犯罪主体实行一视同仁的平等原则，不仅仅因为身份的不同而实行区别对待；在对不同性质的犯罪规定刑罚时，应当在它们之间根据社会危害的程度保持基本均衡，避免畸轻畸重。

在社会主义市场经济条件下，公平观在刑法领域主要表现在以下几个方面：（1）要求保护公平竞争，禁止严重破坏公平竞争原则从而危害社会主义市场经济健康发展的不正当竞争行为，把严重破坏市场经济的某些不正当竞争行为规定为犯罪，给予必要的刑事制裁。（2）要求平等地保护社会主义市场经济中作为平等主体的不同所有制性质的商品生产者和经营者的合法权益，在刑法保护的范围内切实保障市场经济中所有合法主体的合法权益。(3) 要求公正合理地解决各类犯罪主体的刑事责任问题，对相同的犯罪规定相同的定罪和量刑标准。(4) 要求刑法具有全社会一体遵行的效力，任何实施犯罪行为的人都不能逃避应负的刑事责任，保障没有构成犯罪的人不受到刑事追究。

在社会主义市场经济建立和发展的过程中强调刑法公平观，对于我国刑事立法的完善和刑事司法的发展，特别是对于发挥刑法在市场经济中的保驾护航功能，具有直接的现实意义。

我国现行刑法，总体上是按照工人阶级和广大劳动人民的共同意志为保护全国人民的根本利益而制定的，因此它在本质上能够满足社会主义初级阶段人们普遍信奉的公平观，特别是我国刑法在解决人的刑事责任问题时坚持主客观统一的原则、在犯罪与刑罚之间坚持罪刑相适应原则，从而充分地体现了社会主义的公平观。我国在适用刑法的过程中，坚持以事实为根据、以法律为准绳的原则，认真负责地追究具体犯罪人的刑事责任，基本上做到了刑法适用的公平性。但是也应当看到，我国现行刑法毕竟是计划经济下的产物。随着社会主义市场经济体制的建立和发展，与计划经济相联系的某些刑法规范和刑法观念，与市场经济所要求的公平原则未必吻合；司法实践中某些传统的做法，特别是存在的问题，与市场经济对刑法公平的要求相去甚远。对此，可以举要如下：

(一) 对不同主体的不同保护

在计划经济体制下，我们虽然也强调国家、集体、个人利益"三兼顾"，但这是国家利益优先于集体利益、集体利益优先于个人利益的前提下的"兼顾"。这种方针的提出和贯彻，一方面是为了确保国家计划的绝对执行，另一方面也是因为私营经济在国民经济计划中不占有重要地位。而这种不同利益之间的不平等，反映在刑法中便是对不同所有制性质主体的合法权益采取了不同程度和方式的保护。例如，刑法第125条关于破坏集体生产罪的规定，就只注意到对全民所有制单位和集体所有制单位的生产活动的保护，而把私营企业、外资企业的生产活动排除在保护之外；刑法第127条关于假冒商标罪的规定，就只是规定假冒其他企业已经注册商标的行为，而把个人已经注册的商标排除在受保护之外。

上述规定，在市场经济体制下显然是违背公平原则的。因为在市场经济中参与市场竞争的各类主体，不论其所有制性质如何，其法律地位是平等的，每个主体都要求自己的合法权益受到与其他主体的合法权益相同的刑法保护，否则就无法与其他主体进行公平竞争。特别是在激烈竞争的旋涡中，为了打败对方生产的犯罪是屡见不鲜的，刑法如果仅仅局限于保护集体生产而不能平等地保护私营企业、个体工商户的生产和经营，就会破坏市场所要求的公平观，也就无法有力地保护市场经济的健康发展。

（二）对同一犯罪行为的规定和适用标准不同

计划经济体制下不同主体之间的不平等地位不仅体现在不同程度的保护上，而且表现在对不同主体所实施的同一犯罪行为所规定和适用的不同标准上。

1. 对同一行为，因主体身份不同而适用不同标准

例如，同样是盗窃或骗取公共财物的行为，国家工作人员利用职务上的便利盗窃、骗取的，刑法规定按第155条贪污罪论处；非国家工作人员盗窃、骗取的，刑法规定按第151条、第152条盗窃罪、诈骗罪论处。而按照有关司法解释的规定和各地掌握的标准，个人贪污一般在2000元以上的，才追究刑事责任，但是个人盗窃或诈骗一般在300元或500元以上的，

就追究刑事责任。这实际上意味着，一般公民盗窃、骗取公共财物在1000元左右的，就要定罪判刑；而国家工作人员利用职务上的便利，侵吞、盗窃、骗取公共财物在1000元左右的，反而可以不定罪判刑。

2. 对同一行为，因主体所有制性质不同而适用不同标准

例如，同样是走私行为，1988年1月21日全国人大常委会《关于惩治走私罪的补充规定》中规定，个人走私货物、物品价额在2万元以上不满5万元的，处3年以下有期徒刑，并处以罚金，价额在5万元以上不满15万元的，处3年以上10年以下有期徒刑并处罚金；而企业事业单位、机关团体走私货物、物品价额在30万元以上的，才对直接负责的主管人员和其他直接负责人员处5年以下有期徒刑或者拘役，对单位处罚金，而价额不满30万元的，可以不追究刑事责任。同样的情况也出现在其他法人和自然人都可以构成的犯罪中。例如对于假冒商标案，最高人民检察院1986年3月24日印发的《人民检察院直接受理的经济检察案件立案标准的规定（试行）》明确规定：国营、集体单位假冒商标非法经营额在1万元以上或者非法获利3000元以上的才对直接负责人员予以立案；而个体工商业者假冒商标非法经营额在3000元以上或者非法获利1000元以上的就要予以立案。这类规定本身并无不当，但是由于有关司法解释明确规定，私营企业犯上述罪的按个人犯罪论处。这在市场经济条件下，作为平等的市场主体的企业法人之间就出现了极不平等的刑法适用标准。这在企业之间的竞争中对私营企业造成了极为不利的态势。在同样情况下，国营企业可以泰然处之，私营企业却可能遭灭顶之灾。

3. 对同一行为，因地区不同而适用不同标准

例如，最高人民法院、最高人民检察院1984年11月12日

制发的《关于办理盗窃案件中具体应用法律的若干问题的解释》中规定：个人盗窃公私财物，一般可以200元至300元为"数额较大"的起点，少数经济发展较快的地区可以提到400元为起点；个人盗窃公私财物，一般可以2000元至3000元为"数额巨大"的起点，少数经济发达的地区可以提到4000元为起点。1991年12月30日最高人民法院和最高人民检察院将此标准修改为"数额较大"一般为300—500元，少数经济发展较快的地区为600元；"数额巨大"一般为3000—5000元，少数经济发展较快的地区为6000元；"数额特别巨大"一般为2万—3万元，少数经济发展较快的地区为4万元。类似精神，也出现在最高人民法院、最高人民检察院的其他有关经济犯罪的司法解释中。

上述规定，在计划经济体制下，无疑是考虑到某些客观因素的差别并包含着一定合理成分的，但是在市场经济体制下，无论是在形式上还是在实质上，都显然违背了公平原则，不利于平等地保护各类市场主体的合法权益，不利于合理地处理各类市场主体的犯罪问题。

（三）对相似情况的不同规定

1982年3月8日全国人大常委会《关于严惩严重破坏经济的罪犯的决定》规定，对该决定所列举的犯罪人员和犯罪事实知情的直接主管人员或者仅有的知情的工作人员不依法报案和不如实作证的，要追究刑事责任。但是无论是刑法典还是迄今为止的补充规定，都没有关于严重危害社会治安的犯罪知情不举行为要追究刑事责任的规定。这在实践中就意味着，同样是对刑法规定的重大犯罪知情不举的行为，仅仅因为犯罪的不同种类，有的要承担刑事责任，有的则可以不承担刑事责任。

(四) 严厉惩处与有罪不纠

1982年以来，根据有关的立法和刑事政策，全国司法系统几次开展大规模的严惩严重破坏经济的罪犯和严重危害社会治安的罪犯的活动，严厉惩处了一批又一批罪大恶极的犯罪分子。全国人大常委会对刑法的修改补充决定也一次又一次地增加了对特别严重的犯罪适用死刑的规定。然而，在这种严惩严重破坏经济的罪犯的同时，由于权力的不当干预和来自各个方面的阻力，由于经济体制改革进程中某些经济活动性质的不确定性，由于司法队伍的力量和经费不足，甚至由于司法工作人员中的某些腐败现象，相当一批严重经济犯罪分子并没有受到应有的法律制裁。特别是一些大公司，非法经营额高达数千万元，竟无一人受刑事追究；一些境内外存款额或挥霍额高达本人正常收入数十倍、数百倍的国家工作人员无人查处。漏网的"大鱼"和"小鱼"形成鲜明的对比，从而强烈地显示出刑事司法的不公平。在这种环境下，对某些犯罪分子的刑事追究本来是完全公正合法的，但是这些人把自己的犯罪行为与没有受到追究的人的犯罪行为相比较，也会认为刑法于己是极不公平的。这种局面，在客观上已经对改造罪犯和预防犯罪的工作造成了严重的影响。这种局面，也是经济犯罪屡打不止，并且随着刑罚的加重，犯罪的数量和严重程度也在不断增加的原因之一。

以上情况表明：在市场经济体制建立和完善的过程中，强调刑法公平，具有重要的现实意义；在刑事立法中能否坚持公平原则，在刑事司法中能否保障公正严格地适用刑法，直接关系到刑法功能的发挥及程度。

三、两个有关刑法公平问题的探讨

上文把对同一行为规定和适用不同标准列入了刑法不公平

之列。这种看法能否成立？所指做法是否符合实质公平的原理？在此试做初步探讨。

关于公平，人们惯于强调实质上的公平。只有实质上公平，才是真正的公平。然而实质上的公平与形式上的公平并不是绝对对立的。形式上不公平的，在实质上未必一定就公平。如果单独强调实质公平而不对可比事物作具体分析，就可能在形式上不公平的场合用实质公平的抽象理念掩盖实质上的不公平。

（一）关于贪污罪与盗窃罪量刑数额标准的公平问题

就贪污罪与盗窃罪的数额标准而言，其刑法适用在实质上是否就公平呢？是不是可以说确定这种不同的数额标准是为了保证在实质上对不同的犯罪主体公平地追究刑事责任呢？恐怕未必尽然。

贪污罪与盗窃罪，都是侵犯财产所有权的犯罪，并且都是通过不为人知的方式非法地将不属于自己的财物攫为己有，所以在制裁上这两种犯罪是相同的，具有内在的可比性。就其差别而言：第一，在侵害的对象上，贪污罪的犯罪对象只是公共财产；盗窃罪的对象包括公共财产，也包括私人财产。在市场经济条件下，私人财产与公共财产应当受到平等地保护，侵犯私人财产的犯罪与侵犯公共财产的犯罪对社会主义现代化建设的危害程度应当说是相同的，对这两种罪的认定和处罚标准也应当是相同的。即使承认公共财产重要于私人财产，那么至少盗窃罪中盗窃公共财物的那些犯罪与贪污罪在侵犯公共财物的所有权方面是等值的。第二，在犯罪的手段上，盗窃罪使用的是对他人所有、保管或持有的财物采取秘密窃取的方式，在不为对方觉察的情况下将公共财物或他人财物据为己有；贪污罪使用的是对自己保管或经手的公共财物，利用职务上的便利，采取秘密窃取、侵吞、隐瞒等方式，在不被单位或上级察觉的情况下把公共财物据为己有。这两种手段，虽然有所不同，但是贪污罪的犯罪手段在本质上包容了盗窃罪的犯罪手段，并且是利用了职务上的便利来盗窃公共财物的。如果要分孰轻孰重，那么只能说贪污罪的手段恶劣于盗窃罪，不可能得出相反的结论。第三，在犯罪的主体上，盗窃罪可以是任何人实施的犯罪，而贪污罪只能是拥有保管、经手和使用公共财物的权力的国家工作人员。这种权力是其执行公务所必需的。但是也应当看到，这种权力为滥用权力盗窃公共财物的犯罪分子提供了便利的条件和容易成功的概率。与一般的盗窃罪相比，国家工作人员利用自己职务上的便利盗窃自己保管和经手的财物，更容易成功，因而也更应当提防，更应当予以严惩。上述每种差别，都表明在所获赃物数额相同的情况下，贪污罪应当有比盗窃罪更严格的认定标准，贪污罪应当有比盗窃罪更重的处罚，而不是恰恰相反。

当然，最高司法机关对贪污罪在定罪量刑的数额标准上作出大大宽于盗窃罪的规定，并不是完全没有道理，甚至有人可能认为只有这样规定才符合实质公平的原理。然而，支撑这种观点的理由未必都是合理的。

首先，从犯罪对象对被害主体的影响值上看，有人可能强调，损失相同数额的财产，对于全民所有或集体所有的单位来讲可能不疼不痒，对于收入低微的个人来说可能损失惨重。此话不假。但是盗窃并不完全是侵犯个人财产所有权的行为，许多重大盗窃案件所盗的都是公共财物，这些公共财物对被害单位的影响起码是等值的。即使所盗的是私人财物，在市场经济情况下，随着私营企业和个体工商户经济实力的增加，以及国家企业经营机制的转变，其对被害者的影响并非一定就比贪污相同数额的财物对被害单位的影响大。

其次,从犯罪行为对社会心理的影响上看,有人可能认为,盗窃犯罪容易造成社会心理上的财产不安全感,容易引起人们的憎恶而不易得到人们的宽恕;贪污罪不易造成社会心理上的财产不安全感,容易得到人们的宽恕。然而,这种的看法只是一部分人的认识,并且也不意味着这种看法无可挑剔。事实上,人们憎恶小偷,是因为小偷出现在人们身边并且有可能使人们丧失自己的钱财;人们宽恕贪污犯,是因为人们不担心自己的钱财被贪污犯侵吞。憎恶窃贼而宽恕贪污犯,在一定程度上反映了一些人看重自己财产而漠视公共财产的倾向。如果刑法支持这种倾向,对于公共财产是不公平的。此外,如果在道德的天平上来衡量,受国家和人民委托保管、经手和使用公共财产的人,如果利用这种信任贪污公共财产,比起滥用这种信任的普通盗窃,应当说是更恶劣、更不值得宽恕。

最后,从犯罪得逞的难易程度上看,可能有人会认为贪污犯罪比起盗窃犯罪更容易非法占有更大数额的财物,所以定罪量刑的数额起点也应当相应地高一些。这种观点不能不让人感到困惑。在审判实践中,贪污犯罪非法占有公共财物的数额确实远远大于盗窃罪。但是按理,越是容易实施的犯罪,就越应当受到严厉惩罚才能预防;越是难以实施的犯罪,越无须严厉的刑罚。因为前者因其容易实施而对人们具有更大的诱惑力,需要付出的代价亦小,不严格禁止和严厉处罚,就不足以防止人们去实施;后者因其难度本身就会使一些人望而却步。贪污罪比盗窃罪容易得逞,并且容易获得较大数额的公共财物这一特点本身,应当使它在定罪量刑的数额标准方面比盗窃罪更严格,而不应当是更宽松。

因此,从实质公平的角度看,贪污罪定罪量刑的数额标准远远宽于盗窃罪,也是违反公平原理的。在贪污罪和盗窃罪的数额问题上,对不同主体的不同标准,不是形式上的不公平、实质上的公平,而是不论在形式上还是在实质上都不公平。

(二)关于不同地区经济犯罪定罪量刑数额标准的公平问题

在司法实践中,根据最高人民法院和最高人民检察院的司法解释,我国对不同地区的经济犯罪采用了不同的定罪量刑数额标准。这种做法,是考虑到各地经济发展的状况和速度的不平衡,为了实质上的不公平而确定的。然而仔细分析一下便可以发现这种不同的数额标准,对不同地区来说,未必有助于刑法适用的实质公平。

首先,在不同地区对经济犯罪适用不同的数额标准,对保护各地市场经济体制的建立和发展是不公平的。

现在经济发展的不平衡是一种客观存在,并且在市场经济体制建立和发展的过程中,这种现象更是难以避免的。但是各地经济发展的不平衡决不意味着经济发展较快的地区刑法保护的力度可以弱一些、在经济发展较慢的地区刑法保护的力度可以强一些。如果在甲地挪用 5000 元公款供个人使用就可以以贪污罪论处,而在乙地挪用 8000 元公款归个人使用还不构成犯罪从而不受刑事追究,那么刑法适用的结果在事实上就对不同的地区的公共财产造成了不平等的结局。这种结局,不仅不利于刑法在全国范围内的统一适用,而且对于不同地区的经济发展来说,就出现了刑法保护的不公平。诚然,相同数额的财物,在经济发展较快的地区与在经济发展较慢的地区可能对于社会经济的发展和人们的经济生活的影响程度不同。但是,第一,财产损失对于经济发展和经济生活的影响程度并不完全(甚至不主要)取决于某个地区的经济发展速度的快慢,而是取决于具体被害人的经济状况。对于具有亿万元资产的企业来说，即使它地处边远贫困山区，被盗走几千元，仍然无关痛痒；对于仅有几千元或几万元的个人和小企业来说，即使地处经济发展较快的沿海地区，被盗走几千元就可谓损失惨重，就可能严重影响其生活或发展。第二，社会经济发展快、人民生活水平高的地区的经济利益应当受到保护和重视，而不应受到打击和漠视。改革开放以来，我们国家实行的实际上是奖勤罚懒的政策。对个人，允许一部分人通过诚实劳动先富起来；对企业，鼓励搞活经济、快速发展。但是如果我们在刑法的具体适用中对经济发展较快的地区的经济犯罪放宽标准，使在经济发展较慢的地区可以构成犯罪的行为在经济发展较快的地区只是因为人民生活水平高而不构成犯罪、不受刑罚制裁，使在经济发展较慢的地区可能受到重罚的犯罪在经济发展较快的地区不受重罚，那在实质上就违背了奖勤罚懒的方针，就可能使经济发展较快的地区的公共财产和个人所有的合法财产得不到应有的刑法保护。这对经济发展较快地区的公民和企业是不公平的。

其次，在不同地区对经济犯罪适用不同的数额标准，对各地的犯罪预防工作是不公平的。

刑法对经济建设的保驾护航功能是通过禁止和制裁犯罪来实现的。禁止实施某种犯罪并对实施了该犯罪的人予以刑罚处罚，是减少和预防该类犯罪行为发生、遏制其增长趋势的主要措施。在经济发展较快的地区，如果刑法放宽了对经济犯罪定罪量刑的数额标准，刑法的威慑作用就会相应地减弱，从而这些地区经济犯罪的发生率也会增高。如果与经济发展较慢的地区适用相同的定罪量刑标准，经济发展较快的地区的司法机关就可能面临应接不暇的局面。如果在经济发展较快的地区对经济犯罪定罪量刑适用较宽的数额是为了减少司法机关的工作负担,以便集中力量抓大案要案,那么,这样做的结果与其初衷显然南辕北辙。因为第一,放宽定罪量刑的数额标准,就意味着轻判一般的经济犯罪分子,甚至对某些经济犯罪分子不以犯罪论处。这样做,势必导致一般的经济犯罪的大量增加。小贼不防,大盗焉禁?在这种情况下,即使对某些数额巨大的经济犯罪分子处以极刑,也无法遏制经济犯罪上升的趋势,而一般经济犯罪的增长,必然会孕育严重经济犯罪的增长。第二,在经济发展较快的地区放宽定罪量刑的数额标准,必然会吸引经济发展较慢地区的犯罪分子到经济发展较快的地区去做案,从而促使经济发展较快地区经济犯罪的增加。经济发展较快的地区本身就蕴藏着较多的经济犯罪的风险,经济犯罪的成功率和获利率都比经济发展较慢的地区高。这对经济发展较慢地区的犯罪分子不能不说是一种诱惑,如果再放宽对这些地区的经济犯罪定罪量刑的数额标准,使非法获取相同数额的经济犯罪在这些地区不受刑事追究或受到较之经济发展较慢地区更轻的刑事处罚,那就势必促使经济发展较慢地区的犯罪分子蜂拥而至经济发展较快的地区。这对经济发展地区的犯罪预防工作是极为不利的。而这种人为造成的、于法无据的不利因素,对于经济发展较快的地区来说是显失公平的。

最后,在不同地区对经济犯罪适用不同的数额标准,对犯罪主体的刑事责任是不公平的。

罪刑相适应是公认的我国刑法的基本原则之一。坚持罪刑相适应原则的根本目的,正是为了公平合理地解决犯罪主体的刑事责任问题,使各类犯罪主体在与其他犯罪主体的相互比较中都能感受到对自己适用的刑法是公平的。而刑事相适应的核心是刑罚的轻重与犯罪的轻重相均衡,犯了相同的罪受到相同的刑罚处罚。对相同的经济犯罪定罪量刑时,在不同的地区适用不同的数额标准,不论在形式上还是在实质上,都显然是违背了罪刑相适应的原则。对于经济犯罪来说,非法经营、非法获利、非法占有公私财物的数额,是反映同一犯罪行为的社会危害性亦即其罪行轻重的重要因素之一。在其他因素相同的情况下,在不同地区对经济犯罪定罪量刑时适用的数额标准,实际上意味着对轻重相同的犯罪由于地区的不同而给予不同的刑罚处罚。对于财产所有权的同等侵犯,在经济发展较慢的地区,可能由于达到定罪标准而要承担刑事责任或者可能承担较重的刑事责任,在经济发展较快的地区,可能由于没有达到定罪标准而不负刑事责任或者可能承担较轻的刑事责任。这对不同地区的犯罪主体来说,显然是不公平的。对于同一犯罪主体来说,如果其不是在同一地区实施经济犯罪,而是在不同地区之间通过若干环节来完成一个经济犯罪(如异地诈骗);或者是先后在不同的地区实施了数个犯罪,其应当受到的刑罚轻重就不完全取决于其犯罪的轻重程度,而是部分地取决于他的犯罪行为在哪个地区被发现、受审判,亦即部分地取决于司法机关对他适用经济发展较快地区的定罪量刑数额标准还是适用经济发展较慢地区的定罪量刑数额标准。这对具体的犯罪主体,显然也是不公平的。特别是在市场经济条件下,随着经济活动主体跨地区活动的频繁,这种随着发现和审判地区的不同而导致刑事责任有大有小的不同的现象所反映出的不公平也会显著增加。

以上对两种情况的分析表明,公平刑法是一个值得认真研究的课题。如果只是抽象地强调实质公平而无视或漠视刑法规定和适用中显而易见的不公平,就不易发现这种表面上的不公平是否包括实质上的不公平。特别是在社会主义市场经济体制下,如何全面地理解和正确把握刑法公平的底蕴,还需要更进一步的探讨。但是，重视刑法公平，对于促进刑事立法的完善和刑事司法的发展，保障刑法功能最大限度的发挥，无疑具有重要的意义。

（原载《法学家》1994年第1期）

论罪责刑相适应原则

罪责刑相适应原则是我国现行刑法中规定的一项基本原则。但是对于这个原则，无论是在其称谓和内容方面，还是在其贯彻实施方面，都还存在着不同的看法，因而有深入研究之必要。

一、罪责刑相适应原则的演变

维护社会正义，是刑法自古以来最基本的价值追求。[1] 而追求公平则是人们认同刑罚所施加于人的痛苦的基本前提。公平和正义在刑法中的统一就是刑罚的轻重与犯罪人所犯的罪行相适应。因此，罪刑相适应是刑法存在和发展过程中人类理性的永恒追求。只是在社会发展的不同阶段，人们对罪刑相适应的要求及其在刑法中的表现方式有所变化而已。

在人类历史上，刑法产生的第一个标志就是公共权力介入私人复仇，而介入的方式则是限制私人复仇的程度即只能是"同态复仇"，而不能像原始社会那样任意复仇。"以眼还眼、

---

[1] "法律旨在创设一种正义的社会秩序"，"一个法律制度若不能满足正义的要求那么长期下去就无力为政治实体提供秩序与和平"。——〔美〕E. 博登海默：《法理学——法哲学及其方法》，邓正来、姬敬武译，华夏出版社1987年版，第302页。

以牙还牙、以血还血、以命抵命"，是同态复仇的基本方式。与这种刑法制度相联系的是这样一种刑法理念："对'正义'的描述，仅仅适用于具有正义品质和观点的某个人所给予的利益或所加的伤害。这就是立法者必须坚持的观点……他必须使用法律来尽可能做到以牙还牙、以血还血。"[1]"正义坚持对亲属的流血要进行确切无疑、针锋相对的报复；它通过我们刚才提到的法律起作用。它的判决是，一个干了这种事的人，必须明确地承受他所加害的人所承受的一切。"[2]"该受与罪行相应的惩处，以使每个人受到与自己的行为相应的惩罚——施暴处以死刑或剥夺公民权，贪婪处以罚金，贪图功名处以辱没名誉。"[3]"对类似一种更大罪恶的某种事情应该判处一种较重的刑罚，反之，对类似一种较小罪恶的某事则处以较轻的刑罚。这就是我们的法律应该采取的方针。"[4] 这种观念所强调的正是刑罚的轻重应当与罪犯所犯罪行的轻重相适应的思想。只是在当时的社会发展阶段，人们对罪刑相适应的认识和要求，表现为同态报应。

随着社会的发展和刑法的进步，特别是随着人类对自身价值的珍视，同态报应所包含的非理性的一面，逐渐为人们所认识和重视。在限制报复手段和程度的同时，同态报应的原则要求以加害者施加的损害形态来惩罚加害者，以致造成大批加害

---

[1] 〔古希腊〕柏拉图：《法律篇》，张智仁、何勒华译，上海人民出版社2001年版，第292页。

[2] 〔古希腊〕柏拉图：《法律篇》，张智仁、何勒华译，上海人民出版社2001年版，第306页。

[3] 〔古罗马〕西塞罗：《论共和国论法律》，王焕生译，中国政法大学出版社1997年版，第279页。

[4] 〔古希腊〕柏拉图：《法律篇》，张智仁、何勒华译，上海人民出版社2001年版，第299页。

者生命的丧失和身体的残疾。这对加害者来说，有时是过分的和多余的；对于社会而言，使社会为侍养这些残疾的犯罪人而背上了沉重的负担。反思同态报应的利弊，一些学者通过立法者对同态报应的原则进行修正，提出了等量报应的原理，即刑罚不是在形态上与犯罪所造成的损害的形态完全相同，而是在严厉程度上与犯罪所造成的损害程度相等。启蒙思想家孟德斯鸠在其《论法的精神》中表达了这种思想。贝卡里亚在其《论犯罪与刑罚》中进一步阐述了这种思想。贝卡里亚认为："犯罪对公共利益的危害越大，促使人们犯罪的力量越强，制止人们犯罪的手段就应该越强有力。这就需要刑罚与犯罪相对称。"因此他提出了一个犯罪与刑罚的阶梯对应理论。他指出："既然存在着人们联合起来的必要性，既然存在着作为私人利益相互斗争的必然产物的契约，人们就能找到一个由一系列越轨行为构成的阶梯，它的最高一级就是那些直接毁灭社会的行为，最低一级就是对于作为社会成员的个人所可能犯下的、最轻微的非正义行为。在这两极之间，包括了所有侵害公共利益的、我们称之为犯罪的行为，这些行为都沿着这无形的阶梯，从高到低顺序排列。如果说，对于无穷无尽、黯淡模糊的人类行为组合可以应用几何学的话，那么也很需要有一个相应的、由最强到最弱的刑罚阶梯。有了这种精确的、普遍的犯罪与刑罚的阶梯，我们就有了一把衡量自由与暴政程度的潜在的共同标尺。"[1]康德则把等量报应的理念发展到极致。康德指出："任何一个人对人民当中的某个个别人所作的恶行，可以看作他对自己作恶。因此，也可以这样说：'如果你诽谤别人，你

---

[1] [意]贝卡里亚：《论犯罪与刑罚》，黄风译，中国大百科全书出版社1993年版，第65—66页。

就是诽谤了自己；如果你偷了别人的东西，你就是偷了自己的东西；如果你打了别人，你就是打了自己；如果你杀了别人，你就是杀了你自己。'这就是报复的权利。"[1] 康德从这种报复的正义观中引申出等量报应的原则，并认为这就是罪刑相适应。

早在康德之前，边沁就从功利主义的角度对等量报应的观念提出了不同的看法。他指出："应该看到，罪刑相称不应该是这样数学化的相称，从而避免法律的过分细微、复杂和模糊。"在边沁看来，"孟德斯鸠意识到了罪刑相称的必要性，贝卡里亚强调它的重要性。然而他们仅仅作了推荐，并未进行解释；他们未告诉我们相称性由什么构成"。因此边沁提出了计算罪刑相称的主要规则：其一是刑罚之苦必须超过犯罪之利；其二是刑罚的确定性越小，其严厉性就应该越大；其三是当两个罪行相联系时，严重之罪应适用严厉之刑，从而使罪犯有可能在较轻阶段停止犯罪；其四是罪行越重，适用严厉之刑以减少其发生的理由就越充足；其五是不应该对所有罪犯的相同之罪适用相同之刑，必须对可能影响感情的某些情节给予考虑。[2] 因此边沁强调：要使刑罚本身可以适合罪刑相称的规则，刑罚就应该具有下列特质：第一，刑罚应该具有多与少的可变性，或者说可分割性，以使之符合罪行严重性的差异；第二，刑罚本身是平等的，即在某种程度上对所有犯同样罪行的人都一模一样；第三，刑罚可成比例，可以通过增加同质刑罚的量或者增加不同类的刑罚的方式，使刑罚的严厉程度不同；

---

[1] [德] 康德：《法的形而上学原理》，沈叔平译，林荣远校，商务印书馆1991年版，第165页。

[2] 参见 [英] 吉米·边沁：《立法理论——刑法典原理》，孙力等译，中国人民公安大学出版社1993年版，第68—70页。

第四，刑罚与罪行相类似，刑罚具有某种与罪行类似或相似的特性，即与罪行有共同属性[1]；第五，刑罚具有示范性；第六，刑罚具有经济性，即刑罚的严厉程度应该只为实现其目标而绝对必需；第七，所适用的刑罚不应该是绝对不可变易的。[2] 边沁是从刑罚对于预防犯罪的必要性的角度提出罪刑相适应原则的，但是从中也可以看出，他所强调的罪刑相称，主要是从犯罪的性质中寻求刑罚的尺度的，因而具有等质报应的特点。

黑格尔进一步论证了等质报应的理念。他指出："犯罪具有在质和量上的一定范围，从而犯罪的否定，作为定在，也是同样具有在质和量上的一定范围。但是这一基于概念的同一性，不是侵害行为特种性状的等同，而是侵害行为自在的存在的性状的等同，即价值的等同。"黑格尔有一句名言："刑罚既被包含着犯人自己的法，所以处罚他，正是尊敬他是理性的存在。如果不从犯人的行为中去寻求刑罚的概念和尺度，他就得不到这种尊重。如果单单把犯人看做应使变成无害的有害动物，或者以儆戒和矫正为刑罚的目的，他就更得不到这种尊重。"因此他认为，犯罪与刑罚之间存在着一种必然的联系，"即犯罪，作为自在地虚无的意志，当然包含着自我否定在其中，而这种否定就表现为刑罚。正是这一种内在同一性在外界的反映，对理智说来显得是等同的"。黑格尔强调：犯罪的质和量的性状以及犯罪的扬弃是属于外在性的领域，在这一领域中当然不可能有什么绝对规定。如果我们不仅忽略有限性的本

---

[1] 边沁在此虽然说"以眼还眼、以牙还牙"是值得赞赏的，但是他指出这类刑罚是不实用的，"在多数情况下都代价昂贵"。见前引书第 78 页。

[2] 以上参见〔英〕吉米·边沁：《立法理论——刑法典原理》，孙力等译，中国人民公安大学出版社 1993 年出版，第 77—79 页。

性，而且完全停留在抽象的种的等同性上，那么，当规定刑罚的时候，不仅会遇到不可克服的困难，而且根据这种观点，很容易指出刑罚上同态报复的荒诞不经。因为同态报复强调的是以眼还眼、以牙还牙，如果行为人是个独眼龙或者全口牙齿都已经脱落，报复将无法进行，而且同态报复这种观点的延伸就是以窃还窃、以盗还盗。与种的等同不同的是质的等同。价值这一范畴，作为在实存中和在种上完全不同的物的内在等同性，可以使我们从物的直接性状提高到普遍性中的物，因而具有可比较性。犯罪的基本规定在于行为的无限性，所以单纯外在的种的性状消失得更为明显，而等同性则依然是唯一的根本规则，以调整本质的东西，即罪犯应该受到什么刑罚，但并不规定这种科罚的外在的种的形态。单从这种外在的种的形态看来，一方面是盗窃和强盗，另一方面是罚金和徒刑等，它们之间存在着显著的不等同，可是从它们的价值即侵害这种普遍的性质看来，彼此之间是可以比较的。寻求刑罚和犯罪接近于这种价值上的等同，是属于理智范围内的事。[1] 黑格尔这种等质报应的观点，可以说从理论上合理地解释了刑法中罪刑相适应的基础。

罪刑相适应原则，强调已然之罪是适用刑罚的根据，对于保障尚未实施犯罪行为的人免受刑罚处罚具有积极意义，并且符合一般人恶有恶报、罪有应得的公平观念，能够满足社会正义的要求。但是这一原则在社会发展过程中也逐渐暴露出自身的局限性，一方面它具有单纯惩罚主义的浓厚色彩；另一方面它将犯罪人的自由意志绝对化，并以此为基础构筑的罪刑关系

---

[1] 以上参见〔德〕黑格尔：《法哲学原理》，范扬、张企泰译，商务印书馆1961年版，第102—106页。

体系，不能完全适应犯罪现象的千变万化。

在现代刑法理论上，随着实证学派和目的刑论的出现，一些西方学者主张从预防犯罪的需要出发选择刑罚的适用，强调刑罚个别化的思想，从而试图从根本上否定报应刑思想。1882年，李斯特在马布克大学作过一个著名的讲演，即"刑罚的目的观念"。他认为，刑罚不是执行本能的报复，而必须是在有目的、有意识地保护一定法益的目标下来适用的。与此同时，他提出："应受惩罚的不是行为，而是行为人。"[1] 这种观点与龙勃罗梭等人主张的犯罪人论相结合，出现了一种新的刑罚理论。这种新刑罚理论强调，刑罚不是为了对已经实施的行为进行报复，而是为了教育行为人使其不再犯罪，因此刑罚的适用应当充分考虑行为人的个人情况。龙勃罗梭主张，对"生来犯罪人"和"惯常犯罪人"应当处以终身监禁或者适用死刑，对患有激情性精神病的人和偶发性精神病的犯罪人应当处以罚金，对患有精神病的老年和少年犯罪人应当送感化院。李斯特则主张，对机会犯罪人应当处以罚金刑，对有改善可能的惯习犯罪人应当处以自由刑，而对没有改善可能的惯习犯罪人应当处以终身监禁或者死刑，使其永久与社会隔离。这种思想在一定程度上影响了刑事立法。20世纪初中叶，在意大利、德国、法国等国的刑法中相继出现的保安处分，正是这种刑罚理论作用的结果。

刑罚个别化的思想虽然在刑法典中得到了一定的反映，但是并没有也不可能完全取代罪刑相适应的刑法价值，而在刑事立法上只能是对罪刑相适应原则的一种补充。

---

[1] 参见〔日〕藤木英雄：《刑法上的学派对立：旧派和新派、客观主义和主观主义》，载《法学译丛》1980年第1期。

这种情况表明，罪刑相适应的思想在现代有了新的发展，即刑罚的轻重不仅仅是要与犯罪的轻重相适应，而且还要考虑犯罪人的情况。

正是考虑到刑罚理论的最新发展，我国1997年修订刑法时，在刑法的基本原则中明确规定，"刑罚的轻重，应当与犯罪分子所犯罪行和承担的刑事责任相适应"。这个规定表明，我国刑法实行的是罪责刑相适应原则而不是等量报应或等价报应原则，不是完全以报应刑思想为基础的罪刑相适应原则，而是在考虑犯罪分子所犯罪行的同时，要考虑犯罪分子刑事责任的大小。

我国刑法中的这个规定，反映了我国20世纪八九十年代刑事责任理论研究的成果[1]，也使刑罚在从同态报应到等量报应、到等价报应、到报应与教育相结合的发展进程中又前进了一步，即发展到报应与责任相结合。

报应与责任相结合，之所以是刑罚制度发展的新阶段，是因为它一方面保留了报应刑伸张正义的属性，同时又克服了单纯报应刑助长人们的报复情结一味追求报应性制裁的弊端；另一方面它汲取了目的刑、教育刑的合理内核，同时又防止了刑罚适用上的随意性，强调犯罪人应负的刑事责任对其所承受刑罚的制约作用，从而保证实现刑法目的时的合理性。这是在建设法治国家的进程中法治原则与刑法目的相结合的理性选择。

---

[1] 20世纪80年代以来，我国学者陆续发表了一些刑事责任方面的研究成果。如1984年《河北法学》第4期上发表的王希仁的《刑事责任论》；1986年《法学季刊》上发表的张智辉的《我国社会主义刑事责任理论初探》；1987年《法学研究》第2期上发表的张京婴的《也论刑事责任》和第5期上发表的余才的《刑事责任理论试析》；1988年《中国人民大学学报》第2期上发表的高铭暄的《论刑事责任》等。90年代以后，刑事责任理论引入了刑法教科书，并出现了刑事责任方面的专著。

二、关于罪责刑相适应原则的理论之争

作为刑法的基本原则,我国刑法第5条规定:"刑罚的轻重,应当与犯罪分子所犯罪行和承担的刑事责任相适应。"刑法的这个规定,其中所包含的内容应该说是很明确的,即:(1)犯罪分子应受的刑罚处罚是由其所实施的犯罪行为和应当承担的刑事责任决定的;(2)犯罪分子所受刑罚的轻重,既取决于自己所犯罪行的轻重,也取决于犯罪分子对自己所犯罪行应负刑事责任的大小;(3)对犯罪分子实际判处的刑罚轻重,应当与其所犯罪行的轻重和应负的刑事责任大小相适应。

但是如何理解刑法的这个规定,学术界存在着不同的看法。其中主要涉及三个方面:

(一) 称谓之争

刑法修订以后,学者们对第5条规定的基本原则的称谓提出了不同的看法。

有的学者认为,该条规定的基本原则是罪刑相适应原则,或称罪刑均衡原则。刑法第5条规定的基本含义,就是根据犯罪分子所犯罪行的社会危害性的大小,决定处刑的轻重,重罪重判、轻罪轻判,罚当其罪,罪刑相适应,因此这一原则又称罪刑均衡原则或罪刑等价主义。[1] 有的学者认为,尽管刑法第5条中引入了刑事责任的概念,但是在现有刑法体系基础上,还是将该条概括为"罪刑相适应原则"为好,其内涵是指刑罚的轻重应与犯罪行为的社会危害性和人身危险性相适应。刑从罪生,有罪当罚,无罪不罚;刑当其罪,不能重罪轻罚或轻罪重罚。[2] 有的学者认为,罪刑均衡,一方面是指刑罚与已然之

---

[1] 樊凤林、周其华、陈兴良主编:《中国新刑法理论研究》,人民法院出版社1997年版,第41页。

[2] 李文燕主编:《中国刑法学》,中国人民公安大学出版社1998年版,第42页。

罪的社会危害性程度相适应，另一方面是指刑罚与未然之罪的可能性也就是刑法第5条所称刑事责任程度相适应。在这个意义上，刑法第5条称为罪刑均衡原则较好。[1]

有的学者认为，刑法第5条规定的基本原则是罪责刑相适应原则。"新《刑法》第5条，既规定刑罚与犯罪行为相适应，又规定与刑事责任相适应，因而我们赞同本条规定的原则，应当称为'罪责刑相适应原则'，这才真正符合本条的完整含义。"[2] "必须看到《刑法》第5条中加入了刑事责任的概念，在充分肯定刑罚轻重与犯罪轻重相一致的合理内核前提下，吸收了刑罚个别化的思想。因此，司法机关在决定刑罚的轻重时，还要与犯罪人所承担的刑事责任相适应……将其第5条所确立的刑法基本原则概括为'罪责刑相适应原则'，能更准确地反映出条文所表达的内含。"[3] 从刑法第5条的规定中可以看出，"刑罚的轻重不是单纯地与犯罪分子所犯罪行相适应，也与犯罪分子承担的刑事责任相适应，也即在犯罪与刑罚之间，通过刑事责任这个中介来调节。因此，称之为罪责刑相适应原则，比称之为罪刑相适应原则要更准确些、贴切些"[4]。

但是也有学者认为，罪责刑相适应原则的提法，淡化了罪刑相当原则的重要性，反映不出罪刑相当原则和刑罚个别化原则的特殊性，不能反映刑事归责意义上的刑事责任通过责任主义原则对罪刑关系的至关重要的调节作用，也不能完全与刑法

---

[1] 陈兴良主编：《刑法疏义》，中国人民公安大学出版社1997年版，第78页。

[2] 马克昌：《论我国刑法的基本原则》，载《中央检察官管理学院学报》1997年第4期。

[3] 孙力：《刑法修订是完善我国刑事法律和司法制度的重大举措》，载《法律科学》1997年第4期。

[4] 高铭暄、马克昌主编：《刑法学》，北京大学出版社、高等教育出版社2000年版，第30页。

第5条的内容对应,因而将该条的内容概括为"罪责刑相适应原则",明显不妥。[1]

这种争论的缘由在于如何理解该条规定中的"刑事责任"。如果认为该条规定中的刑事责任没有独立价值,必然会得出罪刑相适应或者罪刑均衡的结论。但是如果承认刑事责任的独立价值,就不能不认为,该条规定的基本原则是罪责刑相适应原则。

笔者认为,第一,刑法第5条明确地将"所犯罪行"与"承担的刑事责任"并列规定,我们没有理由无视刑法条文的规定,人为地在基本原则中抹去刑事责任的概念。第二,刑法之所以要把刑事责任与所犯罪行并列规定,就说明立法者认为刑事责任对于刑罚的轻重具有独立的价值,它是罪行本身不能完全替代或包容的。在基本原则的称谓上也应当突出刑事责任应有的地位。第三,最为重要的是,罪责刑相适应原则是从罪刑相适应原则发展而来的,它比罪刑相适应原则更具合理性。我们没有理由非要倒退到罪刑相适应原则上去。

(二) 罪责刑相适应原则的价值合理性

如前所述,罪责刑相适应原则是从同态复仇、等量报应、等价报应、刑罚个别化等刑法原则中发展而来的。之所以说是一种发展,就在于它既继承保留了刑法发展过程中人们普遍认可的合理内核,即罪刑均衡的刑罚正义观,又为之注入了新的理性成分,即在罪刑均衡的基础上注意刑罚的合目的性和合理性。

罪刑相适应是社会正义的基本要求。正义被认为是人类精

---

[1] 参见曲新久:《刑法的精神与范畴》,中国政法大学出版社2000年版,第431—435页。

神的某种态度、一种公平的意愿以及一种承认他人要求和考虑的意愿。《查士丁尼民法大全》中提出并被古罗马法学家乌尔庇安首创的一个著名的正义定义,就是"正义乃是使每个人获得其应得的东西的永恒不变的意志"。西塞罗则将正义描述为"使每个人获得其应得的东西的人类精神意向"。总之,给予每个人以其应得的东西的意愿乃是正义概念的一个重要的和普遍有效的组成部分。没有这个部分,正义就不能在社会中兴旺。[1] 正义存在于社会有机体各个部分间的和谐关系之中。按照亚里士多德的观点,"正义要求按照均衡平等原则将这个世界的万事万物公平地分配给社会的全体成员。相等的东西给予相同的人,不相等的东西给予不相同的人"。[2] 而在刑法领域,这种正义观念的延伸,就是要求对侵害社会和他人利益的人给予其应得的惩罚。有罪必罚、罚当其罪,是社会正义的理念在刑法领域的反映,也是人们对刑法的基本要求。正如有的学者所说的,"无论是从非功利主义的义务论出发,还是从功利主义的功利原则出发,罪刑相当原则都是刑法的一条正义原则,一条不可违背的正义原则,集中地体现了刑法公正价值"。[3]

但是单纯的正义观念很容易使刑法陷入缺乏理智的绝对报应刑的境地。正如康德所走过的道路:作为报应刑论的典型代表,康德极力主张正义是处理罪刑关系的唯一原则。他认为:"如果正义竟然可以和某种代价交换,那么正义就不成为正义了。但是,公共的正义可以作为它的原则和标准的惩罚方式和

---

[1] 参见〔美〕E. 博登海默:《法理学——法哲学及其方法》,邓正来、姬敬武译,华夏出版社1987年版,第253页。
[2] 引自〔美〕E. 博登海默:《法理学——法哲学及其方法》,邓正来、姬敬武译,华夏出版社1987年版,第239—240页。
[3] 曲新久:《刑法的精神与范畴》,中国政法大学出版社2000年版,第435页。

尺度是什么？这只能是平等原则。根据这个原则，在公平的天平上，指针就不会偏向一边，换句话说，任何一个人对人民当中的某个个别人所做的恶行，可以看作他对自己作恶。因此，也可以这样说：'如果你诽谤了别人，你就是诽谤了你自己；如果你偷了别人的东西，你就是偷了你自己的东西；如果你打了别人，你就是打了你自己；如果你杀了别人，你就是杀了你自己。'这就是报复的权利。不过，还要清楚地了解，这有别于单纯个人的判断，它是支配公共法庭的惟一原则。根据此原则可以明确地决定在质和量两方面都公正的刑罚。所有其他标准都是摇摆不定的，出于其他方面考虑的标准，都不包含任何与'纯粹而又严格的公正判决'一致的原则。"[1] 从这种观点出发，康德主张："谋杀人者必须处死，在这种情况下，没有什么法律的替代品或代替物能够用它的增减来满足正义的原则。没有类似生命的东西，也不能在生命之间进行比较，不管如何痛苦，只有死。因此，在谋杀与谋杀的报复之间没有平等问题，只有依法对犯人执行死刑。"[2] 这种主张，在当时，无疑代表着社会正义的要求，但是在这种正义中显然包含着一种极端的报应主义思想。而这种极端的报应主义思想正是导致刑罚残酷性和过于严厉的思想基础。正如有的西方学者指出的：虽然报复的愿望是一种自然的、合于人性的愿望——报复是获得公平的最好方式，但是它几乎不能为法律的惩罚提供任何比它能为私刑所提供的更多的道德上的正当性。[3]

---

[1] [德] 康德：《法的形而上学原理》，沈叔平译，林荣远校，商务印书馆1991年版，第165页。

[2] [德] 康德：《法的形而上学原理》，沈叔平译，林荣远校，商务印书馆1991年版，第166页。

[3] [美] 戈尔丁：《法律哲学》，齐海滨译，生活·读书·新知三联书店1987年版，第170—171页。

因此伸张正义的刑法，应当受到人类理性的限制，应当使报复的情结限制在合理的范围之内。正是在这种认识的基础上，出现了目的刑、教育刑的主张，提出根据犯罪人的不同情况适用刑罚，以通过刑罚的适用达到教育改造犯罪人、防止其再犯罪的目的。这些主张是基于对犯罪人的实证研究和分类并根据预防犯罪人再犯罪目的的需要提出来的，相对于片面追求社会正义的报应刑思想，应该说是一种进步。但是，犯罪人的不同情况，如果只是与犯罪人改造的难易程度有关，而不是与所犯罪行有关，它就会在一定程度上影响刑罚在伸张社会正义方面的功能发挥，就可能导致刑罚适用的任意性。

因此，根据犯罪人的不同情况适用刑罚，也应该受到一定的限制，否则就可能使刑罚丧失其伸张正义的本性。限制教育刑，不是要重蹈报应刑的覆辙，而是通过责任的概念来限制罪行与刑罚之间的比例关系。用责任程度来调节罪行与刑罚之间的关系，就能够保持伸张正义的合理性，有助于刑法目的的实现。因为责任是一个与罪行有关的概念，它既考虑到犯罪人的不同情况，又能够满足刑罚对伸张正义的要求。

（三）刑事责任与罪行的关系

关于刑事责任的概念，在刑法理论上有广义和狭义两种不同的理解。"广义的刑事责任，系指可使实行行为之行为者立于承受刑罚的地位之情形；而狭义的刑事责任，即指有责的行为而言，亦即系行为之'有责性'。"[1] 刑事责任，"广义：指必须承受刑罚的法律地位。刑事责任，不是民事责任那种对个人的责任，而是在谈到个人与国家的关系时，对国家的（社会的）责任。狭义：即作为与构成要件、违法性并列的犯罪成立

---

[1] 洪福增：《刑事责任之理论》，刑事法杂志社1977年版，第3页。

要件的责任"[1]。广义的刑事责任概念强调行为人对自己所实施的构成犯罪的行为在法律上应当承受的法律后果的状况，狭义的刑事责任概念强调行为人对自己所实施的犯罪行为在主观上应受谴责的心理要素。在《刑事责任通论》一书中，笔者对刑事责任所下的定义是：刑事责任指"体现国家对犯罪的否定性评价并由犯罪人来承受的刑事上的负担"。笔者认为，刑事责任是由犯罪所引起的一种法律责任，犯罪是产生刑事责任的法定事由，而刑事责任是在法律上为犯罪设定的后果；刑事责任体现着国家对犯罪的否定性评价，这种否定性评价无疑包含着从作为国家意志集中体现的法律的角度对犯罪的实施者即犯罪人的谴责，而这种谴责的根据正是犯罪人所实施的犯罪行为在主观上可以归咎于行为者本人的意志选择。刑事责任作为体现这种谴责的、犯罪的法律后果，必然包含着对犯罪人的法律制裁，而这种法律制裁对于犯罪人来说，当然是国家强加给他的一种负担。[2] 因此，当我们从广义上把刑事责任理解为体现国家对犯罪的否定性评价并由犯罪人来承受的刑事上的负担时，其中自然就包含了主观上的归责责任，同时也使刑事责任的概念与犯罪的概念有了明显的区别。

问题是，我国传统的刑法理论通常都把决定刑事责任的一切要素归入犯罪构成之中，认为犯罪构成是主客观要件的有机统一，犯罪是主客观相统一的结果，以至于许多人认为刑事责任只是犯罪的法律后果，除了犯罪构成之外，不存在独立的责任要素。按照这种理解，所有的责任要素都是犯罪构成所包含的内容，一个行为符合犯罪构成的全部要件，它就构成了犯

---

[1]〔日〕藤木英雄等编：《法律学小辞典》，有斐阁1979年版，第554页。
[2] 参见拙著《刑事责任通论》，警官教育出版社1995年版，第66—80页。

罪。行为构成了犯罪，就应当负刑事责任，行为不构成犯罪，也就不负刑事责任；行为所构成的犯罪重，行为人就应当负比较重的刑事责任，行为所构成的犯罪轻，行为人就应当负比较轻的刑事责任。即所谓"犯罪构成是刑事责任的唯一根据"，"行为符合犯罪构成是刑事责任的唯一根据"，"刑事责任的唯一根据就是某人所实施的犯罪行为"等。在这种犯罪与刑事责任的关系中，刑事责任可以说并没有独立的要素，刑事责任的有无和大小，完全取决于对犯罪行为即"罪行"有无和轻重的认定。这种理论，也是一些学者主张罪刑相适应而否定罪责刑相适应的一个重要原因。

但是，刑事责任作为国家对犯罪的否定性评价，它不是对犯罪的自然反映，而是包含着评价主体的价值选择和价值判断。"杀人者死"是古代刑法的责任原则，"故意杀人者死"或许可以说是近代刑法的责任原则。而在现代刑法中，故意杀人者是否一定要承担死刑的刑事责任，就是一个值得研究的问题。同一个杀人行为，其刑事责任之所以会有这种变化，既是因为国家作为评价主体对犯罪行为的认识发生了变化，也是因为国家在评价犯罪时所采用的价值标准发生了变化。这说明，评价主体的价值选择和价值判断对刑事责任具有直接的决定作用。而这种决定作用就使刑法在对犯罪行为作出否定性评价的时候，即在确定犯罪所引起的刑事责任时，不仅要考虑犯罪行为本身，而且要考虑犯罪行为以外的、与犯罪行为有关的其他因素。因此犯罪与刑事责任的关系，绝不仅仅是犯罪与其法律后果的关系。特别是在现代，对犯罪原因和犯罪人进行科学研究的成果，使国家在评价犯罪行为的刑事责任问题上更加理性，更多地考虑到行为发生时的各种情况以及其中包含着多少可以归责于行为人的因素，从而使国家对犯罪的刑事责任的评价更加趋于合理。

所以，对于犯罪与刑事责任的关系，应当从以下几个方面来把握：

1. 罪行是决定刑事责任的重要因素，但不是唯一要素

刑事责任始终是由犯罪行为引起的。所以，没有犯罪行为[1]，就没有刑事责任；犯罪行为即罪行的轻重[2]决定刑事责任的大小。这是现代刑法中的一个基本原理。但是，在有犯罪行为存在的前提下，刑事责任的大小是不是完全由罪行的轻重所决定，就很难得出肯定的答案。比如，基于谋财害命而杀人、基于义愤而杀人、基于防卫而杀人，这三种杀人行为，尽管在直观上人们都会认为其罪行的轻重程度不同，但是从犯罪构成要件上看，应该说是完全一样的，都具备刑法对杀人罪所规定的全部构成要件，即客观上都具有杀人的违法行为和剥夺他人生命的危害结果，主观上都具有非法剥夺他人生命的故意。就"罪行"本身而言，很难把它们区别开来。因为"罪行"的概念中所包含的犯罪构成要件中的客观要件是指刑法所禁止的危害行为及其危害结果，犯罪构成要件中的主观要件是指行为人对危害结果的心理态度，亦即刑法中所说的"罪行"只是在行为的发展过程中截取了"危害行为及其危害结果"这一阶段来进行考察，所以"罪行"本身既不涉及犯罪行为发生的动机和原因，不涉及从矛盾纠纷到犯罪行为的发展过程，也不涉及犯罪行为实施过程中其他人的行为对犯罪行为及其结果

---

[1] 罪行就是构成犯罪的行为，或者说是符合犯罪构成要件的行为。所以罪行本身包括并且只能包括刑法所禁止的危害行为、危害行为所造成的危害结果以及行为人对这种危害结果所持的心理态度。

[2] 罪行的轻重只取决于犯罪构成要件以内的因素，因为犯罪构成要件以外的事实特征并不是犯罪行为所包含的，因而不能决定犯罪行为的严重程度。

的影响。简单地说，在上述三种杀人案件中，"罪行"所包含的是杀人行为、剥夺他人生命的结果以及行为人对这种结果的心理态度。因此，就罪行本身而言，很难说上述三种杀人行为之间有多么大的区别。但是这三种杀人行为所引起的刑事责任却有很大的差别。基于谋财害命的杀人所引起的刑事责任，肯定要大于基于义愤而杀人的行为；基于正当防卫而杀人，如果不是防卫过当，按照刑法的规定，就不负刑事责任；即使是在防卫过当的情况下，也只引起非常轻微的刑事责任。这是因为在上述三种不同的情况下，行为人实施杀人行为的原因不同，应受谴责的程度理应不同。

对于这种情况，也许有的学者会反驳说，犯罪的主观方面本身包含了不同类型的心理态度，心理态度的具体内容就决定了责任程度上的差别。但是，犯罪构成要件主观方面所说的心理态度都是指行为人对危害行为及其结果的心理态度，它只能反映"罪行"本身所能包含的内容，而不可能也不应当包括犯罪行为之外引起犯罪行为实施的原因方面的内容。按照刑法第14条的规定和刑法学界对犯罪故意的普遍理解，犯罪的故意是指"明知自己的行为会发生危害社会的结果，并且希望或者放任这种结果发生"的心理态度。犯罪的故意只包括两个因素，即认识因素和意志因素。认识因素是指行为人明知自己的行为会发生危害社会的结果。这种认识因素应当并且也只能包括：（1）对行为本身的认识，即对自己所要实施或者正在实施的行为危害社会的性质和内容的认识；（2）对行为结果的认识，即对自己的行为产生或者将会产生的危害社会结果的内容和性质的认识；（3）对自己的危害行为与危害结果相联系的其他犯罪构成要件事实的认识，如对犯罪对象、犯罪手段、犯罪时间、犯罪地点等要件的认识。意志因素是指行为人希望或者放任危害结果的发生。所谓希望危害结果的发生，是指行为人对危害结果的发生抱着积极追求的心理态度，危害结果是行为人通过自己的危害行为所欲达到的目的。所谓放任危害结果的发生，是指行为人在实施危害行为的时候虽然不希望也不是积极追求危害结果的发生，但是也不反对和不设法防止危害结果的发生，而是对危害结果是否发生采取听之任之的态度。在危害行为实施过程中对行为本身的认识因素和意志因素的统一，就构成犯罪故意的全部内涵。显然在犯罪的故意中并没有也不应当有能够反映犯罪的心理态度形成原因的因素。在上述三种杀人案件中，犯罪的故意所包含的内容仅仅是行为人对杀人行为以及该行为可能产生的剥夺他人生命的结果的认识因素和意志因素，不可能反映出杀人行为是基于图财、义愤还是基于防卫。而这种犯罪故意无法包括的因素，自然也是"罪行"的概念所无法包括的。

这种情况表明：犯罪与刑事责任之间的联系并不是一线式的联系。虽然我们可以说没有犯罪既没有刑事责任，但是我们不能绝对地说，有什么样的犯罪行为就一定要负什么样的刑事责任。因为在"罪行"之外，还存在着其他决定刑事责任程度的因素。

这里涉及一个刑法理论上的问题，即关于犯罪构成中的主观方面的要件与主观归责责任的关系问题。刑法理论上的主流观点认为，各种犯罪在主观方面都必须具备犯罪的故意或者犯罪的过失要件，这种故意或过失的心理态度是追究其刑事责任的主观根据。因为在具备犯罪的故意或过失的情况下，实施或不实施犯罪行为都是通过行为人的意志和意识的积极作用，通过相对自由的意志的选择和支配来实现的。行为人在自己出于一定条件下即具有相对自由的意志和意识的支配下，选择实施危害社会的犯罪行为，他不但在客观上危害了社会，而且在主观方面也具有了犯罪的故意或过失的心理态度，这种心理态度使他在国家面前产生了罪责。相反，一个人所实施的行为虽然在客观上危害了社会，但从主观上看，行为不是由其故意或过失的心理态度支配的，而是由于其意志和意识以外的原因导致，这就不能说他主观上对社会有任何故意或者过失危害的心理态度，这样认定他的行为构成犯罪和追究其刑事责任就失去了合理性。[1] 这种观点，实际上是把主观归责的责任要素即引起犯罪行为发生的行为人方面的原因完全等同于犯罪的故意和过失。可是实际上，犯罪的故意和过失，只是犯罪行为发生时行为人所具有的一种心理态度，而不能反映导致这种心理态度出现的原因，因而它虽然是主观归责的责任要素，但不是归责责任的全部要素。

从归责责任上看，把一个行为的后果归责于行为人时，不仅要考虑行为人在行为时的心理态度，而且应当考虑导致这种心理态度因而导致这种行为选择的原因。这种原因是归责责任的核心。因为只有当一个行为产生的原因取决于行为人时，行为的结果才能归咎于该行为人，从而要求行为人承担由这种行为及其结果引起的责任。这是责任理论的基本原理。

当然，我们可以说，故意或者过失的心理态度本身就表明了行为是行为人自由意志支配的结果，因而在故意或者过失地实施某种行为的时候，这种行为的后果就应当归责于行为人。正是在这个意义，我们说，犯罪的故意和过失是追究刑事责任的根据，没有故意或者过失的心理态度，就没有刑事责任。

---

[1] 参见高铭暄、马克昌主编：《刑法学》，北京大学出版社、高等教育出版社2000年版，第106—107页。

但是从另一个角度看，故意或者过失的心理态度只是行为时的心理活动，它并不能完全反映行为选择的原因。因为在许多情况下，行为人可能是"迫不得已"而选择这种行为的。例如，当他人的挑衅、欺诈、伤害、欺辱等行为或者外界的环境迫使他不得不作出某种选择的时候，他所作出的实施犯罪行为的选择，就不能完全归责于行为者本人，因为其他人的行为对犯罪人选择犯罪行为具有一定的原因力，犯罪行为的实施是其他人的原因与犯罪人方面的原因相互作用的结果。又如，一个人在其成长的过程中或者在其生活和工作的环境中，不断受到某种不良因素的刺激，逐渐形成某种相应的生活习惯或者思维定式，以致在相关的环境下自觉不自觉地选择了某种犯罪行为时，这种犯罪行为所引起的责任，同样不能完全归咎于行为人。尽管在这些情况下，他本人仍然存在不选择犯罪行为的可能，因而行为的主要责任还是应当由他本人来承担，但是其他人的行为或者环境性的因素是促成犯罪行为发生的一个不可推卸的外部原因，它不会不影响行为人的责任程度。因此在这种情况下，刑事责任的大小就不能完全根据行为者本人的犯罪行为及其结果来确定，而必须考虑犯罪行为以外的因素。只有这样，才能合理地解决行为人的刑事责任问题。如果不分青红皂白地把这种情况下发生的危害结果完全归责于行为人，要求行为人在任何情况下都要对自己行为的后果负全部刑事责任，显然是不合理的。例如，前几年多次发生的拘人还债的非法拘禁案。这些案件中的绝大多数，都是行为人在对方拖欠自己的合法债务，经过多方追讨，债务人就是有钱不还的情况下，才采取非法拘禁的方式，迫使其偿还债款的。对于这类案件，如果丝毫不考虑行为发生的原因，而单纯地要求行为人对自己所实施的非法拘禁行为负全部刑事责任，显然是有失公平和合理性的，也是难以让犯罪人心悦诚服地认罪伏法的。如是，预防犯罪的目的也就难以实现。

2. 罪行离不开犯罪行为人，但是犯罪行为人的个人情况并不是罪行本身

犯罪行为永远是由犯罪行为人实施的，所以罪行总是离不开犯罪行为人。在我国传统的刑法理论中，犯罪人作为犯罪主体是犯罪构成的一个必备要件。所谓"任何犯罪都有主体，即任何犯罪都有犯罪行为的实施者和刑事责任的承担者，离开了犯罪主体就不存在犯罪，也不会发生刑事责任问题"。[1]

犯罪主体是不是犯罪构成的一个要件，在我国刑法理论界，曾经有过争论。有的学者对传统的犯罪构成理论提出过不同看法，认为犯罪主体不是犯罪构成的要件。其理由主要是：犯罪构成理论要研究的问题是行为，要解决的问题是行为是否具有社会危害性并达到应受刑罚处罚的程度，而犯罪主体的概念并不反映行为人所实施的行为的性质，这种主体条件在许多情况下甚至与行为的社会危害的性质没有直接联系；犯罪构成是刑事责任的基础，是解决是否犯罪的问题，而犯罪主体是刑事责任的条件，是解决是否适用刑罚的问题；犯罪主体的条件能够被犯罪主观方面的内容所包容，罪过的成立必须以行为人具有刑事责任能力为前提条件，没有犯罪主体也就不可能具备犯罪构成主观方面的要件，而犯罪构成主观方面一旦成立，犯罪主体必定成立。所以没有必要把犯罪主体作为犯罪构成的一个独立的与主观方面并列的要件。[2] 对此，有的学者提出了批评，犯罪是一种危害社会的行为，但是并非所有危害社会的行

---

[1] 高铭暄主编：《刑法学》（上册），中国人民大学出版社1998年版，第141页。
[2] 参见傅家绪：《犯罪主体不应当是犯罪构成的一个要件》，载《法学评论》1984年第2期。

为都是犯罪。只有当这种行为是由具备一定条件的人故意或者过失地实施并且达到一定危害程度时，才能认为是犯罪。犯罪是人的行为，应受惩罚的是行为，但行为总是由人实施的，作为刑罚的承受者只能是人。因此在行为人实施了一定的危害社会的行为的前提下，决定该行为是否以犯罪论处以及以何种犯罪论处，便不能不考虑行为人的具体情况。此外，犯罪主体与犯罪主观方面虽然具有密切的联系，但是二者的含义以及在犯罪构成中的作用有着彼此独立的意义，不能认为犯罪主体被犯罪主观方面的要件所包容，并因而否认犯罪主体作为犯罪构成的独立的与主观方面并列的要件。[1]

上述争论的焦点，还是犯罪与刑事责任的关系问题。主张犯罪构成或者行为符合犯罪构成是刑事责任的唯一根据的学者，必然要把决定和影响刑事责任的有无和大小的一切因素都纳入犯罪构成要件的范围，自然否定犯罪主体不是犯罪构成要件的观点。但是问题在于，把行为人的具体情况作为犯罪构成的要件是否科学、是否合理？

在我国刑法理论上，人们普遍认为，犯罪构成是指依照刑法的规定，决定某一具体行为的社会危害性及其程度，而为该行为构成犯罪或成立犯罪所必须具备的一切主观要件和客观要件的有机统一。[2]

但是，第一，我国刑法并没有把主体要件规定为构成每种犯罪都必须具备的要件。在刑法分则规定的400多种具体犯罪中，绝大多数犯罪都没有包含主体要件，也就是说，主体的个人情况如何，在通常情况下，并不影响犯罪的构成。刑法总则

---

[1] 马克昌主编：《犯罪通论》，武汉大学出版社1996年版，第256—266页。
[2] 高铭暄主编：《刑法学》（上册），中国人民大学出版社1998年版，第88页。

第二章关于犯罪的规定中,也只有第四节关于单位犯罪的规定中明确提出了对犯罪主体的要求。刑法总则第二章第一节关于"犯罪与刑事责任"的规定中没有任何一条规定可以得出主体是犯罪构成必须具备的要件的结论。第 13 条关于犯罪概念的规定,所强调的是一切"危害社会的行为,依照法律应当受刑罚处罚的,都是犯罪",而没有规定什么人的行为是犯罪。至于"应当受刑罚处罚",刑法分则中规定的行为,都是应当受刑罚处罚的行为,其中多数也没有关于主体的要求。在刑法理论上,犯罪通常都被分为并且只是分为故意犯罪和过失犯罪两大类型,不存在犯罪的第三种类型。而刑法第 14 条关于故意犯罪的规定是:"明知自己的行为会发生危害社会的结果,并且希望或者放任这种结果发生,因而构成犯罪的,是故意犯罪。"该条对故意犯罪所作的规定中所涉及的因素,显然只有行为、行为的结果以及对行为及其结果的心理态度,而没有包括任何主体方面的因素。同样的,刑法第 15 条关于过失犯罪的规定是:"应当预见自己的行为可能发生危害社会的结果,因为疏忽大意而没有预见,或者已经预见而轻信能够避免,以致发生这种结果的,是过失犯罪。"刑法对故意犯罪和过失犯罪这两大犯罪类型所作的这种规定,显然都不涉及主体方面的因素。无论是根据刑法总则关于犯罪的一般规定,还是根据刑法分则关于具体犯罪的规定,都无法得出犯罪主体是我国刑法规定的所有犯罪构成的具备要件的结论。刑法第 16 条的规定,进一步强调行为是否构成犯罪,除了行为本身及其结果之外,只与故意或者过失有关。至于刑法第 17—19 条的规定,再明确不过地说明,行为人的个人情况只与刑事责任有关而与行为是否构成犯罪无关。其中第 17 条规定:"已满十六周岁的人犯罪,应当负刑事责任。"这句话所包含的逻辑关系显然是并且只能是"不满十六周岁的人犯罪，不负刑事责任"。该条第3—4款的规定也印证了这种逻辑关系，即"已满十四周岁不满十八周岁的人犯罪，应当从轻或者减轻处罚"，"因不满十六周岁不予刑事处罚的……"（注意法律的用语是"不予刑事处罚"而不是"不构成犯罪"。）第18条的规定都是关于精神病人负或者不负刑事责任的规定，而不是关于精神病人的行为是否构成犯罪的规定，其中第2款明确规定"间歇性的精神病人在精神正常的时候犯罪，应当负刑事责任"，这就暗含着"间歇性精神病人在精神病发作的时候犯罪，不负刑事责任"。刑法学界对这一规定的逻辑内涵也都是这么理解的。第19条规定："又聋又哑的人或者盲人犯罪，可以从轻、减轻或者免除处罚。"这些规定，都没有说什么样的人实施了危害社会的行为而不构成犯罪，而是说什么样的人实施了危害社会的行为应当负或者不负刑事责任。所以从这些规定中，难以得出主体要件是构成一切犯罪都必须具备的要件的结论。相反，这些规定都再明确不过的说明，主体的情况与刑事责任的有无和大小有关，而与犯罪构成无关。因此依照刑法的规定，主体方面的这类情况应当属于责任要素而不是犯罪构成要件。

第二，主体要件并不能决定行为的社会危害性及其程度。按照犯罪构成理论，犯罪构成的要件是"决定某一具体行为的社会危害性及其程度"的一切主观要件和客观要件的有机统一。然而常识告诉我们：能够决定行为的社会危害性及其程度的，只能是通过行为表现出来的各种情况，如危害行为本身、危害行为的结果以及行为人对这种行为及其结果的心理态度等。尽管行为永远是由行为人实施的，没有行为人就没有行为，但是行为人的个人情况通常并不能改变行为的事实和性质，因而不可能对行为的社会危害性及其程度发生影响。在多数情况下，行为人的个人情况，既不能决定行为的社会危害性的有无，也不能决定行为的社会危害性的程度。比如盗窃1000元的行为，无论是13岁的人实施还是14岁的人实施，是16岁的人实施还是19岁的人实施，这种行为对社会的危害性质都不会发生任何改变，并且这种行为对社会的危害程度，同样不会发生任何改变。谁也不会说，已满16岁的人实施盗窃行为，就有社会危害性，而不满16岁的人实施盗窃行为，就没有社会危害性；已满16岁的人盗窃1000元，社会危害性的程度就大，不满16岁的人盗窃1000元，社会危害性的程度就小。精神病人与精神正常的人所实施的行为，对于社会是否具有危害性及其程度，同样取决于行为本身的因素，而非行为人是否患有精神疾病。这个道理表明，如果说犯罪构成要件是"决定某一具体行为的社会危害性及其程度"的主观要件和客观要件，那么，犯罪主体就不属于这种要件，因而不应当包括在犯罪构成要件之内。

当然，行为人的某些情况有时可能与犯罪行为具有直接的联系。这些情况，或者是实施某些特定的犯罪行为必须具备的条件，或者是加重行为的社会危害性的因素，或者是改变行为性质的因素。例如，要实施枉法裁判的犯罪行为，行为人首先必须是司法人员，不具有司法人员的身份，就不可能实施枉法裁判的行为。又如，一个人收受另一个人所送的财物，如果是基于他依法从事公务的国家工作人员的身份，收受财物的行为就具有受贿的性质，但是如果与他所从事的公务和国家工作人员身份没有关系，他收受财物的作为，可能就没有受贿的性质。在这种情况下，这种特殊的身份，可能就是法律规定的构成某种特定犯罪所必须具备的一个要件。但是这个要件完全可以包括在行为要件中，可以通过行为特征或行为实施的条件反映出来，而无须作为主体要件来反映。至少不能作为构成一切犯罪都必须具备的要件来看待。

　　第三，从国外刑法的理论体系上看，主体不是犯罪构成的要件。我们知道，在英美法系国家，没有关于犯罪构成的理论，但是作为刑法的基本原则，有一个极为著名的格言，即"没有犯意的行为不能构成犯罪"或称"无犯意即无犯罪"。这个原则意味着，要确认一个人的行为构成了犯罪，就必须证明两个方面的要件：第一是外部行为；第二是被告人的心理状态。至于行为人的个人特质，如未成年、精神错乱或精神处于异常状态、醉酒等因素，则属于免除或者减轻刑事责任的辩护理由，而不是确认犯罪能否成立时所考虑的因素。[1] 在权威的英国刑法教科书中，"犯罪要件"实际上只包括"犯罪行为"和"犯意"两个要件，但是在"一般辩护理由"中却包括了未成年、精神病、减轻责任、错误、醉酒、胁迫与强制、紧急避险、正当防卫、上级命令、不可能、不遵循共同体法律等11项内容。[2] 在大陆法系国家，德国刑法学者贝林格在其1905年出版的《刑法纲要》和1906年出版的《犯罪论》中提出了犯罪构成要件理论，从而奠定了现代犯罪构成理论的基础。他认为，任何犯罪的成立都必须具备六个条件：行为；行为符合构成要件；行为是违法的；行为是有责的；行为有适合处罚的规定；行为具备处罚的条件。1915年迈耶出版的《刑法总论》进一步阐述了犯罪构成理论，将贝林格的六个条件简化为三

---

[1] 参见〔英〕鲁珀特·克罗斯、菲利普·A.琼斯：《英国刑法导论》，中国人民大学出版社1991年版，第24页以下。
[2] 参见〔英〕J.C.史密斯、B.霍根：《英国刑法》，马清升等译，法律出版社2000年版，第35—303页。

个,即构成要件符合性、违法性和归责性。[1] 日本学者仿照德国学者的做法,将犯罪成立的条件分为构成要件符合性、违法性和有责性三个方面。其中,构成要件的基本要素包括行为、行为的主体、行为的客体和行为的状况四个。这里所说的主体只是指自然人还是法人,自然人中包括主体的特殊身份。而在责任的要素中包括主观的责任要素、客观的责任要素和有关责任程度的要素。其中,主观的责任要素,包括责任能力(有责任能力者、无责任能力者、限制责任能力者)和故意犯罪中对犯罪事实以外有关违法性的事实表象及其违法性的意识、过失犯罪中行为人对过失行为及其结果的不注意;客观的责任要素是指在实施违法行为的场合对合法行为的期待可能性;有关责任程度的要素是指与人格形成有关的行为人自身的因素。[2] 这些情况说明,犯罪行为虽然与犯罪行为的实施者具有密切的联系,但并不是行为人只有作为犯罪构成的要件,才能反映这种联系,而是可以与行为是否构成犯罪的问题相分离,作为犯罪构成之外的另外一个问题来考虑。

基于以上理由,笔者认为,主体要件不应当是构成每一种犯罪都必须具备的要件,因而不能将其视为一般意义上的犯罪构成要件。相反,主体的个人情况属于责任要素。在行为人所实施的行为构成犯罪的情况下,行为人的个人情况可能影响刑事责任的有无和大小。

作为犯罪主体的基本内容的刑事责任年龄和刑事责任能力,之所以要在刑法中作出明确的规定,是因为它们与行为人的刑事责任有关。为什么刑法规定已满十六岁的人犯罪应当负

---

[1] 参见高铭暄主编:《刑法学》(上册),中国人民大学出版社1998年版,第86—87页。
[2] 参见[日]大塚仁:《刑法要论》,成文堂1988年版,第43—137页。

刑事责任，而不满十六岁的人犯罪，在多数情况下不负刑事责任？不是因为行为的社会危害性及其程度，而是因为社会对他的要求不同。在正常情况下，一个人辨认和控制自己行为的能力与他的年龄有关。年龄幼小的儿童，由于智力发育不够成熟，受教育的程度有限，还不能正确认识社会上的各种事物，对自己行为的性质及其社会意义也缺乏深刻全面的了解。因而对于其所实施的行为，即使具有社会危害性，社会也会采取宽容和饶恕的态度，除非这种行为的性质特别严重，否则法律一般都不归咎于儿童，不要求其对自己的危害行为承担刑事责任。对于具有精神疾病的人，社会也是从宽容和饶恕的立场出发，在评价其行为时不予处罚或者给予的谴责程度较之正常人为轻。当然，在解决不同年龄和不同精神状况的人的刑事责任问题时，立法者要充分考虑刑法的目的，考虑对其追究刑事责任是否能够促使其谨慎地按照法律的要求来选择自己的行为。如果追究某类人的刑事责任，无助于刑法目的的实现，立法者就不会或者不应当对其所实施的危害行为规定刑事责任。

由此看来，之所以把这些要件称为"刑事责任年龄""刑事责任能力"，是因为这种称谓恰当地反映了它们在刑法中的功能作用，即它们在刑法中本来就是作为责任要件出现的。与将其作为犯罪构成要件相比，将其视为责任要件，不仅更能反映出它们的功能作用，与其称谓相符合，而且更有助于说明刑事责任的合理性。

3. 刑事责任的独立价值

刑事责任是刑法中一个独立存在的重要范畴。无论是在刑事法律的明文规定中，还是在刑法学的论著中，刑事责任都是一个被广泛使用的法律术语。特别是20世纪90年代以来，我国陆续出版的一些刑法教科书，都把刑事责任作为一个专门的章节来叙述。但是刑事责任在刑法中究竟处于什么地位，似乎在刑法理论上并不清楚。因为在几乎所有关于刑事责任的论述中，都是把刑事责任作为犯罪的法律后果看待的，虽然也有学者把刑事责任视为主观归责责任，但是没有人论述过刑事责任的要素（或要件）。决定刑事责任有无和大小的因素，似乎只有犯罪构成要件事实，并且都在犯罪构成中加以论述，或者在量刑情节[1]中加以论述。刑事责任在刑法中到底有什么作用，或者说刑事责任在犯罪与刑罚之间的调节功能如何体现和发挥，没有予以明晰的分析和说明。

刑事责任作为犯罪行为所引起的承受刑事制裁的法律后果，包含着对犯罪行为进行归责可能性的法律评价，刑事责任确认犯罪人对犯罪负有责任，应当承受犯罪所引起的法律后果。这是刑法合理性的重要保障。如果不考虑刑事责任，径直把刑罚与犯罪联系起来，认为有犯罪就必须受到刑罚处罚，犯罪多么严重，刑罚就应当多重，那就仍然没有脱离报应刑的樊篱。报应刑罚与责任刑罚的区别是：前者只强调正义，后者在强调正义的同时，注重正义的合理性和合目的性，因而后者是对前者的发展。因此，在确定各个具体犯罪行为应当受到何种刑罚处罚时，刑事责任的概念能够通过具体分析哪些因素可以归责于行为人、哪些因素不能归责于行为人，合理地确定行为人的责任，防止客观归罪。正如法国学者指出的："仅仅有实际实行犯罪（犯罪既遂或犯罪未遂）的行为，犯罪人并不当然受到法律规定的惩罚。与早期的立法相反，现代刑法对正犯或

---

[1] 刑法中规定的法定量刑情节和司法实践中考虑的酌定量刑情节，有的是责任要素，有的是基于刑事政策的考虑。

共犯并不是自然而然进行惩处；只有经过法官认定，正犯或共犯负有刑事责任时，始得被定罪科刑。"[1]

按照法国学者的观点，法国刑法中规定了三类不负刑事责任或者减轻刑事责任的情况：一是不负刑事责任的客观原因。其中包括证明行为合法性的法律命令（即"完成法律或者条例规定或允许之行为的人，不负刑事责任"）或合法当局的指挥（即"完成合法当局指挥之行为的人，不负刑事责任，但此种行为明显非法者不在此列"）、正当防卫、紧急避险、被害人的同意（在某些情况下，被害人的同意可以排除行为人的刑事责任）。二是不负刑事责任的主观原因。其中包括精神紊乱（即"在行为发生之时患精神紊乱或神经精神紊乱，完全不能辨认或控制自己行为的人，不负刑事责任"）、强制（即"在其不可抗拒之力量或者不可抗拒之强制力下实施行为的人，不负刑事责任"）、刑法上的认识错误（即"能够证明自己系由于其无力避免的对法律的某种误解而认为可以合法完成其行为的人，不负刑事责任"）。三是某些类型的犯罪人刑事责任的特殊规则。如对未满13周岁的人，无论其实行的犯罪的严重程度如何，均推定为不负刑事责任，并且是一种绝对推定；对于13周岁至18周岁的人犯罪，一般推定为不负刑事责任，但是对其实施的重罪可以宣告刑罚。[2]

我国刑法有关刑事责任的问题是分三种情况规定的。一是负刑事责任的情况。其中包括："故意犯罪，应当负刑事责任"；"过失犯罪，法律有规定的才负刑事责任"（即过失犯

---

〔1〕〔法〕卡斯东·斯特法尼等：《法国刑法总论精义》，罗结珍译，中国政法大学出版社1998年版，第336页。

〔2〕参见〔法〕卡斯东·斯特法尼等：《法国刑法总论精义》，罗结珍译，中国政法大学出版社1998年版，第376—412页；1994年《法国刑法典》第一卷第二编。

罪，法律没有规定的，不负刑事责任）；"已满十六周岁的人犯罪，应当负刑事责任"；"已满十四周岁不满十六周岁的人，犯故意杀人、故意伤害致人重伤或者死亡、强奸、抢劫、贩卖毒品、放火、爆炸、投毒罪的，应当负刑事责任"；"间歇性的精神病人在精神正常的时候犯罪，应当负刑事责任"；"醉酒的人犯罪，应当负刑事责任"。二是不负刑事责任的情况。其中包括：不满14周岁的人犯罪，不负刑事责任；"精神病人在不能辨认或者不能控制自己行为的时候造成危害结果，经法定程序鉴定确认的，不负刑事责任"；正当防卫，不负刑事责任；紧急避险，不负刑事责任。三是负刑事责任但是应当或者可以从轻、减轻处罚或者免除处罚的情况。其中包括："已满十四周岁不满十八周岁的人犯罪，应当从轻或者减轻处罚"；"尚未完全丧失辨认或者控制自己行为能力的精神病人犯罪，应当负刑事责任，但是可以从轻或者减轻处罚"；"又聋又哑的人或者盲人犯罪，可以从轻、减轻或者免除处罚"；"正当防卫明显超过必要限度造成重大损害的，应当负刑事责任，但是应当减轻或者免除处罚"；"紧急避险超过必要限度造成不应有的损害的，应当负刑事责任，但是应当减轻或者免除处罚"。

  这些规定都表明，刑事责任相对于犯罪，具有自己的独立性。行为构成犯罪，并不意味着就自然而然地要受到刑法规定的刑罚的制裁，而是要受到刑事责任的制约。一个人对自己所实施的刑法规定为犯罪的行为，是否应当负刑事责任、负什么样的刑事责任，直接决定着刑罚的有无和轻重。在犯罪与刑罚之间，刑事责任不仅具有独立存在的价值，而且能够通过调节罪刑关系，保障刑罚适用的合理性。

  在行为符合刑法分则规定的具体犯罪构成要件的基础上，分析行为人应当承担的刑事责任，需要考虑以下因素：

（1）行为人是否达到刑事责任年龄。

（2）行为人是否具有刑事责任能力。

（3）行为人对自己所实施的行为及其危害结果是否具有控制能力，特别是危害结果的发生在多大程度上可以归因于行为人。在共同犯罪中，行为人对其他共同犯罪人的行为是否具有原因力或影响力，对于共同犯罪的实施及其危害结果，行为人应当承担多大的责任。在过失犯罪中，行为人的过失程度如何，行为人的过失行为对危害结果的发生具有多大的影响。

（4）其他人特别是被害人对犯罪行为的实施或者危害结果的发生是否具有作用力（或过错），以及这种作用在多大程度上影响了犯罪行为的实施。被害人或者其他人的行为是否影响到危害结果的发生、是否加重了危害结果的程度。

（5）外界因素，如社会矛盾、社会问题对犯罪行为的影响，社会环境或他人行为对犯罪行为提供的机会和条件，在过失犯罪和职务犯罪中与犯罪行为的实施有关的规章制度的有无及其贯彻执行的情况等，对犯罪行为的实施和危害结果的发生是否起了作用，这种作用能否或者在多大程度上影响行为人的责任。

这些因素，既不是犯罪行为及其危害结果本身所包含的内容，也不是犯罪的故意和过失所包含的内容，因而不属于"罪行"的范围，是"罪行"的概念所不能完全包括的。但是它们对于评价犯罪人所实施的犯罪行为，特别是对于合理地确定犯罪人对其犯罪行为和危害结果的刑事责任，具有重要的意义，是裁量决定刑罚的时候必须考虑的因素。这些因素的存在，以及量刑时适当考虑这些因素的必要性，表明犯罪虽然是刑事责任的基础，但是实施了刑法所禁止的犯罪行为，是否一定要承担刑事责任，以及承担多大的刑事责任，并不完全是由行为本身决定的,它还要取决于"罪行"以外的其他一些因素,如责任能力、责任年龄、引起危害行为的原因(意外事件之所以不负刑事责任,不是因为没有危害行为和危害结果,而是因为这种行为造成危害结果的原因不是行为人所能控制的;正当防卫不负刑事责任的原因也不是因为行为人没有刑法中所说的"故意"或"过失",而是因为引起这种行为的原因是不法侵害的存在,所以不能归咎于行为人;单位犯罪为什么要自然人承担刑事责任,同样是因为自然人对单位犯罪的发生负有责任)等。这些因素作为责任要素是在罪行之外独立存在的、对刑罚的合理性起着制约作用的一个重要方面。这种情况表明,刑罚不应当仅仅是与罪行相适应,而且还必须与犯罪行为人应当承担的刑事责任相适应。这是罪责刑相适应原则的逻辑内涵,也是罪责刑相适应原则比单纯的罪刑相适应原则更为合理的表现。

对此,有的学者可能会反驳说,既然这样,称为刑罚与刑事责任相适应不就得了,为什么还要称为罪责刑相适应。强调罪责刑相适应而不是责刑相适应,是因为刑事责任是基于犯罪行为所引起的责任,离开了犯罪行为,就不存在任何人的刑事责任问题。如果只讲刑罚与刑事责任相适应,就反映不出刑事责任所评价的、刑罚所制裁的对象。因此作为刑法的一个基本原则,必须强调刑罚与行为人所犯的罪行及其应当承担的刑事责任相适应。这样可以完整地反映出犯罪、刑事责任与刑罚之间的相互关系。

三、罪责刑相适应原则与量刑原则的关系

罪责刑相适应原则的要求是刑罚的轻重应当与犯罪行为人所犯罪行和承担的刑事责任相适应,那么,在裁量决定刑罚的时候,如何保证实际判处的刑罚能够与犯罪行为人所犯罪行和

承担的刑事责任相适应，就是量刑原则所要解决的问题，也是实际贯彻罪责刑相适应原则必须回答的问题。

刑法中规定的量刑原则，既是对量刑时必须考虑的各种因素的立法确认，也是指导刑事司法中对具体犯罪人决定适用刑罚的基本准则。它与罪责刑相适应原则的关系是：量刑原则应当反映罪责刑相适应原则的基本要求，量刑原则的内容应当符合罪责刑相适应原则的基本原理；罪责刑相适应原则对于量刑原则具有指导和制约作用，量刑原则的具体适用不得违反罪责刑相适应原则的基本要求。

我国1979年刑法第57条规定："对于犯罪分子决定刑罚的时候，应当根据犯罪的事实、犯罪的性质、情节和对于社会的危害程度，依照本法的有关规定判处。"1997年刑法第61条完全沿用了这一规定。这个规定，被刑法理论界和刑事司法部门普遍视为量刑原则。

然而，这个量刑原则，无论是在法律规定上、在理论上还是在实践中，都未能充分反映罪责刑相适应原则的要求，存在某些值得探讨的地方。

从立法上看，这个量刑原则，第一，没有明确规定量刑时必须考虑犯罪分子应当承担的刑事责任，难以保障作为刑法基本原则的罪责刑相适应原则在量刑过程中的贯彻。罪责刑相适应原则明确要求，刑罚的轻重应当与犯罪分子所犯罪行和应当承担的刑事责任相适应，而在量刑原则中，犯罪分子"应当承担的刑事责任"这个因素，至少没有明确地包括在内。第二，在逻辑上难以贯通，容易导致理解和执行上的混乱。该条规定中的"犯罪的性质"本身是定罪时必须解决的问题，而量刑是在定罪的基础上进行的。"先有定罪，后有量刑"，这是量刑的一般常识。研究"犯罪的性质"是要确定行为人的行为构成什么犯罪,而这个问题在定罪时即在量刑之前就已经解决了。在量刑时再考虑"犯罪的性质"就纯属多余。而"对于社会的危害程度"更是一个无法与"犯罪的事实""犯罪的性质""情节"并列的因素。"对于社会的危害程度",如果是指犯罪行为给社会造成的损害事实,那应当属于"犯罪的事实"所包含的内容;如果是指对犯罪行为对社会所造成或者可能造成的危害大小的综合评价,那就更不应当与案件事实的各个要素本身相并列。

在理论上,学术界普遍认为,1997年刑法第61条规定的量刑原则包含两个方面的内容,即:量刑必须以犯罪事实为根据;量刑必须以刑事法律为准绳。"以犯罪事实为根据"中的"犯罪事实"是指广义的犯罪事实,它包括第61条规定的犯罪事实、犯罪的性质、情节和对于社会的危害程度。而坚持"以犯罪事实为根据"的原则,必须做到查清犯罪事实(即符合刑法规定的犯罪构成要件的主客观事实)、准确认定犯罪性质(即确定行为人的行为构成什么犯罪)、全面掌握犯罪情节(即犯罪构成要件事实以外的其他能够影响犯罪社会危害程度及犯罪人人身危险性大小的各种具体事实情况)、综合评价犯罪的社会危害程度。[1] 这种理解,第一,混淆了定罪环节与量刑环节的区别,把定罪环节上必须解决的问题,放在量刑环节来讨论;第二,把案件事实完全限定在罪行轻重即社会危害程度的范围之内,从而排除了犯罪人应当承担的刑事责任对量刑的制约作用,以致量刑原则违背了刑法基本原则——罪责刑相适应原则的要求。

---

[1] 参见高铭暄主编:《新编中国刑法学》(上册),中国人民大学出版社1998年版,第358—360页;肖扬主编:《中国新刑法学》,中国人民公安大学出版社1997年版,第242—243页。

在实践中，普遍流行着一种观念，即在查清案件事实、定罪准确的基础上，只要依法裁量决定刑罚就行了，也就是说，量刑只要不违反刑法的规定，怎么裁量都可以。例如，某法院审理一起抢劫杀人案，对3名从犯判处死刑，对主犯判处9年有期徒刑。检察院和从犯的辩护人提出异议时，法院解释说：该主犯具有减轻处罚的情节，所以在应当判处的法定刑"十年以上有期徒刑、无期徒刑或者死刑"以下决定判处9年有期徒刑。

上述问题说明，贯彻罪责刑相适应原则，在立法上、理论上和实践中，都面临着严峻的挑战。这种挑战，至少有三个方面：

（一）对犯罪分子裁量决定刑罚，究竟应当考虑哪些因素

如上所述，我国刑法规定的作为量刑根据而在量刑时必须考虑的因素，一是"犯罪的事实"，二是"犯罪的性质"，三是"情节"，四是"对于社会的危害程度"。其中，"犯罪的事实"和"犯罪的性质"都是在量刑之前的定罪过程中已经考虑过的因素，而"对于社会的危害程度"则是对广义上的犯罪事实所进行的综合评价，并不是事实因素。究竟在量刑时应当考虑哪些事实因素？1997年刑法第61条的规定，似乎并没有回答这个问题，至少可以说是不明确的。

为了研究这个问题，有必要参考一下外国刑法中的有关规定。德国刑法典第46条"量刑的一般原则"规定：（1）犯罪人之责任为量刑之基础。刑罚对犯罪人未来社会生活所可期待发生之影响，并应斟酌及之。（2）法院于量刑时应权衡一切对犯罪人有利及不利之情况，尤应注意下列各事项：犯罪人之动机与目的；由犯罪行为所表露之心情及行为时所具意念；违反义务之程度；实行之种类及犯罪之可归责的结果；犯罪人之生

活经历，其人身的及经济的关系，以及犯罪后之态度，尤其补偿损害之努力。（3）属于法定犯罪构成事实要素之情况，毋庸再加斟酌。对此，德国学者解释道：根据第46条第1款第一句的规定，量刑的基础是行为人的罪责。从第46条第1款第一句的基本准则中可得出结论：刑罚首先应当有助于对由行为人造成的有责的不法进行抵偿；刑罚的度应当与罪责的度相适应。刑罚是一种痛苦，它实现了相对于行为人而言的可抵偿的公正；如果刑罚与"罪责"即与由行为人实现的不法的量相适应，刑罚的这一任务才能被实现。根据第46条第1款第二句的规定，量刑还要考虑到刑罚效果对行为人将来在社会上的生活的影响，这是指特殊预防的观点。第46条第1款包含了立法者关于两个刑罚目的之明确的意思表示以及关于刑罚目的重要性的规定。第46条第2款列举了法院在量刑时所应当注意的有关情况，这些情况反映了量刑的一般目标设定，即在考虑到特殊预防需要的情况下的罪责抵偿。第46条第2款的内容，包括三个方面：一是"行为的不法内容和罪责内容"，包括行为的"实施方式""违反义务的程度""行为人的行为动机和目的""有责的行为后果""罪责的程度""行为所表明的思想和行为时的意志"。二是"行为人的人格"。行为人的人格要素可能对行为罪责的程度具有意义，但只有在行为时人格要素被表现出来，才具有意义。人格要素包括"行为人的个人情况和经济关系"、行为人的"生活经历"（包括前科）。这些情况对特殊预防亦具有意义。三是"行为人的事后态度"。第46条第2款提及的事后态度，根据通说，既对罪责具有重要意义，也对预防需要具有重要意义。关于事后态度，第46条第2款尤其强调行为人所为损害赔偿和与被害人和解所作的努力。这虽不能减轻罪责，但它基于不同的原因降低了处罚的必要性。[1] 至于属于犯罪构成事实要素的情况，德国刑法典明确规定"毋庸再加斟酌"。这是因为这些情况作为定罪的事实根据在定罪时已经充分考虑。

意大利刑法典第133条（刑之轻重）规定，法官自由裁量刑罚时，"应斟酌下列各款情状：（1）行为之性质、种类、方法、对象、时间、地点及其他一切状况；（2）被害人所受损害或危险之轻重；（3）故意或过失之程度。法官应斟酌下列有关行为人之犯罪性向：（1）犯罪之动机及行为人之性格；（2）刑事及裁判上之前科及行为人犯罪前之行为及生活状况；（3）犯罪时或犯罪后之态度；（4）行为人个人、家庭或社会关系"。对意大利刑法典中的这一规定，意大利学者解释道：刑法典第133条规定的法官在裁量刑罚时"必须考虑一系列的因素"，可以根据其性质分为说明"犯罪严重性"的因素和说明"犯罪人犯罪能力"的因素两大类。说明犯罪严重性的因素，首先是由行为的方式包括刑法典第133条第1款（1）中列举的行为的性质、类型、手段等以及该条第1款（2）中列举的危害结果和对被害人的危险程度因素决定的。这些因素尽管都是客观存在，但要用它们来作为影响犯罪人刑罚轻重的条件，必须根据刑事责任是人格责任的原则来考察这些因素的可非难性。犯罪的严重性最终取决于故意的强度和过失的强度。刑法典第133条第2款列举了说明犯罪人犯罪能力的因素。有关犯罪人的犯罪能力对刑罚的影响，长期以来就是一个有争议的问题。理论界一部分认为，犯罪能力应该理解为"犯罪人再

---

[1] 以上参见〔德〕汉斯·海因里希·耶赛克、托马斯·魏根特：《德国刑法教科书》（总论），徐久生译，中国法制出版社2001年版，第1047—1070页。

犯新罪的能力"，因此是一个着眼于未来的因素，或者说是一个与行为人的社会危险性相应的概念。理论界的其他人不同意上述观点，认为犯罪能力是"主体在已实施的行为中表现出来的能力"，因此是一个面向已往的因素。这个意义上的犯罪能力是指影响罪过程度的各种因素的总和，对它的考察实际上就是分析主体在犯罪时多大程度上是出于他的自由选择，多大程度上是受他的生理因素以及占主导地位的伦理道德观念等社会因素的制约。如果量刑时必须同时考虑报应的因素和特殊预防的因素的话，没有理由认为影响犯罪能力的因素不能同时具有上述两种意义：首先根据它们来确定罪过的程度，然后参照它们来界定特殊预防的需要。[1]

量刑必须严格依照刑事法律的规定进行。任何违反刑事法律明文规定的量刑决定都是错误的和应当依法纠正的。所谓依法进行，即意味着量刑时必须充分考虑刑事法律中规定的从轻、减轻处罚或者免除处罚以及从重或加重处罚的各种因素。在充分考虑这些因素的前提下，参考德国、意大利刑法的规定，结合我国刑法的精神和原理，笔者认为，量刑在依法进行的前提下，还应当考虑以下两个方面的因素：

1. 决定罪行轻重的因素

罪责刑相适应原则要求刑罚的轻重应当与犯罪人所犯罪行的轻重相适应，所以罪行的轻重是量刑时必须首先着重考虑的因素。罪行的轻重，首先取决于犯罪构成要件事实以及由其决定的犯罪的性质。但是由于犯罪构成要件事实和犯罪的性质是在定罪时已经考虑并决定法定刑种类和幅度的因素，对这些因

---

[1] 以上参见〔意〕杜里奥·帕多瓦尼：《意大利刑法学原理》，陈忠林译，法律出版社1998年版，第353—356页。

素的认定，既是量刑的前提，也是确定量刑范围的依据，所以在量刑时就不应当再予考虑。除了犯罪构成要件事实以及由其决定的犯罪性质之外，影响罪行轻重的因素还有：

（1）行为的方式。行为的方式是指行为的外在表现形式。行为的方式包括作为与不作为。作为是以积极的活动实施刑法所禁止的行为，因而对于客体的侵犯具有主动性、进攻性，它对导致危害结果发生的因果锁链具有发动和引起的作用。不作为是以消极的、静止的方式抗拒刑法所要求的作为行为，它对于客体的侵犯表现为放任性和被动性，它的危害性表现为对于客观上存在着的可能发生危害结果的因果锁链不采取积极的措施去制止而放任其发生危害社会的结果。一般而言，以作为方式实施的危害行为比以不作为的方式实施的危害行为具有更大的危害性。由于不作为是以作为义务为前提的，行为人违反作为义务的程度也影响到不作为的严重程度。

（2）危害行为所使用的工具。危害行为，可能是单纯地通过行为者身体的动静和自身的力量实施的，也可能是借助一定的工具实施的。一般而言，借助一定的工具实施的危害行为，由于工具增加了人自身的行为能力，从而可能加重行为对社会的危害程度，因而较之单纯通过自身力量实施的危害行为，具有更大的危害性。并且，从工具本身的特点上看，工具的危险程度对行为的危害程度具有重要的影响。使用危险程度高的工具实施危害行为，往往具有更大的危害性。例如，使用枪炮杀人就比使用棍棒杀人具有更大的危害性；借助伪造的公文、证件进行诈骗，就比单纯靠游说来诈骗具有更大的危害性。

（3）行为的手段。行为的手段是实施危害行为的基本方式。手段的野蛮程度、残暴程度、卑劣程度和放肆程度，不仅直接决定着行为的危害结果，而且直接造成对社会心理的不同程度的伤害，因而是决定行为的社会危害性程度的重要因素。例如，以分尸的手段杀人，以毁人容颜的手段伤害人，就比一般的杀人、伤害行为具有更为严重的社会危害性。对于某些行为而言，手段甚至是决定某些行为是否构成犯罪或者构成何种犯罪的因素。

（4）行为的状态。危害行为停止在完成状态还是未完成状态，是自动中止还是被迫停止，对罪行的严重程度具有一定的影响。

（5）行为的组合方式。行为的组合方式是指行为中各个因素的结合方法。在许多情况下，危害行为都可能是由多个动作、多种因素甚至多人的行为结合而导致危害结果发生的。在这种场合，不同因素的组合方式就可能直接影响到行为的危害程度。例如，一个危害行为是由预备行为、手段行为和目的行为等多个动作有机结合而完成时，这种行为的成功率就比单一行为要高得多，其对社会的危害性也就大得多。多个人共同实施的危害行为就比一个人所实施同种危害行为的危害性大得多。多个人按照一定的计划和分工合作有步骤、有组织地实施危害行为，就比多个人临时凑合在一起无计划地实施同类危害行为的社会危害性大得多。

（6）行为的时间、地点、行为人的技巧，以及对行为过程中某些因素的利用，都可能加重行为对社会的危害程度。在某种犯罪中，行为的时间和地点可能成为决定行为是否构成犯罪的要件。

（7）行为的危害后果。行为的危害后果是指危害行为在客观现实中引起、造成或者导致刑法所保护的利益发生某种物理性或状态性变化的损害事实。危害后果是危害行为侵害一定客体的具体表现形式，是行为危害社会的结果状态，因而是行为的危害性质及其程度的集中表现。在行为后果表现为物理性变化的场合，它是测量行为的危害程度的重要因素，在行为的后果表现为状态性变化的场合，它虽然不能进行具体的测量，但却是认识行为的危害程度的重要标志。行为的危害后果，通常表现为危害行为直接造成的危害结果、行为导致的间接的危害结果、行为引起的有害影响等。行为的直接危害结果是指危害行为作用于一定对象时直接引起该对象本身所发生的一定的物理性损害或状态性变化。在以物质性危害结果为构成要件的犯罪中，有无刑法规定的物质性危害结果，直接决定着犯罪的构成与否；在非以物质性危害结果为构成要件的犯罪中，这种物质性危害结果是衡量罪行轻重的重要因素。行为的间接危害结果是指行为作用于一定对象时，由于对象的变化而给刑法所保护的其他利益造成的损害或者引起与该对象有关的连锁反应；行为的影响是指危害行为所导致的危害结果以外的其他有害于社会的结果。行为的间接危害结果和影响，在以"后果严重"为构成要件的犯罪中，也会影响犯罪的构成与否，而在其他犯罪中则是衡量罪行轻重的参考性因素。

2. 影响刑事责任大小的因素

罪责刑相适应原则明确要求，刑罚的轻重除了与犯罪人所犯罪行的轻重相适应之外，还应当与犯罪人承担的刑事责任相适应。因此犯罪人应当承担的刑事责任大小，也是量刑时必须考虑的因素。犯罪人所故意或过失实施的罪行的轻重，是决定刑事责任大小的最重要的因素。但是这些因素，在定罪时和认定罪行轻重时已经被考虑到了。除了这些因素之外，影响刑事责任大小的因素，还有：

（1）行为的动机和诱因。动机是人选择和实施行为的内心起因。动机的善恶以及善恶的程度，直接影响到罪过心理的可责程度。一个人基于"为民除害"的动机杀人，另一个人基于掩盖犯罪行为的动机而杀人，尽管其杀人行为和结果以及对行为和结果的故意是相同的，但是其主观上可以谴责的程度是大不相同的，由此决定的责任大小和刑罚轻重也应当是不同的。诱因是指诱发具体的犯罪行为实施的原因。这种原因如果完全是或者主要是行为人以外的因素，那就可能减轻行为人对犯罪行为应当承担的责任。

（2）行为人所追求的目的。行为人在犯罪时所追求的目的，如果是刑法规定的构成犯罪的必备要件，那就应该在定罪过程中予以考虑。而在多数犯罪中，构成犯罪并不要求有特定的犯罪目的，在这类犯罪中，行为人在实施犯罪行为时所追求的目的，可以说明行为人的意志选择过程以及行为人在选择实施犯罪行为的过程中所必须表示出来的意志性质和程度，从而反映出与犯罪行为直接相关的行为人主观上的可责程度。

（3）行为人与被害人的关系。行为人与被害人的关系，可以在一定程度上反映犯罪行为实施的原因，说明犯罪行为在多大程度上可以归责于行为人。被害者学的研究表明，客观地分析犯罪行为实施之前和实施过程中犯罪人与被害人的互动关系，有助于全面认识犯罪发生的原因，合理区分犯罪人与被害人的责任。在犯罪过程中，被害人的责任虽然不是刑事责任，但是它的存在表明犯罪的发生不能完全归因于犯罪人，从而可能减轻犯罪人的刑事责任。

（4）影响犯罪行为实施的行为人的其他个人情况。行为人的某些个人情况，可能影响行为人的意志选择，从而影响到其对自己的犯罪行为的刑事责任。例如，行为人的经济状况与其所实施的财产犯罪之间，可能存在一定的因果性联系；行为人在工作、生活、交往等方面受到挫折时的情绪和心境可能影响其对有关问题的处理方式；行为人的认识能力和疾病或类似障碍可能影响其思维方式和意志选择。这些因素，如果与行为人所实施的犯罪行为有关，就可能加重或者减轻行为人在犯罪行为中的可责程度，从而影响其刑事责任。

这些因素，都是表明行为人的意志选择程度，从而有助于说明其所实施的犯罪行为在多大程度上可以归责于行为人的因素，因而也是避免客观归罪、保障刑罚适用的合理性时应当考虑的。

基于以上认识，笔者认为，刑法第61条规定的量刑原则，应该在强调以犯罪事实为根据的前提下，删除关于"犯罪的性质"和"对于社会的危害程度"的内容，并将"情节"中能够反映罪行轻重和刑事责任程度的因素，作为量刑时应当考虑的事实情况，予以类型化的列举。

（二）如何理解"量刑情节"的范围

我国刑法学界普遍认为，量刑情节是指犯罪构成要件事实以外的，对犯罪的社会危害程度和犯罪人的人身危险性具有影响作用，在对犯罪人量刑时需要考虑的各种具体事实情况。犯罪的社会危害程度和犯罪人的人身危险性是量刑的两大根据，这就决定了作为量刑情节的事实要么影响犯罪的社会危害程度，要么影响犯罪人的人身危险性，既不影响犯罪的社会危害程度，也不影响犯罪人的人身危险性的事实，当然不能成为量刑情节。[1] 量刑情节的本质属性是反映犯罪分子的人身危险性和犯罪行为的社会危害性的主客观情况。如果是不对犯罪分子的人身危险性或者犯罪行为的社会危害性发生影响的主客观情

---

[1] 高铭暄主编：《新编中国刑法学》（上册），中国人民大学出版社1998年版，第361—362页。

节，则不能视为量刑情节。[1] 有的学者更明确地指出："对犯罪人适用刑罚时，一要考虑案件已然的社会危害，二要考虑犯罪人未然的人身危险性。"[2]

在此，就涉及一个理论问题，即量刑时需要考虑的情节是否包括对犯罪人的人身危险性具有影响作用的事实情况，亦即量刑时要不要考虑犯罪人的人身危险性？

笔者认为，人身危险性不是量刑的根据，影响人身危险性的事实情况，也不应当成为量刑的情节。其理由主要是：

第一，把人身危险性作为量刑的根据是违法的。我国刑法中没有任何一个地方规定犯罪人的人身危险性是量刑的根据，也没有任何一个地方规定量刑需要考虑犯罪人的人身危险性。刑法第5条规定的基本原则是"刑罚的轻重，应当与犯罪分子所犯罪行和承担的刑事责任相适应"，而不是与犯罪人的人身危险性相适应。刑法第61条规定的量刑原则是"对于犯罪分子决定刑罚的时候，应当根据犯罪的事实、犯罪的性质、情节和对于社会的危害程度，依照本法的有关规定判处"，同样不包括任何与社会危害性并列的"人身危险性"。因此，把犯罪人的人身危险性作为量刑的根据，至少是缺乏法律依据的。

第二，把人身危险性作为量刑的根据是危险的。按照学术界的理解，人身危险性，是指行为人再次实施犯罪行为的可能性。[3] "所谓人身危险性，是指犯罪人的人身存在对于社会所构成的客观威胁，它反映了犯罪人再次犯罪的倾向即再犯可能性。既谓'可能性'，则非实害，并且与实害有着相当的距离。

---

[1] 肖扬主编：《中国新刑法学》，中国人民公安大学出版社1997年版，第244页。
[2] 周振想：《当代中国的罪与罚》，中国人民公安大学出版社1999年版，第68页。
[3] 喻伟主编：《刑法学专题研究》，武汉大学出版社1992年版，第274页。

因此，人身危险性预示着犯罪人犯罪的未然状态，而非已然状态。"[1] 人身危险性既然是"未然的"状态，它就必然具有一定的或然性。把这种或然性的东西作为对犯罪人适用刑罚的根据，就可能构成对犯罪人权利的极大威胁。刑法的基本原理是对犯罪人裁量决定刑罚必须根据已经发生的犯罪事实。早在100年前，李斯特就指出："尽管保护个人自由因不同历史时期人们对国家和法的任务的认识不同而有所不同。但是，有一点是一致的，即在法制国家，只有当行为人的敌对思想以明文规定的行为表现出来，始可科处行为人刑罚。……只有这样，才能保证准确无误地区别应受处罚的行为和不受处罚的行为。"[2] 这是因为，只有已然的犯罪事实，才是客观存在的、具有确定性的东西，从而能够成为人们设定某种标准的基础。以已然的犯罪事实为根据，能够防止法官或法院任意出入人罪，保障量刑的公正性；即使出现错判，也可以根据客观存在的事实，予以纠正。然而，如果把人身危险性这种未然性的因素作为量刑的根据，由于其本身具有不确定性，因而难以为量刑提供一个可资参照的标准，相反，却为量刑时的主观臆断留下了可以利用的借口。这与刑法保障功能的基本要求是格格不入的。

第三，把人身危险性作为量刑的根据是缺乏合理性的。人身危险性的理论是基于刑罚个别化思想提出来的。19世纪末20世纪初出现的新派刑法理论，从犯罪人的社会危险性以至社会适应性出发，提倡刑罚个别化，从扩张法定刑的范围起，进一步主张采用不定期刑，并认为刑罚和保安处分作为对犯罪人

---

[1] 樊凤林主编：《刑罚通论》，中国政法大学出版社1994年版，第390页。
[2] 〔德〕弗兰茨·冯·李斯特：《德国刑法教科书》，徐久生译，法律出版社2000年版，第21页。

的教育、改造的一个手段，其性质是相同的，二者之间具有当然的可替代性。[1] 新派刑法学中的社会防卫学派进一步认为，刑法的任务是为了保卫社会，因此对于具有势必犯罪的危险性格的人必须采取适当的措施。刑罚个别化的思想更多的是同保安处分、教育刑、行刑方式改革运动相联系。即使是现代法国刑法典中明确规定的"刑罚个人化"，也主要是关于刑罚执行方式的规定，如"半释放""刑罚之分期执行""普通缓刑""附考验期的缓刑""附完成公共利益劳动义务的缓刑"等。[2] 这种刑罚思想所追求的是刑罚适用的目的性和功利性。但是如果把这种刑罚思想引入量刑领域，就可能导致刑罚适用的不合理。因为，犯罪人的人身危险性与已然的犯罪之间并不存在正比例关系，人身危险性大的，其罪行未必就重；人身危险性小的，其罪行未必就轻。如果把人身危险性作为量刑的根据之一，就可能出现轻罪重判、重罪轻判的结果。这不但不利于刑罚目的的实现，而且可能导致与刑罚目的南辕北辙的结果。并且，人身危险性既然是一种"未然的"状态，将其作为对犯罪人适用刑罚的根据，就是以尚未发生的再犯可能性来惩罚犯罪人。这对于犯罪人来说，更是缺乏合理性的。

基于以上理由，笔者认为，量刑情节中不应当包含影响犯罪人人身危险性的事实情况。刑法理论界将犯罪人的人身危险性与犯罪行为的社会危害性相并列作为量刑的两大根据，是对刑法第61条规定的量刑原则的误解。

在此，可能引起争议的问题是：如何看待量刑情节中对犯罪行为的社会危害性没有直接影响，从而不能归入影响罪行轻

---

[1] [日]大塚仁：《刑法中的新旧两派的理论》，载《外国政法学术资料》1965年第1、2期。
[2] 参见罗结珍译：《法国刑法典》，中国人民公安大学出版社1995年版，第31—42页。

重的事实情况的那些因素,如犯罪人的个人情况、犯罪后的态度等?

按照刑法中明确规定的罪责刑相适应原则,犯罪人的个人情况,如果不属于影响罪行轻重的因素,就应当属于影响刑事责任程度的因素。犯罪人的个人情况以及案件的其他事实中,只有影响刑事责任程度的因素才能成为量刑的根据。如果既不影响罪行的轻重,也不影响刑事责任的程度,仅仅是表明人身危险性的因素,就不应当、也没有理由作为量刑的根据。例如,犯罪人的一贯表现、犯罪人的性格特点,与犯罪人的刑事责任之间,如果没有内在的联系,就不应作为量刑的根据来考虑。犯罪人的事后表现,如果直接与消除犯罪行为的社会影响、减轻犯罪行为对于社会的危害程度相联系,则是影响罪行轻重和刑事责任程度的因素,自应作为量刑的根据来考虑,但是如果与犯罪行为的后果没有联系,既不能影响罪行的轻重,也不能影响刑事责任的程度,那就不能作为量刑的根据来考虑。

这里,需要特别说明的是自首和累犯。在犯罪之后,犯罪人不论是投案自首、真诚悔悟,还是拒不认罪、推卸抵赖,都不能减轻或加重罪行的轻重和责任的程度。但是从刑事政策的角度考虑,犯罪之后投案自首的,有利于侦查和追诉活动的进行,有利于防止其为隐匿罪行而再次犯罪。同时,投案自首也表明行为人有悔改的诚意,与负隅顽抗者相比,其改造的难度要小一些。所以为了鼓励犯罪人的自首,刑法往往在其应负的刑事责任的限度内规定从轻或减轻处罚。这种规定,是由刑罚适用的独立性决定的,它与罪行和责任没有直接的关系,并且是在责任原则的限度内进行的,因而并不与罪责刑相适应原则的保障功能相抵触。但是如果基于政策性考虑,对犯罪后认罪态度不好但又不构成新罪的人适用重于其犯罪行为应负刑事责任的刑罚,使刑罚的程度超过刑事责任的限度,那就违反了刑法的保障功能,造成对犯罪人权利的不应有的侵害。可见,即使是基于刑事政策上的考虑,也要在罪责刑相适应原则的范围内进行,而不能超越罪责刑相适应原则的限制。对累犯从重处罚,既不是对其以前实施的犯罪行为的再次处罚,也不是基于其人身危险性即再犯可能性,而是因为,由于其以前实施了犯罪行为,法律加重了其遵守法律的义务。犯了罪的人(并且所犯罪行比较严重),理应比其他人更严格地遵守法律,更有义务防止犯罪的发生。如果在刑罚执行完毕或者赦免以后一定时间内,他不遵守法律的规定,再犯比较严重的罪行,他就负有比其他人犯相同的罪更重的责任。正是这种更重的责任,成为刑法对其规定从重处罚的理由。

(三) 依法量刑要不要制约

刑法第61条规定的量刑原则,包括"依照本法的有关规定判处"的内容。据此,有的人认为,量刑只要依照刑法的有关规定就行了,在刑法规定的范围内,法官(法院)可以自由决定判处的刑罚,并且这种自由裁量权的行使,只要依法进行,无论如何都是正确的。

这种观点,仍然涉及如何理解和贯彻量刑原则与作为刑法基本原则的罪责刑相适应原则的关系。

刑法第61条规定的"依照本法的有关规定判处",既包括依照刑法总则中关于刑种和刑期的规定,关于各种刑罚适用范围和适用条件的规定,关于刑罚裁量制度的规定,关于从轻、减轻处罚或者免除处罚以及从重处罚的规定,也包括刑法分则中关于具体犯罪法定刑档次、幅度的规定,同时也应当包括关于刑法基本原则的规定。不能说,依照刑法中的具体规定量刑是"依照本法的有关规定判处",依照刑法明文规定的基本原则量刑就不是"依照本法的有关规定判处"。

从另一方面看,刑法的基本原则对于刑事立法和刑事司法的各个环节都具有指导意义。在刑事司法中,罪责刑相适应原则对于保障刑罚适用的公正性和合理性尤为重要。刑法分则对每种犯罪所规定的法定刑都有一定的幅度。之所以要规定一定的幅度,是因为在不同的具体案件中,即使构成完全相同的罪名,犯罪人所犯罪行的轻重和承担刑事责任的程度也会有所差别。没有一定的幅度,就不能适应同种犯罪中罪行轻重和责任大小不同的情况,难以做到罪责刑相适应。例如,刑法第232条规定:"故意杀人的,处死刑、无期徒刑或者十年以上有期徒刑;情节较轻的,处三年以上十年以下有期徒刑。"如果同一个故意杀人的案件,既没有法定从重处罚情节,也没有法定从轻、减轻处罚情节,一审法院判处被告人死刑,二审法院改判被告人10年有期徒刑。如果仅仅从形式上、表面上看,这两个判决都是依照刑法的规定作出的,很难说哪一个是合法的、哪一个是不合法的。但是我们能说这两个判决都是正确的、公正的、合理的吗?如果我们要否定其中一个判决的合理性,其依据又是什么?笔者认为,只能是罪责刑相适应原则。因为刑法把罪责刑相适应作为一个基本原则,要求法院对犯罪分子判处的刑罚与其所犯罪行的轻重和承担的刑事责任大小相适应。在刑法规定的范围内,只有与犯罪人所犯罪行和承担的刑事责任相适应的刑罚,才是适当的;对犯罪人实际判处的刑罚,只有与其所犯罪行和承担的刑事责任相适应,才具有合理性,从而也是实质上合法的。如果没有罪责刑相适应原则的制约,就有可能在形式合法的外表下掩盖实际上不合理的判决,就无法保障刑罚适用的正确性，刑罚适用的目的也就难以实现。这种情况说明，即使是在刑法规定的范围内裁量决定刑罚，仍然要受罪责刑相适应原则内在精神的限制。

[原载《刑事法前沿》（第一卷），
中国人民公安大学出版社 2004 年版]

论责任刑罚原则

在近现代德、日刑法中,盛行着一种"责任主义"的刑法理论。它的本质特征是强调"无责任即无刑罚",并认为这是近代刑法的根本原则,[1] 或称"近代刑法学中重要的基本原则"。[2] 所谓"责任刑法",就是"表示其以责任原则为刑法之基础"。[3] 而"责任原则,乃以责任为刑罚之前提,以阐明责任与刑罚关系之理论"。[4] 正是在这个意义上,笔者将其称为"责任刑罚原则",以明确揭示责任对刑罚的制约关系,并将责任对刑罚的这种制约作为适用刑罚的基本原则乃至整个刑法的一项原则。

一、责任刑罚的基本内涵

日本学者认为,"无责任即无刑罚"的原则,包括两个方面的内容。其一是归责中的责任主义,即在把符合犯罪构成要件的违法行为与行为人联系起来对行为人进行非难时,以行为

---

[1] 参见甘雨沛、何鹏:《外国刑法学》(上册),北京大学出版社1984年版,第340页。
[2] 〔日〕大塚仁:《犯罪论的基本问题》,冯军译,中国政法大学出版社1993年版,第176页。
[3] 蔡墩铭:《刑法基本理论研究》,汉林出版社1980年版,第133页。
[4] 蔡墩铭:《刑法基本理论研究》,汉林出版社1980年版,第133页。

人主观的、个人的责任为前提。其二是量刑中的责任主义,即把责任的大小作为决定刑罚轻重的核心要素和重要标准,主张所有的刑罚都应当只在责任的范围内确定。[1]

蔡墩铭先生对德、日刑法中的责任原则曾经做过精辟的分析和全面地概括。他认为,责任原则之意义有三:(1)无责任则无刑罚。科刑应受责任之限制,倘非先确定责任存在,实不能科以刑罚。(2)刑罚不能逾越责任之程度。责任不仅为科刑之前提,更应成为科刑之标准,亦即责任轻则刑罚轻,责任重则刑罚重,刑罚之高低应以责任之高低为范围,不可超过此一范围而为刑罚之科处,以免被告人之权利,遭受意外的侵害。(3)量刑考虑行为人之责任。审判官量刑时所考虑者,仍应限于行为人所实施的违法行为的责任,而非行为人之危险性。[2]

我国大陆学者虽然很少有人直接了当地提倡责任原则,但是在论述刑事责任与刑罚的关系时,普遍表达了与德、日刑法中的责任原则大致相同的观点。例如,高铭暄教授在其主编的《刑法学原理》中明确指出:"刑事责任的存在决定刑罚适用的现实可能性。没有刑事责任就没有刑罚。刑事责任是刑罚的前提,刑罚是刑事责任的后果。……刑事责任的大小是判处刑罚的标准。审判机关在裁量刑罚的时候,要考虑行为人对犯罪所负的刑事责任的程度,责任重则刑罚重,责任轻则刑罚轻,罪刑相适应实际上是罪责刑相适应。"[3] 许多学者提出了大致相同的观点,例如:"刑事责任是刑罚的前提和根据,决定刑罚

---

[1] [日]大塚仁:《犯罪论的基本问题》,冯军译,中国政法大学出版社1993年版,第176—177页。

[2] 蔡墩铭:《刑法基本理论研究》,汉林出版社1980年版,第133页。蔡墩铭:《刑法基本理论研究》,汉林出版社1980年版,第133—135页。

[3] 高铭暄主编:《刑法学原理》(第一卷),中国人民大学出版社1992年版,第418—419页。

的存在。刑事责任作为联系犯罪与刑罚的中介，既是犯罪所产生的必然结果，同时又是刑罚产生的原因。……刑事责任的程度决定刑罚的轻重。"[1] "刑事责任是行为人承受刑罚的前提，只有在行为人应当承担刑事责任的前提下，才可能承受刑罚处罚；如果行为人不应当承担刑事责任，则他不应当承受刑罚处罚。所以没有刑事责任就没有刑罚。其次，刑事责任的大小决定了刑罚的轻重，即司法机关在裁量刑罚的时候，必须考虑行为人所承担的刑事责任的程度。"[2] 我国大陆学者的上述观念，虽然都是从刑事责任与刑罚的关系的角度提出的，但是其中所主张的观点与德、日刑法中责任主义所主张的责任原则的内涵是基本一致的，都表达了以责任制约刑罚的原则要求。这些正是笔者提出的责任刑罚原则所要包含的内容。

所谓责任刑罚原则，是指对任何人适用刑罚都必须以其负有刑事责任为前提，并且刑罚的轻重应当与其应负的刑事责任程度相适应。

责任刑罚原则的基本要求是：

第一，刑事责任的存在决定刑罚的存在。对任何人适用刑罚，都必须以该人负有刑事责任为前提。尽管一个人负有刑事责任并不一定要受刑罚处罚，但是一个人不负有刑事责任就不受任何刑罚处罚。因此，如果从某人的行为中不能认定该人负有刑事责任，就不能对该人判决裁量刑罚，更不能对该人执行刑罚。

第二，刑事责任的程度制约刑罚的轻重。现代各国刑法都采取了相对确定的法定刑。对于负有刑事责任的人裁量决定刑

---

[1] 赵廷光主编：《中国刑法原理》（总论卷），武汉大学出版社1992年版，第353页。
[2] 张明楷：《刑事责任论》，中国政法大学出版社1992年版，第122页。

罚，应当根据其所负刑事责任的程度，选择适用法定刑的幅度，并且，在法定刑的幅度内决定具体适用的刑罚时，必须考虑负有刑事责任的人所应负的刑事责任程度。责任大的，应当从重判处刑罚；责任小的，则应从轻判处刑罚。不能不顾应负责任的程度在法定刑幅度内任意决定刑罚，更不能超越由行为人应负刑事责任的程度所决定的法定刑幅度适用刑罚。

第三，刑事责任的上限决定刑罚的上限。对负有刑事责任的人适用刑罚时，其刑罚的严厉程度不能超过其应负的刑事责任的程度。尽管按照刑法的规定，对于负有刑事责任的人，可以基于某些政策性因素从轻、减轻或免除处罚，但是不能基于任何理由在一个人应负的刑事责任限度之外判处较重的刑罚。

责任刑罚原则，涉及对责任的理解问题。只有首先确定责任的有无和程度，才能据以适用刑罚。

德、日和我国台湾地区的刑法学者对责任原则中的责任主要是从归责原理中的非难可能性上来理解的。虽然他们通常都把刑事责任分为客观责任与主观责任，或者广义的刑事责任与狭义的刑事责任，但都认为责任原则中所说的责任只是主观责任或狭义责任（主观责任或狭义责任的内涵亦有故意说与责任说之争）。例如，日本学者大塚仁指出："刑法中的责任是就所实施的符合构成要件的违法的行为能够对行为人进行的非难。"[1] 我国台湾地区学者洪福增则指出："行为者在道义上或社会上可非难之心理状态下，而实行适合于刑法上之犯罪构成要件的违法行为时所应受之道义的或社会的非难，即为'责任'。"[2] 唯有蔡墩铭先生认为，"在刑法方面，刑法总则之犯罪规定，

---

[1] 〔日〕大塚仁：《犯罪论的基本问题》，冯军译，中国政法大学出版社1993年版，第169页。

[2] 洪福增：《刑事责任之理论》，刑事法杂志社1988年版，第4页。

几以刑事责任为其中心,虽不免偏重于法律意义之责任[1],例如将责任之类型限于故意与过失,又以达到一定年龄为应负责任之界限,及以行为人精神状态健全为赋予责任之前提。惟在他方面,刑法每每将责任与结果予以结合,此可证明刑法所注重之责任并非(完全是——笔者注)法律意义之责任而已"。[2] 但是蔡先生亦认为,"就刑事责任之本质以观,其不失为一种非难可能性"[3] 蔡墩铭先生对刑事责任的理解,较之我国台湾地区的其他学者,更为全面深刻。但是与我国大陆学者的观点相比,仍有区别。

我国大陆学者所理解的刑事责任,是指实施犯罪行为的人就其危害社会的行为所应承受的刑事上的负担。(蔡墩铭先生也认为责任本身包含着负担之意。)[4] 因此,决定刑事责任有无和程度的因素不仅仅是故意或过失、责任年龄和责任能力,也不仅仅是对行为者实施犯罪行为的"意思"之无价值判断。在我们看来,决定刑事责任有无和程度的因素是由实施刑法所禁止的犯罪行为本身所包含的因素构成的,其中包括:(1)犯罪行为客观方面的因素,即表明行为的存在以及该行为是刑事法律所禁止的危害社会的行为性质及其对社会的危害程度的各种事实因素,其中最主要的是危害行为及其结果;(2)犯罪行为主观方面的因素,即表明支配危害行为的罪过心理的存在以及决定和影响罪过程度的各种事实因素,通常表现为对行为的

---

[1] 蔡先生所说的"法律责任",实际上是承担刑事责任的要件。即"责任用以表示承受负担所应具备之要件,此种要件包括行为人之意思及精神状态,尚行为人之意思或精神状态未能符合一定之要求时,不必令其负责,故此种承受负担不可或缺之要件,可称为法律意义之责任"。——《刑法基本理论研究》,汉林出版社1980年版,第131页。

[2] 蔡墩铭:《刑法基本理论研究》,汉林出版社1980年版,第131—132页。

[3] 蔡墩铭:《刑法基本理论研究》,汉林出版社1980年版,第131—132页。

[4] 参见拙著《刑事责任比较研究》,五南图书出版公司1996年版,第37—43页。

危害结果所持的故意或过失的心理态度；（3）犯罪行为人方面的因素，即表明刑法所要求的承担刑事责任的人身特点存在的事实因素以及（按照某些学者的观点）表明行为人人身危险性的事实因素，主要是行为人的刑事责任年龄、刑事责任能力、特殊身份等。这三个方面的事实因素的同时存在，就决定了刑事责任的存在，缺少其中任何一个方面，刑事责任就不存在，而这三个方面因素的同时存在的内容及其相互结合的方式就决定了刑事责任的程度。因此，确定刑事责任的有无和程度，不能仅仅根据"非难可能性"，而应当全面考察犯罪行为各个方面的事实，把非难的可能性与非难的必要性、非难的客观性结合起来，从行为及其结果、故意与过失、责任能力与责任年龄以及（共同犯罪或身份犯中的）特殊身份等方面，综合评判责任的有无和程度。只有这样，才能保证责任刑罚原则的正确贯彻。

二、责任刑罚原则的立法确认

刑法中有一系列关于刑事责任和处罚原则的规定。这些规定无疑是在刑事立法的过程中对责任刑罚原则的确认。例如，我国现行刑法[1]第 11 条规定："明知自己的行为会发生危害社会的结果，并且希望或者放任这种结果发生，因而构成犯罪的，是故意犯罪。故意犯罪，应当负刑事责任。"第 12 条规定："应当预见自己的行为可能发生危害社会的结果，因为疏忽大意而没有预见，或者已经预见而轻信能够避免，以致发生这种结果的，是过失犯罪。过失犯罪，法律有规定的才负刑事责任。"第 14 条规定："已满十六岁的人犯罪，应当负刑事责

---

[1] 本文成稿于1997年刑法修改之前，所以文中"现行刑法"系1979年刑法。——编者注

任"。第17条规定："为了使公共利益、本人或者他人的人身和其他权利免受正在进行的不法侵害，而采取的正当防卫行为，不负刑事责任。"第18条规定："为了使公共利益、本人或者他人的人身和其他权利免受正在发生的危险，不得已采取的紧急避险行为，不负刑事责任。"这里的负刑事责任或不负刑事责任，既是对刑事责任存在与否的确认，也是刑罚适用的先决条件。一个人只有当其具备刑法上规定的应当负刑事责任的因素时，才可以对其适用刑罚，而当其具备刑法中规定的不负刑事责任的因素时，即使其行为造成了一定的危害结果，即使其行为在某些方面违反了法律规定，亦不能对其适用刑罚。

另外，刑法中规定了一系列有关处罚原则的规定。例如，我国现行刑法第14条规定："已满十四岁不满十八岁的人犯罪，应当从轻或者减轻处罚。"第16条规定："又聋又哑的人或者盲人犯罪，可以从轻、减轻或者免除处罚。"第17条规定："正当防卫超过必要限度造成不应有的危害的，应当负刑事责任；但是应当酌情减轻或者免除处罚。"第18条中规定："紧急避险超过必要限度造成不应有的危害的，应当负刑事责任；但是应当酌情减轻或者免除处罚。"第19—21条分别规定："对于预备犯，可以比照既遂犯从轻、减轻处罚或者免除处罚"；"对于未遂犯，可以比照既遂犯从轻或者减轻处罚"；"对于中止犯，应当免除或者减轻处罚"。第23条规定："对于主犯，除本法分则已有规定的以外，应当从重处罚。"第24条规定："对于从犯，应当比照主犯从轻、减轻处罚或者免除处罚。"第25条规定："对于被胁迫、被诱骗参加犯罪的，应当按照他的犯罪情节，比照从犯减轻处罚或者免除处罚。"第26条规定："教唆他人犯罪的，应当按照他在共同犯罪中所起的作用处罚。教唆不满十八岁的人犯罪的，应当从重处罚。如果被教唆的人没有犯被教唆的罪，对于教唆犯，可以从轻或者减轻处罚。"这里关于从轻处罚、减轻处罚、免除处罚或者从重处罚的规定，正是根据不同情况下行为人应负刑事责任的程度作出的，是对不同情况下刑事责任程度的立法确认和对根据责任大小决定刑罚轻重的原则要求。其中，第 14 条是从限制责任年龄的角度，考虑到未成年人刑事责任能力相对较弱而从轻、减轻处罚的；第 16 条是从限制责任能力的角度，考虑到又聋又哑的人刑事责任能力较之正常人为弱而从轻、减轻或免除处罚的；第 17 条、第 18 条是基于防卫、避险行为的正当性和罪过较少因而责任亦小而减轻或免除处罚的；第 19—21 条是考虑到犯罪行为实施的不同阶段对社会的危害程度不同因而其应当负的刑事责任亦不同而确认其不同处罚原则的；第 23—26 条则是根据共同犯罪中不同犯罪人的罪行大小不同，因而对于共同犯罪，各个犯罪人所应当承担的责任亦不相同而确认其不同处罚原则的。因此，可以说，支撑关于处罚原则的这些规定的根基，是不同情况下刑事责任的大小。这些规定亦清楚地表明，对犯罪行为人适用刑罚，必须根据其应当承担的刑事责任的大小来确定。既不能对不应当承担刑事责任的人适用刑罚，也不能对于应当承担刑事责任的人不根据其应负刑事责任的程度任意确定刑罚。

现行刑法第 57 条规定："对于犯罪分子决定刑罚的时候，应当根据犯罪的事实、犯罪的性质、情节和对于社会的危害程度，依照本法的有关规定判处。"这里所说的"犯罪的事实、犯罪的性质、情节和对于社会的危害程度"，正是决定刑事责任有无和大小的重要的和基本的因素；而这里所说的"有关规定"，既包括刑法总则中关于应当负或不负刑事责任的规定，从轻、减轻、免除处罚或者从重处罚的规定，也包括刑法分则中关于有关犯罪法定刑的规定。因此，可以说，刑法总则所规定的量刑原则，充分体现了责任刑罚原则的要求。

此外，刑法分则中对于具体犯罪所规定的法定刑，都是根据不同犯罪的性质、情节及其对社会的危害程度确定的，特别是对同一犯罪规定不同的法定刑档次时，更是依据犯罪情节的轻重确定的。而犯罪情节的轻重所蕴含的正是不同犯罪应负刑事责任的大小。

三、责任刑罚原则的理论根据

责任刑罚原则存在的根据是刑事责任与刑罚之间的逻辑联系。这种逻辑联系主要表现在两个方面：

其一，刑罚是实现刑事责任目的的基本手段，是体现刑事责任内容的主要方式，所以刑罚的适用必须以刑事责任的存在为前提，刑罚的轻重必须与刑事责任的大小相适应。

对犯罪行为设定刑事责任的直接目的是禁止危害社会的行为即"预防犯罪"，通过预防犯罪来保护社会利益和个人权益免遭犯罪之侵害。预防犯罪既包括普遍性地防止一般人实施犯罪，也包括具体性地防止犯了罪的人再次犯罪。实现这两个方面的目标，首先依赖于刑事立法，即通过刑事立法设定刑事责任以明确禁止的对象和违反禁止性规范时的法律后果，并且通过宣传教育使人们普遍地认识到这种规定的具体内容及其必要性，动员、鼓励人们自觉地遵守法律而不去犯罪。但是仅仅依靠这种手段是不足以遏制所有的犯罪冲动从而不足以保卫社会和个人免遭犯罪之侵害的。显然，实现刑事责任的目的，最主要、最大量的还是要依赖于对犯了罪的人实际追究刑事责任。只有通过对犯了罪的人依照刑法的规定实际追究其应负的刑事责任，才能使犯罪的人实际感受到违反刑法规范给自己带来的不利后果，接受国家的谴责和教育，从中吸取教训，在以后的行为选择中避免犯罪。对犯了罪的人实际追究刑事责任，也会使没有犯罪的人，特别是想要犯罪的人和受到犯罪侵害的人，看到刑事法律的严肃性和刑事责任的必究性，从而在自己的行为选择中相信法律、遵守法律而不实施刑法所禁止的行为。对犯了罪的人实际追究刑事责任，主要是对之适用刑罚。因为刑罚是体现刑事责任内容的主要方式。追究犯罪行为人的刑事责任，虽然不完全是，但最基本、最大量、最常见的是通过对其适用刑罚表现出来的，是通过刑罚的实际适用来体现刑事责任所包含的国家对犯了罪的人进行刑事制裁这一基本内容的。对犯了罪的人适用刑罚，是犯了罪的人实际承担刑事责任的表现，也是实现刑事责任目的的重要途径。因此刑罚的适用不能不以刑事责任的存在为前提，不能不以刑事责任的大小为转移。

其二，刑罚适用的根据是犯罪行为人对犯罪行为应负的刑事责任，刑罚的判处只有以犯罪行为人应负的刑事责任为限度，才具有合理性。

蔡墩铭先生指出："人民之权利，国家原应保障，不可干扰，惟人民一经犯罪，则不能无制裁之道，国家为此而侵犯人民之权利，一般称为刑罚。人民之权利中，以生命、身体、自由、名誉及财产各种权利为最重要，故国家于犯人之制裁，自以上述之权利为对象。"故而，刑罚的制定和适用必须讲求合理化。"所谓合理化之刑罚制度，不外指刑罚之中，寓有人权保障思想，使受刑罚科处之犯人，心甘意愿，几于接受。"[1] 在此，蔡先生指出了刑罚的特征——以侵害公民最重要的权利为内容，同时提出了刑罚合理化的要求——保障人权。依蔡先

---

[1] 蔡墩铭：《刑法基本理论研究》，汉林出版社1980年版，第345页。

生之见解，"刑罚虽为非常之措施，但尚不失为必要之措施，因其属于必要，所以刑罚应有伸缩性，非一成不变，以免其酷，因其属于非常，所以刑罚须受限制，非漫无止境，以免其滥"。[1] 在刑法中，对刑罚的限制，正是通过刑事责任的设置来实现的。刑法规定了应当负刑事责任和不应当负刑事责任的各种情况，规定了要求一个人对自己的行为负刑事责任的各种条件，同时根据不同行为应负刑事责任的大小设定了不同的法定刑和不同的刑罚幅度。所有这些，都制约着刑罚在每个具体场合下的适用。在运用刑罚制裁犯罪行为人的过程中保障人权，除了在刑事立法过程中合理地设定刑事责任之外，主要是通过在对具体人适用刑罚的过程中严格根据该人应负的刑事责任来判处而实现的。依照刑法不负有刑事责任的人，就不能对之适用刑罚；负有较小的刑事责任的人，就不能对之适用较重的刑罚。这是保障公民人权的基本要求，也是保障刑罚合理化的基本要求。正如蔡墩铭先生指出的："责任不仅为科刑之前提，更应成为科刑之标准，亦即责任轻则刑罚轻，责任重则刑罚重，刑罚之高低应以责任之高低为其范围，不可超过此一范围而为刑罚之科处，以免被告之权利，遭受意外之侵害。故不使刑罚逾越责任之限度，符合正义与公平之原则，只有行为人依其应负责任之范围，获得应受刑罚之科处，方能使其感觉罪有应得，而无不平之念，亦唯有如此，始可促其悔改重新作人。"[2]

正是刑事责任与刑罚之间的这种逻辑联系，决定了刑罚的适用必须以刑事责任的存在为前提，刑罚的轻重必须与犯罪行

---

[1] 蔡墩铭：《刑法基本理论研究》，汉林出版社1980年版，第346页。
[2] 蔡墩铭：《刑法基本理论研究》，汉林出版社1980年版，第133—134页。

为人应负的刑事责任大小相适应；任何人，只要不负有刑事责任，就不能对之适用刑罚。

四、责任刑罚原则的实践价值

责任刑罚原则既是刑事责任的功能原则，表明刑事责任对刑罚的制约作用，又是刑法适用的实践原则，指导刑罚的具体运用。

在刑罚的具体运用中强调必须以刑事责任为前提，首先是保障刑法适用对象的合法权益的需要。刑罚本身的惩罚性质使它的适用必然要对适用对象造成一定的痛苦，使其人身权利、自由、健康乃至生命受到损害或者使其财产受到损失，同时还伴随着名誉、人格尊严上的损害。因而对任何人判处刑罚，只有坚持以刑事责任为前提，只有保证在其违反刑法规范从而负有刑事责任亦即依照法律应当承受这种负担的情况下适用，才能保障刑法适用的合理性和对受刑人权益进行剥夺的必要性，才能保障不负有刑事责任的人的合法权益不受刑罚的侵害。如果刑罚的适用不以刑事责任为前提，就可能使不应受刑事制裁的人受到不应有的制裁，使不应受侵害的权益受到刑罚的严重侵害。即使是负有刑事责任的人，也不意味着其权益可以任意剥夺，因而对其适用刑罚也必须受到其应负的刑事责任的程度的限制。只有在其应负的刑事责任的限度内适用刑罚，才能保障对其权益的剥夺及其程度的合理性。

其次，在刑罚的具体运用中强调以刑事责任为前提，也是限制法官自由裁量权以保障罪刑法定原则正确贯彻的重要方面。现代世界各国刑法都采取了相对确定的法定刑的立法方式，对每一种犯罪规定的刑罚都具有一定的幅度。在这个幅度内，法官或法院可以自由决定对具体犯罪行为人适用刑罚的程度。那么，如何保障法官或法院所裁量决定的刑罚符合法的精神，具有相对的合理性和公平性，就是一个不容忽视的问题。而解决这个问题的基本方法，就是要求法官或法院根据具体犯罪行为人应负的刑事责任的大小在法定刑幅度内裁量决定具体适用的刑罚。因此，责任刑罚原则既是对法官或法院裁量决定刑罚提供可资参照的全国统一的标准，也是对法官或法院自由裁量权的一种有助于保障其合理性的制约。正如蔡墩铭先生指出的："责任原则在于调和犯罪与刑罚之关系，亦即对于犯罪固可科以刑罚，惟在科刑之前不能不考虑者，即系行为人对犯罪所负之责任。由于行为人对于犯罪所负之责任，有轻重之不同，是以刑罚亦须依照责任之轻重而为科处，不能逾越。在此意义之下，责任原则具有保障人权之作用，可以避免法官对于被告科以与其罪责不相称之重罚。"[1]

在德、日刑法学中，无责任即无刑罚的原则，虽然强调责任要素对刑罚的制约作用，但主要是针对刑法中关于结果加重犯的规定提出的。在结果加重犯的场合，法律对行为人的行为所造成的超过其故意范围的重结果规定了较重的刑罚。这种较重的刑罚的适用要不要以行为人对之负有责任为前提，刑法中往往缺乏明确的规定。无责任即无刑罚原则的一个重要的实践意义，就在于强调在结果加重犯的场合，对加重的结果适用加重的刑罚必须以行为人对该结果负有责任，至少有过失为前提。如果不能认定行为人对自己的犯罪行为所造成的加重结果负有责任，就不能仅仅根据重结果而判处加重的刑罚，而只能以其责任的程度判处刑法规定的基本刑罚。如果不坚持无责任即无刑罚的原则，不强调刑罚以刑事责任为前提，就可能机械地适用刑罚关于结果加重犯的规定而忽视行为人对危害结果的

---

[1] 蔡墩铭：《刑法基本理论研究》，汉林出版社1980年版，第145页。

加重部分有无责任，就可能导致刑罚适用在某些情况下的不合理。正如蔡墩铭先生指出的："故意行为每每引起意外之加重结果，设行为人对于所引起之普通结果有认识或预见，惟对于所引起之加重结果毫无认识或预见，甚至连预见可能性亦不存在时，应否适用加重结果犯之法条，实不无疑问。然而对于此一情形，苟适用责任原则，则行为人仅对有责任之结果负责，而对于无责任之结果，可以不负任何责任。……盖行为人对加重结果，既无认识，且无预见可能性，即可以不必负担此一部分之责任，以免行为人受不虞之罪。"[1]

此外，在醉酒犯罪、法律认识错误等场合下适用刑罚，强调行为人对醉酒或法律认识错误本身负有责任，对于保障刑法适用的合理性也具有积极的意义。尽管我国刑法明确规定，醉酒的人犯罪应当负刑事责任，但是这种规定是以行为人自己醉酒为基础的。如果行为人被强迫醉酒或者在不知情的状态下醉酒、行为人对自己的醉酒没有任何责任，那么对这种醉酒状态下的犯罪与自己醉酒后犯罪处以相同的刑罚，恐怕就有失刑罚的合理性。因此，在这种情况下强调无责任即无刑罚，责任大则刑罚重、责任小则刑罚轻，对于保障刑法适用的合理性，是十分必要的。

应当说明的是，责任刑罚原则强调无责任即无刑罚，是从消极的角度保障刑法适用的合理性的。由于刑罚只是体现刑事责任的主要内容而不是全部内容的一种手段，一个人应负刑事责任并不一定受到刑罚惩罚，而可能以刑罚以外的方式承担刑事责任，所以责任刑罚原则并不表示有责任必有刑罚。

除此之外，还应当看到，刑罚是刑法中一个独立存在的要

---

[1] 蔡墩铭：《刑法基本理论研究》，汉林出版社1980年版，第146页。

素，它以特有的功能在实现刑法目的中表现出自身存在的价值。所以刑罚的适用并不完全以刑事责任为转移。刑罚以刑事责任为前提并且刑罚的轻重应与刑事责任的大小相适应，主要是强调没有刑事责任就没有刑罚的适用、刑罚的适用不能超越刑事责任的限度。但是在刑事责任的限度之内，刑罚的适用有时不得不考虑某些刑事政策性的因素。例如，自首从宽的量刑原则。从刑事责任的角度看，刑事责任及其大小是由构成犯罪行为的各种因素决定的。在犯罪之后，犯罪人不论是投案自首、真诚悔悟，还是拒不认罪、推卸抵赖，都不能减轻或加重责任的程度。但是从刑事政策的角度考虑，犯罪之后投案自首的，有利于侦查和追诉活动的进行，有利于防止其为隐匿罪行而再次犯罪。同时，投案自首也表明行为人有悔改的诚意，与负隅顽抗者相比，其改造的难度要小一些。所以为了鼓励犯罪行为人的自首，刑法往往在其应负的刑事责任的限度内规定从轻或减轻处罚。有的学者认为，这种规定是责任原则的例外。其实这是由刑罚适用的独立性决定的，它与责任原则没有直接的关系，并且是在责任原则的限度范围内进行的，因而并不与责任原则的保障功能相抵触。但是如果基于政策性考虑，对犯罪后认罪态度不好但又不构成新罪的人适用重于其犯罪行为应负刑事责任的刑罚，使刑罚的程度超过刑事责任的限度，那就超越了责任刑罚原则的限制，破坏了责任刑罚原则对基本人权的保障功能，因而为责任刑罚原则所不容。这也说明，责任刑罚原则只是限制在责任限度之外适用刑罚，而并不妨碍在责任限度之内根据某些刑事政策性因素减轻刑罚。

有的学者认为，在刑罚执行过程中根据受刑人的表现对其减刑的制度，表明犯罪人在服刑中的表现也是决定刑事责任程度的因素。[1] 其实，这种观点是对刑事责任的一种误解，它在理论上混淆了决定刑事责任有无和大小的因素与追究刑事责任之后出现的因素之间的区别；在实践中则是把决定刑罚存在的刑事责任与作为承担刑事责任的方式之一的刑罚本身的具体实施混为一谈。在笔者看来，在执行法院判处的刑罚过程中根据受刑人的人身危险性的有无和程度采取不同的执行方式，以及根据受刑人的服刑表现减少实际服刑的时间，属于刑罚的具体执行，它与刑事责任的程度并无直接联系。刑罚的执行方法更多的是受刑罚自身的特点与刑罚目的的结合方式支配的，是从更有效地教育改造犯罪人使之成为守法公民而重返社会的需要出发来选择的。当然，刑罚的具体运用也不能超越责任刑罚原则的限制，不能在受刑人应负的刑事责任限度之外执行刑罚。

（原载《现代刑事法与刑事责任》，
五南图书出版公司1997年版）

---

[1] 参见刘强：《对刑事责任根据的一点思考》，载《法学研究》1991年第4期；林荫茂：《论刑事责任》，载《学术季刊》（沪）1993年第1期。

刑法有权解释主体辨析[*]

按照宪法、人民法院组织法、人民检察院组织法和立法法的规定，以及1981年全国人大常委会颁布的《关于加强法律解释工作的决议》，在中国，对于刑法而言，有权解释的机关，只有全国人大常委会、最高人民法院和最高人民检察院。全国人大常委会有权就刑法典、单行刑法和其他法律中的所有刑事条款进行解释；最高人民法院只能就审判活动中涉及的具体运用法律的问题进行解释；最高人民检察院只能就检察活动中具体运用法律的问题进行解释。并且，多年来，全国人大常委会和"两高"的刑法解释，在检察实践和审判实践中，对于保障刑法具体适用的准确性和正确性，发挥了巨大的作用。

一、关于刑法有权解释主体的争论

近年来，有的学者对我国刑法有权解释的主体提出了质疑，其中争议的主要问题是：

（一）全国人大常委会是否应当成为刑法有权解释的主体

尽管我国宪法和法律都明确规定全国人大常委会有权解释包括刑法在内的法律，但是有的学者主张取消全国人大常委会

---

[*] 文中标题系新拟。

的刑法解释权。其理由主要是：全国人大常委会作为立法机关，没有必要承担法律解释的职责，因为确定法律条文的含义即法律解释与立法不是一回事，它涉及的是立法完成之后如何执法的问题；[1]"由刑法实施者来解释刑法似乎比立法者解释更为合适"，因为刑法解释以适用刑法为目的，与具体案件密不可分，立法机关制定刑法但不适用刑法，唯有司法机关才是适用刑法的主体，刑法解释权应作为司法权的派生权力而存在。这些学者进而认为，取消立法解释，可以解决实践中立法解释与立法难以区分，以及立法解释与司法解释权限不明所产生的一系列问题；可以提高审判效率，使刑事案件能够及时得到处理。[2] 亦有学者认为，由全国人大常委会解释刑法是不恰当的，因为从职能上看，全国人大常委会是立法机关，其主要职能是制定法律，刑法文本一旦创立出来，立法者的使命便已完成，而法律解释是司法过程中的一项活动，应该由司法者来承担；从内容上看，立法解释的内容与司法解释的内容并无不同，用以区分法律解释与司法解释界限的"条文本身"的问题与"具体运用"的问题，实际上并不构成一种真正的区分；从效果上看，立法者未必就能比司法者更好地把握立法原意，因为立法者之间可能并无统一的意图，并且解释刑法的立法者已不再是当年制定刑法的立法者。[3]

（二）最高人民检察院是否应当成为刑法有权解释的主体

有的学者认为，检察机关不应作为刑法有效解释的主体，

---

[1] 参见袁吉亮：《论立法解释制度之非》，载《中国法学》1994年第4期。

[2] 参见宣炳昭、芦山：《刑法有效解释主体之思考》，载《中国刑法学年会文集》（2003年度第一卷），中国人民公安大学出版社2003年版，第300页。

[3] 参见叶良芳、任志中：《刑法解释是一项技术，还是一种权力？——现行刑法解释体制合理性评判》，载《中国刑法学年会文集》（2003年度第一卷），中国人民公安大学出版社2003年版，第265—268页。

因为检察机关不应作为司法机关；检察机关解释刑法是检察权对审判权的侵入。这些学者进而认为，取消了检察机关的刑法解释权，就自然解决了法检解释冲突的问题，避免了令出多门、各自为是的现象，有利于维护司法权威和法制统一，有助于明确检察机关在司法体制中的定位，理顺法检关系。[1] 亦有学者认为，检察机关对刑法规范所作的解释对法院的裁判无拘束力，因而不拥有真正的刑法解释权；检察机关属于公诉机关，与被告人处于对立地位，其对刑法解释权的行使不利于对被告人合法权益的保护；若最高人民法院与最高人民检察院的解释发生冲突则根据规定由全国人大常委会裁决，必然产生最高人民检察院的刑法解释对审判机关具有拘束力的情况，使检察机关制定的"法律"就成了审判机关定罪量刑的依据。[2] 还有学者认为，对刑法的解释是为了进行司法裁判，因此对刑法进行解释的权力应该由具有裁判权的机关来行使。检察机关没有裁判权，当然就不应该具有刑法解释权；并且，检察机关作为控诉方，处于一方当事人的地位，如果允许其具有刑法解释权，而他方当事人没有解释法律的权力，其地位就是不对等的，司法公正就无以实现。不过，按照此学者的观点，似乎法院也不应该具有刑法解释权，因为"解释刑法的权力不是由作为一个机关的法院行使，而是由作为具体案件裁判者的法官行使"，因此，"只有法院中法官具有司法解释的权力"。[3]

对于这种观点，有的学者提出了完全不同的看法，指出：

---

[1] 参见宣炳昭、芦山：《刑法有效解释主体之思考》，载《中国刑法学年会文集》（2003年度第一卷），中国人民公安大学出版社2003年版，第300—3001页。

[2] 参见李小忠：《我国刑法解释权配置探微》，载《中国刑法学年会文集》（2003年度第一卷），中国人民公安大学出版社2003年版，第252—253页。

[3] 参见李洁：《中国有权刑法司法解释模式评判与重构》，载《中国刑法学年会文集》（2003年度第一卷），中国人民公安大学出版社2003年版，第533—553页。

"认为应当取消最高人民检察院的司法解释权,将司法解释权统归于人民法院的观点无疑过于简单化。司法实践证明,最高人民检察院拥有司法解释权为检察机关正确执行法律,维护法制统一,履行法律监督职责,严格法律执行发挥了巨大作用。最高人民检察院享有司法解释权既有法律的明确规定,又有迫切的实践需要,简单地否定最高人民检察院解释权是不可取的。"[1]

(三)最高人民法院是否应当成为刑法有权解释的主体

有的学者认为,最高人民法院垄断刑法司法解释权,第一,会导致司法权对立法权的侵犯,因为由最高人民法院独立行使刑法司法解释权,必然要求解释的结论具有普遍的效力,这就使司法解释具备了法律的特征,而制定法律只能是立法机关的权力。第二,违背了司法独立的法治原则,因为最高人民法院所颁布具有普遍效力的司法解释,使地方各级人民法院由宪法赋予的独立审判权变得不独立,也使宪法规定的最高人民法院对于地方各级人民法院的监督关系变成了领导关系。"最高人民法院通过大量司法解释的颁布在实际上领导着各下级法院刑事审判工作的进行,通过对下级法院的请示予以批复来领导各级法院的工作!各下级司法机关惟最高司法机关的司法解释是瞻!这样的领导与被领导关系,哪里还谈得上司法独立!"第三,导致其审判机关性质名不副实。"作为国家的最高审判机关不审判案件,不行使宪法赋予的国家审判权,却专注于本属于立法机关负责的制定法律规范的工作,使人们不禁怀疑其性质来。"按照这些学者的观点,就应当确立各级法院法官的

---

[1] 樊凤林、李全芳:《刑法司法解释研究》,载《中国刑法学年会文集》(2003年度第一卷),中国人民公安大学出版社2003年版,第481页。

刑法司法解释权,即将"两高"形式上的刑法司法解释权还原成为法官在司法实践中的自由裁量权。[1]

(四)地方各级人民法院和法官是否应当成为刑法有权解释的主体

有的学者认为,应当赋予地方各级人民法院和法官以刑法解释权,地方各级人民法院都是司法机关,都在适用刑法,既然最高人民法院有刑法解释权,同为司法机关的地方各级人民法院当然也应该有权解释刑法;法院的具体审判活动是通过法官实现的,因此法官也应该有权解释刑法。这些学者进而认为,赋予地方各级人民法院和法官以刑法解释权,既能满足不同地区和具体案件适用刑法的需要,又可以减轻最高人民法院的压力,提高审判效率;赋予地方各级人民法院和法官以刑法解释权,只是将地方各级人民法院和法官对刑法的解释从原来的隐性存在转变为显性存在;由法院和法官来解释刑法,能够使刑法解释与审判实践联系的更为密切。[2] 有的学者甚至认为,将刑法司法解释权垄断于最高人民法院手中,拒绝法官的个案解释权,是违反法律解释的本质规律的。因为只要还需要由法官作出判断来解决刑事案件,就无法否认和剥夺涉入具体案件的法官事实上所拥有的刑事司法解释权。[3] 不过亦有学者认为,"法官解释刑法的现象是存在的,而且是大量的,但不

---

[1] 参见利子平、詹红星:《我国刑法司法解释权的反思与重构——以本来意义的司法权为视角》,载《中国刑法学年会文集》(2003年度第一卷),中国人民公安大学出版社2003年版,第650—660页。

[2] 参见宣炳昭、芦山:《刑法有效解释主体之思考》,载《中国刑法学年会文集》(2003年度第一卷),中国人民公安大学出版社2003年版,第301—302页。

[3] 参见叶良芳、任志中:《刑法解释是一项技术,还是一种权力?——现行刑法解释体制合理性评判》,载《中国刑法学年会文集》(2003年度第一卷),中国人民公安大学出版社2003年版,第270页。

能由此得出法官具有刑法司法解释权的结论",因为:第一,立法未规定法官作为司法解释的主体;第二,错案追究制说明法官的司法解释实质无效。[1]

关于刑法有权解释主体的争论,涉及三个问题:一是刑法解释究竟是对刑法文本含义的阐明,还是对刑法规范的具体适用?二是立足于我国宪法和法律确立的基本司法制度,还是以他国已有的某种模式为参照来讨论和解决中国的问题?三是从客观实际出发,还是从主观臆想出发来构建刑法解释权的应然结构?

二、法官解释刑法条文能否称为刑法的有权解释

主张只有法官具有司法解释权的学者认为,解释具有分析说明之意,对法条细化式的解释,难以具有分析说明的功能,只是硬性的规定,不符合解释的要求,"解释是针对具体事例的解释,是对具体案件如何应用以及为什么应用某法条进行判决的分析说明,这样的分析说明也就只能在具体的刑事判决中出现,这种在判决中以判决理由的形式对法条的解释是具体的,符合解释的要求"。[2] 这种观点,不仅从根本上否定了学理解释存在的正当性(因为学理解释永远不可能以判决理由的形式出现在具体的刑事判决中,难以符合此学者所谓的"解释的要求"),而且混淆了刑法解释与刑法适用之间的区别。

确实,解释具有分析说明之意,但是人们对刑法法条进行解释的目的,是要在分析的基础上说明法条的含义。这种说明所表达的是解释主体对法条的理解,而不是解释主体根据法条

---

[1] 参见李洁:《中国有权刑法司法解释模式评判与重构》,载《中国刑法学年会文集》(2003年度第一卷),中国人民公安大学出版社2003年版,第534—536页。

[2] 参见李洁:《中国有权刑法司法解释模式评判与重构》,载《中国刑法学年会文集》(2003年度第一卷),中国人民公安大学出版社2003年版,第552页。

对具体案件所作出的裁判。尽管任何司法裁判中都包含了裁判主体对有关法条的理解，但是司法裁判与刑法解释是两个性质不同的活动，包含着不尽相同的思维模式。刑法解释是要通过对刑法条文的分析说明，得出一般性的结论，而司法裁判则是要通过对刑法条文的分析说明解决具体案件中争议的问题。刑法解释只是为司法裁判提供了适用法条的依据，帮助司法裁判主体正确理解法条的含义，而不是司法裁判活动本身。所以，刑法解释的主体完全可以与司法裁判的主体相分离，而不是说，只有司法裁判的主体才能成为刑法解释的主体。把刑法解释的活动混同于司法裁判，在逻辑上是错误的。

即使就判决书中以判决理由的形式对法条的解释（尽管我们国家的刑事判决书中绝大多数都没有对法条的解释）而言，它也只是刑法解释的一种表现形式，而绝对不是唯一的表现形式。例如，刑法第313条规定："对人民法院的判决、裁定有能力执行而拒不执行，情节严重的，处三年以下有期徒刑、拘役或者罚金。"审判案件的法官可以通过判决书的形式判定其所审理的案件中被告人的行为属于刑法第313条中所规定的"情节严重"（其中可以说包含了对该条的解释），但是能否因此就否定最高人民法院《关于审理拒不执行判决、裁定案件具体运用法律若干问题的解释》第3条中关于"情节严重"的解释呢？显然不能。不仅不能，而且，最高人民法院的解释中提出的6种情况更全面地说明了其对刑法第313条中规定的"情节严重"的理解。因为，"'解释法律'是指综合说明法律的意义，以确定其适用范围"[1]。而"综合说明"最有效的方

---

[1]〔法〕卡斯东·斯特法尼等：《法国刑法总论精义》，罗结珍译，中国政法大学出版社1998年版，第139页。

法，无疑是法条细化式的解释，而不可能是个体判决式的解释。

作为有权解释之一的司法解释，其基本功能绝不仅仅是分析说明，而是要在分析说明法条含义的基础上统一对刑法条文的理解，指导司法机关统一正确地执行刑法。对于刑法法条的含义，任何主体都可以进行分析说明，为什么还要有权解释？笔者认为，有权解释之所以必要，就在于有权解释能够统一人们对刑法条文的理解，为司法机关办理刑事案件提供具有普遍效力的操作性规范。正如权威教科书中指出的：1979年刑法颁布以来，最高人民法院和最高人民检察院分别就审判工作和检察工作中具体应用刑法的问题作过不少解释，"这些司法解释对于统一司法机关的认识，加强办案工作，提高审判工作和检察工作的质量，起着重要的指导作用"。[1] 司法解释的这种功能，或者说司法解释存在的必要性，只有将司法解释的主体限定为最高司法机关，才能实现。如果取消最高司法机关的刑法解释权，而由法官在具体案件的判决书中解释刑法，就必然会导致各自为政、任意解释，对同一刑法条文的解释五花八门的状况，这显然是与有权解释制度设计的初衷南辕北辙的。

由法官[2]解释刑法，至少存在三大难以克服的弊端：一是破坏刑事法治的统一。法官解释刑法，必然出现不同的法官对同一刑法条文作出不同解释的状况。如果每个法官都按照个人的理解来解释刑法，并据以裁判案件，刑事法治的统一就无从谈起。二是导致司法不公。由于每个法官对同一刑法条文的理解并不完全相同，如果允许法官按照自己的理解来适用刑法，

---

[1] 参见高铭暄、马克昌主编：《刑法学》，北京大学出版社、高等教育出版社2000年版，第22—23页。

[2] 本段所提到的法官也包括地方各级法院的法官。

就可能对大致相同的案件,由于审判法官的不同而作出大不相同甚至截然相反的判决。这对于当事人来说是极不公平的。在这种极不公平的判决中,刑法所追求的社会正义也就荡然无存。三是滋生罪刑擅断。如果允许法官可以完全根据自己对刑法条文的理解来解释刑法并进而作出裁判,这在客观上就无形中助长了罪刑擅断的滋生。这与建设法治国家的目标是背道而驰的。

有的学者提出,法官解释刑法在客观上是无法避免的。诚然,在司法实践中,确实难以避免法官就具体案件解释刑法的现象,但是问题在于,这种解释是不是、应当不应当成为作为有权解释之一的司法解释?法官解释是否应当取得普遍拘束力的资格?

笔者认为,在中国,法官对刑法条文的解释不是一种有权解释,不属于人们通常所理解的司法解释。其主要理由是:

第一,有权解释意味着解释的有效性,而法官对刑法条文的解释不具有有效性的特征。有权解释与任意解释的根本区别在于解释的效力。有权解释必然产生一定的法律效力,对于其他主体执行刑法的活动具有普遍的拘束力。承认法官在个案的判决中对刑法条文的解释是一种有权解释的前提,是一个法官在此案中对刑法条文的解释,其他法官在彼案中应当遵循。这在实行判例法的国家,当然是完全可能的。但是按照我国法律的规定,任何法官在个案中对刑法条文的解释,对于其他法官审判案件并不具有任何拘束力。不仅如此,法院根据自己对刑法条文的解释所作出的判决,不仅当事人可以提出上诉,检察机关可以提出抗诉,而且上级法院完全可以改判。即使是已经生效的判决,如果发现错误,本级法院、上级法院和最高人民法院都可以再审,甚至可以因此而追究法官的责任。这种司法制度本身就从根本上否定了法官根据自己对刑法条文的解释来裁判案件的效力。如果法官根据自己对刑法条文的解释所作出的裁判本身就不是一种必定有效的裁判，那么其中所包含的对刑法条文的解释就更不可能是一种具有法律效力的解释。

第二，有权解释能够为人们提供对刑法理解的正确与否的判断标准，而法官对刑法条文的解释不具有这种功能。有权解释的重要功能之一，就是在对刑法文本的各种可能的解释之间为人们判断哪一种更为正确提供统一的标准。有权解释在没有被废止之前，总是被认为是对刑法的正确解释，因而能够据以统一人们对刑法条文的认识。但是法官在具体案件中对刑法条文的解释是否正确本身，还是一个有待证明的问题。由于法官对具体案件所作出的裁判并不具有不可更改性，其中所包含的对刑法条文的解释，也就很难说它是正确的。并且，不同的法官对于同一个刑法条文的解释可能是不尽相同的，有时甚至是相去甚远或者截然相反的。对同一个刑法条文，哪一个法官的解释是正确的，本身就需要有一个标准来衡量判断。而要把法官在具体案件中阐明的对刑法条文的解释作为判断正确与否的标准，事实上就是不可能的。

第三，有权解释具有相对的稳定性，而法官对刑法条文的解释不可能具有这种稳定性。有权解释不仅具有普遍适用的法律效力，而且在其被废止之前，总是具有相对的稳定性，能够起到操作规则的指导作用。但是法官在具体案件中对刑法条文的解释，却是随案变化的。同一个刑法条文，在不同的案件中，由于裁判法官的不同，甚至由于同一个法官的认识或情绪的变化，就完全可能被作出不同的解释。并且这种解释还可能在二审或者再审程序中被其他法官所否定。这种情况表明，法官在具体案件中对刑法条文的解释，是随时都可能发生变化，因而难以为人们提供一个固定的可资遵循的解释。这样的解释，只能是一种不具有法律效力的任意解释，而不可能是一种具有法律效力的司法解释。即使法官根据自己对刑法条文的解释所作出的裁判，没有被上级法院的法官推翻而最终发生了法律效力，也不能说它就是一种有权解释。因为任何人对刑法中某个条文的解释，都可能与有权解释机关对该条文所作出的相同，都可能被裁判法官所接受，从而对案件的处理发生直接的作用，但是谁也不会说这种解释就是有权解释。有权解释所体现的是一种权力而不是一种技巧，不在于解释主体有没有能力来解释刑法，而在于解释主体有没有权力解释刑法。正是由于有权解释是以法律赋予的权力为基础的，所以有权解释机关所作出的解释才具有其他主体的解释所不具有的法律效力。有的学者认为，有权适用刑法，就有权解释刑法，这实际上是混淆了适用刑法与解释刑法之间的差别。解释法律的权力，作为一种国家权力，是由法律专门规定的，有权解释的主体也是通过法律的明确授权获得解释权的。这应该是法制的基本理念。

第四，有权解释主体的确定离不开国家的基本司法制度。有的学者提出，国外的司法解释主要表现为法官在具体案件的判决中对刑法条文的说明。这个问题涉及国家的基本司法制度。在实行判例法的国家，法官在具体案件的判决中对刑法的解释确实可能成为具有普遍拘束力的司法解释。但是在这些国家，法官对刑法的解释是有条件的和受制约的，不像某些中国学者所理解的那样法官可以任意解释法律。首先，在被告人不认罪的案件中，被告人是否有罪，不是由法官根据他自己对刑法的理解和解释来确定的，而是由陪审团来裁定的。这种制度在一定程度上就排除了法官任意出入人罪的可能。其次，法官在具体案件中解释刑法，必须遵循先例，必须按照已有的判例中对刑法的解释来理解刑法规范,而不是完全按照自己的理解来解释刑法。而在奉行成文法的国家,对刑法解释的要求更为严格,并且法官在具体案件中对刑法条文的解释也不是一种具有法律效力的解释。如法国对刑法的解释权就主要是由最高法院刑事厅来进行的,而不是由法官来进行的。当然在这些国家,审判权名义上是由法院行使,而实际上是由法官独立行使的,所以法官对刑法的解释,从一定意义上讲,就代表了法院的解释。但是也应当看到,在这些国家,由于长期奉行的法治传统,法官本身都是由社会的精英组成的,法官被公认为法律方面的专家,并且不存在贪赃枉法、任意曲解法律的问题。这种司法制度、法治传统和法官队伍,在我们国家,至少时下是根本不存在的。如果中国在目前的制度设计和法官队伍状况下赋予法官个人解释刑法的权力,从而使法官个人的解释取得法律效力,司法不公必将更为严重,罪刑擅断就是在所难免的。

对于某些法治国家法官解释法律制度的效仿,也反映了有权刑法解释制度重构的构想中从客观实际出发还是从主观臆想出发两种思维方式的分野。除了只有法官才有权解释刑法的观点之外,认为全国人大常委会不应该具有刑法解释权和最高人民检察院不应该具有刑法解释权的观点,可以说,都是脱离实际的主观臆想的结果。

如前所引,否定全国人大常委会有权解释刑法的理由,主要是强调全国人大常委会是立法机关,立法机关的职能是制定法律而不是适用法律,法律解释是适用法律过程中的一项活动,因此不应该由作为立法机关的全国人大常委会来解释刑法,而应该由司法机关来解释刑法。这种立法者不能解释自己制定的法律的观点,立论的基本前提是"三权分立"的宪政制度。因为只有在"三权分立"的宪政制度下,才严格区分立法机关的权限与司法机关的权限，并且禁止相互侵入。如果关注一下中国的现实，就会发现，中国并没有实行"三权分立"的宪政制度，而是实行人民代表大会制度。在人民代表大会制度下，全国人大常委会作为国家最高权力机关——全国人民代表大会的常设机构，并不是单纯的立法机关；司法机关也不是完全独立于权力机关的国家机关。我国宪法所确立的"国家行政机关、审判机关、检察机关都由人民代表大会产生，对它负责，受它监督"的政治制度，使国家最高权力机关的职能绝不仅仅局限于立法活动。正是从这种政治制度出发，宪法、立法法和《关于加强法律解释工作的决议》都明确规定全国人大常委会具有解释法律的权力。这说明，全国人大常委会解释法律的权力，来自我国的根本政治制度。如果闭眼不见中国的根本政治制度，单纯地以国外的某种具体制度为参照来重构中国的刑法解释体系，那只能是脱离中国国情的主观臆想。

三、最高检察机关能否成为刑法有权解释的主体

就中国最高检察机关的刑法解释权而言，如果稍稍关注一下司法实践，就会发现，最高检察机关的刑法解释，既是检察工作中不可须臾舍弃的，也是最高审判机关的刑法解释所无法完全替代的。

第一，无论是否将检察机关称为"司法机关"，检察机关的主要工作都是执行法律的活动，检察工作实践中必然要面临对法律文本的理解问题。检察机关作为国家的法律监督机关，法律赋予检察机关的主要职责就是通过查办案件来监督法律的实施，并且主要是以查办刑事案件并追诉严重违反法律的犯罪行为来督促人们严格遵守法律。监督法律的实施，首先就有一个如何正确理解和解释法律的问题。如果自己都不能正确理解和解释法律，那又如何判断监督对象的行为是否违反法律？不

仅如此，按照我国法律的规定，检察机关的法律监督权本身就包含着对人民法院审判活动的监督，而这种监督必然会涉及法院对刑法条文的理解和解释是否正确的问题。对这些问题的监督，客观上必然要有一个衡量法院对刑法条文的解释是否正确的标准，而这个标准，显然不可能完全是法院的解释。为了维护法制的统一，各级检察机关履行法律监督职责时所依据的标准应当是统一的。而这种统一的判断标准，自然是最高检察机关的解释。因为只有最高检察机关的解释，在检察机关内部才会具有权威性和统一性。

第二，从司法规律上看，检察机关所遇到的法律问题往往先于审判机关，因此不可能等到最高审判机关来解释。在刑事诉讼中，检察机关具有对自己管辖范围内的案件决定立案侦查、对公安机关等其他侦查机关侦查终结的案件审查起诉、对公安机关应当立案而不立案的行为进行监督、对一切公诉案件决定起诉等法定职责。履行这些法定职责，都涉及对刑法和刑事诉讼法具体规定的理解和解释问题。而这些问题并不是审判工作中遇到的具体应用法律的问题，因而不可能由最高审判机关来解释。例如，一个案件，是否需要作出不起诉的决定，检察机关只能是根据最高人民检察院的解释来决定，而不可能根据最高人民法院的解释来决定。特别是对于实践中出现的新情况、新问题，检察机关必须根据自己对法律的理解来决定如何处理，如果需要请示，也只能是逐级请示到最高人民检察院，而不可能请示最高人民法院如何理解法律的有关规定。并且，这些新情况、新问题，如果在检察环节上没有得到解决，刑事诉讼就难以进行，因而也不大可能进入审判环节，不可能等到最高人民法院对这些新情况、新问题作出司法解释后，再来处理检察环节上遇到的问题。

第三，解决检法司法解释冲突的根本出路并不是只有因噎废食一条路可走。既然需要和存在着最高检察机关和最高审判机关并行的司法解释权，就难免会出现检法解释的冲突问题。正是考虑到这种问题存在的可能性，全国人大常委会在其制定的《关于加强法律解释工作的决议》中明确规定："最高人民法院和最高人民检察院的解释如果有原则性的分歧，报请全国人民代表大会常务委员会解释或决定。"这一规定，既承认了检法解释冲突的可能，也提出了解决检法解释冲突的途径。在实践中，全国人大常委会也事实上针对检法刑法解释冲突的问题作出过刑法立法解释。这些立法解释在解决检法刑法解释冲突方面，发挥了很好的、有效的作用。而最高检察机关和最高审判机关就检察工作和审判工作中遇到的共同性问题，在反复协商的基础上共同进行解释的实践，对于统一对法律文本的理解，正确地执行法律，发挥了极为重要的作用。

第四，最高检察机关拥有法律解释权并不存在侵犯审判权的问题。有的学者认为，检察机关行使刑法解释权有损司法公正。其理由是："最高人民法院与最高人民检察院共享刑法司法解释权，若两者解释发生冲突则根据规定由全国人大常委会裁决，必然产生最高人民检察院的刑法司法解释对审判机关具有拘束力的情况。"[1] 这种说法在逻辑上的错误是显而易见的。最高人民法院与最高人民检察院的司法解释发生冲突时，全国人大常委会裁决的结果，既可能是认可最高人民检察院的解释而否定最高人民法院的解释，也完全有可能是认可最高人民法院的解释而否定最高人民检察院的解释，还有可能是作出

---

[1] 参见李小忠：《我国刑法解释权配置探微》，载《中国刑法学年会文集》（2003年度第一卷），中国人民公安大学出版社2003年版，第252—253页。

一个新的解释。无论是哪一种情况，都应当以全国人大常委会的解释为准。在此，根本不存在检法两家中一方的解释对另一方具有拘束力的问题，有拘束力的只能是全国人大常委会所作出的解释，更不存在谁侵犯谁的问题。至于说到由全国人大常委会裁决检法解释冲突，"检察机关、公诉人制定的'法律'就成了审判机关定罪量刑的依据，或者说检察机关在审判前就已经对刑事被告人定罪判刑"，更是不符合实际的。因为在这种情况下，审判机关所依据的是全国人大常委会的解释，而不是检察机关的解释。即使是最高检察机关的解释被审判机关接受而作为定罪量刑的依据，也不存在审判前就已经对刑事被告人定罪判刑的问题。因为审判机关在此所依据的是最高检察机关的解释，而不是提起公诉的检察机关的解释，并且是审判机关认为最高检察机关的解释符合刑法的精神而接受的，而不是因为最高检察机关的解释对审判机关具有拘束力而接受的。

第五，最高检察机关拥有法律解释权并不存在对被告人不公平的问题。有的学者提出：检察机关承担追诉犯罪的职能，与被告人处于对立地位，由其行使刑法解释权，很难保证刑法解释的客观公正。[1] 这种说法是不符合实际情况的，因为最高人民检察院具有刑法解释权并不意味着全国每个检察机关都具有刑法解释权。全国检察机关每年提起公诉的案件中99.99%的案件都是由没有刑法解释权的检察机关提起的。最高检察机关对刑法的解释，与检察机关在具体案件中是否保持客观公正的立场，并没有直接的必然的联系。并且，最高检察机关对刑法的解释，通常都是提出一般性的操作规则，而不是决定在具

---

[1] 参见李小忠：《我国刑法解释权配置探微》，载《中国刑法学年会文集》（2003年度第一卷），中国人民公安大学出版社2003年版，第252页。

体案件中如何对被告人作出处理，因此最高检察机关是否具有刑法解释权并不必然决定是否侵犯被告人的合法权益的问题。如果些微关注一下刑事司法的实际情况，就会发现，对最高检察机关的刑法解释权的上述责难，不仅在理论上是难以成立的，而且缺乏起码的事实根据。

综上所述，笔者认为，我国法律关于有权解释主体的规定和目前实行的有权解释格局，是符合中国司法制度和司法实践需要的。需要研究的问题是如何更好地发挥有权解释的功能，保障有权解释结论的合理性，而不是重新构建有权解释体系。

（原载《法学家》2004年第4期）

刑法改革的价值取向

刑罚的"双刃性"总是提醒人们不得不慎用刑罚，而犯罪的危害性又总是在不断地刺激着人类本性中永远不灭的动用刑罚的神经，使刑罚的扩张和滥用成为一种必然的趋势。因此刑罚的运用始终需要理性来驾驭，需要不断地克服任性制造的多余之刑和滥用之刑。这个原理也就决定了刑法改革是刑法发展的必由之路。

刑法的发展是通过改革来实现的，改革则必须理性地进行。只有在对现存刑法制度及其运作中的非理性进行深刻反思的基础上，在与现代法治的发展趋势相适应的刑法理念的支撑下，谨慎地进行制度性改造，才能保证刑法向着更加理性的方向发展。没有理性的思考，没有与现代社会发展相适应的刑法理念，就不可能有未来刑法的改革；即使有，也很难保证这种改革不是一种倒退。因为并不是对刑法所进行的任何改革都能保证刑法向着理性化的方向发展。首先，刑法改革动意的提出，如果不是在认识到现实刑法运作中存在的问题并对这些问题进行理性思考的结果，刑法改革就不会有明确的方向，就缺乏持续的动力。如果只是为了满足某种需要或者为了实现某种欲望而凭一时的心血来潮随心所欲地要求改革，这种要求本身就不具有合理性；按照这种要求进行的改革也就不可能是理智的改革。同样地，如果是为了追逐时尚或者是为了打造某种轰动效应而大破大立急功近利地举起改革大旗，这种改革必然是任性支配的表面文章，其结果也必然是短命的。其次，刑法改革的实际进行如果没有对各种改革预案的综合分析和利弊权衡，就可能顾此失彼，丧失其内在的合理性。其结果就可能背离刑法改革的初衷。因此，如同必须理性地对待刑法的实际运用一样，必须理性地对待刑法改革。

理性地对待刑法改革，在理论上就涉及如何选择刑法改革的价值取向，在实践中就涉及如何确定刑法改革的具体内容。

笔者认为，我国刑法改革的价值取向应当是淡化对刑罚威慑功能的崇尚、重视刑法导引功能的发挥。在刑法理念上，树立刑法的导引功能比威慑功能更重要的思想，摒弃重刑主义的思维定式，破除对重刑在遏制犯罪中的作用的迷信；在刑法的规范设置和实际适用上，把改革的重心放在法网的严密性上而不是刑罚的严厉性方面，用刑罚较轻但是疏而不漏的法网来取代刑罚较重但是又疏又漏的法网；在刑事司法制度上，着力改造可能导致司法权滥用的制度性因素，按照司法规律建设公正廉洁、高效运作的刑事司法系统。

刑法的导引功能之所以比威慑功能更重要，是因为导引功能更有利于预防犯罪目的的实现。威慑功能是指严厉的刑罚具有能够使想要犯罪的人因为畏惧刑罚的痛苦而不敢实施犯罪的作用。威慑功能是通过对犯罪施用的重刑所产生的心理强制来实现的，刑罚越重，其对犯罪的威慑功能就越大。因此崇尚刑法的威慑功能，必然把预防犯罪的注意力集中在刑罚上，必然主张对犯罪规定和适用较重的刑罚，其结果也就不可避免地导致重刑主义的刑法。由于对犯罪规定的刑罚比较重，立法者就不得不考虑把某些危害不是十分严重的行为排除在犯罪之外；由于对犯罪适用的刑罚比较重，司法者就不得不考虑对某些犯罪不认为是犯罪，而不忍心看到过重的刑罚施用于罪行较轻的罪犯，其结果必然使刑法的体系和适用出现又疏又漏的状况，从而难以发挥预防犯罪的作用。以受贿罪为例。1979年刑法第185条规定："国家工作人员利用职务上的便利，收受贿赂的，处五年以下有期徒刑或者拘役。赃款、赃物没收，公款、公物追还。犯前款罪，致使国家或者公民利益遭受严重损失的，处五年以上有期徒刑。"1988年《关于惩治贪污罪贿赂罪的补充规定》为了严惩受贿罪，给受贿罪规定了与贪污罪一样的刑罚，即对受贿罪的法定最高刑从5年有期徒刑一下子提高到了死刑[1]。但是同时补充规定为普通受贿罪增加了"为他人谋取利益"的要件[2]。这个要件的增设，就使一大批收受贿赂的行为不构成犯罪。这样的规定，也许其初衷是为了严惩受贿罪，但是实际上由于它把一大批受贿行为排除在犯罪之外，从而使这些行为不受刑法的否定性评判；同时，这种规定也给那些收受贿赂的人为自己的行为辩护提供了各种各样可能的借口，从而可以逃避刑法的制裁。这样的规定，从表面上看，确实是通过加重刑罚增加了威慑功能，但是实际上却由于大部分受贿行为不构成犯罪或者可以辩解为无罪而使人们在收受贿赂的时候怀抱着不受处罚的希望，从而对刑法的规定无所顾忌。并且，这种立法给人们传达的信息并不是刑法要禁止利用职务

---

[1] 1979年刑法第185条第2款的规定并不是对普通受贿罪的规定，而只是对受贿罪同时致使国家或者公民利益遭受严重损失的行为所规定的刑罚。因此就普通受贿罪而言，按照该条第1款的规定，法定最高刑只有5年有期徒刑。

[2] 如果补充规定不增加这个要件，死刑的增设就可能导致一大批受贿犯罪的人被处以极刑，从而威胁到社会稳定和统治的基本力量。

上的便利收受贿赂的行为,而只是禁止收受了贿赂之后为他人谋利益的行为[1],而不是禁止受贿行为本身,因而对受贿罪规定死刑并没能发挥出刑法对受贿行为的否定性评价所具有的引导人们不要实施受贿行为的功能。

刑法的导引功能,是指通过刑法对危害社会的行为进行否定性评价,指导人们的行为选择,以引导人们避免实施犯罪行为。导引功能并不否定威慑功能,但是它更强调刑法在行为评价中的导向作用和对行为选择的规范作用。重视刑法的导引功能,必然要把刑法立法的重点放在对犯罪行为的界定尽可能地明确化、周密化方面,使一切危害社会需要动用刑罚的行为在刑法中都具有明确的规定,而不是一味地强调对某些后果严重的危害行为设定严厉的刑罚,而对其他类似的危害行为不管不问。重视刑法的导引功能,必然在刑事司法中强调定罪的准确性和刑罚的必定性,对一切规定为犯罪的行为都无例外地适用刑罚,而不是通过各种限制性条件使某些性质相同的行为不受处罚,从而使刑法在禁止犯罪行为方面具有毋庸置疑的效力。所以重视刑法的导引功能,就有可能建立刑罚较轻但疏而不漏的刑法体系,保障刑法适用的必定性,从而更好地发挥刑法在预防犯罪中的作用。正如贝卡里亚指出的:"对于犯罪最强有力的约束力量不是刑罚的严酷性,而是刑罚的必定性,这种必定性要求司法官员谨守职责,法官铁面无私、严肃认真,而这一切只有在宽和法制的条件下才能成为有益的美德。即使刑罚是有节制的,它的确定性也比联系着一线不受处罚希望的可怕刑罚所造成的恐惧更令人印象深刻。因为,即便是最小的恶

---

[1] 这种规定有意无意地培养了一批拿人钱财不为人办事的"流氓官员"。因为拿了别人的钱财,为别人办了事,就构成犯罪,而不为别人办事,则不构成犯罪。

果,一旦成了确定的,就总是令人心悸。然而,希望——这一天赐物,往往在我们心中取代一切,它常常使人想入非非,吝啬和软弱所经常容许的不受处罚更加使它具有力量。"[1]

所以,未来的刑法改革应当致力于法典的严密性和刑罚的必定性,更多地通过刑法的导引功能来预防犯罪,而革除重刑主义的刑法思想,淡化通过重罚所产生的威慑力量来遏制犯罪的做法。这是在思考刑法改革问题时应当坚持的最基本的价值取向。

按照这种思想,就刑法本身的改革而言,笔者认为,应当重点从以下几个方面入手:

一、刑法的严密性问题

刑法的严密性是指刑法的所有规定构成一个严密的整体,没有反向利用的空隙。刑法关于犯罪的规定应当能够包括同类危害行为的各种表现形式,力求避免刑法在禁止一种危害行为的时候,使性质相同、危害程度相当的类似行为不在禁止之列;刑法关于刑罚轻重的规定应当能够与犯罪的程度相对应,力求避免在按照同一价值标准判断时,危害较大的行为受到较轻的处罚而危害较小的行为受到较重的处罚。

刑法的严密性是罪刑法定原则的必然要求。我国1997年修订后的刑法通过立法的形式明确规定了罪刑法定原则。一方面,罪刑法定原则要求法无明文不为罪,所有犯罪都应当由法律来明确规定,没有规定为犯罪的行为,就不能作为犯罪来追究。这就要求刑法的规定应当是十分严密的、包罗所有犯罪的法律规范。如果社会上存在许多严重危害社会应当用刑罚来制

---

[1] [意]贝卡里亚:《论犯罪与刑罚》,黄风译,中国大百科全书出版社1993年版,第59页。

裁的行为但没有被刑法规定为犯罪，罪刑法定原则的贯彻就会遇到障碍。另一方面，罪刑法定原则又要求刑法关于犯罪和刑罚的规定具有明确性，不能用含糊的语言来表述。而明确性总是与具体化相联系，只有具体的规定才是明确的。但是越是具体的东西，其所包含的内容就越少，其所涵盖的范围就越小，也就越容易遗漏类似的东西。因此在刑法的严密性与明确性之间如何保持必要的平衡，是制约刑法发展的一个重要问题。

刑法的严密性也是保护刑法所追求的基本价值的逻辑要求。在任何社会里，刑法所保护的利益都是多元的。一方面，刑法应当充分考虑到可能对任何一个方面的利益造成严重危害的行为，并对这些行为作出禁止性的规定。另一方面，在现实社会中，危害行为的表现方式是多种多样的，尤其是其具体手段总是处在不断翻新、不断变化之中。如果刑法在把一种行为规定为犯罪的时候没有把具有同样危害性并且极相类似的另一种行为规定为犯罪，刑法的保护机能就不可能得到充分的发挥。

刑法的严密性也是改革现行刑法的一个重要方面。1997年修改刑法的时候，立法者为了贯彻罪刑法定原则，对刑法分则中规定的一些罪名尽可能地使其具体化，在犯罪构成中增加了一些限制性要件。这些要件的增加，使一些具有同样危害性的类似行为排除在犯罪之外，从而使实施危害行为的人有机可乘。例如，刑法第247条规定，"司法工作人员对犯罪嫌疑人、被告人实行刑讯逼供或者使用暴力逼取证人证言的，处三年以下有期徒刑或者拘役"。按照该条的规定，刑讯逼供罪的犯罪对象只能是犯罪嫌疑人和被告人。如果刑讯逼供的对象既不是犯罪嫌疑人也不是被告人，司法工作人员刑讯逼供的行为，即使情节严重，只要没有致人伤亡，就不能构成犯罪。但是在实践中，司法工作人员对卖淫妇女刑讯逼供，强迫其承认卖淫事实的现象，以及有的人对债务关系人刑讯逼供强迫其承认欠债事实并强迫他人在欠债证明上签字画押的行为，与司法工作人员对犯罪嫌疑人、被告人刑讯逼供的行为，无论从哪个方面看，都具有相同或类似的社会危害性和应受惩罚性，都应当作为类似的犯罪予以禁止。仅仅由于刑法规定的构成要件过于具体而使这类行为无法作为犯罪来处罚，实在是有失刑法的合理性和公平性。与之相类似，我国刑法中规定的犯罪，有相当一部分是由特殊主体构成的[1]，有些则是通过犯罪对象、犯罪目的、犯罪方法甚至犯罪时的情况等要素对构成犯罪的行为加以限制。这类规定，虽然有利于刑法的明确性，但是由于限制太具体，往往使相当一部分具有同样危害性的类似行为无法纳入刑法禁止的范围，不利于对社会、国家和公民个人利益的保护。

因此，实现刑法的严密化，必须在犯罪构成要件的粗细上保持必要的平衡。犯罪构成的事实要件规定得太粗，不利于罪刑法定原则的贯彻，但是如果规定得太细，则可能导致法网不密，使一些应受惩罚的危害行为不能作为犯罪来处罚。

笔者认为，解决刑法的严密化与刑法的明确性要求之间的矛盾的关键，是在犯罪构成的事实要件中删除不影响行为的危害程度和罪过形式的描述性、枝节性规定，突出犯罪行为的类型性特征。刑法中规定的犯罪应当是类型化了的犯罪行为，它应当是对同一类型的行为所具有的能够决定行为危害社会的本质及其程度的事实特征的高度概括性规定，而不应当是对某些

---

[1] 在刑法分则的十章犯罪中，除了第八章至第十章规定的所有犯罪都是由特殊主体构成的之外，分则第三章第三节、第四节、第八节所规定的犯罪，多数都是只有特殊主体才能构成的犯罪。

并不决定行为的社会危害性及其程度的具体表现形式的描述。如刑法第282条规定,"以窃取、刺探、收买方法,非法获取国家秘密的,处三年以下有期徒刑、拘役、管制或者剥夺政治权利;情节严重的,处三年以上七年以下有期徒刑"。按照这种规定,以抢劫、抢夺、诈骗等方法,非法获取国家秘密的,就不能构成非法获取国家秘密罪。这种规定显然是不严谨的。如果在该条规定中,去掉关于行为方法的要素,不仅丝毫不影响该条的立法在本意上想要惩罚的犯罪行为,而且可以将具有同样危害性的同类型行为包括在内。又如,刑法第167条规定:"国有公司、企业、事业单位直接负责的主管人员,在签订、履行合同过程中,因严重不负责任被诈骗,致使国家利益遭受重大损失的,处三年以下有期徒刑或者拘役;致使国家利益遭受特别重大损失的,处三年以上七年以下有期徒刑。"第406条又规定:"国家机关工作人员在签订、履行合同过程中,因严重不负责任被诈骗,致使国家利益遭受重大损失的,处三年以下有期徒刑或者拘役;致使国家利益遭受特别重大损失的,处三年以上七年以下有期徒刑。"按照这两个条文的规定,在签订、履行合同过程中致使国家利益遭受重大损失的,只有国家机关工作人员和国有公司、企业、事业单位直接负责的主管人员才能构成犯罪,并且只有因严重不负责任被诈骗的,才能构成犯罪。那么,在这类案件中,国家机关临时雇佣人员、委托代理人以及公司、企业、事业单位的非主管人员,在签订、履行合同过程中致使国家利益遭受重大损失的,为什么不能构成犯罪?国家机关工作人员和国有公司、企业、事业单位直接负责的主管人员,如果不是因为不负责任被骗,而是故意签订、履行使国家利益遭受重大损失的合同,为什么不能构成犯罪?这样规定的合理性何在?如果将这两个条文合并为一条，同时去掉关于主体的限制，并把"因严重不负责任被诈骗，致使国家利益遭受重大损失"修改为"失职致使国家利益遭受重大损失"，不仅可以简化刑法条文和用语，而且可以使"签订、履行合同失职罪"的犯罪构成更具类型化，更有法律条文所应有的概括性。

通过对犯罪行为在事实要素方面的类型特征的概括性规定，使刑法中对每种犯罪所规定的构成要件只是决定同类行为的危害性及其程度的事实特征，而不包括与行为的危害性及其程度无关的事实特征，就可以达到对犯罪行为类型化的目的。类型化的规定，既能反映同类危害行为的共同本质，能够使人们据以认识和判断行为的同质性，又能避免因构成要件的过于具体而导致的挂一漏万，使刑法对犯罪构成要件的规定在不违背明确性原则的前提下具有较大的容量，能够包括同一类型的所有危害行为，达到法网的严密性。

二、轻刑化问题

轻刑化是社会发展的必然要求，因而也是刑法改革的方向。因为随着社会的发展，人的生命、尊严、自由和权利，无论是对社会还是对个人，都越来越重要，保护这些价值不受侵犯、限制和剥夺的要求也就越来越强烈。而刑罚恰恰是以限制或者剥夺这些价值为内容的，即使是在为了更大的和更多的人的利益必须限制或剥夺这些价值的场合，尽可能地缩小限制的程度、减少剥夺的范围，仍然是保护这些价值所要求的。并且，人们对刑罚轻重的评价标准是以其对受刑罚侵害的利益的认识为转移的。随着人们对自身价值的认识的提高和社会生活水平的提高，人们对受刑罚侵害的利益就会看得越重要，因而也就越能感受到刑罚的严厉。因此，轻刑化的呼声，将随着社会的发展越来越强烈。刑法改革只有顺应这种要求，才能得到社会最大多数人的认同和支持。

轻刑化问题不仅仅是一个刑罚的轻重问题，而且是一个与刑法的严密性密切相关的问题。只有在法网严密的制度设置中才可能实现轻刑化。这是因为：第一，刑罚的轻重是与犯罪的轻重相对应的。从立法上看，如果刑法只是把危害社会应受刑罚处罚的行为中情节严重的那一部分规定为犯罪，那么刑法对所有犯罪所规定的刑罚也就都应当是比较重的刑罚，而不可能是较轻的刑罚。但是如果刑法尽可能地把所有危害社会应受刑罚处罚的行为都规定为犯罪，那么由于构成犯罪的行为本身包含着比较轻的行为，刑法对一些犯罪所规定的刑罚也就相应的应当轻一些，从而在总体上就有可能减少重刑的比例，使刑罚趋向于轻缓。从司法上看，如果一些危害社会应受惩罚的行为按照刑法的规定不能受到惩罚，那么一旦遇到按照刑法的规定应当对其适用刑罚的行为，司法人员就会在刑法规定的范围内尽可能地对其适用较重的刑罚，这样才能显示刑法的威严。但是如果刑法规定的应受刑罚处罚的的范围比较宽泛，司法人员对于性质和情节不是十分严重的行为，必然就会适用比较轻的刑罚。第二，刑罚的轻重是以能否有效地保护社会利益的需要为标准的。如果刑法的导引功能强，在预防犯罪的手段选择中对刑罚威慑功能的依赖程度就可以相对降低，刑法对犯罪所规定的刑罚就可以减轻；如果刑法的导引功能不强，刑法就不得不过多地依赖于重刑的威慑功能来遏制犯罪。也就是说，如果法网是严密的，刑罚在预防犯罪中的威慑作用就不会因轻刑化而减损。而我国刑法目前存在的问题是对犯罪的规定漏洞太大，许多危害社会的行为无法用刑法来制裁，刑罚的适用不能充分发挥其对犯罪的预防作用，因而不得不用比较重的刑罚来强化刑法的威慑功能。因此只有在刑法严密性的支撑下，轻刑化才能保证有效的保护社会利益。

从我国刑法的实际情况看，轻刑化的内容应当包括以下几个方面：

第一，减少死刑。

死刑作为最严重的刑罚，应当尽可能地减少其可以适用的罪名，并且应当尽可能地减少其具体适用的犯罪。从理论上讲，对于没有剥夺他人生命的犯罪，就不应当规定死刑。因为侵犯财产的犯罪和破坏秩序的犯罪，无论多么严重，其所侵犯的价值都不可能与人的生命相提并论，都不应当把剥夺生命的刑罚作为报应的工具[1]。对于剥夺他人生命的犯罪，应当根据犯罪情节决定是否适用死刑，而不应当动不动就适用死刑。

第二，减轻法定最低刑。

我国刑法中有相当一部分犯罪，其法定最低刑是3年有期徒刑，甚至刑法对有些犯罪规定的法定最低刑为10年有期徒刑。虽然这类犯罪的性质通常都比较严重，但是它们本身也有一个情节轻重的问题。如果无论情节轻重，一旦构成犯罪，就要受到非常严厉的处罚，那就使刑事司法难以做到罪责刑相适应。这样的规定，既丧失了威慑的理性基础，也容易导致犯罪分子孤注一掷，实施更严重的犯罪。类似这样的规定，其正当性和合理性就是令人怀疑的，同时它还可能导致更严重的犯罪发生。因此未来的刑法改革应当注意减轻刑法中关于最低法定刑的规定（或者对需要规定重刑的情况作为基本犯罪的加重情节加以规定），使刑法中规定的刑罚，能够适应同类犯罪中情

---

[1] 在中国刑法中，对非侵犯生命的犯罪规定死刑，具有久远的历史渊源。一方面是因为中国历史上重刑主义的思想源远流长，另一方面是因为中国历来人口众多，有意无意地形成了一种对生命的价值不够重视的倾向，以致对任何犯罪，只要危害严重，就适用死刑。

节较轻而又没有其他减轻或者免除处罚条件的犯罪。

第三，限制加重处罚的适用范围。

我国刑法中有许多条款，在规定犯罪的法定刑时，都对情节严重或者情节恶劣或者后果严重的，规定了一个比较重的刑罚档次。这种规定满足了罪责刑相适应原则的要求，有利于根据犯罪的不同情况判处与其所犯罪行相当的刑罚。但是这类规定，对于加重处罚的情形所作的规定往往过于笼统抽象，不便于具体掌握。特别是在刑事司法实践中，由于司法人员对情节严重与否的理解不同，在实际判处的刑罚上会出现重大的差别，导致刑法适用的不公平；这类规定同时也为重刑主义留下了可以利用的法律依据。因此，在未来的刑法改革中，应当对需要加重处罚的情形作出明确的规定，没有加重处罚的情形，就不应当在基本刑罚之外适用较高档次的法定刑。与之相联系，在刑法分则中，对每一种犯罪所规定的刑罚，都应当首先把构成犯罪时应当适用的刑罚作为该罪的基本刑罚加以规定，然后再规定具有严重情节或后果需要加重处罚时应当适用的刑罚。没有特别指明的情形，法院就只能在基本刑罚之内选择适用的刑罚，而不能任意选择较高档次的法定刑。

上述措施有助于减缓刑罚的严厉程度，但同时又丝毫不减损刑罚在预防犯罪中的作用，不妨碍甚至能够更好地促进刑法目的的实现，应当成为未来刑法改革中考虑问题的方向。

三、严格执法问题

刑法规定的优劣是实现刑法目的的重要方面，但绝不是唯一的方面。再好的制度设计都只有通过实际适用于具体场合才能发挥作用。刑法的所有规定都必须通过刑事司法适用于具体案件才能实现预防犯罪的目的。而在刑事司法过程中适用刑法的情况如何，则直接关系到刑法作用的发挥。

目前我国刑事司法中存在的突出问题是执法不严、有罪不究。我国刑法分则第三章规定了94个破坏社会主义市场经济秩序的罪名,并且多数犯罪行为在社会上经常发生,但是真正由司法机关立案侦查并追究刑事责任的案件却极为少见。例如,关于生产、销售伪劣商品的犯罪,刑法对之规定了严厉的刑罚。在现实生活中,生产、销售伪劣商品的现象充斥生产资料、生活资料的各个领域,尤其是生产、销售伪劣食品、药品的行为,严重地危害着人们的身体健康。但是在刑事司法实践中对这类行为按照刑法规定追究刑事责任的却很少,刑法在禁止和预防这类行为方面的作用远远没有发挥出来。又如,关于贪污贿赂犯罪和渎职犯罪,刑法中对之规定了45个罪名,其中有些犯罪如贿赂犯罪、滥用职权的犯罪、徇私舞弊的犯罪在实践中也大量发生,但是由司法机关按照刑法的规定追究刑事责任的也只是凤毛麟角。

执法不严、有罪不究的现象,对于刑法功能的发挥造成了严重的障碍。一方面,它使刑法的威慑功能难以实现。刑法之所以具有威慑功能,不仅是因为它对犯罪规定了刑罚,而且是因为这种规定在犯罪行为发生的时候能够现实地使行为人遭受刑罚之苦。如果有罪不罚,人们就会在看到犯罪的时候看不到刑罚,从而对刑法的存在感到无所谓。而企图犯罪的人则会从有罪不罚中看到不受刑罚处罚的希望,进而置刑法的规定于不顾。另一方面,它使刑法的教育功能大大减损。对犯罪分子适用刑罚,本来具有教育的功能。它可以使人们从刑罚的适用中看到社会正义的伸张和刑法对犯罪行为的否定,同时也可以使受到刑罚处罚的人感到刑罚是自己所实施的犯罪行为的必然后果,遭受刑罚之苦是自己罪有应得。但是如果多数实施了犯罪的人都没有受到刑罚处罚,那么受到刑罚处罚的人就不会认为自己所受到的刑罚处罚是罪有应得，反而会认为刑法对自己不公平，认为是自己"倒霉"，其他人也会同情或怜悯受到刑罚处罚的人。在这种认识下，刑法的教育功能也就荡然无存。

执法不严、有罪不究现象的存在，虽然是多种原因造成的，但是与司法制度的不完善具有直接的关系。因此，改变这种现象，首先必须从制度上的改革入手，建立、完善能够胜任理性司法要求的刑事司法系统和符合刑事司法规律的管理机制，以保障刑法合目的地适用。

第一，造就高素质的刑事司法职业群体。

严格执法的基础是执法人员的高素质。因为法律是靠人来执行的，没有一大批高素质的执法人员，就不可能有理性的司法。

所谓高素质的执法人员，首先是指精通法律的人员。刑事司法是一种技术性很强的工作。只有具备系统的法律知识，熟悉法律的具体规定及其内在精神，善于运用法律的基本原理解决司法中的具体问题的人，才能胜任司法工作。不精通法律而仅有一腔热忱的人，既不是一个称职的法官、检察官，也不是一个称职的侦查人员，因为他积极肯干而且乐于服从的特点恰恰是与刑事司法人员的素质要求相悖的。尽管他可以通过"干中学"最终成为一个称职的司法人员，但是在"干"的过程中，他就可能制造出一个个冤假错案，就可能已经放纵了罪犯、伤害了无辜。社会为这些人通过"干中学"而达到精通法律的境界所付出的代价必然是巨大和深重的。

同时，高素质的执法人员还必须是具有法治理念的人员。只有崇尚法治，愿意为维护法律正义奉献自我的人才有资格执行法律。把法律视为可以任意挥舞的棍棒或者把法律作为达到个人或小团体利益的工具的人,是不配被任命为执法人员的,因为由这些人执掌法律就从根本上使法律所代表的国家意志毁于个人的任性和私利的手中。

但是长期以来受"工具论"的影响,我们国家在刑事司法系统的人事管理方面只重视司法人员的政治素质而不重视司法人员的业务素质,认为任何人都能运用刑法来打击犯罪、保护人民,所以只要政治上可靠、听话,就能保障刑法工具作用的发挥。在这种观念的指导下,刑事司法系统长期积蓄了一大批缺乏法律素养的执法人员包括领导干部。这些人,由于缺乏崇尚法律的意识和正确适用法律的能力,因而不可能摆脱执法的任意性和盲从性,也难以保证把法律的规则和精神正确地适用于一个个具体的案件,难以按照刑法理性的要求来运用刑法组织对犯罪的法律反应。事实上,我们已经建立了一个庞大的刑事司法系统,但是由于这个系统中高素质的执法人员很少,因而这个系统的功能没有充分地发挥出来,以致面对不断增长的犯罪,常常感到力不从心。

因此,对我们国家而言,刑法改革的目标之一应当是从根本上改变刑事司法系统的人员结构,大量充实高素质的刑事司法人员,逐步淘汰低素质的刑事司法人员(而不是通过形式主义的"教育培训",使低素质的人员在没有增加任何真才实学的情况下,摇身一变而被称为高素质的人才。这些人不仅没有增加法律知识、改变执法观念,而且会更加瞧不起高素质的法律人才,认为高素质不过如此)。只有造就一大批高素质的刑事司法人员,才有可能建造和保持理性司法的营垒,保证严格执法。

第二,构建独立司法的运行机制。

严格执法的前提是司法主体能够独立自主地作出决定。如果执掌刑事司法的人没有独立自主地作出决定的权力，只遵从法律就是一句空话。但是从我们国家的实际情况看，司法机关和司法人员在执行法律的过程中常常不能独立自主地作出决定，不是只服从法律，而是要考虑法律和案件事实以外的各种因素，要受到其他机关和个人意志的支配。司法不独立的状况，适应了我国刑事司法人员整体素质不高的现实，是在这种现实面前为了防止刑罚权的滥用和误用而不得不采取的一种保障措施。但是，司法不独立的制度设计，也为滥用刑罚权提供了多种可能的机会。一方面它使不具有司法职责甚至也没有法律知识的人可以按照自己的意志任意操纵司法活动的结局，使刑事司法成为推行个人意志的工具（在这种情况下，司法所发挥的不是法律功能，而是政治统治功能或经济管理功能）；另一方面它也为司法机关和司法人员玩忽职守、滥用职权提供了可以利用的借口，使司法机关和司法人员推卸责任成为可能。因此，从制度设计上保障司法机关和司法人员的独立作出决定的权力，是严格执法的必要条件。

那么，什么样的制度设计才能保障司法机关和司法人员在司法过程中能够独立作出决定而又不致出现制度性的司法权滥用呢？

其一，要排除外界的干预。刑事司法权的行使首先应当排除来自刑事司法系统以外的权力干预。如果不享有刑事司法权的单位或个人操纵着刑事司法权的行使，刑事司法就没有公正、没有理性可言。这是因为，首先，在法律没有赋予其刑事司法权的情况下，操纵着刑事司法权的单位和个人就没有作出司法决定的名分和程式，因而也就没有对自己作出的决定负责的义务，缺乏必要的约束。这种决策机制在制度上就无法保障它不受个人恣意横行的影响。其次，不享有刑事司法权的单位和个人也不具有作出决定的条件。这些单位和个人由于其本身不享有刑事司法权，不可能亲自去审查案件，因而也没有条件去获得对案件事实的理性认识。对于已逝的案件事实仅凭他人的汇报就决定案件的命运，即使是判断力非常高超的人、即使是出于公正的立场或良好的愿望，也难以保证这种决定与客观上已经消失了的案件事实相符。最后，不享有刑事司法权的单位和个人通常都不是刑事司法方面的专家，其对案件作出的决定往往不是基于对法律条文和法律精神的理解，而是基于法律之外的某种考虑或个人情感或道德意识。这些单位和个人对案件所作出的决定，有时也可能是正确的，但是这种决定决不是对刑法规范和案件事实理性思考的结果。上述三个方面就决定了由不享有刑事司法权的单位和个人操纵刑事司法活动，必然会导致刑事司法权的滥用。

因此，作为刑法改革的方向，应当把排除不享有刑事司法权的单位和个人操纵刑事司法活动作为切入点之一，保证刑事司法权由法律赋予其职责因而赋予其义务的刑事司法系统来行使。

其二，要合理界定司法机关的权力和司法人员个人的权力，合理界定执法的权力与行政管理的权力。在刑事司法系统，既有按照法律规定享有的刑事司法权，也存在着内部组织系统必不可少的行政管理权。这种行政管理权应当与司法权区分开来。行政管理权自然要按照行政管理的规律来运作，具有隶属和服从的特点。但是司法权则应当按照司法规律来运作。目前在刑事司法系统内部，无论是在观念上还是在具体操作上，司法权往往与行政管理权搅和在一起，对办案活动常常按行政管理的方式进行管理，其结果就难免造成行政权对司法权的侵蚀或干预。此外，就司法活动本身而言，司法机关行使哪些权力，司法人员在案件的处理上具有哪些权力，往往没有明确的划分，以致司法机关的领导愿意过问案件的，就多过问一些；不愿意过问案件的，就少过问一些。对于领导过问的案件，以及检察委员会、审判委员会研究的案件，办案人员在案件处理上具有什么样的权力以及应当承担什么样的责任，往往没有明确的界定。这种权力界定不明、责任区分不明的状况，在制度上就难以保证司法权的行使不被滥用，并且在司法权被滥用的情况下，没有有效的纠错机制。

因此在司法改革中，明确区分司法权与司法机关的行政管理权，以及明确界定应当由司法机关行使的司法权与应当由司法人员个人行使的司法权，无论是对于有效地监督司法权的行使、防止司法权的滥用，还是对于建立合理的纠错机制，保证司法权行使的正确性，都是非常必要的。

其三，要完善启动司法程序的决定权。刑事司法程序的启动意味着刑事追诉活动的开始，因此决定启动刑事司法程序的权力本身是刑事司法权的重要内容。但是在我国目前的刑事司法实践中，对于某些刑法规定构成犯罪的案件，有权管辖的司法机关有时却没有启动司法程序的决定权。例如，对于行政执法活动中发现的犯罪，行政执法机关移送到司法机关的，司法机关才能立案侦查；没有移送的，司法机关往往不能自行决定立案侦查。又如，对于发生在领导干部中的贪污贿赂犯罪案件，在有些时候、有些地方、有些情况下就是由纪律监察部门首先进行调查，而不是由法律赋予贪污贿赂犯罪侦查权的司法机关直接决定立案侦查。在这类情况下，是否对犯罪进行刑事追究，往往不是由有权管辖的司法机关决定的，而是在事实上取决于在司法机关之前受理案件的机关是否愿意把刑事案件移送给司法机关。如果有关机关不移送案件，有关犯罪就难以受到有效地追究。有罪不究的现象亦由此产生。因此,为了减少有罪不究的现象,保障刑罚的必定性,有必要改变司法机关对犯罪不能直接启动司法程序的状况,在各种处理程序中确立"刑事优先"的原则。

"刑事优先"原则是指在一切调查处理程序中发现有犯罪事实存在时,应当首先由有权管辖该犯罪的司法机关依照刑事诉讼程序进行追究。确立"刑事优先"原则的必要性,首先在于,刑事犯罪对社会所造成的或者可能造成的危害远远大于其他行为的社会危害性,如违反纪律的行为、一般违法行为、民事经济纠纷、不道德行为等。在犯罪行为与这些行为竞合的情况下,只有首先处罚其犯罪行为,才能有效地打击和遏制这类行为的发生。如果以对其他行为的处理取代对犯罪行为的追究,对行为人来说,实际上就是避重就轻,因而不利于使其受到应有的惩罚和教育。这样做,既不能有效地防止其再犯罪,也不利于对其其他行为的处理。其次,在价值选择上,犯罪行为所侵害的往往是对整个社会具有重大影响或重要意义的利益,因此刑事法律相对于除了宪法以外的其他任何法律、法规、纪律而言,应该说其所保护的利益是最重要的,或者说其用于保护同等重要的利益时所具有的手段是最有效的。在不同法律竞合的情况下,优先适用刑事法律,对于保护社会利益无疑是最有效的。最后,就调查手段而言,由于刑事犯罪的严重危害性,法律赋予刑事侦查部门各种有效的侦查手段。这些侦查手段是其他任何部门所不具有的。如果一个案件既涉及刑事犯罪也涉及其他违法或违纪行为,那么,由有权管辖的司法机关运用侦查手段来调查,必定要比不具有侦查手段的其他部门运用一般调查方式来调查更有利于查清案件的真实情况,更有助于案件的处理。因此,"刑事优先"原则应当在纪律调查程序、行政处罚程序、民事诉讼程序以及其他任何涉及刑事犯罪的调查处理过程中加以贯彻，以保障和维护有权管辖的司法机关对犯罪案件启动刑事司法程序的决定权。

其四，要改革作出处理决定的权力。司法机关和司法人员在刑事诉讼中对于自己职责范围内的事项，应当具有独立自主地作出处理决定的权力。如果司法机关和司法人员在由自己管辖的事项上必须事事听命于自己的上级，它（他）就没有兴趣去仔细研究案件，就没有积极性来认真对待自己所管辖的案件，也就对案件处理的结果没有责任感。司法机关和司法人员一旦丧失了伸张法律正义的热情，有罪不究就自然而然地成了必然现象。因此，要让司法机关和司法人员担负起追诉犯罪的使命，就必须激发其打击犯罪的使命感和神圣感，而这种使命感和神圣感在很大程度上来源于其对自己所负责的事项可以作出决定的权力。

在司法实践中，有的部门和领导，鉴于目前司法机关和司法人员整体水平不高的实际情况，不敢放权给司法人员，不敢让司法人员独立自主地处理案件。这种心情无疑是出于维护司法公正、保护司法权威的愿望，因而也是无可厚非的。问题在于，长此以往，司法机关和司法人员的积极性和责任心就无以维系，司法工作将陷入恶性循环。笔者认为，解决问题的出路并不在于消极地堵截，而在于积极地引导。在赋予司法机关和司法人员对其负责的案件或事项具有作出决定的权力的同时，建立健全必要的监督机制[1]，就可以解决司

---

[1] 健全的监督机制对于任何独立行使的权力都是必不可少的，也是保障司法公正的必要措施。没有健全的监督机制，独立行使的权力就可能变成脱缰的野马，成为任性的、易腐败的权力。健全的监督机制，也是在司法机关和司法人员整体素质不高的状况下，对错案进行救济的一种手段，一种有效的补救措施。

法机关和司法人员整体素质不高与培养司法人员办案责任心之间的矛盾。

其五，要建立不接受外部指令的职业保障机制。建立职业保障机制，既是世界上所有法治国家的普遍做法，也是保持司法独立和维护司法公正的制度性保障。只有真正建立起司法人员的职业不因在办理案件过程中不接受任何外部指令而受任何影响的制度，司法独立才会成为可能。如果一种制度，使司法人员常常因为在办理案件的过程中没有接受上级甚至是外界某些权威人士的指令而被调离工作岗位或者不能正常晋升，司法人员与其上级之间就必然会形成某种人身依附关系。在这种人身依附关系存在的时候和地方，司法独立就无从谈起，司法腐败必然滋生，赋予司法人员再大的权力都是没有实际意义的。因此，作为司法改革的目标，可以考虑在改善司法人员的素质结构、提高司法人员整体素质的情况下，建立健全司法人员的职业保障机制，为独立司法提供制度性的保障。

在司法群体的人员素质结构没有根本改善的情况下，司法独立必须与司法监督同步实行，才能避免司法权的滥用。因为赋予低素质的司法人员以独立性，就必须有防止其滥用权力的制约手段。

第三，树立渎职责任新理念。

刑事司法机关和司法人员的职责就是追究犯罪。如果有案不查、有罪不究，对于刑事司法机关和司法人员来说，这本身就是渎职。要改变过去那种只有工作失误造成重大损失的才算渎职的观念，树立有案不查、有罪不究就是渎职的新理念。应当把管辖范围内的犯罪是否受到了有效追诉，作为衡量刑事司法系统工作优劣的标准之一。

与之相联系的是错案追究[1]。在赋予司法机关和司法人员保持独立所必需的权力的同时，应当建立错案追究制度。对于在独立办案中滥用刑事司法权而导致的错案，应当追究有关人员的责任；即使是由于过失造成了错案，也应当追究有关人员的过失责任。这样才能防止刑事司法权的滥用。

四、改革刑罚执行制度

改革刑罚执行制度，建立社会监督改造系统，使大部分被判刑人在社会上服刑，尽可能减少监狱的负面影响，这在我国应该说是一项迫在眉睫的工作。

目前，我国刑法规定的刑罚在主刑中比较轻的是管制、拘役和有期徒刑。由于多年来司法实践中几乎没有判处过管制，所以实际适用的刑罚或者说适用最多的刑罚主要是有期徒刑。有期徒刑是以限制被判刑人的人身自由（拘役刑亦同）并在特殊场所执行刑罚为内容的。而监狱制度的历史及其实践反复证明，监狱从来就没有并且至今仍然没有能够解决囚犯在监狱服刑期间的交叉感染问题。长期以来，居高不下的再犯率，迫使许多国家都在思考和探索如何解决刑罚适用的必要性与刑罚执行带来的副作用之间的矛盾。在这方面，一些国家在刑罚制度改革中采取了各种监外执行的措施，尽可能地使那些少年犯和罪行比较轻的初犯、偶犯不在监狱内服刑，以避免其在监狱服刑时可能受到其他重罪犯的感染而进一步强化犯罪意识。这种改革措施对于我国的刑法改革，应当说是很有借鉴意义的。为

---

[1] 错案追究与维护司法权威是一种两难选择。权威的司法意味着司法人员的决定没有错误。但是我国的实际情况是司法人员整体素质不高、司法腐败还比较严重。在这种情况下，司法人员所作出的决定不可能绝对没有错误。如果对司法人员作出的错误决定熟视无睹，既不采取措施去纠正，也不对作出错误决定的司法人员进行任何处理，错案就将蔓延成灾。因此，即使确实不利于维护司法权威，也实有必要对错案进行追究。这是我国的现实所决定了的。

了减少监狱服刑时必然产生的交叉感染，实有必要增设非监禁刑（或者改造现有的管制刑，使之能够有效适用），或者扩大缓刑的适用范围，以便尽可能地减少在监狱内执行刑罚的数量。

扩大监外执行刑罚[1]的范围，所要解决的关键问题是监外执行的监督机制问题。没有有效的监督机制，监外执行刑罚就会形同虚设。为此，除了对监外执行刑罚的人规定一套必须遵守的行为守则，要求其接受监督教育之外，还需要设立一个专门的缓刑或假释监督机构，经常地、不定期地检查监督监外执行刑罚的人遵守监外执行规则的情况，并根据检查监督的情况决定对其进行教育改造的方案。

（原载《中国法学》2002 年第 6 期）

---

[1] 监外执行刑罚不同于保安处分。一些西方国家刑法中规定的保安处分是作为对危险犯的一种预防性处置措施来使用。而此处所说的监外执行刑罚是对轻罪犯适用的一种刑罚执行方式，它不具有保安处分的性质。

社会危害性的刑法价值*

在刑法的历史发展中，危害性原则始终是决定行为是否构成犯罪最基本的原则，即一个行为，只有在其能够对社会造成危害的情况下才会被纳入刑法的视野，进而作为犯罪受到刑罚处罚。1789年的法国《人权宣言》就宣示："法律只能禁止对社会有害的行为；法律无权禁止对社会没有危害的行为。"（第5条）因此，社会危害性是犯罪最本质的特征。这在刑法中是一个不言自明的常识性问题，具有不可动摇的地位。[1]

但是，如何认识和解释社会危害性，如何看待社会危害性的刑法功能，学者之间具有不同的看法。梳理分析这些不同看法，对于正确理解社会危害性及其在我国刑法中的地位，甚为重要。本文试图通过对社会危害性的概念、存废及其与罪刑法定原则的争议观点的分析，论证社会危害性在刑法中的独立价值。

---

* 本文系与陈伟强合作撰写。

[1] 尽管有学者认为危害性原则已经崩溃或即将崩溃，甚至对危害性原则的价值提出质疑，但无法否认的事实是，无论是在刑事立法和刑事司法中还是在刑法理论中，没有社会危害性就不能作为犯罪来惩罚，依然是不可动摇的原则。

一、社会危害性的本体之争

我国刑法学界对社会危害性本身的理解和争议,主要是围绕四个方面展开的:

(一) 属性之争

传统的刑法理论认为,社会危害性是行为给社会带来一定不利后果的属性。社会危害性是指犯罪行为对于某一社会形态中各种利益以及整体利益的危害的特征。[1] "所谓社会危害性,即指行为对刑法所保护的社会关系造成或可能造成这样或那样损害的特性。"[2] 对此,有的学者提出了不同看法,认为社会危害性不应该是一种属性,而应该是一种事实状态,是一种客观存在的事实。他们指出:"所谓社会危害性,是指对我国刑法所保护的利益的危害"[3];"行为的社会危害性,是指行为对我国的社会主义社会关系实际造成的损害或者可能造成的损害"[4]。这种争论,从表面上看,是关于社会危害性究竟是一种客观事实还是一种表现客观事实的特性之争,但实际上并没有实质性的意义。因为把社会危害性定义为一种属性的学者并不否认社会危害性是一种客观存在的事实。正如这些学者所说的,社会危害性是一种具有特定性质的事实,这种特定性质就在于它是破坏社会秩序和社会关系,给社会造成这样或那样的损害。将这种事实抽象概括为某些不同形式的行为所共同具有的事实,并且是另一些行为所不具有的,那么,这种事实就成了这些行为的事实特征。所以,社会危害性也就意味着这

---

[1] 杨春洗、杨敦先主编:《中国刑法论》,北京大学出版社 1994 年版,第 34 页。
[2] 高铭暄主编:《新编中国刑法学》(上册),中国人民大学出版社 1998 年版,第 66 页;高铭暄、马克昌主编:《刑法学》,北京大学出版社、高等教育出版社 2000 年版,第 47 页。
[3] 何秉松主编:《刑法教科书》(修订版),中国法制出版社 1994 年版,第 67 页。
[4] 马克昌主编:《犯罪通论》,武汉大学出版社 2003 年版,第 20 页。

些行为都具有危害社会的性质的事实这样一种特性。因此，承认危害社会是一种事实，并且是一种具有特定危害性质的事实，就必然承认社会危害性是某类行为共同具有的危害社会的事实特性。[1] 事实说的缺陷"在于将'社会危害性'等同于'社会危害'。实际上社会危害是社会危害性的具体表现"。[2]

（二）对象之争

社会危害性到底危害了什么？传统的刑法理论认为，所谓社会危害性，也就是对国家和人民利益的危害性，[3] 进而通过犯罪客体把这种社会危害性解释为我国刑法所保护而为犯罪行为所侵犯的社会主义社会关系。对此，有的学者提出了不同的观点，认为社会危害性不是对社会关系的侵犯，而是指"行为对法益的侵犯性"。[4] 有的学者甚至主张，以法益侵害作为规范刑法学中犯罪的本质特征，由此取代社会危害性的概念。[5] 在他们看来，法益侵害与社会危害性相比，具有规范性、实体性、专属性等优越性。这种争论其实也没有什么实质性的意义。因为这些学者所谓的"法益"与传统观点所说的国家和人民利益或刑法所保护的社会关系，其实所指的都是刑法第13条所列举的内容。所谓的法益侵犯性，"具体表现为危害国家主权、领土完整和安全，侵犯人民民主专政的政权和社会主义制度，破坏社会秩序和经济秩序，侵犯国有财产或者劳动群众集体所有的财产、公民私人所有的财产，侵犯公民的人身权

---

[1] 参见高铭暄主编：《刑法学原理》（第一卷），中国人民大学出版社1993年版，第385页。
[2] 赵秉志、陈志军：《社会危害性与刑事违法性的矛盾及其解决》，载《法学研究》2003年第6期。
[3] 高铭暄主编：《刑法学》，法律出版社1982年版，第67页。
[4] 张明楷：《刑法学》，法律出版社2003年版，第96页。
[5] 陈兴良：《本体刑法学》，商务印书馆2001年版，第161页。

利、民主权利和其他权利,等等"。[1] 而传统观点认为,我国刑法第13条通过列举犯罪所侵犯的客体揭示了犯罪的社会危害性的各个方面的表现。这些方面概括地反映了在我国犯罪的社会危害性的基本内容。[2] 这二者之间,除了把社会危害性的内容,一个概括为"法益"即"刑法所保护的利益",一个概括为"刑法所保护的社会关系"之外,很难说有什么实质性的区别。正如有的学者指出的:"法益侵害与社会危害性只是名称的不同,两者并不存在根本的区别……法益本身并没有解决社会危害性规范性不足的弊端。"[3]

(三) 内涵之争

在我国刑法理论中,对社会危害性的内涵存在客观说与主客观统一说两种不同主张。客观说认为,社会危害性只具有客观属性,不包含行为人主观方面的因素,否则那就把行为的社会危害性程度,同行为人的刑事责任等同起来了。主客观统一说认为:"根据我国刑法规定,社会危害性首先表现为客观上的危害,这是毫无疑义的。我国刑法分则规定的许多犯罪,都以物质性或非物质性的客观损害结果作为构成犯罪的必备要件之一。但是造成这些客观损害结果的行为是受人的主观意识和意志支配的,是主观恶性的体现,是主观见之于客观的东西。因此任何犯罪都是主观和客观的统一。在这个意义上说,犯罪的本质特征——社会危害性也必然是主观和客观统一。"[4] 这个问题的争论,实际上是由于对社会危害性观察的不同角度形

---

[1] 参见张明楷:《刑法学》,法律出版社2003年版,第96页。
[2] 参见高铭暄、马克昌主编:《刑法学》,北京大学出版社、高等教育出版社2000年版,第47页。
[3] 孙国祥:《刑法基本问题》,法律出版社2007年版,第71页。
[4] 高铭暄:《新中国刑法理论与实践》,河北人民出版社1985年版,第135页。

成的。如果从属性上看，社会危害性当然是犯罪的客观属性，犯罪对社会具有危害性是一种客观存在的事实。但是如果从社会危害性的评价要素上看，仅凭行为客观危害后果难以准确评价行为有无社会危害性及其程度。在对行为社会危害性进行刑法评价时，必须考虑犯罪主体和犯罪主观方面因素才能得出正确的评价结论。例如，同样是造成他人死亡的后果，过失与故意的不同罪过心理也使行为的社会危害性评价大相径庭。

（四）程度之争

有的学者认为，社会危害性是一般违法行为和犯罪共同具有的属性，它不能将犯罪与一般违法行为区别开来。所以犯罪的本质特征应该是"严重社会危害性"，即具有严重程度的社会危害性，进而主张用"行为的严重社会危害性是犯罪的本质特征"来表述犯罪的本质特征。[1] 有的学者则用"极端的社会危害性""相当程度的社会危害性""犯罪的社会危害性"等词语来表达犯罪的社会危害性与一般违法行为的社会危害性在程度上的差异。但是也有学者不同意这种观点，认为刑法中所说的社会危害性不是最一般意义上的社会危害性，而是指对刑法所保护的利益的危害性。离开刑法总则和分则的规定来讨论犯罪的本质特征，就失去了法律根据和合理前提。并且，社会危害性本身包含着性质和程度，即质和量的属性。社会危害程度不仅可以用作区别犯罪与相应的违法行为，而且具有划分严重犯罪与相应的非严重犯罪的功能。用"严重社会危害性"表述犯罪的本质特征同刑法上的用语不协调。[2] 应当看到，社会危害性所揭示的是犯罪的本质属性，并不是区分罪与非罪的

---

[1] 参见马克昌主编：《犯罪通论》，武汉大学出版社1991年版，第19—20页。
[2] 参见何秉松主编：《刑法教科书》（修订版），中国法制出版社1994年版，第69页。

唯一标志。社会危害性只是犯罪的基本特征之一,而不是全部,仅仅凭借社会危害性当然不能把犯罪行为与一般违法行为完全区别开来。但是如果把犯罪的三个基本特征即社会危害性、刑事违法性和应受刑罚处罚性结合起来,无疑可以把犯罪与其他不构成犯罪的行为区别开来。

二、社会危害性的存废之争

自1997年刑法颁布以来,社会危害性在我国刑法理论中的地位开始受到质疑,以致一段时间,理论界对社会危害性的批判呈现勃兴流行之势。较早对社会危害性发起诘难的当属《罪刑法定与社会危害性的冲突——兼析新刑法第13条关于犯罪的概念》一文,该文从概念学的立场出发指出:"在新刑法第13条规定的犯罪定义中使用了'危害社会'的字样,突出了社会危害性,并用'危害不大'的字样,强调了社会危害性程度大小对罪与非罪的决定意义。这样,就反映出在新刑法关于犯罪的定义中,存在社会危害性标准;同时该条还规定'依照法律应受刑罚处罚的……'又确立了规范标准……使犯罪定义乃至整个刑法典的科学性大打折扣。"[1] 嗣后,有的学者从规范学的角度,进一步对社会危害性大加挞斥,认为:"对犯罪本质做社会危害性说的认识,无论它受到怎么言辞至极的赞扬与称颂,社会危害性并不具有基本的规范质量,更不具有规范性。……社会危害性说不仅通过其'犯罪本质'的外衣为突破罪刑法定原则的刑罚处罚提供了一种貌似具有刑法色彩的理论根据,而且也在实践中对于国家法治起着反作用。"[2] 亦有学者认为,"对社会危害性理论进行批判,是我国刑法知识去

---

[1] 樊文:《罪刑法定与社会危害性的冲突——兼析新刑法第13条关于犯罪的概念》,载《法律科学》1998年第1期。

[2] 李海东:《刑法原理入门》,法律出版社1998年版,第8页。

苏俄化的一个重要切入点",[1] 并以社会危害性不具有"规范性""实体性"及"专属性"为由,主张将社会危害性逐出注释刑法学的领域。[2]

面对咄咄逼人的责难和否定之声,许多学者为社会危害性在我国刑法理论体系中的合理性进行了辩护。如有的学者指出:在我国犯罪定义中不存在社会危害性标准,社会危害性理论与罪刑法定并不矛盾,并发出善待社会危害性观念的呼吁。[3] 有学者认为:社会危害性与刑事违法之间是对立统一的关系,对犯罪的本质特征仍然要以社会危害性为基点予以把握。[4] 亦有学者认为:犯罪本质是多元的,社会危害性是犯罪的本质。作为犯罪本质,社会危害性揭示了犯罪是危害社会的行为,这与社会危害性所具有的告知立法者为什么要将某种行为规定为犯罪的功能在逻辑上并无矛盾。社会危害性存在于犯罪概念之中符合法概念的独特要求,也符合价值主体的变易性要求。[5]

笔者认为,社会危害性在我国刑法理论中自有其存在的合理性,不可妄言废之。

首先,在犯罪定义中包含社会危害性的概念,是定义科学性的必然要求。"在法学的体系中,概念的特点和独特功能是:它是对法律事件进行定性的,既确定事件、行为和物品等的

---

[1] 陈兴良:《社会危害性理论:进一步的批判性清理》,载《中国法学》2006 年第 4 期。
[2] 参见陈兴良:《社会危害性理论——一个反思性检讨》,载《法学研究》2000 年第 1 期。
[3] 参见储槐植、张永红:《善待社会危害性观念——从我国刑法第 13 条但书说起》,载《法学研究》2002 年第 3 期。
[4] 参见齐文远、周详:《社会危害性与刑事违法性关系新论》,载《中国法学》2003 年第 1 期。
[5] 参见刘艳红:《社会危害性理论辨正》,载《中国法学》2002 年第 2 期。

'自然性质'和'社会性质',又确定事件、行为和物品的'法律性质',因而为人们认识和评价法律事实提供必要的结构。"[1] 揭示事物的社会性质和法律性质是法律概念的特点和独特功能,唯此,人们才能认识和评价法律事实。我国刑法中犯罪的定义正体现了法律概念的这一特点——以社会危害性揭示犯罪的社会性质,以刑事违法性揭示犯罪的法律特征,二者相结合,使得人们能够得以科学地认识犯罪。

其次,犯罪定义中包含着社会危害性的内容,并不意味着在我国的犯罪概念中存在一个"社会危害性标准"。所谓的社会危害性标准,是指罪与非罪的区分以行为的社会危害程度是否达到应受刑罚处罚为标准。[2] 而实际情况是,我国的犯罪定义,并没有把社会危害程度规定为构成犯罪的唯一标准。刑法第13条的但书只是规定了情节显著轻微危害不大的不认为是犯罪,而没有规定只要危害严重就是犯罪。从刑法第13条的犯罪定义中不可能得出仅仅根据社会危害性来区分罪与非罪的结论。另外,在罪刑法定的刑法结构中,司法人员也不可能绕过刑法分则规定的构成要件而直接以社会危害性为标准对某一行为定罪。因此,将我国犯罪概念中有关犯罪社会性质的描述理解为所谓"社会危害性标准"是缺乏法律根据的。

最后,在我国刑法中,社会危害性并非超规范的范畴,而是具备规范品质的。根据我国刑法通说,社会危害性是犯罪的本质特征,刑事违法性是社会危害性在法律上的表现。刑法通过对犯罪圈的划分和各个罪构成要件的规定,使社会危害性在刑法中有了明确的规范范围和规范裁判标准,这本身就体现了

---

[1] 张文显:《法学基本范畴》,中国政法大学出版社1993年版,第59页。
[2] 樊文:《罪刑法定与社会危害性的冲突——兼析新刑法第13条关于犯罪的概念》,载《法律科学》1998年第1期。

社会危害性的规范品质。耐人玩味的是，否定社会危害性的学者一方面以社会危害性不具有规范质量为由对其理论价值进行诘难，但另一方面却又认为："'社会危害性'这类对犯罪规范外的实质定义的致命弱点在于，在这个基础上建立起来的犯罪体系完全依赖于行为的规范属性。……换言之，社会危害性的认定在这种理论中完全依赖于行为的形式违法性。"[1] 可见，这些学者认识到了刑法中的社会危害性并非漫无边际的，而是被限制于刑法范围内的，其认定受刑法的规范性制约，而不是超规范的评价标准。

社会危害性在我国刑法中并非内容完全模糊空泛，而是具有实实在在的实体内容。一方面，我国刑法分则各章规定的各类罪的共同犯罪客体反映了社会危害性的外在表现样态。另一方面，刑法分则各个罪的构成要件从主观方面和客观方面揭示了社会危害性的内在结构，是犯罪社会危害性内在形态的表现形式。因此，在我国刑法中，社会危害性既有外在的表现样态，也有其内在的表现形态，是具备实体性内容的。同时，我国刑法中的社会危害性，毋庸置疑指的是刑法学中的社会危害性，在刑法学的语境下，社会危害性的内在意域与外在表征紧密相联并受限于刑法的具体内容。在刑法学中，社会危害性的内容与形式均反映的是刑法学的学科特质和专业特性，这与社会学中的社会危害性的内容与形式并不完全相同。因此，以社会危害性这一词汇也为其他学科所用而认为其在刑法学中不具有专有性的见解难以成立。

三、社会危害性与罪刑法定原则的关系之争

刑法理论界对社会危害性与罪刑法定原则的关系存在对立

---

[1] 李海东：《刑法原理入门》，法律出版社1998年版，第7页。

说与统一说两种不同见解。

对立说认为,社会危害性与罪刑法定原则存在矛盾,二者之间冲突不可避免。有的学者从价值论的立场出发,认为:"社会危害性理论所显现的实质的价值理念与罪刑法定主义所倡导的形式的价值理念之间,存在着基本立场上的冲突。"[1] 有的学者则基于社会危害性作为犯罪本质的理论地位,认为:"因为,它是犯罪的本质,在需要的情况下是可以决定规范形式的。社会危害性说不仅通过其'犯罪本质'的外衣为突破罪刑法定原则的刑罚处罚提供了一种貌似具有刑法色彩的理念根据,而且在实践中对于国家法治起着反作用。"[2] 还有论者从社会危害性具体内容的视角分析二者之间的对立,进而指出:"社会危害性是一个笼统、抽象、不确定的标准……而社会危害性的严重程度更是一个很难确定的标准,带有很强的主观判断倾向。……很明显,界定模糊的社会危害性标准实际上已形成对罪刑法定原则的违背和破坏。"[3]

统一说认为,社会危害性与罪刑法定之间并不存在矛盾,二者之间是统一的。有的学者从社会危害性具有的出罪功能来论证其与罪刑法定原则在价值立场上的统一,指出:"社会危害性也是一柄双刃之剑,用于扩张犯罪范围(如类推)属用之不当……但用于缩小犯罪范围(如但书),则属用之得当,国家与个人两受其利。这种情况下的社会危害性与形式主义罪刑法定原则存在冲突吗?"[4] 有的学者从社会危害性的具体内容

---

[1] 陈兴良:《社会危害性理论——一个反思性检讨》,载《法学研究》2000年第1期。
[2] 李海东:《刑法原理入门》,法律出版社1998年版,第8页。
[3] 李晓明、陆岸:《社会危害性与刑事违法性辨析——重在从"罪刑法定"视角观之》,载《法律科学》2005年第6期。
[4] 参见储槐植、张永红:《善待社会危害性观念——从我国刑法第13条但书说起》,载《法学研究》2002年第3期。

特征出发来论证其与罪刑法定原则的统一，认为社会危害性在特定的历史时期也是具体的、明确的、确定的，符合罪刑法定原则所要求的明确性原则。以社会危害性定义犯罪，并不会为滥施刑罚权打开方便之门。司法者那里的社会危害性是有量的限制的，实质犯罪概念贯彻了罪刑法定的原则。[1]

单纯的形式罪刑法定原则，固然防止了司法恣意，但难以确保以保障人权为价值诉愿的"良法"之治的实现。因此，现代意义的罪刑法定并非仅倡导形式的价值理念，而是兼具形式的侧面和实质的侧面，从实质侧面强调刑事立法的正当性和刑罚处罚的合理性。甚至在西方国家，法治发展已经走到形式理性弱化、实质侧面强化的阶段，越来越重视实质侧面。[2] 在刑法中，以社会危害性作为刑法立法正当与刑罚处罚合理的根据，将社会危害性作为罪刑法定的实质侧面，强调刑罚处罚的合理性，对于防范国家刑罚权异化为践踏人权的暴政工具大有裨益，这与罪刑法定原则保障人权的价值理念有异曲同工之妙。

认为社会危害性与罪刑法定原则冲突的另一个理由是社会危害性是一个笼统、抽象、不确定的标准，因而与罪刑法定所要求的明确性原则存在冲突。然而，这种理由实际上是不存在的。因为罪刑法定要求的明确性原则针对的是犯罪成立的具体条件的明确性，而在我国刑法中，社会危害性是犯罪概念的内容，并非犯罪成立的具体条件。认定一个行为是否构成犯罪，并不是根据行为的社会危害性，而是根据行为是否符合刑法规

---

〔1〕 李立众、李晓龙：《罪刑法定与社会危害性的统一——兼与樊文先生商榷》，载《政法论丛》1998 年第 6 期。

〔2〕 参见高鸿钧等：《法治：理念与制度》，中国政法大学出版社 2004 年版，第 10—11 页。

定的犯罪构成要件。具有社会危害性甚至社会危害性比较严重的行为，如果不符合刑法规定的犯罪构成要件，在司法实践中是不可能作为犯罪来认定来处罚的。因此，社会危害性与罪刑法定的明确性并不冲突。正如有的学者指出的：如果说，在刑法存在类推的情况下，认为刑法存在社会危害性标准、社会危害性标准与罪刑法定原则的冲突是正确的，那么，1997年刑法已经明文废止类推并确立了罪刑法定原则，类推的入罪功能已成过去，犯罪圈也不存在扩张的可能。作为社会危害性载体的但书则只能出罪。时已过，境已迁，还认为我国刑法存在社会危害性标准就显得虚浮了。[1]

四、社会危害性的独立价值

社会危害性作为刑法中一个带有根本性的概念，反映了刑法发展过程中人类理性的自我约束功能。它把刑法的使用控制在危害社会的行为发生的场合，从而在一定范围内避免了统治者凭借个人的任性任意挥舞刑法的魔鞭残害无辜者的悲剧，也为刑法的适用奠定了正当性基础。特别是在刑事立法方面，社会危害性的制约功能至今依然是立法者在把某种行为规定为犯罪时首先考虑的要素。

当然，随着刑事法治的发展，罪刑法定原则的倡导和贯彻，刑事违法性为认定犯罪提供了更为具体的界限。社会危害性的考量需要通过立法上升为法律规范，从而更多地表现为刑事违法性的规范性要素。正是在这种背景下，有的学者认为，如果我们宣称犯罪的本质在于行为的社会危害性，而危害社会的并不都是犯罪，那么区别犯罪与其他危害社会行为的唯一标

---

[1] 参见储槐植、张永红：《善待社会危害性观念——从我国刑法第13条但书说起》，载《法学研究》2002年第3期。

准就不可避免地只能取决于刑法是否禁止这种行为，即行为的形式违法性。这种所谓实质认识由此也就成了一种文字游戏般的东西，社会危害性的认定在这种理论中完全依赖于行为的形式违法性。[1] 有的学者进而认为，社会危害性虽然是一种实质判断，但它不能提供自身的认定标准，因而需要以刑事违法性作为社会危害性的认定标准，这就出现了循环论证的问题。这种循环论证使社会危害性丧失了实体内容，成为纯粹由刑事违法性所决定的东西。因此主张"将刑事违法性视为区分罪与非罪界限的唯一标准"。[2] 这种观点，通过对社会危害性与刑事违法性关系的分析，从根本上否定了社会危害性存在的独立价值。

这是在罪刑法定原则下，社会危害性理论面临的一个重大挑战。对此，有必要进行深入的研究。

笔者认为，社会危害性作为犯罪的本质特征，在我国刑法理论中具有特别重要的地位。即使是为了贯彻罪刑法定原则而彰显刑事违法性的规范功能，也不能以刑事违法性取代社会危害性。其主要理由如下：

第一，社会危害性是刑事违法性形成的根据和存在的基础。

社会危害性是刑事违法性的基础，否定社会危害性，就会使刑事违法性成为无本之木。由于"没有比在法律的借口之下和装出公正的姿态所做的事情更加残酷的暴政"，[3] 一部"恶"的刑法无疑是对公民生命、自由和财产最大的威胁，因此，在现代法治国家，刑法立法权总是受到限制，立法者必须

---

[1] 参见李海东：《刑法原理入门（犯罪论基础）》，法律出版社1998年版，第7页。
[2] 参见陈兴良：《实体刑法学》，商务印书馆2001年版，第162—167页。
[3] [法] 孟德斯鸠：《罗马盛衰原因论》，姚玲译，商务印书馆1962版，第75页。

根据一定的标准才能将某种行为规定为犯罪而非不受约束恣意行使刑事立法权。立法者根据什么标准将某种行为规定为犯罪而使之具有刑事违法性呢?贝卡里亚在其传世经典《论犯罪与刑罚》之中曾精辟指出:"我们已经看到,什么是衡量犯罪的真正标尺,即犯罪对社会的危害。"[1] 贝氏的论断准确揭示了社会危害性与刑事违法性的关系——社会危害性决定刑事违法性,即行为具有严重的社会危害性是行为具备刑事违法性而成为犯罪的的前提和根据。帕克也认为一个行为之所以被规定为犯罪,是因为该"行为在大多数人看来,对社会的威胁是显著的,从社会的各重要部分来看是不能容忍的"。[2]

社会危害性决定刑事违法性就要求在刑事立法阶段,立法者要尽量根据全体社会成员的共同体认将那些具有严重社会危害性的行为通过立法程序类型化为犯罪,使之具备刑事违法性的特征,成为刑法评价的对象。另外,立法者也要根据社会危害性的判断将那些没有社会危害性或者没有严重社会危害性的行为逐离刑事立法的视域,避免刑罚权的过度扩张而危及公民自由。社会生活总是变动不居的,相同行为在不同的社会情势下,其社会意义和法律评价可能不尽相同。如果随着社会生活的变化,某个具有刑事违法性的行为不再具有社会危害性时,立法者就应当以社会危害性为根据,将这种具有刑事违法性而不再具有社会危害性的行为及时剔除出刑法。这也表明,社会危害性相对于刑事违法性来说,是不可须臾舍弃的。

第二,社会危害性与刑事违法性在刑法中具有不同的功能,彼此之间不存在根本性的冲突,因而能够并行不悖。

---

[1] [意]贝卡里亚:《论犯罪与刑罚》,黄风译,中国法制出版社2005年版,第82页。
[2] 转引自张明楷:《刑法的基础观念》,中国检察出版社1995年版,第145页。

刑事违法性将社会危害性刑法化并限制社会危害性。立法者将某一具有社会危害性的行为规定为犯罪使之具有刑事违法性特征的过程，其实就是社会危害性刑法化的过程。当社会危害性被刑法化后，社会危害性就不再是社会学意义上内容空泛的社会危害性了，而成为刑法学意义上具备法律规范品质的社会危害性。具有法律规范品质的社会危害性，其具体的表现形式，界分标准都应当由刑法具体规定。于是，一方面，立法者应根据社会危害性的不同样态和社会危害性的不同程度，在刑法中规定各不相同的具体犯罪；另一方面，立法者也根据社会危害性的具体形式，从主观和客观方面构设各个罪的犯罪构成，为刑事违法性提供一个具体、划一的标准。此时，社会危害性就被刑法化于各个罪的构成要件之中，通过刑事违法性的规范功能提供认定犯罪的具体标准。

即使在这种情况下，社会危害性的评价功能也没有完全丧失。我国刑法在第13条犯罪定义中明确规定，"情节显著轻微危害不大的，不认为是犯罪"。这个定义，作为总则中的规定，适用于刑法分则规定的每一个犯罪。这就意味着，在我国刑法中规定的具体犯罪中都可能存在一个"情节显著轻微危害不大的"的问题。无论是在司法解释过程中，还是在具体案件的处理过程中，不仅要按照刑法规定的具体的犯罪构成要件来界定和认定某个行为是否符合刑法规定的犯罪构成，而且要根据全案的情况分析判断有关人的行为是否属于"情节显著轻微危害不大的"的情况。即使行为完全符合刑法规定的具体犯罪构成，但是如果存在"情节显著轻微危害不大的"情况，就应当不认为其行为构成犯罪。可见，在以刑事违法性为认定犯罪的法律根据的场合，刑事违法性并不是"唯一的标准"，社会危害性的判断依然在认定犯罪中起作用。

第三，社会危害性是刑事违法性的灵魂，社会危害性评价是犯罪构成的重要补充。

以刑事违法性作为犯罪的认定根据，是罪刑法定的内在要求，彰示了"形式合理性"，这对于保证法律适用的"确定性"意义重大。但是，"仅靠确定性并不足以保障公民的自由，一个含义'确定'的犯罪规范，完全可能是专横与无理的产物"。[1] 而"当刑罚法规的内容缺乏合理性，不值得处罚的行为规定为犯罪、规定与犯罪不相称的刑罚时，就不能进行正义、公平相适合的人权保障，就违反了以自由主义、民主主义、人权尊重主义为基础的罪刑法定主义的本旨。而刑法的内容缺乏适正性时，也丧失了罪刑法定的实质意义"。[2] 因此，罪刑法定原则在要求以刑事违法性作为确定犯罪的根据，具备"形式合理性"时，还要求将某一行为评价为犯罪必须是正当的，即具备"实质合理性"。"而实质的合理性是与社会危害性紧密相连的，根据实质合理性的社会危害性理论来指导刑法分则中具体犯罪适用的解释就成为必然。"[3] 确实，刑事违法性是危害社会行为的法律标志，具备刑事违法性的行为，应当是危害社会的行为。如果不以社会危害性对刑事违法性进行实质解释，就可能使一些不当罚的行为因表面符合刑事违法性而使得所认定的犯罪不具备"实质合理性"。因此，在刑事司法中，以社会危害性对刑事违法性进行实质解释就成为必然，这彰显了罪刑法定"实质合理性"的要求。

---

[1] 〔意〕杜里奥·帕多瓦尼：《意大利刑法原理》（注评版），陈忠林译，中国人民大学出版社2004年版，第14页。

[2] 〔日〕大塚仁：《刑法概说》（总论），冯军译，中国人民大学出版社2003年版，第63页。

[3] 刘艳红：《社会危害性辨正》，载《中国法学》2002年第2期。

不仅如此，我国的犯罪构成的结构特征也要求在认定犯罪时必须结合社会危害性进行。不同于大陆法系国家对犯罪只进行性质界定，我国刑法对犯罪大多采用的是既定性又定量的立法范式。所谓既定性又定量的立法范式，"是指在界定犯罪概念时，既对行为的性质进行考察，又对行为中所包含的'数量'进行评价，是否达到一定的数量对决定某些行为是否构成犯罪具有重要意义"。[1] 在我国刑法分则中，除规定犯罪的一般构成特征外，大量犯罪还规定了情节严重、情节恶劣、数额较大、数额巨大及后果严重等定量因素作为成立犯罪的条件。司法人员在以刑事违法性为标准认定这类犯罪时，不可避免地要对这些定量因素的具体内容进行解释并确定其标准判断。在这种情况下，刑事违法性的判断就离不开对这些"量"的因素所进行的解释和考量。在对定量因素进行解释，判断某一行为是否达到成立犯罪所需要的"量的要求"时，以什么为标准对此进行解释和判断呢？笔者认为，只能以社会危害性为标准来解释和判断行为是否达到成立犯罪所需要的"量的标准"。

在既定性又定量的立法范式中，在行为具备刑事违法性之后，危害社会的程度即"量"的因素对于罪与非罪的区分，就具有决定意义。所谓"量"的因素，就是从行为对社会的危害程度上来判断刑法规定的行为是否达到了犯罪的程度，是否符合构成某一具体犯罪构成要件中"情节严重""情节恶劣""数额较大"等要件的要求。因为犯罪构成要件体系是在社会危害性理论指导下构设的，犯罪构成要件征表行为的社会危害性。作为犯罪构成中"量"的因素，理当征表行为的社会危害

---

[1] 储槐植、汪永乐：《再论我国刑法中的犯罪概念的定量因素》，载《法学研究》2000年第2期。

性。当对这些"量"的因素进行解释并判断是否达到"量的标准"而成立犯罪时，其依据就只能是社会危害性。可见，在对行为的刑事违法性判断的基础上，对"量"的因素进行解释与判断的过程就是社会危害性评价的过程，评价的结果直接影响根据刑事违法性来认定犯罪。

由于刑事立法技术的不完美性与社会生活的复杂丰富性，相对于刑事司法的需求，刑事立法总是难以做到臻善无缺，从而导致刑法规定的犯罪之间有时缺乏明确的界限，仅凭刑事违法性的形式规定难以对行为准确定罪。对于此种仅凭刑法规范的形式规定难以界分具体刑事违法性的情形，社会危害性常能帮助司法者作出正确裁判。如实践中经常发生采取暴力、胁迫手段以与正常交易价格悬殊的价格，强迫他人买卖商品行为的行为。对于上述违法行为，如根据刑事违法性的形式规定，就只能定强迫交易罪。如此的法律评价，显然难以得到公众的认同。犯罪行为人以暴力或胁迫手段，以与正常交易价格相差悬殊的的价格强迫他人买卖商品的行为的社会危害性，远远高于强迫交易罪中以暴力、胁迫手段但以正常交易价格强买强卖行为的社会危害性。从社会危害性的立场分析，该行为的社会危害性表现在对他人人身权和财产权的侵犯上，而强迫交易的社会危害性则主要体现在对他人的人身权和正常的市场秩序的侵犯。对于上述行为最高人民法院在《关于审理抢劫、抢夺刑事案件适用法律若干问题的意见》中规定：以买卖、交易、服务为幌子采用暴力、胁迫手段迫使他人交出与合理价钱、费用相差悬殊的钱物的，以抢劫定罪处刑。在该解释中，最高人民法院就是从非法经营罪与抢劫罪的社会危害性的差异性出发对行为进行分析，把握住了关键，从而对之作出合理的解释。由此可见，即使是在注释刑法学中，社会危害性也不是可以完全不顾的要素。

第四，社会危害性是评价罪行严重程度的综合指数，是对犯罪分子裁量刑罚的重要根据。

我国刑法第61条明确规定："对于犯罪分子决定刑罚的时候，应当根据犯罪的事实、犯罪的性质、情节和对于社会的危害程度，依照本法的有关规定判处。"这个规定明确要求审判人员在对犯罪分子决定刑罚的时候要根据犯罪对社会的危害程度来判处。也就是说，在行为构成犯罪的情况下，对于犯罪行为人是否判处刑罚、判处什么样的刑罚，除了根据犯罪的事实和犯罪的性质所决定的法定刑范围之外，还要根据案件的情节等因素综合评价犯罪对社会的危害程度，在法定刑的范围内决定实际判处的刑罚。这本身就意味着：在我国刑法中，社会危害性在量刑阶段亦具有独立的意义，对危害程度的综合考量，是对犯罪分子裁量决定刑罚不可忽视的根据之一。

（原载《国家检察官学院学报》2010年第5期）

试论过失犯罪负刑事责任的理论根据

过失犯罪为什么要负刑事责任？其理论根据何在？这个问题对于确定过失罪的构成要件，正确认定过失犯罪，运用刑罚有效地同过失犯罪作斗争，以及深入揭示过失犯罪的社会危害性，教育广大干部和群众以高度负责的精神对待自己所从事的一切工作，预防、减少和消灭过失犯罪，都是非常必要的。随着我国经济建设的发展、各行各业的现代化程度的不断提高，同过失犯罪作斗争，特别是同在工作中、生产中玩忽职守、违章指挥、冒险蛮干的过失犯罪作斗争的问题，必将越来越突出。因此，研究过失犯罪负刑事责任的理论根据，提供同过失犯罪作斗争的有效方法，也就越来越显得重要。

一、过失犯罪的表现形式

过失犯罪，就是应当预见自己的行为可能发生危害社会的结果，因为疏忽大意而没有预见，或者已经预见而轻信能够避免，以致发生这种危害结果的行为。这种行为通过疏忽大意和过于自信两种形式表现出来。

首先，疏忽大意的过失。

行为人应当预见而且能够预见自己的行为可能发生危害社会的结果，因为疏忽大意而没有预见，以致发生了这种结果的，是疏忽大意的过失。构成这种过失的基本条件是：第一，根据行为人的年龄、职务、社会公共生活准则以及社会主义道德的要求，行为人应当预见自己的行为可能引起危害结果的发生。第二，根据行为人所处的具体环境，所具备的客观条件以及行为人的科学文化知识、业务技术水平、工作经验，行为人能够预见自己的行为可能引起的危害后果。第三，行为人能够通过停止自己的行为或者采取预防措施避免危害结果的发生。第四，行为人由于自己的错误，没有预见而盲目行动，以致发生了严重的危害后果。

实践中往往有这种情况：一个人的行为引起了严重的危害后果，但是根据行为时的主客观条件，行为人并不应当预见或者不能够预见危害结果的发生。这就是刑法上所说的意外事件。它同疏忽大意的过失有许多相似之处，如都没有预见到危害结果的发生，都造成了严重的损害，但二者有着质的不同。在主观上，后者是应当预见而且能够预见到危害结果的发生，所以没有预见是由于行为人自身的错误（即对社会、对工作、对他人不负责任的态度）造成的。前者对具体的行为人来说没有预见并不是由于自身的错误而是由于客观条件的限制。在客观上，后者能够采取措施避免危害结果的发生，而前者则无法避免危害结果的发生。因此，在法律后果上，后者在法律有规定的情况下要负刑事责任，前者不论造成怎样的严重后果都不负刑事责任。

其次，过于自信的过失。

行为人已经预见到自己的行为可能发生危害社会的后果，但是轻信能够避免却又未能避免，以致发生了这种结果的，是过于自信的过失。在过于自信的情况下,行为人并非有意识地放任危害结果的发生,而是自以为能够避免结果的发生。因此,它同疏忽大意的过失一样,对法律所保护的社会关系的侵犯是不自觉的。

二、过失犯罪负刑事责任的主观根据

在过失犯罪的情况下,行为人并不是有意识地要侵犯法律所保护的社会关系,为什么还要他对自己的行为造成的后果负刑事责任呢?这是因为危害结果的发生是由于行为人严重不负责任的态度导致了自己认识上的错误,并在这种错误认识支配下实施了违反规章制度或社会公共生活准则的行为所造成的。因此,行为人在主观上是有罪过的。

所谓罪过,就是犯罪主体在实施犯罪时对其行为及其后果所抱的故意或过失的心理态度,也就是支配犯罪分子实施危害行为的主观意志。因此,对罪过的研究,必然要从意志开始。

辩证唯物主义认为,人的意志具有相对的自由。所谓"相对的"是指:首先,一定的意志只能是一定社会存在的反映,即意志的内容是受客观存在制约的,它不能离开人类(对具体的人来说就是个人)在当时的社会环境下所具有的认识水平。其次,意志作用的发挥不能超出物质条件许可的范围,即意志的发挥也是受客观存在制约的。所谓"自由",是指意志具有能动的反作用。人能够获得对客观存在的规律性的认识,并运用这种认识,在客观条件许可的范围内自由地选择行为,以达到自己的目的。恩格斯指出:"自由不在于幻想中摆脱自然规律而独立,而在于认识这些规律,从而能够有计划地使自然规律为一定的目的服务。""意志自由只是借助于对事物的认识来作出决定的那种能力。因此,人对一定问题的判断愈是自由,这个判断的内容所具有的必然性就愈大;而犹豫不决是以不知为基础的，它看来好像是在许多不同的和相互矛盾的可能的决定中任意进行选择，但恰好由此证明它的不自由，证明它被正好应该由它支配的对象所支配。"[1] 这就是说，人的意志只有在获得对客观规律的认识在客观条件许可的范围内自由地选择自己的行为。一种行为，他可以实施，也可以不实施，可以这样实施，也可以那样实施。意志自由同时还标志着人在自己的意志支配下行动时不仅能够明了自己行为的实际内容，而且能够了解行为的结果及其社会意义。

由此就产生了具有意志自由的人对自己行为的责任，产生了在自己的自由意志支配下实施犯罪时对其行为负刑事责任的主观依据。因为一个人是否实施犯罪行为是由他自己的意志决定的时候，他在客观上对社会造成的危害就是由其主观上的罪过引起的。他的意志完全可以支配他的行为不对社会造成危害，或者避免危害结果的发生，而他却没有这样做，以致对社会造成了危害，因而他对于社会是有罪的。

在故意犯罪的情况下，行为人在实施犯罪行为这一点上，其意志是自由的。他认识到自己行为的内容、后果及其社会意义，并有意识地危害社会，因而应该受到社会的惩罚。但是在整个社会发展的长河中，其意志又是不自由的。因为他没有获得对社会发展的必然规律的认识，这种不认识使他采取了违背社会发展规律的行为，从而危害到社会的发展。所以社会有必要教育他、改造他，使他获得对这种必然性的认识。这种改造方式的强度和时间的长短是由其在违背社会发展的方向上所走的距离远近，及其罪过的大小和改造的难易程度决定的。

在过失犯罪的情况下，行为人在实施犯罪行为时，其意志

---

[1]《马克思恩格斯全集》（第20卷），人民出版社1971年版，第125—126页。

似乎是不自由的，也就是说是不自觉的。但是这种不自由是以能够自由为前提的。因为在过失犯罪中，客观上已经具备了认识行为与结果间的必然联系的充分条件，能不能获得对客观必然性的认识，完全取决于行为人愿不愿意发挥自己实际具有的主观能动性。相反，如果是由于客观条件的限制或者由于行为人知识、技术水平的限制，使行为人无法认识自己的行为与危害结果之间的必然联系，那么这种必然性对具体的行为人来说，就是不可以认识的，而这正是过失犯罪所要排除的意外事件。所以，我们所说的过失犯罪，只是指行为人本来能够获得意志自由从而选择自己的行为，避免危害结果的发生，但是他却在自己的意志支配下，对社会利益、人民安危漠不关心、置若罔闻，采取了严重不负责任的态度，从而导致了行为的盲目性，造成了严重的危害结果。可见，过失犯罪的行为人在实施犯罪行为时所表现出来的不自由，只是一种现象，在这种现象的后面，包含着行为人的自由选择。当这种选择侵害了社会的利益时，社会就有充分的理由强制行为人运用他实际具有的认识能力去获得对社会发展的规律性的认识，以便正确地行动。但是，由于过失犯罪的行为人都不希望危害结果的发生，有的甚至还力图避免这种结果的发生，因而它同故意犯罪相比，其罪过的程度就要轻得多，改造也较容易。

三、过失犯罪负刑事责任的客观根据

过失犯罪，不仅在主观上行为人是有罪过的，而且在客观上具有严重的社会危害性。它威胁着人民群众的生产和生活安全，对社会的发展起了严重的破坏和阻碍作用。在"十年浩劫"时期，由于"四人帮"的破坏，社会秩序、生产秩序一片混乱，各种过失犯罪，尤其是重大责任事故不断上升，人民群众的正常生产和生活安全得不到应有的保障，国家经济损失巨

大。粉碎"四人帮"后，党和政府为扭转这种局面采取了一系列措施。但仍有一些人无视规章制度，严重不负责任，违反公共生活准则和社会主义道德，对自己所担负的工作粗心大意、草率马虎，甚至为了个人利益不顾社会利益和他人安危，以致造成严重后果。有些单位的领导人对职工的安全和健康仍然采取令人不能容忍的官僚主义态度，对恶劣的劳动环境熟视无睹，甚至目无党纪国法，强令工人违章冒险作业。有的单位在事故发生前不采取预防措施，事故发生后不认真检查原因汲取教训，致使同类事故重复发生。因此，坚决同各种过失犯罪作斗争，以维护社会的公共安全，保护公民的生命安全和身体健康，保卫社会主义建设的胜利成果和顺利进行，是我国刑法的一项重要任务。

过失犯罪必须负刑事责任，从根本上说，就是要求每个公民在客观条件许可的范围内，最大限度地发挥自己的主观能动性，去发现、认识自己所从事的工作的必然规律，以便运用这种对必然的认识指导自己的行动，使自己的行为顺应社会发展的规律，从而避免对社会的损害。对肇事者来说，社会给他一定的惩罚和教育，就会促使他汲取教训，在今后的工作中自觉考虑国家和他人的利益，以严肃负责的态度对待自己的行为。此外，对玩忽职守、违章指挥造成重大事故的直接责任人员严肃处理，还会使广大职工感到自己是国家的主人、企业的主人，自己的生命安全受到国家法律的切实保护，从而激发他们的积极性和创造性，为社会主义建设多做贡献。

当然，我们同过失犯罪作斗争，预防、减少和消灭过失犯罪，主要依靠的不是惩罚，而是坚持思想教育和落实规章制度，不断增强全体公民对自己的行为高度负责的自觉性。惩罚过失犯罪，只是教育的一种辅助手段。因此，我们要求过失犯罪负刑事责任时，不仅要考虑行为在客观上的危害，而且要考虑行为人在主观上有无罪过，严格区分罪与非罪的界限，以达到教育和改造犯罪分子，预防、减少和消灭过失犯罪的目的。

（原载《法学研究》1982年第2期）

互殴案件刑事责任分析

　　由双方互殴造成重伤或者死亡结果而构成的刑事案件，是司法实践中常见的一种暴力犯罪案件。互殴案件，无论是在动因上还是在行为上，都具有一定的复杂性，特别是在重伤或死亡结果难以查清究竟是由谁的行为直接造成时，最终由谁对该结果承担刑事责任，在实践中往往存在着较大的分歧。因此有必要对之进行深入的研究。本文试就一个具体案件进行分析。

　　2004年12月7日中午，赵某因与同饭店工作的服务员吴某发生口角，被吴某叫来的男友林某等人在该饭店用啤酒瓶殴打致伤。次日，赵某兄得知弟弟被人打伤后即在商场购买了一把弹簧刀，于当晚到赵某工作和住宿的饭店看望弟弟。兄弟二人得知林某等人要来饭店为吴某领取工资后，便在饭店等候他们以协商对赵某的赔偿。当林某和陈某来到饭店后，赵某兄对其提出了赔偿1500元医药费的要求。林某以没钱拒绝，并要陈某打电话召集另外7人来到该饭店。此后，该9人与赵某兄来到店外商议。林某等人在对赵某兄的赔偿要求提出责问后首先开始殴打赵某兄。赵某兄被打后随即拔出随身携带的弹簧刀向围在他身边打他的陈某、胡某等人乱捅。陈某、胡某某及其他一些人分别持拖把、菜刀、啤酒瓶等与赵某兄对打。赵某见其兄被打,遂从厨房拿出西瓜刀冲进人群乱砍。互殴中,陈某被捅伤,后经抢救无效死亡;另有一人致重伤、三人致轻微伤;赵某兄头顶部被钝器击伤成4厘米×0.5厘米的创口,右手四处锐器创口,创口累计10厘米;赵某左下颌有3厘米锐器创口。赵某兄弟分别住院治疗12天和5天。除3名轻微伤者证明自己的伤情系赵某兄弟所致外,一死一重伤的结果无法证明是谁的行为造成的。对于该案,检察机关分别以赵某兄和赵某二人为被告人向人民法院提起公诉。某中级法院分别以故意伤害罪判处赵某兄死刑,缓期二年执行;判处赵某有期徒刑15年。赵某兄弟对一审判决不服,以正当防卫为由,提出上诉。二审人民法院经审理作出裁定:撤销原判,发回重审。

该案无论是从刑法的基本原理上看还是从社会的正义理念上看,都不应该由赵某兄来承担陈某死亡结果的刑事责任。但是,负责该案公诉的检察机关和负责该案一审的审判机关都认定赵某兄应该对陈某死亡的结果承担刑事责任。其原因不能不说是与司法实践中普遍存在的某些认识误区有关。

一、互殴案件中是否存在正当防卫

一种流行的观点认为,互殴案件中双方都有伤害对方的故意,因而不存在正当防卫的问题,即"在相互的非法侵害行为中,双方都有侵害对方的非法意图,都在积极地追求非法损害对方利益的结果,因而根本上不存在正当防卫的前提条件"[1]。按照这种观点,在司法实践中,许多司法机关对互殴案件中任何一方所主张的正当防卫的辩护理由往往不予理会。

---

[1] 高铭暄、马克昌主编:《刑法学》,北京大学出版社、高等教育出版社2000年版,第132页。

笔者认为，对于互殴案件应当具体分析，不能一概否定正当防卫的存在。

首先，从刑法的规定上看，正当防卫并没有排除任何主体。我国刑法第20条规定："为了使国家、公共利益、本人或者他人的人身、财产和其他权利免受正在进行的不法侵害，而采取的制止不法侵害的行为，对不法侵害人造成损害的，属于正当防卫，不负刑事责任。正当防卫明显超过必要限度造成重大损害的，应当负刑事责任，但是应当减轻或者免除处罚。对正在进行行凶、杀人、抢劫、强奸、绑架以及其他严重危及人身安全的暴力犯罪，采取防卫行为，造成不法侵害人伤亡的，不属于防卫过当，不负刑事责任。"根据刑法的这个规定，一个行为只要具备以下五个条件就可以构成正当防卫：（1）必须有不法侵害行为的发生；（2）必须是正在进行的不法侵害；（3）必须是出于保护国家、公共利益、本人或者他人的人身、财产和其他权利免受正在进行的不法侵害的意图；（4）必须针对不法侵害者本人实行；（5）不能明显超过必要限度造成重大损害。[1] 刑法第20条关于正当防卫的规定以及理论上对正当防卫的理解，都没有把主体作为能否构成正当防卫的一个条件。这就意味着无论是谁实施的行为，只要符合正当防卫的条件，都应当认定为正当防卫，而不能仅仅因为双方是打架就排除一方行为构成正当防卫的可能性。

其次，从行为的表现形式上看，正当防卫与互殴具有一定的重合性。在客观上，正当防卫行为表现为针对不法侵害人进行防卫的行为。这种防卫行为实际上包含了直接对不法侵害人

---

[1] 参见肖扬主编：《中国新刑法学》，中国人民公安大学出版社1997年版，第130—137页。

的人身造成伤害或者对其作为侵害工具或手段的财产造成损害的各种行为。而这种行为与相互斗殴中的某些侵害行为在外在形式上是完全相同的，如用拳打对方、用刀捅对方等。在主观上，不仅互殴行为中包含着伤害的故意，而且正当防卫人通常也具有通过防卫行为造成不法侵害人一定的伤害或损害的故意。如果没有这种故意，防卫过当时就没有理由追究其刑事责任。并且，在正当防卫中通过防卫行为来制止不法侵害的意图，在互殴的一方中也不是完全不存在。

最后，从动因上看，防卫行为的正当性取决于它的被迫性，而互殴中也可能存在被迫还击的情况。只有当不法侵害正在进行，不采取伤害或者损害对方的行为就不足以制止不法侵害行为的时候，直接针对不法侵害者的防卫行为才是正当防卫的行为。而这种情况在互殴案件中也完全有可能存在。在实践中，互殴的发生，至少有五种情况：一是双方相约聚众斗殴；二是一方故意挑衅、引诱，促使对方实施不法侵害，尔后予以反击；三是以为对方要加害自己而采取"先发制人"的措施引起双方打斗；四是在一方的行为给自己造成侵害的情况下为了报复而主动找对方进行打斗；五是在日常生活中双方发生纠纷之后一方首先殴打对方，引起双方相互斗殴。其中，第一种情况是典型的刑法第292条规定的聚众斗殴罪，因而不存在正当防卫的可能；第二种情况中，故意挑衅的一方缺乏目的的正当性，而主动出击的一方又缺乏防卫行为的前提条件，因而双方都不具有正当防卫的性质。在上述第三、四种情况下，虽然主动出击的一方不存在正当防卫，但是被迫还击的另一方，如果其先前没有不法侵害行为，其还击行为就具有正当性。因为在这种情况下，被迫还击的一方具有通过防卫来保护自己合法利益的权利，并且他面临着正在进行的不法侵害的危险，符合正当防卫的前提条件。在上述第五种情况中，一方在没有法律授权的情况下首先殴打对方的行为，本身就是一种"不法侵害"，并且这种不法侵害已经发生。这就使另一方处在自己的合法利益面临正在进行的不法侵害的危险境地。在受到不法侵害的情况下，另一方为了保护自己的合法利益而与对方打斗，其行为实际上是被迫实施的，具有防卫的性质。在这种情况下，被迫还击的一方的打斗行为，很难说它不具有正当性。

否认互殴中存在正当防卫的理由主要是："由于斗殴双方具有积极地不法侵害他人的意图和行为，客观上也是侵犯对方法益的行为，故不属于正当防卫。"[1] 问题在于：第一，相互斗殴仅仅是指"双方以侵害对方身体的意图进行相互攻击的行为"[2]，其中并不包含"积极地"和"不法"的要素。互殴中是否存在"积极地不法侵害他人"的意图和行为，需要对具体案件进行具体分析，不能仅仅因为是互殴就认为双方都是"积极地不法侵害他人"而排除任何一方正当防卫的可能。第二，如前所述，事实上确实存在着一方首先殴打另一方，被打的一方被迫还击的情况。在这种情况下，被迫还击的一方在客观上就不具有"积极地"不法侵害他人的行为，在主观上也很难说具有"积极地"不法侵害他人的意图。第三，"不法侵害"是对行为性质的一种法律评价，而不是行为本身。一种造成伤害或者损害的行为是否属于"不法侵害"，要看这种行为的实施有没有正当性。在一方首先殴打另一方，被打的一方被迫还击的情况下，被迫还击的一方完全有可能是为了保护自己的合法利益而进行还击的。如是，就不能说这种还击行为也是"不法

---

[1] 张明楷：《刑法学》（第二版），法律出版社2003年版，第264页。
[2] 张明楷：《刑法学》（第二版），法律出版社2003年版，第264页。

侵害"。

就前面所引案例来看，事件的起因是赵某因被林某等人打伤，赵某兄要求林某赔偿医疗费，林某不但不答应，反而让陈某打电话叫来多人，并且首先殴打赵某兄。在该案中，赵某兄要求对方赔偿医疗费的请求是基于其弟被对方打伤的事实，因而具有正当性，不属于故意挑衅的行为（该案也不存在相约打斗的情形）。而林某等人首先动手殴打赵某兄的行为显然是一种不法侵害行为。在林某等人首先动手殴打赵某兄的情况下，赵某兄进行反击，至少在客观上，应该说是一种保护自己的合法利益免受不法侵害的行为，完全符合正当防卫的前提条件。至于赵某兄在得知弟弟被打伤后，购买弹簧刀随身携带的行为，虽然可以认为其有为弟弟报仇的故意，但也可以认为他是为了防卫对方的再次侵害。仅凭买刀的行为，就认定其具有主动伤害对方的故意，是远远不够的。而在客观上，他毕竟没有首先向对方实施侵害行为或挑衅行为，因而不具有"积极地"不法侵害他人的行为，在主观上也很难说具有"积极地"不法侵害他人的意图。从全案的情况看，赵某兄弟二人与对方九人打斗，双方都有锐器，因而也很难说其强度超过了防卫的限度。如果用刑法规定的正当防卫的条件来衡量，赵某兄弟的行为，可以说，完全符合正当防卫的要求。

二、一方的死亡结果是否必须由另一方来承担刑事责任

在互殴案件中，一方出现死亡结果，往往要求对方承担刑事责任。这种做法有一定道理，但也不能一概而论。如果互殴案件中的证据能够证明一方的死亡结果是由对方的行为造成的，如互殴双方中有人看见死者的致命伤是对方的某个人造成的，或者对方有人承认死者的致命伤是自己的行为所致，或者旁观者指认死者的致命伤是对方的某个人的行为造成的，或者法医鉴定造成死者致命伤的凶器只能是对方某人当时所使用的凶器，那么对方的有关人员及其组织者就应当对该死亡结果承担刑事责任。

但是如果案件所收集到的证据无法证明一方的死亡结果就是对方的某个人的行为造成的，要求对方对该死亡结果承担刑事责任，至少是理由不够充分的。在这种情况下，一般的推论是：一方与另一方打架斗殴，同伙之间只有共同伤害对方的故意而不会有伤害自己同伙的故意，所以一方的死亡结果只能是对方的人造成的而不会是自己一方的人造成的。这种推论虽然不无道理，但也未免过于简单。因为互殴的情况是很复杂的，特别是在参与互殴的人数较多、打斗场面混乱的情况下，任何一方的人虽然没有伤害自己同伙的故意，但都难免误伤到自己的同伙，如后退时撞到同伙的刀口上，或者砍对方的人时对方躲闪而同伙与对方的另一人打斗时恰好冲过来被刺中等。特别是在双方都持有锐器或者钝器，而法医鉴定只确认致命伤是锐器或者钝器所致，不能进一步确认是哪一个锐器或者钝器所致，司法人员没有任何根据可以确定死亡结果一定是对方的人造成的而不是死者的同伙造成的情况下，只能说对方的人造成死亡结果的可能性大一些，死者的同伙造成死亡结果的可能性小一些。因此，在无法证明死亡结果是谁的行为造成的互殴案件中，完全要求对方对该结果承担刑事责任，并且承担全部的刑事责任，不仅在道理上难以令人信服，而且在司法认定所要求的证据上也缺乏排他性，其效果有时也是显失公平的。

那么，在互殴中出现死亡结果而造成该结果的具体责任又查不清的情况下，究竟谁应当对该结果承担刑事责任呢？

笔者认为，在这种情况下应当由互殴事件的发起者对死亡结果承担刑事责任。所谓互殴事件的发起者，是指相约斗殴中首先提出要约的人，或者向对方进行挑衅引起互殴的人，或者主动纠集多人前来打架的人，或者在双方出现纠纷时首先动手殴打对方的人等。正是由于这类人员的行为直接引起或者导致了互殴事件的发生，他们应当对整个互殴事件负责。而当互殴事件造成人员重伤或者死亡或者引起其他严重后果产生刑事责任时，发起者就应当承担整个互殴事件的刑事责任，其中自然包括重伤、死亡结果的刑事责任，特别是在重伤或者死亡的结果难以证明究竟是哪个具体的参与者造成的情况下，这种重伤或者死亡结果的刑事责任更应当由发起者来承担。因为没有发起者，就没有互殴事件的发生，从而也就不会出现死亡结果；并且打架斗殴的发起者对于打架斗殴中可能出现的危害结果本身具有概括的故意，追究其刑事责任并不违反主客观相一致的原则。另外，从刑事政策的角度考虑，要求直接引起或者导致互殴事件发生的发起者对整个互殴事件承担刑事责任，具有警告人们在发生纠纷时不得首先动手殴打他人、更不得纠集多人进行殴斗的作用。这无疑有助于防止互殴事件的发生。

三、死亡结果是否能够免除死亡者一方在互殴中的刑事责任

在司法实践中，互殴的一方出现死亡结果，司法机关往往只追究互殴另一方的刑事责任，而很少再追究出现死亡结果一方的刑事责任。这种做法，不仅显失公平，而且不利于预防互殴事件的发生。

如前所述，互殴具有不同的情况。被迫还击的一方在构成正当防卫的情况下，没有刑事责任；在没有直接造成重伤、死亡等严重结果的情况下，可以免除刑事责任。而相约斗殴的任何一方、主动挑衅引起互殴的一方、首先动手打斗的一方，无论自己一方是否出现重伤、死亡的结果，只要互殴本身造成了

严重结果，都不能免除其刑事责任。特别是对于互殴事件的发起者，更不能因为自己一方有人出现重伤或者死亡的结果，就将其排除在刑事责任主体之外。因为，他们具有聚众打架斗殴和意图伤害他人的故意；他们的行为在客观上造成了严重的危害结果，其行为已经构成了刑法第292条规定的聚众斗殴罪或者刑法第234条规定的故意伤害罪，理应对自己的行为承担刑事责任。作为互殴事件的发起者，就应当对整个互殴事件承担刑事责任，而不能因为自己的同伙被打伤或者被打死的事实而免除其刑事责任。

无论在刑法理论上还是在司法实践中，人们都会同意这样一个观点：强奸或者抢劫案件中的犯罪行为人在遭到被害人的反抗或者遭遇制止犯罪的人的打击而受伤时，并不免除犯罪行为人的刑事责任。之所以大家都同意这种观点，是因为一个人是否应当承担刑事责任是由他所实施的危害他人的行为及其结果决定的，而不取决于他自己是否在犯罪行为中得到好处或受到伤害。一个主动地非法侵害他人的人，首先是一个加害者，他应当对自己加害他人的行为承担刑事责任，并且这种责任不能因为他自己在犯罪过程中也受到伤害而免除。这个责任原理，在互殴案件中应当是完全适用的。但是，人们为什么在互殴案件中会因为一方有人死亡而不再追究该方其他人特别是该方组织者的刑事责任了呢？究其原因，恐怕出自认识上的误区，即认为该方是互殴事件中的受害方。殊不知，在互殴案件中，除了被迫还击的一方受到伤害而可能成为受害方之外，其他情况下的互殴者，都是加害方而不存在受害方的问题。尤其是互殴事件的发起者，他们一方无论是否出现人员伤亡，都是加害方，都不能逃脱加害者应当承担的刑事责任。否则，不仅会使互殴案件的主要责任者逍遥法外，而且会姑息养奸，导致其进一步地报复伤害行为。

以前面所举案件为例,林某在得知自己的女朋友与他人发生纠纷后,不分青红皂白即纠集他人前去殴打对方,并且在对方要求其支付被打伤的医疗费时,不但不承认错误进行赔偿,反而再次纠集多人,并首先殴打对方,以致引起对方的还击,造成一人死亡、一人重伤、多人轻伤的严重后果。其行为完全符合刑法第292条规定的聚众斗殴罪的构成要件,并且属于刑法中规定的情节严重的情形。如果仅仅因为林某一方有人重伤死亡,就不追究林某的刑事责任,反而追究被迫还击的赵某兄弟的刑事责任,不但不符合刑法的规定,而且有悖社会对公平正义的基本常理。因此,笔者认为,在互殴案件中,直接引起或者导致互殴事件发生的发起者,无论自己一方是否出现人员伤亡,都应当对整个互殴事件的危害结果承担刑事责任。

(原载《人民司法》2006年第7期)

论滥用职权罪的罪过形式*

关于刑法第 397 条规定的滥用职权罪，我国多数学者认为，其罪过形式只能是故意。也有学者认为该罪在罪过形式上既可以是故意也可以是过失。只有个别学者认为该罪的罪过形式是过失。该罪的罪过形式，同时涉及第 403 条规定的滥用管理公司、证券职权罪，第 404 条规定的徇私舞弊不征、少征税款罪，第 405 条规定的徇私舞弊发售发票、扣抵税款、出口退税罪和违法提供出口退税凭证罪，第 407 条规定的违法发放林木采伐许可证罪等与滥用职权有关的犯罪。因此，深入探讨滥用职权罪的罪过形式，是非常必要的。

笔者认为，滥用职权罪的罪过形式应当是过失。其理由如下：

一、对行为的态度并不必然决定犯罪的罪过形式

刑法第 14 条第 1 款规定："明知自己的行为会发生危害社会的结果，并且希望或者放任这种结果发生，因而构成犯罪的，是故意犯罪。"

刑法第 15 条第 1 款规定："应当预见自己的行为可能发生

---

* 本文的标题略有修改。

危害社会的结果,因为疏忽大意而没有预见,或者已经预见而轻信能够避免,以致发生这种结果的,是过失犯罪。"

据此,刑法理论上公认的原理是:"犯罪的故意,就是指行为人明知自己的行为会发出危害社会的结果,并且希望或者放任这种结果发出的一种主观心理态度"[1];"犯罪的过失,就是指行为人应当预见自己的行为可能发生危害社会的结果,因为疏忽大意而没有预见,或者已经预见而轻信能够避免的一种心理状态"[2]。这表明,区分故意与过失的根本标志,在于行为人在行为时对构成犯罪所要求的危害结果的心理态度,而不是对行为本身的心理态度。对于危害行为所产生的危害结果,在行为时,明知并希望或者放任其发生的,是故意;应当预见而没有预见或者已经预见而轻信能够避免其发生的是过失。

在滥用职权的场合,滥用职权的行为只是表明行为人对其行为的故意,并不必然意味着对行为可能产生的危害结果的故意。但是主张滥用职权罪是故意犯罪的学者,通常都是用对行为的故意来论证该罪的罪过形式的。如多数学者在其论著中指出:滥用职权罪的"主观方面必须是故意的,即明知是超越其职权的行为而为之"[3];"滥用职权,主要表现为超越职权范围行使职权,或者在职权范围内违反规定行使职权,或者在职权范围内出于私利而弄虚作假等。行为人在实施这一行为时,

---

[1] 高铭暄主编:《新编中国刑法学》(上册),中国人民大学出版社1998年版,第170页。

[2] 高铭暄主编:《新编中国刑法学》(上册),中国人民大学出版社1998年版,第180—181页。

[3] 肖扬主编:《中国新刑法学》,中国人民公安大学出版社1997年版,第676页。

应是故意而为之的"。[1] 有的甚至直截了当地指出，滥用职权罪与玩忽职守罪的区别"根本在于滥用职权罪是故意犯罪，表现为积极的作为；玩忽职守罪是过失犯罪，表现为消极的不作为或不完全作为"。[2] 这种以对行为的态度来代替对结果的态度的论证方式，在法理上是违背刑法中区分故意与过失的基本原理的。

诚然，在行为犯中，由于危害行为的实施必然并且即时产生构成犯罪所要求的危害结果，所以对行为的态度与对结果的态度是一致的。故意实施刑法所禁止的行为，就意味着希望或者放任该行为必然产生的危害结果。所以立法者把对结果的要求隐含在对行为本身的要求之中，对行为的态度亦即对结果的态度，只要证明行为是故意实施的，就可以认定行为人对行为所产生的危害结果是故意的。

但是在结果犯中，行为与结果之间的联系具有一定程度的或然性和间隔性，行为的实施并不必然意味着危害结果的发生，对行为的态度也就不能完全等同于对结果的态度，更不能代替对结果的态度。因此，在结果犯中，只有对危害结果的态度才能够决定罪过的形式。故意实施某种行为，并不意味着行为人就对该行为所导致的危害结果具有故意的心理态度。而滥用职权罪由于刑法条文明确规定"致使公共财产、国家和人民利益遭受重大损失"是其构成犯罪的必备条件，因而只能是一种结果犯。其罪过形式也只能通过对结果的态度表现出来。因此，行为人对行为的故意态度，并不能证明其对结果的态度也是故意。

---

[1] 王先朝等：《关于滥用职权罪的几个问题》，载《新刑法研究与适用》，人民法院出版社2000年版，第762—763页。

[2] 肖扬主编：《中国新刑法学》，中国人民公安大学出版社1997年版，第676页。

有的学者认为，滥用职权罪的主观方面必须出于故意，"即行为人明知自己滥用职权的行为会导致公共财产、国家和人民利益遭受重大损失的结果，并且希望或者放任这种结果发生"。[1] 这种解释存在一个致命的缺陷，即它立论的逻辑前提是不真实的。因为按照这种解释，所有滥用职权的人都明知自己滥用职权的行为会导致公共财产、国家和人民利益遭受重大损失的结果。这与实际情况是不相符合的。滥用职权罪的主体是国家机关工作人员。国家机关工作人员的职权主要是管理性质的职权。这种管理性质的职权是以行政命令为基本特征并且通常表现为（至少包含着）指挥权而不是实际操作，因而它在许多情况下，并不直接造成重大危害结果，而是存在着某些中间环节。这些中间环节对危害结果的发生具有更直接的联系。也就是说，滥用职权的行为与危害结果之间的因果关系是一种间接因果关系，具有一定的或然性。实施了滥用职权的行为，可能致使公共财产、国家和人民利益遭受重大损失，也可能不会致使公共财产、国家和人民利益遭受重大损失。正如有的学者指出的：行为人虽有滥用职权的行为，但其行为并没有导致公共财产、国家和人民利益遭受重大损失的结果，则对行为人之行为不应按犯罪论处。[2] "构成滥用职权罪必须造成公共财产、国家和人民利益遭受重大损失的后果，如果没有该后果，即令行为人系滥用职权主体，其滥用职权行为出于故意，也不能认定其构成滥用职权罪。因为在现实社会生活中，存在行为人滥用职权而被管理人却没有实施相应的违法行为的情况，自

---

[1] 高铭暄、马克昌主编：《刑法学》，北京大学出版社、高等教育出版社2000年版，第649页；张明楷：《刑法学》（下），法律出版社1997年版，第934页。
[2] 参见高铭暄、马克昌主编：《刑法学》，北京大学出版社、高等教育出版社2000年版，第649页。

然不能带来使公共财产、国家和人民利益遭受重大损失的后果。"[1] 也正是因为这种或然性，刑法没有把滥用职权罪作为行为犯来规定，而是强调只有当滥用职权的行为造成严重的危害结果时才作为犯罪来处罚。既然滥用职权的行为并不是在任何情况下都必然会导致公共财产、国家和人民利益遭受重大损失的结果，行为人在实施滥用职权的行为时就不可能总是处于对危害结果"明知"的状态。如果行为人在不"明知"的状态下实施了滥用职权的行为，并且在客观上造成了重大损失，按照"故意说"的观点，就不应当构成滥用职权罪。然而这种结论显然是与刑法的立法意图相悖的。

当然，在滥用职权的场合，不排除有"明知自己滥用职权的行为会导致公共财产、国家和人民利益遭受重大损失的结果，并且希望或者放任这种结果发生"的情况。但是如果行为人滥用职权就是希望通过自己的行为致使公共财产、国家和人民利益遭受重大损失，那么这种行为就应当构成与其行为方式相适应的危害公共安全、破坏社会主义市场经济秩序或者侵犯财产等方面的相关犯罪，而不仅仅是一个滥用职权的问题。其滥用职权的行为应当被故意使公共财产、国家和人民利益遭受重大损失的犯罪行为吸收。

有的学者认为，滥用职权罪的罪过形式是间接故意。"滥用职权的人对所产生的结果持的是间接故意心理。"[2] 这种理由是不能成立的。因为刑法中没有一个犯罪是单纯以间接故意构成的。仔细分析刑法中的规定，就会发现，任何一个犯罪，要么是故意犯罪（以直接故意为主、以间接故意为辅），要么

---

[1] 周振想主编：《中国新刑法释论与罪案》，中国方正出版社1997年版，第1613页。
[2] 王先朝等：《关于滥用职权罪的几个问题》，载《新刑法研究与适用》，人民法院出版社2000年版，第763页。

是过失犯罪（吸收间接故意），而没有一个是间接故意犯罪。这是因为，间接故意与过于自信的过失在实践中很难区分、很难证明，如果把只可能在间接故意心理态度下实施的犯罪规定为一种独立的犯罪，在客观上就有可能导致该犯罪的扩大化，将一些基于过于自信的过失而导致危害结果发生的行为作为间接故意犯罪来认定。而在过失犯罪的场合，立法者关注的是危害社会的结果，如果客观上实际发生了这种危害社会的结果，在难以确定行为人是基于间接故意的心理态度还是基于过于自信的过失而导致危害结果发生时，宁肯"就低不就高"，以过失犯罪追究刑事责任。因此，从各国的刑事立法中看，结果犯不是以直接故意为主的故意犯罪，就是过失犯罪。这不是对间接故意犯罪形态的忽视，而是由刑法的实践理性决定的。

二、把滥用职权罪视为故意犯罪违背刑法的基本原理

刑法第397条第2款规定："国家机关工作人员徇私舞弊，犯前款罪的，处五年以下有期徒刑或者拘役；情节特别严重的，处五年以上十年以下有期徒刑。本法另有规定的，依照规定。"该款所说的"前款罪"即是滥用职权罪和玩忽职守罪。如果认为滥用职权罪是故意犯罪、玩忽职守罪是过失犯罪，那么徇私舞弊滥用职权构成犯罪的当然亦是故意犯罪，徇私舞弊玩忽职守构成犯罪的也当然是过失犯罪。这在逻辑上是无法自圆其说的。

首先，滥用职权和玩忽职守，都是一种因为渎职而导致公共财产、国家和人民利益遭受重大损失的结果的行为，所不同的只是"滥用职权，是指国家机关工作人员不依法行使职权而利用手中的权利胡作非为；玩忽职守，是指国家机关工作人员

疏于职守，不按法律、法规或规章行使管理权"[1]。亦即前者主要表现为积极作为的渎职，后者主要表现为消极不作为的渎职。如果认为为了徇私舞弊而用积极作为的方式渎职造成严重后果的构成故意犯罪，而同样是为了徇私舞弊，以消极不作为的方式渎职造成严重后果的又是过失犯罪，这显然是把作为与不作为当作区分故意与过失的依据。这与作为与不作为并不决定罪过形式的刑法原理是相悖的。

其次，刑法之所以把滥用职权罪与玩忽职守罪规定在同一个条文中，总是因为它们之间在客观方面或者主观方面具有某种相似性。而滥用职权与玩忽职守在行为特征上，一个是积极作为超越职权，一个是消极懒惰有权不用，二者恰恰相反，很难说具有相似之处。相反，在主观方面，由于滥用职权和玩忽职守的行为与危害结果之间都具有一定的或然性，以致行为人在实施这些行为时对危害结果的认识和态度具有相似之处，即通常都是在应当预见而没有预见或者已经预见而轻信能够避免的心理状态下实施危害行为的。正是基于对这两种犯罪心理态度和危害结果基本相同的考虑，刑法才将其规定在同一个条文之中，并且只要是徇私舞弊，不论滥用职权还是玩忽职守，都处以相同的刑罚。这就是说，从立法意图上看，立法者并不是把滥用职权罪与玩忽职守罪看作两种性质截然不同的犯罪，而是作为性质相同但表现形态略有区别的犯罪规定的。

三、把滥用职权罪视为故意犯罪难以与刑法中的类似犯罪相协调

刑法分则第二章第131—139条规定的9种重大责任事故

---

[1] 高铭暄、马克昌主编：《刑法学》，北京大学出版社、高等教育出版社2000年版，第646页。

方面的犯罪，都包含违反规章制度和职责要求，滥用职务或业务便利的故意行为。但是这些犯罪都是过失犯罪。特别是刑法第 134 条规定的重大责任事故罪，其法定的罪状表述中明确包含了"强令工人违章冒险作业"因而发生重大事故或者造成其他严重后果的情况。这种情况与刑法第 397 条规定的滥用职权罪，在行为特征和罪过形式上绝无二致。但是对于重大责任事故罪，学术界一致认为是过失犯罪。既然"强令工人违章冒险作业"因而发生重大事故或者造成其他严重后果的是过失犯罪，那么我们又有什么理由认为滥用职权导致发生严重后果的不是过失犯罪呢？

事实上，滥用职权罪与重大责任事故罪，除了主体身份不同以及由此引起的违反职务要求的具体内容不同之外，无论是在行为方式上，还是在行为与结果的联系上，都具有基本相同的特点，甚至重大责任事故罪中行为与结果之间的因果关系比滥用职权罪中行为与结果之间的因果关系更直接、更密切（因为它更接近于实际操作）。既然在重大责任事故罪中，学者们并没有要求行为人明知自己的行为会发生危害社会的结果，也没有断言行为人对危害结果一定持有放任的心理态度，那么在滥用职权罪中，要求行为人明知自己的行为会发生危害社会的结果，就是过分的，而断言行为人对危害结果一定持有希望或者放任的心理态度，更是没有根据的。

反过来看，如果按照重大责任事故罪的法理，把滥用职权罪视为过失犯罪，强调行为人在实施滥用职权的行为时应当预见到自己的行为可能发生危害社会的结果或者已经预见而轻信能够避免，不仅不影响对滥用职权罪的制裁，而且更容易让行为人认罪服法，更容易说服教育其他人。

多数学者把滥用职权罪的罪过形式说成是故意，也许是受渎职罪一章中规定的徇私枉法罪、私放在押人员罪、徇私舞弊不移交刑事案件罪等犯罪罪过形式的影响。因为这些犯罪都是滥用职权的犯罪，并且都是故意犯罪，所以统揽这些犯罪的滥用职权罪似乎也应当是故意犯罪。但是如果仔细分析渎职罪的立法精神，就会发现这种看法是错误的。

第一，滥用职权罪与其他故意型滥用职权的犯罪的犯罪类型不同。按照刑法条文的明确规定，徇私枉法罪、私放在押人员罪等犯罪都是行为犯，只要是故意实施了这些特定的滥用职权的行为，即使没有造成严重后果，也构成犯罪。如前所述，在行为犯中，危害结果与危害行为总是同时发生的，对结果的故意隐含在对行为的故意中，只要能够证明行为人对自己的行为具有故意，亦即表明其对该行为所产生的危害结果具有故意。所以，这些犯罪都是故意犯罪。与之相反，滥用职权罪是结果犯，虽有故意滥用职权的行为，但是如果没有造成严重后果，就不能构成犯罪。因而对行为的故意并不意味着对结果的故意，对行为的故意亦不能决定犯罪的罪过形式。

第二，刑法对滥用职权罪关注的焦点与对其他故意型滥用职权的犯罪关注的焦点不同。同是滥用职权，其危害社会的程度是不一样的。刑法之所以规定某些特殊的滥用职权的犯罪为行为犯，是因为这些行为不仅直接表现为国家机关工作人员滥用其职权的行为，而且这些行为本身就是违反国家有关法律法规的行为，本身具有严重的社会危害性。如司法工作人员徇私枉法、徇情枉法，对明知是无罪的人而使他受追诉、对明知是有罪的人而故意包庇不使他受追诉，或者在刑事审判活动中故意违背事实和法律作枉法裁判的；海关工作人员徇私舞弊，放纵走私等，这些行为一经实施，在客观上就会使国家和人民利益遭受重大损失或者严重破坏国家法治。在这些犯罪中，国家动用刑罚所要禁止的是这种行为本身，因此刑法将其规定为行为犯，也因为如此，对行为的心理态度决定犯罪的罪过形式。相反，就一般的滥用职权而言，其本身并不具有严重的社会危害性。如工商行政管理人员滥用行政处罚权，对没有违法经营的工商户处以罚款或吊销营业执照等处分；公安人员逾越职权对无照经营者处以罚款等，这些行为无疑是滥用职权的行为，并且是故意实施的行为，但是这些行为本身对社会的危害并不大，没有达到非得动用刑罚来惩罚的程度。所以刑法并没有把这类滥用职权的行为统统规定为犯罪，只是规定，这种滥用职权的行为，只有造成了严重后果的，才构成犯罪。因此，在滥用职权罪中，立法者关注的是危害结果，滥用职权的行为是否在客观上造成了严重后果，是区分滥用职权行为中罪与非罪的关键。而对这种危害结果的心理态度，自然也就成了决定该罪罪过形式的标准。对这种由滥用职权构成的犯罪，笔者称其为过失型滥用职权的犯罪。其法理与重大责任事故罪的法理是相同的。

四、把滥用职权罪视为故意犯罪可能使刑法理论陷入困境

按照故意犯罪的原理，已经着手实施犯罪行为，由于犯罪分子意志以外的原因而没有发生作为犯罪构成要件的危害结果时，应当构成犯罪的未遂。实施了滥用职权的行为，但没有致使公共财产、国家和人民利益遭受重大损失的情况，并不鲜见。滥用职权罪如果是故意犯罪，那么如果实施了滥用职权的行为但在客观上没有造成严重后果，就应当构成滥用职权罪的未遂。然而事实上，刑法明确规定，滥用职权的行为构成犯罪必须是"致使公共财产、国家和人民利益遭受重大损失"的。虽然实施了滥用职权的行为，但是没有致使公共财产、国家和人民利益遭受重大损失的，就不构成犯罪。这与犯罪未遂的理论是矛盾的。这种矛盾恰恰表明，滥用职权罪不是故意犯罪，无法适用故意犯罪的原理。

综上所述，笔者认为，应当摈弃把滥用职权罪视为故意犯罪的观点，还滥用职权罪过失犯罪的本来面目。只有将其视为过失犯罪，才能与玩忽职守罪并行，而成为渎职犯罪的两大基本类型。

与之相联系，刑法中规定的滥用职权造成严重后果的犯罪，如刑法分则第九章中规定的滥用管理公司、证券职权罪，徇私舞弊不征、少征税款罪，徇私舞弊发售发票、扣抵税款、出口退税罪，违法提供出口退税凭证罪，违法发放林木采伐许可证罪，都应当视为过失犯罪。因为这些犯罪都是以危害结果的实际发生作为构成犯罪的必备条件的，而这些危害结果与行为人故意实施的滥用职权的行为之间并不总是具有直接的必然的联系。在这种情况下，既无法要求行为人在实施危害行为时必须明知自己的行为会发生严重后果（事实上，在实践中多数行为人并不是明知并且希望或放任危害结果的发生），也不能因为行为人没有认识到自己的行为会发生严重后果而不要求其对自己的行为实际造成的严重后果承担刑事责任，因而只能作为过失犯罪来对待，即不论行为人是否明知自己滥用职权的行为会致使公共财产、国家和人民利益遭受重大损失，只要行为人是滥用职权，他就有应当预见到其行为可能发生危害社会的结果；如果其所实施的滥用职权的行为在客观上给公共财产、国家和人民利益造成了重大损失，他就应当承担刑事责任。

[原载《刑法评论》（第一卷），法律出版社2002年版]

"徇私舞弊"刑法意义之探讨[*]

"徇私舞弊"是渎职犯罪中一个十分重要的概念。如何理解刑法中使用徇私舞弊这一用语的含义以及徇私舞弊在刑法中的功能,对于正确适用刑法,特别是运用刑法同渎职犯罪作斗争,具有非常重要的意义。

一、"徇私舞弊"是主观要件还是客观要件

刑法分则在14个条文中使用了"徇私舞弊"的用语。这种用语,作为表述罪状的一项内容,在犯罪构成中,究竟属于犯罪的主观要件还是属于犯罪的客观要件?对此,学者们作出了各种不同的回答。笔者将其归纳为8种解释:

1. 将徇私舞弊解释为行为的动机。如刑法第402条规定:"行政执法人员徇私舞弊,对依法应当移交司法机关追究刑事责任的不移交,情节严重的,处三年以下有期徒刑或者拘役;造成严重后果的,处三年以上七年以下有期徒刑。"对此,有的学者认为,该罪的动机是徇私,客观方面表现为

---

[*] 本文原题目为《关于徇私枉法罪认定中几个问题的分析》,系与武小凤合作撰写。

对依法应当移交司法机关追究刑事责任的不移交，情节严重的行为。[1] 对刑法第404条的规定，有人认为，该罪的犯罪动机是多种多样的，有的是收受了纳税人的钱财，有的与纳税人是亲友关系等等，不管是徇私情还是徇私利，均体现出行为人征税舞弊的积极心态。[2] 对刑法第410条的规定，有的认为，行为人的犯罪动机是徇私，有的是为了贪图钱财等不法利益，有的是因碍于亲朋好友情面而徇私舞弊，有的是出于报复或嫉妒心理而徇私舞弊等等；该罪在客观方面表现为违反土地管理法规，滥用职权，非法批准征用、占用土地，或者非法低价出让国有土地使用权，情节严重的行为。[3]

2. 将徇私舞弊理解为客观行为要件。如对刑法第168条中的"徇私舞弊"，有人认为，是指行为人不履行或者不正确履行自己的职责，或者滥用职权。[4] 对刑法第405条第1款的规定，有人认为，犯罪动机可能是多种多样，动机如何对本罪构成没有影响。徇私舞弊的行为是指：给不具备领购发票条件的单位和个人发售发票，或者领购发票的单位和个人虽具备规定的条件，但未按规定的数量向其发售发票；由于税务机关的工作人员不认真负责，致使不应抵扣的国家税款被非法抵扣；由于税务机关的工作人员的疏忽，致使骗取出口退税行为得逞的行为。[5]

3. 将徇私舞弊理解为对行为特征的概括，即与该条文中对

---

[1] 张穹主编：《修订刑法条文实用解说》，中国检察出版社1997年版，第542页。

[2] 杨迎泽、单荣敏：《检察机关直接受理立案侦查案件罪名认定与处罚》，中国检察出版社2000年版，第160页。

[3] 刘家琛主编：《新刑法条文释义》，人民法院出版社1997年版，第1806页。

[4] 陈正云、钱舫：《国家工作人员职务经济犯罪的定罪与量刑》，人民法院出版社2000年版，第163—164页。

[5] 刘家琛主编：《新刑法条文释义》，人民法院出版社1997年版，第1789页。

危害行为的表述为同义反复，或者认为徇私舞弊在该条中没有实际意义。如对刑法第401条的规定，有人认为，该罪在客观上表现为：第一，徇私。第二，舞弊，即对不符合减刑、假释、暂予监外执行条件的罪犯，予以减刑、假释或者暂予监外执行。[1] 有人认为，本罪在主观方面是故意；在客观方面表现为对不符合减刑、假释、暂予监外执行条件的罪犯，予以减刑、假释或者暂予监外执行的行为。[2] 按照这种解释，"徇私舞弊"在罪状表述中完全是多余的。对刑法第402条的规定，有人学者认为，其犯罪行为是徇私舞弊行为，具体表现为对依法应当移交司法机关追究刑事责任的不移交，情节严重的行为。[3]

4. 将徇私舞弊理解为客观方面的要素之一。对刑法第404条的规定，有人认为，该罪在客观方面表现为利用职权，徇私舞弊，不征或者少征应征税款，致使国家税收遭受重大损失的行为。[4] 对刑法第411条的规定，有人认为，该罪在客观方面表现为徇私舞弊，放纵走私，情节严重的行为。[5]

5. 将徇私舞弊理解为主观要件与客观要件的统一。如对刑法第168条中的"徇私舞弊"，有人认为，是指主管人员图个人私情、私利而不履行或不正确履行其职责，导致国有公司、企业的破产、严重亏损。[6] 对刑法第405条第1款规定的徇私舞弊，有人认为，是指为徇私情私利，违反法律、行政法规的规定，弄虚作假，对明知不符合条件的人发售发票、抵扣税

---

[1] 孙谦主编：《国家工作人员职务犯罪研究》，法律出版社1998年版，第285页。
[2] 赵秉志主编：《新刑法教程》，中国人民大学出版社1997年版，第822页。
[3] 刘家琛主编：《新刑法条文释义》，人民法院出版社1997年版，第1779页。
[4] 周道鸾等主编：《刑法的修改与适用》，人民法院出版社1997年版，第814页。
[5] 张穹主编：《修订刑法条文实用解说》，中国检察出版社1997年版，第558页。
[6] 高铭暄主编：《新编中国刑法学》（下册），中国人民大学出版社1998年版，第601页。

款、予以退税。[1]

6. 既将徇私舞弊理解为主观要件，又将徇私舞弊理解为客观要件。如对刑法第411条的规定，有人认为，该罪中行为人的犯罪动机是徇私，有的是为了贪图钱财等不法利益，有的是因碍于亲朋好友情面而徇私舞弊，有的是出于报复或嫉妒心理而徇私舞弊等等；该罪在客观方面表现为海关工作人员，徇私舞弊，放纵走私，情节严重的行为。[2] 对刑法第412条第1款的规定，有人认为，该罪在主观方面出于故意，且具有曲从私情的意图，无论动机的具体表现如何，都离不开徇私；该罪在客观方面表现为徇私舞弊，伪造检验结果。[3]

7. 将徇私舞弊理解为从主客观两个方面对危害行为的限制。如对刑法第411条的规定，有人认为，徇私舞弊，放纵走私，是指海关工作人员为贪图财物、袒护亲友或者其他私情私利，弄虚作假，违背法律，对明知是走私行为而予以放纵，使之不受查究的行为。[4] 对刑法第412条的规定，有人认为，该罪的客观方面表现为徇私舞弊，伪造检验结果的行为，即出于私情私利，弄虚作假，违背法律，对明知是不合格的商品故意出具检验合格证明，或者对合格的商品故意出具不合格的证明。[5] 所谓徇私舞弊，伪造检验结果，就是指为徇私情、私利，违反法律规定，违背事实，弄虚作假，伪造检验结果。[6] 对刑法第413条的规定，有人认为，徇私舞弊是徇私情私利，

---

[1] 张穹主编：《修订刑法条文实用解说》，中国检察出版社1997年版，第548—549页。
[2] 刘家琛主编：《新刑法条文释义》，人民法院出版社1997年版，第1808页。
[3] 杨迎泽、单荣敏：《检察机关直接受理立案侦查案件罪名认定与处罚》，中国检察出版社2000年版，第197—198页。
[4] 张穹主编：《修订刑法条文实用解说》，中国检察出版社1997年版，第558页。
[5] 张穹主编：《修订刑法条文实用解说》，中国检察出版社1997年版，第559页。
[6] 韩耀元：《渎职罪的定罪与量刑》，人民法院出版社2000年版，第445页。

故意违背事实和法律规定，弄虚作假。[1]

8. 将徇私理解为对犯罪起因的规定。如对于刑法第 397 条的规定，有的学者认为，徇私枉法罪的客观方面表现为两种起因、三种行为。两种起因，即徇私和徇情。所谓徇私，即是为了个人私利而枉法；徇情，即是指屈从私情而枉法。[2]

对徇私舞弊在刑法中的意义，作出上述各种游离不定的解释，固然与刑事立法中对其所作的不同规定有关，但也反映出学者们对徇私舞弊在理解上的分歧。

笔者认为，对徇私舞弊刑法意义的理解，依赖于正确认识徇私舞弊在刑法中的功能。从有关条文的具体规定中看，刑法分则实际上是在以下三种情况下使用徇私舞弊这一用语的：

1. 表述行为特征的功能：作为犯罪构成中的行为要件来使用。

根据刑法第 168 条的规定，国有公司、企业的工作人员，徇私舞弊，造成国有公司、企业破产或者严重亏损，致使国家利益遭受重大损失的，处 3 年以下有期徒刑或者拘役。第 405 条规定："税务机关的工作人员违反法律、行政法规的规定，在办理发售发票、抵扣税款、出口退税工作中，徇私舞弊，致使国家利益遭受重大损失的，处五年以下有期徒刑或者拘役；致使国家利益遭受特别重大损失的，处五年以上有期徒刑。其他国家机关工作人员违反国家规定，在提供出口货物报关单、出口收汇核销单等出口退税凭证的工作中，徇私舞弊，致使国家利益遭受重大损失的，依照前款的规定处罚。"第 418 条规定："国家机关工作人员在招收公务员、学生工作中徇私舞弊，

---

[1] 张穹主编：《修订刑法条文实用解说》，中国检察出版社 1997 年版，第 561 页。
[2] 高铭暄主编：《新编中国刑法学》（下册），中国人民大学出版社 1998 年版，第 1013 页。

情节严重的,处三年以下有期徒刑或者拘役。"

在这三个条文中,徇私舞弊都是作为犯罪构成中的行为要件来规定的。在罪状表述中,除了徇私舞弊之外,找不到任何其他的行为特征。因此,徇私舞弊在这些刑法条文中的功能,只能理解为通过对行为要件的规定来表述罪状。其立法模式,可以概括为:行为主体+危害行为(徇私舞弊)+危害结果=罪名。

在这种情况下,徇私舞弊就是对危害行为本身的描述,是从主客观相统一的角度来表明危害行为的主观要件(徇私)和客观特征(舞弊)的,其徇私舞弊的行为,必须与构成该类犯罪所要求的危害结果之间具有因果关系。

2. 限定范围的功能:作为犯罪构成中的主观要件来使用。

刑法分则中规定徇私舞弊的条文大部分都是在规定徇私舞弊的同时,规定了行为的表现形式。刑法第401条规定:"司法工作人员徇私舞弊,对不符合减刑、假释、暂予监外执行条件的罪犯,予以减刑、假释或者暂予监外执行的,处三年以下有期徒刑或者拘役;情节严重的,处三年以上七年以下有期徒刑。"第402条规定:"行政执法人员徇私舞弊,对依法应当移交司法机关追究刑事责任的不移交,情节严重的,处三年以下有期徒刑或者拘役;造成严重后果的,处三年以上七年以下有期徒刑。"第403条规定:"国家有关主管部门的国家机关工作人员,徇私舞弊,滥用职权,对不符合法律规定条件的公司设立、登记申请或者股票、债券发行、上市申请,予以批准或者登记,致使公共财产、国家和人民利益遭受重大损失的,处五年以下有期徒刑或者拘役。"第404条规定:"税务机关的工作人员徇私舞弊,不征或者少征应征税款,致使国家税收遭受重大损失的,处五年以下有期徒刑或者拘役;造成特别重大损失的,处五年以上有期徒刑。"类似的条文还有第 410—414 条等。

在这类刑法条文中,对危害行为的表现形式已经作了具体的描述,是否具有"舞弊"的情节,并不影响危害行为的存在与否。危害结果的出现,只与这些条文中明确规定的危害行为之间具有因果关系,而与是否徇私舞弊没有因果性的联系。徇私舞弊的作用只能是从主观方面来限定条文中规定的危害行为构成犯罪的范围,即只有这些条文中规定的行为要件,而没有徇私情私利的情节时,就不能构成各该条中规定的犯罪。这类条文在罪状方面的立法模式可以概括为:行为主体 + 行为动机(徇私舞弊)+ 危害行为(+ 情节或结果)= 罪名。

在这种情况下,徇私舞弊就不应当再涉及犯罪构成中的行为要素,而应当将其视为对主观要件的限制,即行为人实施这些条文中规定的危害行为,只有当其是基于私情私利而实施的时候,才能构成该条规定的犯罪。因此,在这些条文中,徇私舞弊应当视为主观要件而不是主客观相统一的行为要件。

应当指出,在上述同一类型的条文中,对徇私舞弊的刑法意义,应当做相同的解释。在司法解释和学理解释中,有的对同一类型的刑法条文中包含的"徇私舞弊",一会儿解释为主观要件,一会儿解释为客观要件,有的甚至对同一个徇私舞弊在主观要件和客观要件中重复解释,这种做法是违背法律解释的一般原理的。

3. 改变行为性质的功能:作为犯罪构成中加重行为性质的情节来使用。

刑法第 397 条规定:"国家机关工作人员滥用职权或者玩忽职守,致使公共财产、国家和人民利益遭受重大损失的,处三年以下有期徒刑或者拘役;情节特别严重的,处三年以上七年以下有期徒刑。本法另有规定的,依照规定。国家机关工作人员徇私舞弊，犯前款罪的，处五年以下有期徒刑或者拘役；情节特别严重的，处五年以上十年以下有期徒刑。本法另有规定的，依照规定。"

该条第1款中规定的滥用职权、玩忽职守都是对行为特征的描述，该条第2款在前款规定的滥用职权、玩忽职守的基础上增加了徇私舞弊。可见，徇私舞弊在该条中，不再是对危害行为的描述，而是从主观方面对危害行为即滥用职权和玩忽职守行为所附加的要素，即滥用职权、玩忽职守的行为是在徇私舞弊的动机支配下实施的。由于这种特定的犯罪动机的存在，改变了滥用职权、玩忽职守行为的性质，以致刑法对其规定了不同于滥用职权罪、玩忽职守罪的更重的法定刑。

二、如何理解徇私舞弊的含义

就其最一般的意义而言，徇私，就是曲从私情、私利，它是指行为人实施某种行为的动机是为了满足个人的利益或情感；舞弊，则是指用欺骗的方式做不该做的事情。因此，徇私舞弊也就是为了私情私利而弄虚作假。对于国家工作人员而言，徇私舞弊就是指在处理公务的过程中，为了私情、私利而利用职务上的便利弄虚作假，违反职责。"徇私舞弊"包含着两层基本含义：其一是"徇私"，即行为是基于私情或私利而实施的；其二是"舞弊"，即在其所实施的行为中包含着弄虚作假的成分。

对于徇私舞弊，如同对待刑法中的任何术语一样，都应当遵循刑法解释的一般原则，按照其字面的一般含义作前后统一的解释，而不应当对同一术语在不同条文中的含义作不同的解释。但是由于在刑法中，立法者赋予了徇私舞弊三种不同的功能，因而徇私舞弊在不同类型的刑法条文中包含着不同的含义。如何理解徇私舞弊在不同条文中的含义，是司法实践中认定徇私舞弊型的渎职犯罪中的一大难题。

徇私舞弊在刑法中的含义，涉及三个问题：

(一)"徇私"与"舞弊"之间是否具有可分性

对于这个问题，由于立法者对"徇私舞弊"一词在刑法中规定了三种不同的功能，因而在刑法解释中不得不顾及刑法的规定，对徇私舞弊区别以下三种不同情况来理解：

1. 在刑法第168条、第405条、第418条中，"徇私舞弊"是唯一的关于行为要件的规定。所以在这些条文中，徇私舞弊是一个可分割的概念，即一方面是"徇私"，另一方面是"舞弊"，这两个方面密切结合才符合这些条文所规定的犯罪的行为特征，亦即该罪的危害行为要求同时具备"徇私"和"舞弊"两个要素才能构成。其中，徇私是关于危害行为的动机的规定，它表明这种行为是故意实施的，并且是基于徇私情私利这样一种特定的动机实施的。危害行为不具有这种动机，就不能构成这些条文所规定的犯罪。舞弊则是关于危害行为本身的规定，它表明该罪所要求的危害行为是弄虚作假的行为。在职务活动中，不论是故意不履行职责的行为，还是滥用职权实施不该实施的行为，都必须与弄虚作假相联系，才能称得上舞弊行为。没有弄虚作假，即使是故意不履行职责或者滥用职权，也不能称为舞弊行为。而徇私与舞弊相结合，造成了条文中规定的危害结果，才能构成各该条中规定的犯罪。

2. 在刑法第169条、第401—404条、第410—414条中，由于条文对危害行为的表现形式作了明确的规定，所以，刑法条文中规定徇私舞弊的用意，不是为了说明有关犯罪的行为要件，而是为了表明这类犯罪的主观动机，从而把虽然实施了这些条文中规定的危害行为但是主观上不是为了私情私利的情况与这些条文所规定的犯罪区别开来。从这些条文的具体规定中看，即使实施了其中规定的危害行为，如果没有徇私的动机，就不能构成有关的犯罪；而只要是基于徇私的动机，实施了这些条文中规定的危害行为，即使没有任何舞弊情节，同样可以构成这些条文所规定的犯罪。因此，这些条文中规定的徇私舞弊，从立法精神上看，其实是对危害行为的主观要件的规定。"徇私"与"舞弊"之间具有不可分割性，或者说，"舞弊"本身，在这些条文中不具有独立的意义，有没有舞弊即弄虚作假的情节，都不影响这些条文规定的犯罪的构成。"徇私舞弊"在这些条文中，其实不过是徇私的一种习惯说法而已。特别是在诸如"徇私舞弊，伪造检验结果""徇私舞弊，伪造检疫结果"等条文中，伪造检验结果或检疫结果本身，就是各该罪的危害行为，这种危害行为是否构成犯罪，一是看这种行为的实施是否为了私情私利，二是看这种行为是否造成了严重后果，而与行为人是否"舞弊"没有关系。有的学者认为，这些犯罪在客观方面表现为徇私舞弊，弄虚作假，伪造检验结果和检疫结果的行为。然而伪造本身就是弄虚作假的行为，如果认为这些犯罪的构成中既包括"舞弊"即弄虚作假的行为，又包括"伪造"即弄虚作假的行为，这在逻辑上是难以自圆其说的。

有的学者认为，在这类刑法条文中，徇私舞弊是指"捏造事实、伪造证据，如伪造悔改表现或立功表现，伪造病历、诊断证明等，制作、报请内容虚假的减刑、假释、暂予监外执行的材料"（刑法第401条）；或者是指"捏造、隐瞒事实，伪造、隐匿证据，大事化小，小事化了，或者以行政处罚代替刑事处罚"（刑法第402条）；或者是指"徇私情、私利，在对公司设立、登记申请或者股票、债券发行、上市申请予以批准或者登记工作中，故意违背事实和法律，弄虚作假，隐瞒事实真相，对不符合法律规定条件的公司设立、登记申请或者股票、债券发行、上市申请作表面文章使其符合法律规定的条件"（刑法第403条）等。[1]

　　且不论这类解释对徇私舞弊中是否包含徇私的含义所作的不同解释，仅就其作为客观要件的表现形式而言，这种解释存在着一个致命的缺陷，即难以回答在具备这些条文中规定的其他要件而没有上述解释中所包含的"徇私舞弊"情节时，其行为是否构成犯罪的问题。例如，某公安人员在查处卖淫嫖娼治安案件中发现自己的亲友在组织他人卖淫，碍于亲友的情面而不将该案件移交刑事侦查部门立案侦查，以致造成该亲友组织多人长期卖淫，并形成一个黑社会性质的犯罪组织。这种情况完成符合刑法第402条规定的徇私舞弊不移交刑事案件罪。但是如果按照上述观点，将徇私舞弊理解为"捏造、隐瞒事实，伪造、隐匿证据，大事化小，小事化了，或者以行政处罚代替刑事处罚"，而该案件中显然又没有这类行为，那么能否认定该公安人员没有徇私舞弊，因而不构成刑法第402条规定的犯罪？显然不能得出这样的结论。又如在刑法第401条规定的犯罪中，行为人为了私情私利，明知申请暂予监外执行的人所提供的病历证明材料是虚假的而予以批准的行为，本身就完全符合该罪所要求的行为要件，根本不需要行为人去伪造任何病历。同样地，在刑法第403条规定的犯罪中，行为人为了私情私利，完全可以滥用职权，直接对自己亲友的不符合法律规定条件的公司设立、登记申请或者股票、债券发行、上市申请，予以批准或者登记，而无须实施任何"弄虚作假，隐瞒事实真相的行为"，更不需要对不符合法律规定条件的公司设立、登

---

[1] 参见韩耀元：《渎职罪的定罪与量刑》，人民法院出版社2000年版，第219、231、245页。

记申请或者股票、债券发行、上市申请"作表面文章使其符合法律规定的条件"。在这种情况下，如果认为不具备上述解释中的"徇私舞弊"情节，就不能构成刑法第403条规定的犯罪，显然是于理于法都讲不通的。

3. 在刑法第397条中，徇私舞弊是作为滥用职权和玩忽职守的附加要素规定的。其基本含义与上述第二种情况是相同的。其立法意图是为了对徇私情私利而滥用职权或玩忽职守造成严重后果的行为处以比一般滥用职权或玩忽职守造成严重后果的行为更重的刑罚，因而对于徇私舞弊应当作为一个整体来理解，即它是关于主观要素的规定，其含义是强调滥用职权、玩忽职守的行为是基于徇私情私利的动机而实施的。至于该条规定中徇私舞弊的刑法意义，将在下文专门研讨。

（二）徇私是否包含徇单位之私

对于这个问题，学理解释中很少有人涉及，但是由于刑法在许多条文中规定了单位犯罪，如果是为了单位的利益而实施刑法分则中以"徇私舞弊"为构成要件的行为，是否构成犯罪，就是一个不能不回答的问题。

在现代汉语中，"私"，总是与"公"相对的，是属于个人的或为了个人的事情。私情，通常是指私人的交情或感情；私利，通常是指私人方面的利益。徇私，即是徇私情、私利。具体而言，徇私，包含为了收受钱财等不法利益；碍于亲朋好友情面或照顾、袒护、包庇亲友；出于报复或嫉妒心理；讨好上级或建立私人交情；为了与对方或第三人达成某种交易等等。总之，徇私作为行为的动机，是为了满足个人在交情、感情或利益方面的要求。

刑法在规定徇私舞弊型犯罪时明确地将这类犯罪的主体规定为国家机关工作人员或国家工作人员，由于其在工作中所扮演的角色，国家机关工作人员和国有公司、企业的主管人员在实施这类犯罪行为的时候，很可能并不是为了个人的私情私利，而是为了本单位的利益或交往关系。这种情况能否视为"徇私"，值得研究。

笔者认为，刑法在从国家和整个社会的利益出发来规定哪些行为是犯罪的，因此它所认可的"公"只能是大公而不包括小公。相对于国家和社会的整体利益而言，小单位的利益应当属于"私"的范畴。如果是为了小单位的利益而危害国家和社会的整体利益，应当视为"为私"而不能视为"为公"。因此，如果是为了小单位的利益而实施刑法规定的危害行为，造成严重后果的，应当认为符合有关条文中关于"徇私"的要件。对此，最高人民检察院在《关于人民检察院直接受理立案侦查案件立案标准的规定（试行）》中予以确认。该规定在对徇私舞弊不移交刑事案件罪规定的应予立案的情形中明确地包含了"直接负责的主管人员和其他直接责任人员为牟取本单位私利而不移交刑事案件，情节严重的"情形。这就意味着，为牟取本单位私利而不移交刑事案件的行为，构成刑法第402条所规定的徇私舞弊不移交刑事案件的行为。遗憾的是，该司法解释并没有把这种认识贯彻到底。笔者认为，在诸如滥用管理公司、证券职权罪，徇私舞弊不征、少征税款罪，放纵走私罪，非法低价出让土地使用权罪，商检徇私舞弊罪等犯罪中，徇小单位之私的，都应当认定为"徇私"。

（三）"舞弊"是否包含违法要素

按照刑法的一般原理，犯罪必须是具有刑事违法性的行为，而犯罪的违法性是通过其行为的违法性表现出来的。当刑法将"徇私舞弊"规定为犯罪构成的一个要件时，其本身是否包含着违法性的要素[1],就是一个值得研究的问题。

对此,也应当根据"徇私舞弊"在不同类型的刑法条文中的功能来确定。在以"徇私舞弊"为行为要件的条文中,弄虚作假必须体现在滥用职权或者玩忽职守的过程中,因而其舞弊行为本身必须是违法行为。只有本身是违法的舞弊行为,才能体现出这类犯罪的违法性。舞弊行为本身如果不是违法行为,就不能构成犯罪。但是在以"徇私舞弊"为主观要件的条文中,犯罪的违法性是通过这些条文中规定的危害行为体现出来的,因而徇私舞弊本身并不包含违法性的内容。即使具有弄虚作假的行为,如果这种弄虚作假不是这些条文中明示的危害行为本身所包含的作假行为如伪造行为,其是否具有违法性,并不影响该类犯罪的构成。

三、如何理解刑法第397条第2款关于徇私舞弊的规定

刑法第397条第2款的规定,是否构成一个独立的罪名即徇私舞弊罪,学术界存在着两种不同的理解。最高人民法院副院长刘家琛主编的《新刑法条文释义》和最高人民检察院副检察长张穹主编的《修订刑法条文实用解说》都认为刑法第397条第2款规定了徇私舞弊罪,并且徇私舞弊罪与该条第1款规定的滥用职权罪、玩忽职守罪一起构成刑法规定的渎职罪的三种基本类型。[2] 但是有的学者认为,刑法第397条第2款规定的徇私舞弊并不是一个独立的罪名,而是该条第1款规定的滥用职权罪和玩忽职守罪的加重情节。[3] 学术上的这种争论在司法解释中也得以反映:最高人民法院在刑法罪名解释中认定刑

---

[1] 此处所言的违法性仅指客观违法性,不包含主观违法性。
[2] 刘家琛主编:《新刑法条文释义》,人民法院出版社1997年版,第1749页;张穹主编:《修订刑法条文实用解说》,中国检察出版社1997年版,第530页。
[3] 周道鸾等主编:《刑法的修改与适用》,人民法院出版社1997年版,第806页。

法第397条只规定了滥用职权罪和玩忽职守罪两个罪名；而最高人民检察院在刑法罪名解释中则认定刑法第397条规定了滥用职权罪、玩忽职守罪和徇私舞弊罪三个罪名。

否定徇私舞弊构成独立罪名的理由主要是：该款的表述为国家机关工作人员徇私舞弊，"犯前款罪的"，因而属加重处罚的情节，而不是一个独立的罪名。[1]

认为徇私舞弊构成独立罪名的理由主要是：徇私舞弊罪与滥用职权罪、玩忽职守罪在主观方面的内容是不同的；刑法第397条第1款已经对滥用职权罪和玩忽职守罪规定了加重处罚情节，如果认为第2款的规定还是其加重处罚情节，不仅是条文的重复问题，而且不符合立法的精练、概括、明确的原则；把徇私舞弊罪作为一个独立的罪名，是建立科学的渎职罪结构体系的要求。[2]

笔者认为，从刑法立法的精神上看，该款规定的徇私舞弊应当成为一个独立的罪名。因为在渎职罪一章所包含的23个条文中，其他22个条文都是关于具体的渎职犯罪的规定，唯有第397条是关于一般渎职犯罪的规定，而具体渎职犯罪所包含的罪名，实际上包含了三种类型，即滥用职权型、玩忽职守型和徇私舞弊型，所以第397条关于渎职犯罪的概括性规定也应当包括三种类型。该条第2款的规定，正是第三种类型即徇私舞弊型渎职犯罪的概括规定。如果认为具体的渎职犯罪包括三种类型而对渎职犯罪的概括性规定只包括两种类型，这在情理上和逻辑上都是讲不通的。

从刑法解释论上看，该款规定的"徇私舞弊，犯前款罪"，

---

[1] 周道鸾等主编：《刑法的修改与适用》，人民法院出版社1997年版，第806页。
[2] 孙谦主编：《国家工作人员职务犯罪研究》，法律出版社1998年版，第268—269页。

也应当解释为一个独立的罪名。确定刑法分则的规定是否构成独立的罪名，应当从罪状和法定刑两个方面也考虑。凡是有独立的罪状和独立的法定刑规定，从而明确规定了其罪刑关系的，就应当视为独立的罪名。反之，就很难认为构成独立的罪名。而刑法第397条第2款的规定完全符合这种情况：独立的罪状＝行为主体（国家机关工作人员）＋危害行为（徇私舞弊＋滥用职权或者玩忽职守）＋危害结果（致使公共财产、国家和人民利益遭受重大损失）；独立的法定刑＝"处五年以下有期徒刑或者拘役；情节特别严重的，处五年以上十年以下有期徒刑"。所以没有理由不认为该款规定了一个独立的罪名即徇私舞弊罪。

这里关键是如何理解该款中规定的"犯前款罪"。在刑法分则中，"犯前款罪"的用语先后出现在50个条文中。对此，应作具体分析，不能一概而论。在包含"犯前款罪"的50个条文中，实际上包括了三种不同的情况：

第一，特定主体＋前款罪。

刑法分则中有31个条文是关于特定主体"犯前款罪"的规定：26个条文是关于单位犯前款罪的规定；5个条文是关于"掌握国家秘密的国家工作人员"（第109条）、"国家机关工作人员"（第243条）、"司法工作人员"（第245条）、"前款所列单位的主要负责人"（第361条）、"非国家机关工作人员"（第398条）犯前款罪从重处罚或酌情处罚的规定。单位犯前款罪之所以不构成新的罪名，主要是基于技术上的考虑。因为在刑法分则中，个人和单位都可以构成的犯罪罪名太多，如果对单位实施的以个人犯罪为基本构成的犯罪都另定罪名，刑法的罪名体系将过于庞大和繁杂。并且单位实施的与个人实施的这类犯罪，其罪过形式和客观表现是相同的，没有必要单独设立罪名。至于其他特定主体"犯前款罪"的情形,由于该有关条文中都明确规定是以前款规定从重处罚或酌情处罚,没有独立的法定刑,所以也不能视为独立的罪名。

第二,客观要素+前款罪。

刑法分则中有14个条文规定了具有某种客观要素而犯前款罪的情形。其中又包括六种情况:(1)犯前款罪并实施其他犯罪的,如刑法第120条、第318条。对此,刑法明确规定依照数罪并罚的规定处罚。(2)犯前款罪而有特定情节的,如刑法第102条、第229条、第237条。对此,除102条规定依照前款规定处罚外,其他条款都规定了较重的法定刑。(3)犯前款罪而造成严重后果的,如刑法第234条、第238条、第257条、第260条。对此,刑法也规定了较重的法定刑。而这种规定也完全符合结果加重犯的规定方式。(4)犯前款罪,事前通谋的(第310条),以共同犯罪论处。因为这种情况完全符合共同犯罪的原理。(5)犯前款罪而窃取财物的(第253条),依照盗窃罪的规定定罪从重处罚,亦即犯前款罪而有窃取财物行为的,不按前款罪来定罪,而按盗窃罪定罪。在这种情况下,"犯前款罪"实际上是盗窃罪的一个从重处罚情节。(6)战时犯前款罪的,如刑法第425条、第432条、第435条。[1]

第三,主观要素+前款罪。

刑法分则中有5个条文涉及12个罪名是关于以特定的主观要素犯前款罪的规定。其中,第115条、第119条、第124条、第370条第2款均是关于过失犯前款罪的规定,第397条第2款是关于徇私舞弊犯前款罪的规定。在这些规定中,其客

---

[1] 笔者在此不论及军职罪中的这些规定,因为按照其中第432条的规定,战时过失泄露军事秘密的,最高可以判处无期徒刑。这类规定的合理性有待商榷。

观方面的构成要件都是"前款罪"所规定的要件,"犯前款罪"只是意味着实施前款所规定的危害行为并且造成了前款所要求的危害结果。刑法之所以要对其规定独立的法定刑,只是因为其主观方面与前款所规定的犯罪有所不同。上述前四个条文中的前款罪在主观方面是故意,而第2款规定的犯罪在主观方面是过失;后一个条文中前款罪不包括徇私舞弊的情节,而第2款规定的犯罪则是怀着徇私的动机实施前款规定的犯罪行为的。这种主观方面的差异,使刑法对前后两款的犯罪规定了不同的法定刑。对于前四个条文的规定,不论是学术界还是司法解释都承认其规定了独立的罪名,而没有人会认为这些条文中关于"过失犯前款罪"的规定是指按前款定罪而按本款处罚。这个原理,对于刑法第397条是同样适用的,因而没有理由不承认第397条第2款规定了一个独立的罪名。

此外,从法定刑的规定上看,刑法在情节加重犯和结果加重犯的场合,对加重犯所规定的法定刑,都是在基本犯的法定刑基础上加重刑罚的,二者之间是可以相互衔接的。而这种法定刑与"前款"所规定的法定刑是完全衔接的。如刑法第229条、第237等条中前款规定的法定刑为"五年以下有期徒刑或者拘役,并处罚金",后款规定的法定刑为"五年以上十年以下有期徒刑并处罚金"或"五年以上有期徒刑,并处罚金"。这是典型的关于情节加重犯的规定。但是刑法第397条第1款与第2款中规定的法定刑,显然不具有情节加重犯法定刑的这种基本特征。如果将前后两款规定的法定刑适用于同一个罪名,必然导致刑罚适用上的荒谬。例如,该条第1款规定国家机关工作人员滥用职权或者玩忽职守造成重大损失的,处3年以下有期徒刑或者拘役。但是按照该条第2款的规定,国家机关工作人员徇私舞弊,滥用职权或者玩忽职守造成重大损失的，也可以判处 3 年以下有期徒刑或者拘役（当然也可以判处 3 年以上 5 年以下有期徒刑）。如果把第 2 款规定的徇私舞弊作为第一款规定的滥用职权或者玩忽职守的加重情节看待，那么对基本犯与加重犯判处完全相同的刑罚，于情于理恐怕是讲不通的。不仅如此，对于前后两款中的"情节特别严重"如何区分，又是一个无法解释的难题。因为如果将徇私舞弊视为滥用职权或者玩忽职守的一个加重情节而不是一个独立的罪名，那么第 397 条第 1 款规定的滥用职权或者玩忽职守罪中的"情节特别严重"就应当包含徇私舞弊造成特别严重的后果的情形。这样一来，徇私舞弊造成特别严重的后果时，既可以视为第 1 款中的"情节特别严重"，也可以视为第 2 款中的"情节特别严重"。如果要重判被告人，完全可以按照第 2 款的规定判处刑罚，但是如果要轻判被告人，则可以按照第 1 款的规定判处刑罚。这种解释，显然是违背刑法所确认的罪刑法定原则的。但是如果将该条第 2 款中规定的徇私舞弊视为一个独立的罪名，在刑罚适用上就可以避免这种荒谬：对因徇私舞弊而滥用职权或者玩忽职守造成特别严重的后果的，直接适用第 2 款的规定处罚，而对于滥用职权或者玩忽职守造成特别严重的后果但没有徇私舞弊的，则可以按照第 1 款的规定适用刑罚。

因此，笔者认为，刑法第 397 条第 2 款的规定，应当视为对徇私舞弊罪的规定，而不是关于滥用职权罪和玩忽职守罪加重情节的规定。这种理解，既符合刑法立法的精神，也有利于该款规定的法定刑的正确适用。

四、关于徇私舞弊立法之完善

透过上述分析，可以看到，1997 年刑法关于徇私舞弊的规定，应当说是立法上显而易见的瑕疵之一。对于多次出现的"徇私舞弊"一词，立法中不仅没有作出任何定义性的规定，而且在不同条文中分别赋予其各种不同的功能，从而使本来就不确定的用语在具体解释中更加混乱。对此，实有必要在以后的刑事立法中予以修正。

完善徇私舞弊刑事立法的基本思路，笔者以为，应当着眼于以下几个方面：

第一，取消"徇私舞弊"的习惯用语。徇私是表明主观要素的用语，而舞弊则是表明客观要素的用语，徇私与舞弊连用，作为罪状表述中的一个情节，究竟是对危害行为主观方面的限定还是对客观方面的限定，容易引起歧义。因此建议：在需要用其限定行为的主观方面的时候，在立法中使用"徇私"一词或者通过立法对徇私舞弊作出明确解释，而在需要用其限定行为的客观方面的时候，在立法中将其具体化，避免笼而统之地使用"舞弊"这种十分含糊的用语。

第二，对于以徇私舞弊为行为要素的条文规定，建立在认真总结实践经验的基础上，用更为确切的语言来取代徇私舞弊的用语，使其行为特征明确化。

第三，对于罪状表述中已经明确揭示出行为特征的条文，为了限定其构成犯罪的范围，可以将徇私舞弊明确规定或解释为对主观要素的规定，以避免从主客观两个方面来解释徇私舞弊的含义时与行为要素之间的矛盾或重复。

第四，对于罪状表述中已经明确规定了危害行为的特征和危害结果，有无徇私舞弊都不影响犯罪构成的条文，建议删除"徇私舞弊"的规定，以保持立法的明确和精练。

[原载《中国刑法学年会文集》（2005年度第二卷上册），中国人民公安大学出版社2005年版]

论刑法中的伴随行为

在犯罪行为的实施过程中,当一个行为伴随着另一个行为发生时,如何解决这两种行为的刑事责任,是刑事司法实践中经常遇到的问题,也是刑法理论中应当着力研究的一个问题。对于这种情况,在理论上,学者们通常是用罪数理论来解决行为人的刑事责任问题的。但是我国 1997 年修订的新刑法,并不完全是按照传统的罪数理论来解决伴随行为刑事责任的。仔细研究 1997 年新刑法中对伴随行为刑事责任的规定,有利于丰富罪数理论,更好地解决伴随行为的刑事责任,同时也有利于进一步完善我国刑法关于伴随行为的立法。

一、伴随行为的界定

正确认识伴随行为,需要明确三个概念:

首先是行为。

行为是刑法中最重要、最核心的概念之一。从最一般的意义上讲,行为就是人的举止行动,就是人以自己身体的动静作用于客观外界的事物从而引起一定变化的现象。行为具有客观性的特征,能够在现实社会生活中留下自己的足迹并对现实社会产生一定的影响,因而能够为人们所认识和评价。

在心理学上,行为被区分为有意识的行为和无意识的行为。有意识的行为是人在自己的意志支配下有意选择的行为，包括为了达到一定目的而有计划有步骤地实施的行为、临时起意而实施的行为、在目的行为的实施过程中作为对某些情况的处置而实施的行为等；无意识的行为是指不受意志支配的行为，包括作为条件反射的行为、在各种外力作用下迫不得已而为的行为、在暂时性无意识状态下所为的行为，以及精神病人在不能辨认或控制的状态下实施的行为等。

在社会学上，行为被认为是人类独具的特征，是人区别于动物的标志之一，因而行为被界定为在一定思想支配下的活动。不受思想支配的人体动静不具有人类行为的特征，所以被排除在行为概念之外。按照社会学的标准，行为被划分为有益于社会的行为、有害于社会的行为和没有社会学意义的行为。并且，在社会学上，行为并不仅仅局限于自然人的行为，一个社会组织、一个国家通过一个或若干个自然人的活动来实现其意志的行为，通常被视为该组织或该国家的行为。

在刑法中，行为的界定往往与解决人的刑事责任问题有关。从刑法典的规定中看，立法者通常是以一般意义上的行为概念、心理学意义上的行为概念和社会学意义上的行为概念为基础，根据其与刑事责任的关系，把行为划分为三种类型，即：对社会有益因而不负刑事责任的行为，如正当防卫行为、紧急避险行为等；对社会有害但不负刑事责任的行为，如情节显著轻微危害不大的行为、由于不能抗拒或者不能预见的原因引起的损害行为、未达到刑事责任年龄的人实施的损害行为、精神病人在不能辨认或者不能控制自己行为的时候实施的损害行为等；危害社会并构成犯罪因而应当负刑事责任的行为，如符合刑法中规定的各种犯罪构成要件的行为。

但是在刑法理论上，不同的学者往往以不同的理论为基础来解释行为概念。如自然行为论认为，行为是由于神经心理的刺激所引起的身体活动过程，行为的要素是由发动于外界的身体活动与随之而引起的外界变化构成的。社会行为论认为，刑法上的行为是指具有社会意义的有意识的身体动静和在现实社会中的因果关系，因此人在社会环境中的各种举动，只有对社会有意义时才能视为行为。目的行为论认为，目的性是人类行为的本质，因此刑法上的行为应当是由目的所决定的意志支配的具有实在意义的统一体。在我国刑法理论界，过去人们常常把刑法上的行为解释为"表现人的意识和意志，具有社会危害性，按照刑法规定应受刑罚处罚的行为"。这种理解，实际上是把心理学、社会学和刑法学结合起来解释行为概念的，但是这个行为概念实际上所指的是构成犯罪的行为，其中包含了犯罪构成的四个要件。所以学者们在研究论述作为犯罪构成要件之一的客观方面时，逐渐使用"危害行为"即"表现人的意志或意识，危害社会的行为"[1] 来界定刑法上的行为概念，以区别于符合犯罪构成全部要件的犯罪行为。

其次是行为的个数。

如上所述，行为在客观上表现为身体的动静，但是并不是身体的每一个动静都是刑法上的一个行为。在刑法中，一个行为，可能是由身体的一个动静与特定的条件相结合构成的，也可能是由若干个身体举动组合而成的，不能把一个行为等同于身体的一个动静。正如有的学者指出的：刑法上所说的行为，是多种动作的组合。比如，甲掏枪—举枪—瞄准乙的头部—扣动扳机—乙被击中头部死亡。这一系列动作结合起来才形成了一个杀人行为。所以，谈到一个人实施了"一个行为"或是

---

[1] 高铭暄主编：《刑法学》，北京大学出版社1989年版，第101页。

"数个行为",绝不是指一个动作或是数个动作。[1]

这样一来,就出现了一个问题:如何认定一个行为还是数个行为,在一个行为过程中是否存在着伴随行为?

与对行为概念的不同理解相联系,学术界对行为个数的认定,亦存在着分歧。有的学者认为,刑法上的行为是表现人的意识或意志的行为,所以基于一个意思决定而为的行为,是一个行为;基于数个意思决定而为的行为,就是数个行为。有的学者认为,行为是人的意识或意志通过身体的动静作用于客观外界的活动,其中包含了三个不可或缺的要素,即意思决定、身体动静和结果,因此,区分行为的单复应该以这三者的统一为标准,基于一个意思决定,实施一个或数个身体动作,产生一个结果的,是一个行为;基于数个意思决定或一个概括的意思决定,实施数个身体动作,产生数个结果的,就是数个行为。有的学者认为,行为的单复,应该以行为所符合的犯罪构成的次数来决定,数个身体动作,一次符合犯罪构成的,是一个行为;两次符合犯罪构成的,就是两个行为。

笔者认为,在刑法中讨论行为的个数,是在两个前提下进行的。其一是在排除了无意识行为的前提下讨论行为个数的。也就是说,在讨论行为的个数之前,首先假定,所要讨论的所有行为都是有意识的行为,不论其主观上是故意还是过失,以及故意或过失的内容是什么,这种行为都是在行为人的意识或意志支配下实施的。其二是作为刑事责任的客观基础来讨论行为个数的。也就是说,这种行为在法律评价上具有危害社会的性质,但又不是作为符合犯罪构成的全部要件的犯罪行为来讨论,而是作为犯罪构成要件之一即客观要件中的"危害行为"

---

[1] 高铭暄主编:《刑法学原理》(第一卷),中国人民大学出版社1993年版,第527页。

来讨论的。因此，认定行为的个数，既不能脱离刑法中规定的具体犯罪的行为特征来区分行为的个数，不论用自然行为论或目的行为论的标准来认定行为的个数，也不能用是否符合犯罪构成的四个要件来衡量行为的个数，把行为的个数等同于犯罪的个数。

按照这种理解，刑法上的行为个数，是根据刑法规定的行为特征来界定的。刑法在规定每个具体犯罪时，都明确规定了一个或一个以上可以独立存在的行为要素。这些行为要素或其组合，在规定条件下便构成各个独立的犯罪。例如，刑法第170条规定的伪造货币罪，就是由"伪造货币"一个行为构成的，而刑法第171条第3款则包含了三个行为，即"伪造货币"的行为、"出售"伪造的货币的行为、"运输"伪造的货币的行为。因此，认定行为的个数，应当根据刑法中规定的各个行为要素的特征，结合具体案件的情况来确定，而不能人为地或想当然地划分行为的个数。在一个行为过程中，如果只有一个符合刑法规定的行为特征的，就是一个行为；如果具有数个符合刑法规定的行为特征的，就是数个行为。

最后是行为之间的关联性。

从实践中看，在犯罪过程中，行为人往往不是只实施刑法中的一个行为。当一个犯罪过程中出现数个行为时，如果这些行为之间彼此没有任何联系，我们当然只能就各个行为来认定其是否构成犯罪。但是如果这些行为彼此之间具有一定的关联性，我们就不能孤立地认定各个行为是否构成犯罪，不能孤立地讨论各个行为的刑事责任问题。正是针对这后一种情况，笔者提出了伴随行为的理论。

所谓的"伴随行为"，是指在一个犯罪过程中相伴发生的两个或两个以上彼此相关的行为。"相伴发生"，是指两个或两个以上的行为，在实施的时间上，具有同时性或相继性，即发生在同一个过程中或者一个行为实施终了又接着实施另一个行为；在行为的主观方面，具有同一性或包容性，即行为人是在同一个犯罪故意的支配下实施两个或两个以上行为的，或者行为人实施两个或两个以上行为的主观内容虽然不同但是其中一个包含了另一个或者允许另一个的存在；在行为的客观方面，具有关联性，即两个或两个以上行为在客观上具有内在的联系，或者具有因果关系，或者具有目的关系，或者具有条件关系。如果是完全独立、没有任何联系的两个行为，就不是本文所讨论的"伴随行为"。"两个行为"，是指在刑法中每一个都具有独立意义的行为。"两个行为"，就是其中的每一个都能反映人的意识或意志，都具有社会危害性，并且都是在刑法典中作为独立要素出现的身体动静。两个行为，可能是两个独立的举动，也可能是由若干个举动组合而成的刑法中规定的两个行为要素。

从司法实践中看，伴随行为可能出现在三种情况下：

一是犯罪行为与非犯罪行为相伴随。即在一个犯罪行为的实施过程中，伴随实施了另一个不构成犯罪的行为，或者在一个非犯罪的行为过程中，伴随实施了另一个构成犯罪的行为。

二是犯罪行为与犯罪行为相伴随。即在一个犯罪行为的实施过程中，伴随实施的另一个行为本身也是可以独立构成犯罪的行为。

三是个人行为与单位行为或他人行为相伴随。即在单位犯罪的过程中，实施单位犯罪行为的自然人，在单位的犯罪故意或过失之外，又借机实施了其他可以单独构成自然人犯罪的行为，或者在共同犯罪过程中，某个共同犯罪人在共同的犯罪故意之外，又实施了其他可以单独构成犯罪的行为。

二、刑法关于伴随行为刑事责任的规定

1997年修订的新刑法,对在一个犯罪行为的实施过程中,伴随发生的另一个(或数个)可以独立构成犯罪的行为,采取了以下四种不同的规定方式:

(一)构成各自独立的犯罪,实行数罪并罚

例如,刑法第120条第2款规定:"犯前款罪并实施杀人、爆炸、绑架等犯罪的,依照数罪并罚的规定处罚。"按照该款规定,在实施组织、领导和积极参加恐怖活动组织犯罪行为的过程中,同时又实施了杀人、爆炸、绑架等犯罪行为的,要把组织、领导、参加恐怖组织的行为与所实施的杀人、爆炸、绑架等行为,按照独立的犯罪,依照数罪并罚的规定处罚。

(二)重行为吸收轻行为,从一重处断

例如,刑法第171条第3款规定:"伪造货币并出售或者运输伪造的货币的,依照本法第一百七十条的规定定罪从重处罚。"第170条规定,伪造货币的,构成伪造货币罪;第171条第1款规定,出售、购买伪造的货币或者明知是伪造的货币而运输,数额较大的,构成出售、购买、运输假币罪;但是按照第171条第3款的规定,既实施了伪造货币的行为,又实施了出售或者运输伪造的货币的行为,则不按照伪造货币罪与出售、运输假币罪分别定罪实行并罚,而是只定伪造货币罪一个罪,按照伪造货币罪从重处罚。

(三)一行为作为另一行为的加重情节处罚

例如,刑法第229条第2款规定:"前款规定的人员,索取他人财物或者非法收受他人财物,犯前款罪的,处五年以上十年以下有期徒刑,并处罚金。"按照该条规定,承担资产评估、验资、验证、会计、审计、法律服务等职责的中介组织的人员故意提供虚假证明文件,情节严重的,构成中介组织人员

提供虚假证明文件罪；但是如果承担资产评估、验资、验证、会计、审计、法律服务等职责的中介组织的人员既实施了故意提供虚假证明文件，情节严重的行为，又实施了索取他人财物或者非法收受他人财物的行为，对后一个行为，则不按照其可能构成的刑法第 385 条规定的受贿罪或刑法第 163 条规定的公司、企业人员受贿罪定罪，而是只定中介组织人员提供虚假证明文件罪一个罪，但在该罪的法定刑（5 年以下有期徒刑或者拘役）之外加重处罚（5 年以上 10 年以下有期徒刑）。

（四）一行为较轻、一行为较重时，较轻的行为作为加重情节处罚，两个行为都较重时实行数罪并罚

例如，刑法第 318 条规定，"组织他人偷越国（边）境的，处二年以上七年以下有期徒刑，并处罚金；有下列情形之一的，处七年以上有期徒刑或者无期徒刑，并处罚金或者没收财产：……（四）剥夺或者限制被组织人人身自由的；（五）以暴力、威胁方法抗拒检查的……"；"犯前款罪，对被组织人有杀害、伤害、强奸、拐卖等犯罪行为，或者对检查人员有杀害、伤害等犯罪行为的，依照数罪并罚的规定处罚"。按照该条规定，在实施组织他人偷越国（边）境行为的过程中，又实施了剥夺或限制被组织人人身自由的行为，或者实施了以暴力、威胁方法抗拒检查的行为的，对后一个行为不按照其独立构成的刑法第 238 条规定的非法拘禁罪或者刑法第 277 条规定的妨害公务罪定罪处罚，而是作为前一个行为的加重情节，按照前一个行为定罪，并按照较重的法定性档次处罚；但是如果在实施组织他人偷越国（边）境行为的过程中，又实施的是杀害、伤害、强奸、拐卖等行为，对后一个行为，则要单独定罪，与前一个行为实行数罪并罚。

（五）在选择性罪名中实施两个行为的，加重处罚

在选择性罪名的场合，刑法通常都没有规定对伴随行为如何处罚。如刑法第125条规定的非法制造、买卖、运输、邮寄、储存枪支、弹药、爆炸物罪；第253条规定的私自开拆、隐匿、毁弃邮件、电报罪；第347条规定的走私、贩卖、运输、制造毒品罪等，都没有规定在犯罪过程中同时实施其中数个行为时如何处罚。在司法实践中，对同时实施选择性罪名中规定的数个行为的，按照该条规定的犯罪，在该条规定的法定刑幅度内从重处罚。但是，第206条对这种情况规定了独立的法定刑。该条第1款规定："伪造或者出售伪造的增值税专用发票的，处三年以下有期徒刑、拘役或者管制，并处二万元以上二十万元以下罚金；数量较大或者有其他严重情节的，处三年以上十年以下有期徒刑，并处五万元以上五十万元以下罚金；数量巨大或者有其他特别严重情节的，处十年以上有期徒刑或者无期徒刑，并处五万元以上五十万元以下罚金或者没收财产。"第2款规定："伪造并出售伪造的增值税专用发票，数量特别巨大，情节特别严重，严重破坏经济秩序的，处无期徒刑或者死刑，并处没收财产。"按照该条前两款的规定，只要实施伪造或者出售伪造的增值税专用发票行为之一的，就构成伪造、出售伪造的增值税专用发票罪；既实施伪造增值税专用发票的行为，又实施出售伪造的增值税专用发票的行为的，虽然仍按伪造、出售伪造的增值税专用发票罪定罪，但是要按照刑法专门规定的法定性档次来处罚，即在该罪中，只有同时实施这两个行为的，才能判处无期徒刑或者死刑。

三、伴随行为刑事责任中几个问题的探讨

刑法关于伴随行为刑事责任的上述规定表明，我国刑事立法中对于在一个犯罪行为的实施过程中，伴随发生的另一个

（或数个）可以独立构成犯罪的行为，是本着"重罚"的精神来规定的。

对于这种伴随行为，之所以要规定较重的刑罚，是由其自身的特殊性决定的。伴随行为通常是在一个犯罪过程中发生的，并且伴随发生的两个或两个以上行为之间具有一定的联系，有的甚至具有包容关系，在客观上形成了一个完整的行为过程，因而在多数场合下不论是在立法上还是在观念上，人们能够将其作为一个犯罪来处罚。另一方面，伴随发生的两个或两个以上行为都是具有严重的社会危害性的行为，其中每个行为都可以独立构成犯罪，不论是其客观上的危害程度，还是行为人主观上的罪过程度，都比只实施其中一个行为要严重一些，因而其应当承担的刑事责任也要比只实施其中一个行为的场合更重一些。因此，对于伴随行为，无论是否实行数罪并罚，都应当承担较重的刑事责任。

当然，1997年修订的新刑法关于伴随行为刑事责任的规定并不是尽善尽美的。其中有些规定在理论上就难以自圆其说。

（一）规定并罚与单罚的依据

1997年修订的新刑法中对伴随行为的刑事责任，有的条款规定了"并罚"原则即依照数罪并罚的原则定罪处罚，有的条款规定了"单罚"原则即按照一个罪定罪处罚。这种"并罚"与"单罚"的根据何在，值得研究。

从理论上讲，适用数罪并罚的数个行为，应当是彼此之间没有包容关系，并且每个行为都能独立构成犯罪的行为。如果数个行为之间具有包容关系，就应当作为一罪来处罚。所谓"包容关系"，是指数个行为之间，在逻辑上一个行为可以视为另一个行为的组成部分或必然结果，在法律上一个行为所构成的犯罪可以被另一个行为所构成的犯罪所吸收。

这种理论观点，在1997年修订的新刑法中也得到了体现。例如，伪造货币的行为与出售伪造的货币的行为，伪造的目的通常是为了牟利，而要达到牟利的目的，就必须将伪造的货币出售，因此，伪造货币的行为，在逻辑上可以包容出售伪造的货币的行为，而出售伪造的货币的行为又往往是伪造货币行为的必然延伸。所以，刑法第171条规定，伪造货币并出售或者运输伪造的货币的，依照第170条关于伪造货币罪的规定定罪从重处罚。又如，盗掘古文化遗址、古墓葬的行为，其目的就是盗窃珍贵文物，并且在盗掘古文化遗址、古墓葬的过程中造成珍贵文物严重破坏的，是常见现象，因此，盗掘古文化遗址、古墓葬的行为在逻辑上就包含了盗窃珍贵文物或者造成珍贵文物严重破坏的行为，所以刑法第328条把盗窃珍贵文物或者造成珍贵文物严重破坏的行为规定为盗掘古文化遗址、古墓葬罪的一个加重情节，既实施盗掘古文化遗址、古墓葬的行为，又实施盗窃珍贵文物或者造成珍贵文物严重破坏的行为的，只定盗掘古文化遗址、古墓葬罪一个罪，按照加重后的法定刑档次处罚。但是，组织他人偷越国（边）境的行为，虽然在逻辑上可以包容剥夺或者限制被组织人人身自由的行为、以暴力、威胁方法抗拒检查的行为，但不论是在实现目的的需要上还是在行为性质的轻重上都不能包容杀害、伤害、强奸、拐卖等犯罪行为，所以刑法第318条第2款规定，犯组织他人偷越国（边）境罪，对被组织人有杀害、伤害、强奸、拐卖等犯罪行为，或者对检查人员有杀害、伤害等犯罪行为的，依照数罪并罚的规定处罚。

然而，值得研究的是，如何看待在其他行为过程中实施的"以暴力、威胁方法抗拒检查"的行为。例如，走私、贩卖、运输、制造毒品的行为，组织他人偷越国（边）境的行为，运送他人偷越国（边）境的行为等，这些行为本身都是非法的，在行为过程中一旦被发现，就可能被追究刑事责任，因此行为人总是要千方百计地阻止有关部门或人员的检查甚至不惜以暴力、威胁方法抗拒检查。所以，在逻辑上，这类行为就可以包容以暴力、威胁方法抗拒检查的行为。如果行为人在这类行为的实施过程中，又实施了以暴力、威胁方法抗拒检查的行为的，就应当将后一个行为作为前一个行为的加重情节，从重或者加重处罚。刑法第318条、第321条、第347条正是这样规定的。遗憾的是，1997年修订的新刑法并没有把这个原理贯彻到底，而在刑法第157条第2款中作出了与这个原理相反的规定。按照刑法第157条第2款的规定，以暴力、威胁方法抗拒缉私的，要以走私罪和第277条规定的阻碍国家机关工作人员依法执行职务罪，依照数罪并罚的规定处罚。在同一部刑法典中对相同的情况作出这种不同处罚原则的规定，应该说是不尽合理的。

刑法第120条的规定也值得研究。按照该条第2款的规定，犯组织、领导、参加恐怖组织罪，并实施杀人、爆炸、绑架等犯罪的，依照数罪并罚的规定处罚。但是从逻辑上看，犯组织、领导、参加恐怖组织罪，本身就包含了实施杀人、爆炸、绑架等犯罪的行为。如果没有实施杀人、爆炸、绑架等犯罪行为，"恐怖组织"就难以认定，犯组织、领导、参加恐怖组织罪也就难以成立。从立法意图上看，刑法之所以要作出数罪并罚的规定，恐怕主要是因为组织、领导、参加恐怖组织罪的法定刑轻，而杀人、爆炸、绑架等犯罪的法定刑重。这种以法定刑的轻重来决定是否实行数罪并罚，而不是根据伴随行为能否包容来设定法定刑的做法，是应该避免的。

与之相反，拐卖妇女的行为与诱骗、强迫被拐卖的妇女卖淫的行为之间，没有任何包容关系。诱骗、强迫被拐卖的妇女卖淫的行为，既不是"拐卖"行为必然包含的一个组成部分，也不是与"拐卖"行为有牵连关系的方法行为、目的行为或结果行为，因此诱骗、强迫被拐卖的妇女卖淫的行为，虽然可能是在拐卖妇女的过程中实施的，也应当将其视为独立的犯罪行为，与拐卖妇女的行为实行数罪并罚。刑法第240条将"诱骗、强迫被拐卖的妇女卖淫"的行为作为拐卖妇女罪的一个加重情节处罚，笔者认为，是违背伴随行为刑事责任一般原理的。

（二）根据行为之间的关系还是刑罚的轻重来确定刑罚的吸收与加重

在对伴随行为不实行数罪并罚的场合，新刑法在一些情况下是按照吸收原则，规定"从一重处断"；在另一些情况下则是按照加重原则，规定了更重的法定刑。那么，这样规定伴随行为刑事责任的依据是什么？其中有无合理性？

从1997年修订的新刑法规定的倾向看，伴随行为之间具有牵连关系[1]的，其中一个行为往往被视为另一个行为的加重情节，对之规定较重的法定刑档次；如果伴随行为之间没有牵

---

[1] 所谓"牵连关系"，就是行为人所实施的数个行为之间具有方法与目的或者原因与结果的密切关系，数个行为分别表现为目的行为、方法行为或者结果行为，以目的行为为轴心，方法行为是为实现目的行为服务的，结果行为是由目的行为派生出来的；在时间的先后顺序上，方法行为在前，目的行为在次，结果行为在后。这种牵连关系，在客观上表现为数个行为之间具有密切的联系，即方法行为与目的行为或者原因行为与结果行为的事实联系；在主观上表现为行为人对数个行为有统一的犯意，即为了实施一个犯罪，而采取某种方法行为，或者因实施一种犯罪，接着采取某种结果行为，只有这两个方面得到有机的统一，才能认为有牵连关系。在牵连犯的场合，由于数个行为紧密结合，形成统一整体，所以表现为对社会的一次性侵害。正是这种牵连关系，使数个行为互相依存，形成统一的整体，以致实质上是数罪的数个行为，在裁判上要当作一罪来对待。并且，与表现为对社会的二次或多次侵害的实施数个完全独立的犯罪相比，其社会危害性的程度要轻一些，所以实行"从一重处断"。

连关系，只是一般的吸收关系[1]，则规定法定刑较重的罪吸收法定刑较轻的罪。例如，刑法第 206 条第 2 款规定的伪造增值税专用发票的行为，与出售伪造的增值税专用发票的行为之间；刑法第 229 条第 2 款规定的故意提供虚假证明文件，情节严重的行为，与索取他人财物或者非法收受他人财物的行为之间；刑法第 328 条第 1 款中规定盗掘古文化遗址、古墓葬的行为，与盗窃珍贵文物或者造成珍贵文物严重破坏的行为之间，都具有方法行为与目的行为的牵连关系，因而其中一个行为被作为另一个行为的加重情节，规定了较重的法定刑档次。又如，刑法第 238 条规定的非法拘禁他人或者以其他方法非法剥夺他人人身自由的行为，与在非法拘禁过程中使用暴力致人伤残、死亡的行为；刑法第 253 条规定的隐匿、毁弃邮件、电报的行为，与私自开拆邮件进而窃取财物的行为，这些行为之间，只是由于具有时间上的同时性而表现为对社会的一次性侵害，以致其中一个能够被另一个所吸收，但是它们彼此之间并没有必要的牵连关系，因而刑法没有将其中一个作为另一个的加重情节，而是用一个行为吸收另一个行为，对伴随发生的这两个行为只按其中较重的一个定罪处罚。

令人遗憾的是，1997 年修订刑法时并没有把这个原理贯彻到底。伪造货币的行为与出售伪造的货币的行为之间；盗窃信用卡的行为与使用所盗窃的信用卡进行诈骗的行为之间，"贪赃"行为与"枉法"行为之间，都具有明显的牵连关系，但是刑法第 171 条第 3 款、第 196 条第 2 款和第 399 条第 3 款对这

---

[1] 所谓吸收关系，是指行为人所实施的数个行为，虽然每个都可以分别构成独立的犯罪，但是由于其中一个行为是与另一个行为连接在一起实施的，属于实施某种犯罪的同一过程。前行为可能是后行为发展的所经阶段；或者后行为可能是前行为发展的当然结果，一个行为能够被另一个行为所吸收，从而失去独立的意义，所以在裁判上不定数罪，而是定一个罪。

些伴随行为却没有像其他具有牵连关系的伴随行为那样作为从重或加重情节来规定，而是按照重行为吸收轻行为的原理，规定按照其中轻重的罪来定罪处罚。这种立法的理由，也许是考虑到刑法第 170 条规定的伪造货币罪、第 264 条规定的盗窃罪、第 385 条规定的受贿罪的法定刑本身比较重，按照这些条款定罪处罚，足以对这类情况判处较重的刑罚，因而没有必要再将其中一个作为加重情节来规定。但是在立法上，在设定刑事责任的时候，对应当加重的情节不作出加重处罚的规定，就不能显示刑事责任设置的合理性和刑事立法的倾向性，不利于同这类犯罪作斗争。

四、伴随行为法定刑的选择

在司法实践中对伴随行为追究刑事责任的时候，应当根据刑法有关规定的用语，区别以下三种不同情况，裁量决定应处的刑罚：

（一）刑法中规定"依照刑法第××条的规定定罪处罚"的场合

例如，刑法第 196 条第 2 款对盗窃信用卡并使用的行为，使用了依照第 264 条的规定"定罪处罚"的用语；第 241 条第 4 款对收买被拐卖的妇女、儿童又出卖的行为，使用了依照第 140 条的规定"定罪处罚"的用语。在这种情况下，对盗窃信用卡并使用的行为，就只能定盗窃罪并按照盗窃罪的法定刑裁量决定应处的刑罚；对收买被拐卖的妇女、儿童又出卖的行为，就只能定拐卖妇女、儿童罪并按照该罪的法定刑裁量决定应处的刑罚。如果两个行为中都没有从重处罚的情节，就不能对其从重处罚。

（二）刑法中规定从重处罚的场合

例如，刑法第 229 条第 2 款、第 240 条、第 328 条等，对伴随行为分别规定了较重的法定刑档次，对其中所规定的伴随行为，无论是否具有其他加重情节，都应当在这种较重的法定刑档次内选择决定适用的刑罚。又如，第171条第3款，对伪造货币并出售或者运输伪造的货币的行为，使用了依照第170条的规定"定罪从重处罚"的用语。对这种伴随行为，无论是否具有其他从重情节，都要按照伪造货币罪来定罪并在其所达到的法定刑幅度内从重决定应处的刑罚。

刑法第253条第2款对邮电工作人员私自开拆或者隐匿、毁弃邮件、电报而又窃取财物的行为，使用了依照第264条的规定"定罪从重处罚"的用语。对这种行为，既要按照第264条的规定定盗窃罪，而且要按照该条规定的刑罚从重处罚，即不论是否具有其他从重情节，只要是邮电工作人员私自开拆或者隐匿、毁弃邮件、电报而又窃取财物的行为，都要在其行为所达到的法定刑幅度内判处较重的刑罚。在此值得研究的是，如果窃取财物的数额很小，达不到盗窃罪所要求的"数额较大"的标准，还能否以盗窃罪定罪处罚？笔者认为，刑法第253条第2款中的"窃取财物"是指窃取达到盗窃罪所要求的"数额较大"标准的数量的财物，而不是说无论窃取多少财物都要按照第264条的规定定罪处罚。邮电工作人员在私自开拆或者隐匿、毁弃邮件、电报的过程中窃取的财物没有达到"数额较大"的标准，就不能按照第264条的规定定罪处罚，而应当就窃取财物的行为作为私自开拆或者隐匿、毁弃邮件、电报罪的一个从重情节对待。

（三）刑法中规定选择刑罚的场合

例如，刑法第399条第3款对司法工作人员实施对明知是无罪的人而使他受追诉、对明知是有罪的人而故意包庇不使他受追诉，或者在刑事审判活动中故意违背事实和法律作枉法裁判的，或者在民事、行政审判活动中故意违背事实和法律作枉法裁判，情节严重的行为，同时又实施"贪赃"行为构成刑法第385条规定的受贿罪的，规定"依照处罚较重的规定定罪处罚"。适用这一规定，应当注意三点：一是行为人所收受的贿赂数额达到了刑法第386条援引第283条中的最低数额标准，构成了刑法第283条规定的受贿罪。如果其"贪赃"的行为不能构成受贿罪，就只能作为前一个行为的从重情节对待，而不能对之适用第399条第3款的规定。二是对"贪赃"行为与"对明知是无罪的人而使他受追诉、对明知是有罪的人而故意包庇不使他受追诉，或者在刑事审判活动中故意违背事实和法律作枉法裁判的，或者在民事、行政审判活动中故意违背事实和法律作枉法裁判，情节严重"的行为，应当根据各自的实际情节分别定罪量刑，然后再比较其轻重，决定依照哪一个罪来定罪处罚。如果不分别定罪量刑，就无法确定孰轻孰重。三是受贿罪本身包含了"为他人谋取利益"的要件，如果"贪赃"的行为与"对明知是无罪的人而使他受追诉、对明知是有罪的人而故意包庇不使他受追诉，或者在刑事审判活动中故意违背事实和法律作枉法裁判的，或者在民事、行政审判活动中故意违背事实和法律作枉法裁判，情节严重"的行为轻重相当，则应当按照受贿罪定罪处罚。

（原载《法律科学》1999年第4期）

宽严相济刑事政策在《刑法修正案（八）》中的体现

宽严相济是在新的历史时期，党中央从构建社会主义和谐社会的客观需要和同犯罪作斗争的实际状况出发，提出的一项基本的刑事政策。宽严相济刑事政策的提出和贯彻，对于有效打击和预防犯罪，化解社会矛盾、维护社会稳定、依法保障人权，实现法律效果与社会效果的有机统一，促进社会和谐，都具有重要意义。作为我们国家新时期的基本刑事政策，宽严相济不仅必须贯彻落实在刑事司法的全部工作中，而且应当体现在刑事立法中。《刑法修正案（八）》很好地体现了宽严相济刑事政策的精神，促进了刑法的发展完善，而且对未来刑法的修改提供了有益的经验。

一、体现从宽的精神

《刑法修正案（八）》在很多方面体现了宽严相济刑事政策中强调的从宽的精神。

（一）在死刑问题上，《刑法修正案（八）》取消了13个犯罪的死刑，从而改变了我国刑法修改30多年来一贯从重的历史

我国刑法自1980年1月1日起施行以来，从1982年第一

次修改到1997年系统修改，立法的基本特点一直是增加可以适用死刑的罪名。1997年刑法修改以后到此次修改之前，立法机关又先后颁布了一个决定、七个修正案，这些立法也都是以入罪为基本内容的。《刑法修正案（八）》一改多年来刑事立法的传统，一次性决定对刑法中规定有死刑的走私文物罪，走私贵重金属罪，走私珍贵动物、珍贵动物制品罪，走私普通货物、物品罪，票据诈骗罪，金融凭证诈骗罪，信用证诈骗罪，虚开增值税专用发票、用于骗取出口退税、抵扣税款发票罪，伪造、出售伪造的增值税专用发票罪，盗窃罪，传授犯罪方法罪，盗掘古文化遗址、古墓葬罪，盗掘古人类化石、古脊椎动物化石罪等13个犯罪的死刑。这确实是我国刑事立法方面的一大进步。

值得研究的是取消死刑的标准。长期以来，我国刑法学界普遍主张取消经济性非暴力犯罪的死刑，并为此进行了深入的研究和论证，发表了大量的研究成果。《刑法修正案（八）》可以说是反映了刑法学界的观点，取消死刑的犯罪都是经济性非暴力犯罪。但是，经济性非暴力犯罪并不是取消死刑的唯一标准。比如，与走私文物罪、走私贵重金属罪等一并规定在刑法分则第三章第二节中的走私武器、弹药罪，走私核材料罪，走私假币罪，都是经济性非暴力犯罪，其死刑并没有取消，与票据诈骗罪、金融凭证诈骗罪、信用证诈骗罪一并规定在刑法分则第三章第五节中的集资诈骗罪，同样是经济性非暴力犯罪，也没有取消死刑。可见，立法机关在取消哪些犯罪的死刑时，不仅考虑到经济性非暴力犯罪这个标准，还考虑到其他的标准，如社会危害性的严重程度。与走私文物、贵重金属相比，走私武器、弹药、核材料，可能直接威胁到国家安全和公民人身安全，所以对这类犯罪，《刑法修正案（八）》没有取消死刑。至于走私假币罪、集资诈骗罪仍然保留死刑，应该说是基于对国家经济安全的考虑。特别是集资诈骗罪，虽然是经济性非暴力犯罪，但是一经实施，就可能威胁到不特定多数人的经济利益，引起社会的不稳定。因此保留其死刑有一定的道理。

但是，刑法中还有一些经济性非暴力犯罪，其社会危害性并不比取消死刑的犯罪严重，甚至还没有被取消死刑的这些犯罪的社会危害性严重，《刑法修正案（八）》却没有取消其死刑。这在理论上很难给出让人信服的解释。例如，刑法第358条规定的组织卖淫罪，按照该条的规定，仅仅是组织他人卖淫，情节特别严重的，就可以处无期徒刑或者死刑，并处没收财产。而这种组织卖淫行为并不包括使用暴力的强迫或强奸行为，因为该条将其专门列举为与组织卖淫并列的情形之一。所以组织卖淫罪应当属于经济性非暴力犯罪之列。其社会危害性远没有被取消死刑的那些经济性非暴力犯罪的社会危害性严重，也没有与之并列的强迫他人卖淫罪的社会危害性严重。对其保留死刑显然没有充分的理由。又如，受贿罪。对于受贿罪特别是被动性的受贿罪保留死刑，同样没有充分的理由。作为经济性非暴力犯罪，除了索取贿赂的犯罪之外，一般的受贿罪都是别人求国家工作人员办事并主动给其送财物的，就受贿者而言，其犯罪行为具有一定的被动性。这类犯罪，与积极主动地虚构事实、隐瞒真相，骗取金融机构巨额款项的金融诈骗犯罪相比，其社会危害性要明显轻得多。这些犯罪之所以还保留死刑，恐怕唯一可以称得上理由的是人民群众的接受程度。似乎这类犯罪取消死刑，人民群众难以接受。其实，人民群众是否可以接受，一方面只有广泛地征求民意才能得知，仅仅根据个别人大代表或者网络舆论，很难说就能够代表民意；另一方面，民意也有一个引导的问题，操纵民意不能反映民意，没有正确引导，自发的民意也很难说就是真正的民意，特别是在信息不公开的社会环境下，人民群众对某些领域的情况了解甚少，只能根据自己所了解的某些事实片段或碎片来发表意见，一旦他们了解了整个情况，也许就会作出相反的反应。因此，所谓的人民群众的接受程度，本身是靠不住的，甚至并非完全真实的。从这个意义上讲，废除经济性非暴力犯罪的死刑，还有进一步扩展的空间。

(二) 在刑罚适用上体现了对特殊主体从宽的政策精神

《刑法修正案（八）》的一个亮点是对特殊主体体现了宽严相济的刑事政策。其中包括四个方面：第一，对已满75周岁的人犯罪的适用从宽的原则。《刑法修正案（八）》第1条规定："已满七十五周岁的人故意犯罪的，可以从轻或者减轻处罚；过失犯罪的，应当从轻或者减轻处罚。"第3条进一步规定："审判的时候已满七十五周岁的人，不适用死刑，但以特别残忍手段致人死亡的除外。"这在中华人民共和国刑事立法的历史上，第一次规定了对老年人犯罪从轻或者减轻处罚、不适用死刑的政策。这个政策包含两个处罚原则和一个具体规定。作为处罚原则，一是已满75周岁的人，犯故意罪的，可以从轻或者减轻处罚；二是已满75周岁的人，犯过失罪的，一律从轻或者减轻处罚。从字面上看，"已满七十五周岁的人故意犯罪"，是指犯罪的时候已满75周岁，而不是审判的时候已满75周岁。作为具体规定，《刑法修正案（八）》明确，除了以特别残忍手段致人死亡的以外，审判的时候已满75周岁的人，与犯罪的时候不满18周岁的人和审判的时候怀孕的妇女一样，不适用死刑。这进一步体现了刑罚适用的人道主义精神。第二，对不满18周岁的人、怀孕的妇女或者已满75周岁的人犯轻罪并符合一定条件的，适用缓刑。《刑法修正案（八）》第 11 条第 1 款规定："对于被判处拘役、三年以下有期徒刑的犯罪分子，同时符合下列条件的，可以宣告缓刑，对其中不满十八周岁的人、怀孕的妇女和已满七十五周岁的人，应当宣告缓刑：（一）犯罪情节较轻；（二）有悔罪表现；（三）没有再犯罪的危险；（四）宣告缓刑对所居住社区没有重大不良影响。"这个规定，在刑法第 72 条原来规定的基础上，对适用缓刑的条件增加了"宣告缓刑对所居住社区没有重大不良影响"的内容，实际上是严格了缓刑适用的条件。但是该条明确规定，如果符合适用缓刑的条件，同时又是不满 18 周岁的人、怀孕的妇女或者已满 75 周岁的人，就要一律适用缓刑。这实际上是对这三类人犯罪从宽处罚的一个重要标志。第三，不满 18 周岁的人犯罪不构成累犯。按照刑法第 65 条原来的规定，被判处有期徒刑以上刑罚的犯罪分子，刑罚执行完毕或者赦免以后，在 5 年以内再犯应当判处有期徒刑以上刑罚之罪的，无论什么人，都构成累犯，都应当从重处罚，只有过失犯罪可以例外。《刑法修正案（八）》明确地把不满 18 周岁的人犯罪作为例外情形之一，明显地体现了对未成年人犯罪从宽的精神。第四，规定了未成年人犯罪记录消灭制度。刑法第 100 条明确规定："依法受过刑事处罚的人，在入伍、就业的时候，应当如实向有关单位报告自己曾受过刑事处罚，不得隐瞒。"这被视为犯罪记录报告制度。《刑法修正案（八）》在保留这个规定的基础上，明确规定："犯罪的时候不满十八周岁被判处五年有期徒刑以下刑罚的人，免除前款规定的报告义务。"这是对犯罪记录报告制度的重大修改，它从法律上取消了未成年人的报告义务，有利于对未成年犯罪人的教育挽救，也符合刑法改革的世界潮流。

当然，对老年人犯罪从宽的政策仅仅适用于犯罪时已满75周岁的人，似乎象征意义大于制度本身的实际意义。因为犯罪时已满75周岁的人，毕竟在我们的现实生活中微乎其微，可能在这个政策中受益的人是极个别的。如果真要实行对老年人犯罪从宽的政策，就应当考虑把老年人的年龄标准至少降低10岁，才会有较多的人可能实际享受到这个政策。并且，考虑到已满75周岁的人在视听、听力好行动方面的老化，对其实施的过失犯罪，至少应当适用减轻处罚的原则，而不是从轻或者减轻处罚。

（三）在犯罪以后的表现方面，进一步体现坦白从宽的精神

宽严相济刑事政策的提出是对我国刑法长期坚持的惩办与宽大相结合刑事政策的继承和发展，尽管强调的侧重点不同，但这两个刑事政策都坚持坦白从宽的精神。在1997年刑法中，第67条就明确规定："犯罪以后自动投案，如实供述自己的罪行的，是自首。对于自首的犯罪分子，可以从轻或者减轻处罚。其中，犯罪较轻的，可以免除处罚。被采取强制措施的犯罪嫌疑人、被告人和正在服刑的罪犯，如实供述司法机关还未掌握的本人其他罪行的，以自首论。"《刑法修正案（八）》进一步体现坦白从宽的精神，对于虽然不属于自首，但能够如实供述自己罪行的人，也明确规定了从轻处罚的原则，即"犯罪嫌疑人虽不具有前两款规定的自首情节，但是如实供述自己罪行的，可以从轻处罚；因其如实供述自己罪行，避免特别严重后果发生的，可以减轻处罚"。按照这个规定，无论是在侦查阶段，还是在审查起诉阶段或者审判阶段，只要犯罪嫌疑人如实地供述了自己的犯罪行为，就可以从轻处罚；并且，如果在实施犯罪行为之后、犯罪结果发生之前，犯罪嫌疑人如实供述

了自己的犯罪行为，从而有效地避免了特别严重的危害后果的发生，还可以减轻处罚。这也体现了从宽的精神。

二、体现从严的精神

《刑法修正案（八）》贯彻宽严相济刑事政策，不仅体现在对某些犯罪和犯罪人从宽方面，而且体现在对某些犯罪和犯罪人从严方面。

（一）对累犯从严

一个人因犯罪被判处有期徒刑以上刑罚，刑罚执行完毕或者赦免以后一定时间内又犯应当判处有期徒刑以上刑罚之罪，说明这个人不思悔改，具有一定的人身危险性，对社会是一种潜在的威胁。特别是实施严重犯罪的累犯，对社会的危害性就更大。因此刑法对累犯坚持从重处罚的原则。《刑法修正案（八）》对累犯进一步体现了从重处罚的精神。一是明确规定："危害国家安全犯罪、恐怖活动犯罪、黑社会性质的组织犯罪的犯罪分子，在刑罚执行完毕或者赦免以后，在任何时候再犯上述任一类罪的，都以累犯论处。"这就在刑法原第66条的基础上，把从严掌握的累犯的范围，从危害国家安全犯罪一类罪扩大到三类罪，即把恐怖活动犯罪和黑社会性质的组织犯罪纳入特殊累犯的范围，不受刑罚执行完毕或者赦免以后5年内再犯罪的限制，并且也不受同种罪的限制，实施危害国家安全犯罪、恐怖活动犯罪、黑社会性质的组织犯罪的犯罪分子，在刑罚执行完毕或者赦免以后，在任何时候再犯其中任何一种罪，都构成累犯，都要从重处罚。二是明确规定对被判处死刑缓期执行的累犯，在2年期满以后减为无期徒刑或者25年有期徒刑时，人民法院可以同时决定对其限制减刑。三是保留了对累犯不得适用缓刑和假释的规定。

(二) 修改某些犯罪的构成要件，降低入罪门槛

为了从严惩处严重危害社会的犯罪，《刑法修正案（八）》对某些犯罪的构成要件作了修改，从而降低了入罪的门槛，扩大了适用范围。一是有关危害国家安全的犯罪。《刑法修正案（八）》对《刑法》第107条资助危害国家安全犯罪活动罪作了修改，取消了资助对象的限制，按照新的规定，无论是资助境内的组织或者个人，还是资助境外的组织或者个人实施背叛国家罪、分裂国家罪、煽动分裂国家罪、武装叛乱暴乱罪、颠覆国家政权罪、煽动颠覆国家政权罪的，都构成资助危害国家安全犯罪活动罪。刑法第109条规定的叛逃罪也由原来的结果犯改为行为犯，取消了"危害中华人民共和国国家安全"的要件。二是有关生产、销售伪劣商品的犯罪。按照《刑法修正案（八）》的规定，生产、销售假药罪不再是危险犯，而是行为犯，只要实施了生产、销售假药的行为，不论是否足以危害人体健康，都构成该罪，并且该罪的严重情节和特别严重情节也不再局限于对人体健康造成严重危害；生产、销售不符合卫生标准的食品罪的严重情节不再仅限于对人体健康造成严重危害；生产、销售有毒、有害食品罪的严重情节中取消了"造成严重食物中毒事故或者其他严重食源性疾患"的要求，在特别严重情节中把"对人体健康造成特别严重危害"修改为"其他特别严重情节"，这些都进一步扩大了对生产、销售危害人体健康的假药和有毒、有害食品的打击力度，加强了对药品、食品安全的保护。与之相适应，增加了食品监管失职罪，明确规定："负有食品安全监督管理职责的国家机关工作人员，滥用职权或者玩忽职守，导致发生重大食品安全事故或者造成其他严重后果的，处五年以下有期徒刑或者拘役；造成特别严重后果的，处五年以上十年以下有期徒刑。徇私舞弊犯前款罪的，

从重处罚。"三是强迫交易罪。《刑法修正案（八）》根据市场监管中的实际情况，修改了刑法第 226 条规定的强迫交易罪的构成要件，把"强迫他人参与或者退出投标、拍卖的""强迫他人转让或者收购公司、企业的股份、债券或者其他资产的""强迫他人参与或者退出特定的经营活动的"三种行为明确规定为构成强迫交易罪的情形，并且加重了该罪的法定刑，明确规定"情节特别严重的，处三年以上七年以下有期徒刑，并处罚金"。四是强迫他人劳动罪。《刑法修正案（八）》把刑法第 244 条规定的强迫职工劳动罪从单纯的单位犯罪修改为既可以由单位构成也可以由个人构成的犯罪，并对构成要件进行了修改（从而也改变了该罪的罪名）。按照《刑法修正案（八）》的规定，凡是以暴力、威胁或者限制人身自由的方法强迫他人劳动的，都构成强迫他人劳动罪；明知他人实施强迫他人劳动的行为，为其招募、运送人员或者有其他协助强迫他人劳动行为的，构成协助强迫他人劳动罪；单位实施这两种罪的，对单位判处罚金，并对其直接负责的主管人员和其他直接责任人员按照自然人犯罪处罚。《刑法修正案（八）》还在原来规定的法定刑基础上增加了"情节严重的，处三年以上十年以下有期徒刑，并处罚金"的规定，充分体现了对这类犯罪从严惩处的精神。五是重大环境污染事故罪。《刑法修正案（八）》在刑法第 338 条规定的重大环境污染事故罪构成要件中取消了"向土地、水体、大气"排放、倾倒的限制，把其他"危险废物"改为"有害物质"，特别是把"造成重大环境污染事故，致使公私财产遭受重大损失或者人身伤亡的严重后果的"构成要件修改为"严重污染环境的"，从而使该罪不再是一种以严重后果为要件的结果犯，这就大大扩大了该罪的适用范围。六是非法采矿罪。按照刑法第 343 条第 1 款的规定，非法采矿的行为，即"违反矿产资源法的规定，未取得采矿许可证擅自采矿的，擅自进入国家规划矿区、对国民经济具有重要价值的矿区和他人矿区范围采矿的，或者擅自开采国家规定实行保护性开采的特定矿种的"构成犯罪，必须符合两个条件，即"经责令停止开采后拒不停止开采"和"造成矿产资源破坏"。《刑法修正案（八）》将这两个限制性条件修改为"情节严重"，从而使该罪从结果犯改为情节犯，扩大了该罪的适用范围，并且把从重处罚的情形从"造成矿产资源严重破坏的"修改为"情节特别严重"，也进一步扩大了从重处罚的范围。

（三）增加某些犯罪的法定刑，加大打击力度

刑法中原来规定的个别犯罪，法定刑比较低，但是对社会的危害比较严重。《刑法修正案（八）》在保留原来规定的犯罪构成基本不变的情况下，加重了这些犯罪的法定刑。如敲诈勒索罪。《刑法修正案（八）》对刑法第274条的修改，除了在"敲诈勒索公私财物，数额较大的"基础上增加了"多次敲诈勒索的"情形，从而适当扩大该罪的构成要件之外，增加了"并处或者单处罚金"的规定，同时还增加了"数额特别巨大或者有其他特别严重情节的，处十年以上有期徒刑，并处罚金"的规定，从而把该罪的法定最高刑从10年有期徒刑提高到15年有期徒刑。又如寻衅滋事罪。除了在构成要件中增加了"恐吓他人"的行为之外，《刑法修正案（八）》增加了纠集他人多次实施寻衅滋事行为，严重破坏社会秩序的，处5年以上10年以下有期徒刑，可以并处罚金的规定，从而把该罪的法定最高刑从5年有期徒刑提高到10年有期徒刑，并且增加了罚金刑。再如包庇、纵容黑社会性质组织罪，刑法原来规定的法定刑有两个档次，即：3年以下有期徒刑、拘役、管制或者剥夺政治权利；情节严重的，处3年以上10年以下有期

徒刑。《刑法修正案（八）》把第一个法定刑档次修改为 5 年以下有期徒刑；把第二个法定刑档次修改为"情节严重的，处五年以上有期徒刑"。

此外，《刑法修正案（八）》还增加了某些新的犯罪，其中有些原来是治安处罚法规定的违反治安行政管理的行为，如在道路上驾驶机动车追逐竞驶和醉酒驾驶机动车的行为。由于这些行为可能威胁到公共安全，所以《刑法修正案（八）》将其入罪，也反映了从严处罚这些行为的精神。

三、体现宽中有严、严中有宽的精神

《刑法修正案（八）》不仅对该宽的从宽、对该严的从严，而且在从宽规定的时候有严的地方，在从严规定的时候又有从宽的方面。除了调整刑罚的结构关系、完善刑罚适用制度之外，在以下几个方面进一步体现了宽严相济的精神：

（一）关于死刑的规定

《刑法修正案（八）》采取了从宽的原则，明确取消了 13 个犯罪的死刑，规定了对已满 75 周岁的人不适用死刑的原则。但是同时又规定，"对被判处死刑缓期执行的累犯以及因故意杀人、强奸、抢劫、绑架、放火、爆炸、投放危险物质或者有组织的暴力性犯罪被判处死刑缓期执行的犯罪分子，人民法院根据犯罪情节等情况可以同时决定对其限制减刑"。这就体现了对严重危害社会的犯罪分子从严的精神。

（二）关于缓刑的规定

按照《刑法修正案（八）》的规定，如果符合适用缓刑的条件，同时又是不满 18 周岁的人、怀孕的妇女或者已满 75 周岁的人，就要一律适用缓刑。但是《刑法修正案（八）》同时又规定："对于累犯和犯罪集团的首要分子，不适用缓刑。"这就使缓刑制度的适用在进一步放宽适用范围的同时，对严重危

害社会的犯罪分子采取从严的政策，限制对其适用缓刑，从而体现了宽中有严的精神。

（三）关于盗窃罪的规定

《刑法修正案（八）》彻底废除了盗窃罪的死刑，应该说体现了从宽的精神，但同时有在盗窃罪的构成要件中增加了"入户盗窃、携带凶器盗窃、扒窃"的情形。这就把实践中多发、常见的盗窃行为，从违反治安行政管理的行为提升到犯罪行为，使之犯罪化，从而体现了宽中有严的精神。

（四）关于黑社会性质的组织犯罪

《刑法修正案（八）》坚持了从严的原则。一是在刑法原来规定的基础上进一步明确了犯罪构成的要件；二是加重了黑社会性质组织罪的法定刑，（组织、领导黑社会性质组织罪的法定最低刑从3年有期徒刑提高到7年有期徒刑，法定最高刑从10年有期徒刑提高到15年有期徒刑；包庇、纵容黑社会性质组织罪的法定刑，第一档法定最高刑从3年有期徒刑提高到5年有期徒刑，第二档法定最高刑从10年有期徒刑提高到15年有期徒刑），并增加了财产刑；三是明确规定黑社会性质的组织犯罪的犯罪分子，在刑罚执行完毕或者赦免以后，在任何时候再犯危害国家安全犯罪、恐怖活动犯罪、黑社会性质的组织犯罪，都以累犯论处。但是同时，又把积极参加黑社会性质的组织的行为与组织、领导黑社会性质的组织的行为区别开来，在提高组织、领导黑社会性质组织罪的法定刑的同时，降低了积极参加黑社会性质组织罪的法定刑（法定最高刑从10年有期徒刑减为7年有期徒刑）。

总之，《刑法修正案（八）》在许多方面体现了宽严相济刑事政策，反映了我国刑法立法的进步，有助于刑法更好地适应经济社会发展的需要，对于刑法的发展完善及其科学化具有里程碑意义。但是，从另一方面看，宽严相济刑事政策在刑事立法中的贯彻，还存在着某些值得进一步完善的空间。例如，《刑法修正案（八）》在黑社会性质组织犯罪中，对组织领导黑社会性质组织的、积极参加黑社会性质组织的、其他参加黑社会性质组织的，在法定刑上作了必要的区分，体现了区别对待的精神，并且与刑法中有关危害国家安全罪的规定完全相同。但是，在与之类似的组织、领导、参加恐怖组织罪中却没有体现这种区别对待的精神，而是对组织、领导和积极参加恐怖活动组织的统统规定为相同的法定刑，其他参加的不作为犯罪处理。在聚众犯罪中，同样存在着一个首要分子与积极参加的、其他参加的区别对待的问题。这些问题应当在法定刑档次上予以反映，才能更充分地体现宽严相济刑事政策的精神。此外，关于单位犯罪问题，《刑法修正案（八）》进一步体现了对单位犯罪中的个人依照个人犯罪处罚的精神，但是对直接负责的主管人员和其他直接责任人员的法定刑仍然没有作任何进一步的区分。其实，这两类人员在单位犯罪中所处的地位和所起的作用，在绝大多数场合下都是明显不同的，在立法上对其法定刑作出区分也是十分必要的。这些都需要通过刑法的进一步修改来完善。由此看来，宽严相济刑事政策在刑法中的贯彻，还需要继续努力。

（原载《西南政法大学学报》2011年第4期）

论刑罚适用的价值取向

刑罚适用是指把刑法中规定的刑罚适用于具体犯罪人的活动。这种活动,既包括依法裁量决定刑罚的活动,也包括依法执行法院所判处的刑罚的活动。但是在狭义上,一般认为,刑罚适用"是指国家审判机关根据案件事实和情节,在依法对被告人定罪之后,按照法律的规定,将刑罚适用于具体犯罪人的活动,它包括两个方面的内容,一是决定对犯罪人是否判处刑罚;二是在决定对犯罪人判处刑罚之后,进一步确定判处何一种类和何种程度的刑罚。依法决定对被判处管制、拘役、有期徒刑、无期徒刑的罪犯予以减刑或假释,一般也被认为属于刑罚适用活动的一部分"。[1]

刑罚适用的前提是认定犯罪的事实清楚、证据确凿、定罪准确。在任何一个具体案件中,只有在查清案件事实和准确定罪的情况下,才存在一个如何适用刑罚的价值取向问题。如果案件本身的事实不清或者定罪不准,刑罚的适用就丧失了合理性的基础,讨论刑罚适用的价值取向也就是多余的。

在案件的事实清楚、证据确凿和定罪准确的前提下讨论刑

---

[1] 樊凤林主编:《刑罚通论》,中国政法大学出版社1994年版,第275页。

罚适用问题，笔认为应当着重考虑以下几个方面：

一、刑罚适用的必要性

是否判处刑罚、判处什么样的刑罚，应当在罪刑法定原则和罪责刑相适应原则下充分考虑预防犯罪的需要。

考虑刑罚的适用是否必要，首先必须坚持罪刑法定原则和罪责刑相适应原则。因为只有坚持这两个原则，才能促使人们对刑法的尊重和遵守，才能伸张和维护社会正义，从而达到预防犯罪的目的。为了到达一般预防的目的而在法定刑以外加重判处刑罚，或者不顾法定的或酌定的从轻、减轻处罚或免除处罚的情节而加重处罚的做法，既使刑法失信于犯罪人，也使刑法失信于一般公民，不利于预防犯罪目的的实现。为了满足特殊预防的需要而一味地强调在法定刑以下裁量决定刑罚或不判处刑罚或滥用缓刑的做法，既不利于对犯罪人的教育改造，也不利于伸张社会正义、鼓励人民群众同犯罪作斗争，因而是不可取的。一般预防与特殊预防的结合点正是罪刑法定原则和罪责刑相适应原则。只有在这两个原则的指导下并且在这两个原则的范围内，刑罚的选择适用才是合法的，才有可能实现社会正义并达到预防犯罪的目的。

考虑刑罚的适用是否必要，应当以是否有利于预防犯罪为根据。预防犯罪，是刑法的目的，更是刑罚的目的。适用刑罚，必须考虑其自身的目的追求，从是否有利于预防犯罪出发。关于预防犯罪，我国学者通常将其分为一般预防和特殊预防。但是笔者认为，所谓的一般预防和特殊预防，在预防犯罪目的性中始终是统一而不可分割的。在任何时候、任何一个具体案件中，都不能只考虑一般预防而忽视特殊预防，或者只考虑特殊预防而忽视一般预防，而应当把二者有机结合起来，统一权衡。衡量是否有利于预防犯罪，既要从预防犯罪人再犯罪的角度考虑问题，更要从预防没有犯罪的人可能犯罪的角度考虑问题，从教育和鼓励最广大的人尊重和遵守法律的角度考虑问题，不能顾此失彼。

判断是否有利于预防犯罪，可以从三个方面入手：

一是对犯罪人不适用刑罚会不会导致犯罪人再犯罪或者其他人犯罪。犯罪人具有免予处罚情节，固然不需要判处刑罚。即使没有免予处罚情节，但是如果犯罪是在某种特殊情况下偶尔发生的，并且犯罪人一贯遵纪守法，犯罪的情节和后果并不严重，同样没有必要判处刑罚。因为在这种情况下，定罪本身就可以到达教育犯罪人的目的，即使不判处刑罚，犯罪人也不会再犯罪；而对犯罪人不判处刑罚，也不会违背社会正义，不至于产生鼓励其他人犯罪的后果。但是如果犯罪人是故意制造机会实施犯罪，即使犯罪情节和后果并不严重，也应当判处刑罚，因为他具有再犯罪的迹象。如果犯罪情节比较恶劣，不判处刑罚就不足以伸张社会正义，不利于预防更严重的犯罪，同样就需要判处刑罚。

二是对犯罪人适用刑罚是否有助于遏制同类犯罪的增加。例如，在处理黑社会性质的犯罪中，对其中被胁迫参加犯罪并且没有直接实施犯罪行为的人，不判处刑罚，并不会助长这类犯罪的增加，也不会妨碍打击和遏制这类犯罪的效果。即使在严打斗争中，对这类犯罪人，是否有必要一律判处刑罚，就值得深思。又如，在普遍存在受贿的社会环境下，收受贿赂，数额不大，又没有其他严重情节，就没有判处刑罚的必要；但是如果以不履行职务行为相要胁索取贿赂，或者以不正确履行职务行为作交易收受贿赂，或者收受贿赂数额巨大，就不能不判处刑罚。

三是对犯罪人适用何种刑罚更有利于防止犯罪人再犯罪。

我国刑法对许多犯罪都规定了一种以上可供选择的刑种。当一个人所实施的犯罪根据刑法的规定既可以适用这种刑罚也可以适用另一种刑罚时，对其适用哪种刑罚，应当充分考虑防止其再犯罪的必要，特别是要充分考虑将其投入监狱服刑可能对其个人和家庭产生的负面效应在再犯罪中的作用。在不违背社会正义的要求、不致鼓励潜在犯罪人的情况下，应当尽可能地不判处监禁刑。

考虑刑法的适用是否必要，必须力求避免多余之刑。边沁曾经指出："当通过更温和的手段——指导、示范、请求、缓期、褒奖可以获得同样效果时，适用刑罚就是过分的。"[1] 适用罚金刑或者训诫，能够警戒和预防的犯罪，适用有期徒刑就是多余的。在刑法规定的刑罚幅度内判处5年有期徒刑能够实现社会正义的，就没有必要判处8年或者10年有期徒刑。

二、刑罚适用的合理性

适用刑罚应当与犯罪人的罪责相适应，使其感到自己所受到的刑罚处罚是罪有应得。

按照罪责刑相适应原则，对犯罪人适用刑罚，不仅要考虑其所犯罪行的轻重，而且应当充分考虑其刑事责任的大小。但是在实践中，只考虑其罪行的严重程度而不考虑其刑事责任大小的情况，时有发生。例如，把危害结果的严重程度作为裁量决定刑罚的唯一尺度，不考虑犯罪行为发生的前因后果，尤其是在有被害人的犯罪中，只考虑被害人受害的一面，而不考虑被害人在犯罪过程中的责任及其行为对犯罪发生的诱导或引起作用，就很难保证刑罚适用的合理性。又如，在共同犯罪中，

---

[1]〔英〕吉米·边沁：《立法理论——刑法典原理》，孙力等译，中国人民公安大学出版社1993年版，第67页。

要求共同犯罪中的首要分子或主犯对其他共同犯罪人所实施的、首要分子或主犯没有预料甚至无法预料的犯罪行为承担刑事责任，或者要求其对共同犯罪中非犯罪人的原因所引起的或加重的结果承担刑事责任，同样缺乏合理性。

为了保持刑罚适用的合理性，还应当避免对同一个行为的重复评价。例如，在黑社会性质组织罪中，把主犯组织指挥其他人实施犯罪的行为，既作为该犯罪中主犯的行为对其判处刑罚，又将其作为黑社会性质组织罪中的组织行为对其判处刑罚。这种对同一个行为重复评价的做法，就使刑罚的适用丧失了其应有的合理性。

刑罚适用的合理性，也包括对罪行严重的犯罪人不应当判处过轻的刑罚。某市中级法院曾判处过一个多人共同抢劫杀人案件。主犯论罪应当判处死刑，但因其具有重大立功表现，被减轻判处 9 年有期徒刑。而该案的 3 名从犯却被判处死刑。这个判决结果公布后，不仅该案的其他犯罪人及其家属不能接受，而且提起公诉的检察机关也不能理解，相当一些人建议提出抗诉。大家认为，基于该主犯有重大立功表现，本该判处死刑而减轻判处无期徒刑甚至 10 年以上有期徒刑都可以，但将其减轻判处 9 年有期徒刑而同一案件中的从犯被判处死刑，显然是不合理的。但是法院的审判人员讲，主犯因其有法定减轻处罚情节，在法定最低刑 10 年以下判刑是符合法律规定的。这个问题，从表面上看，是一个对刑法第 63 条的理解问题，即当刑法分则把死刑、无期徒刑和 10 年以上有期徒刑一起规定为一个刑罚档次时，这是一个不可分割的法定刑档次，还是同一刑罚档次中可以再分割的几个法定刑档次？如果认为当刑法分则把死刑、无期徒刑和 10 年以上有期徒刑规定在一起时，只有一个不可分割的法定刑档次，那么既然有减轻处罚情节，按照刑法第 63 条的规定，就应当在 10 年以下有期徒刑中决定实际判处的刑罚；如果认为在这类刑法规定中，死刑、无期徒刑、10 年以上有期徒刑是同一刑罚档次中三个可以分割的法定刑档次，那么本应判处死刑的，有减轻处罚情节，就应当判处无期徒刑。但是这个问题的实质是刑罚的适用要不要受刑罚合理性或者刑罚公正性的制约。在同一个案件中，对主犯不判处死刑而对从犯判处死刑，在情理上，应该说是违背社会正义的基本理念的。刑事司法应当保障在全社会实现公平和正义，因此在适用刑罚的时候，对刑法规定的理解、解释和适用，就应当遵循公平和正义的原则，合理地解释和适用刑罚，而不能不顾常理任意解释和适用刑法以致刑罚适用的不合理。

三、刑罚适用的适度性

适用刑罚，应当在刑法规定的范围内选择适度的刑罚，避免畸轻畸重。

随着社会的发展，人的生命、尊严、自由和权利，无论是对社会还是对个人，都越来越重要，保护这些价值不受侵犯、限制和剥夺的要求也就越来越强烈。即使是在为了更大的和更多的人的利益必须限制或剥夺犯罪人的自由和权利的场合，也应当尽可能地缩小限制的程度、减少剥夺的范围。因此，对犯罪人裁量决定刑罚，在坚持罪刑法定原则和罪责刑相适应原则的前提下，应当尽可能地选择比较轻的刑罚，不能动不动就"顶格判处"。因为我国刑法关于刑罚的规定中存在着明显的重刑主义倾向，而重刑不利于对犯罪人的改造。

即使是对于严打对象，也应当区别情节轻重，能适用轻刑的，尽可能不要适用重刑。在"情节加重犯"的场合，对于基本犯与应当加重处罚的情节，应当严格把握，不能动不动就把基本的犯罪构成事实作为加重情节，适用较高档次的法定刑。

共同犯罪的场合，当共同犯罪行为造成严重后果时，应当区别不同犯罪人的情况，分别选择刑罚，而不能对每个首要分子和积极参加者都处以极刑。

刑罚适度，也包括对应当判处较重刑罚的犯罪人不能判处较轻的刑罚、不能适用缓刑。在实践中，对本应判处3年以上有期徒刑而又没有从轻减轻处罚情节的犯罪人，降格判处3年以下有期徒刑，并对其适用缓刑。这种做法，也不符合刑罚适度的原则。

为了保证刑罚适用的适度，应当研究对犯罪和犯罪人的科学分类。对于性质严重的犯罪应当适用比较重的刑罚，而对于性质比较轻的犯罪，则应当普遍地适用比较轻的刑罚。对于犯罪人同样应当进行科学的分类，对其行为表明有再犯罪可能的犯罪人，应当适用比较重的刑罚，而对没有明显的再犯罪可能的犯罪人，就应当适用比较轻的刑罚。

此外，在对严重危害社会治安的犯罪分子适用重刑的同时，要研究刑罚的非监禁执行方式，尽可能地不把实施一般性犯罪行为的犯罪人投入监狱来执行刑罚。但是对这类人实行非监禁刑的同时，应当具有必要的制裁措施，以维护刑罚适用的必定性，避免导致有罪不罚的现象泛滥。

四、刑罚适用的公平性

对犯罪人裁量决定刑罚，要考虑刑罚适用的公平性。对性质和情节大致相同的犯罪，应当适用大致相同的刑罚，如果刑罚的种类和轻重相差悬殊，无论是被判刑的人及其亲属还是一般公民，都会认为刑罚的适用是不公平的。如是，既不利于对犯罪人的教育改造，也不能满足社会对公平和正义的要求。

公平首先要求在同一个法院，对犯罪的性质和情节大致相同的犯罪人适用大致相同的刑罚；对性质相同但是情节轻重不同的犯罪人不应当适用大致相同的刑罚。如果在同一个法院同一时期作出的判决中，在刑罚的适用上出现悬殊较大的结果，其公平与正义就值得考虑。例如，某区法院在同年同月判处两个案件，一个是盗窃财物共计约1600元，判处犯罪人有期徒刑6年，4天后该法院判处另一件情节大致相当的盗窃案，盗窃财物共计约1600元，判处犯罪人拘役6个月。同样是这个法院，对多次盗窃财物共计9800元的案件，判处犯罪人有期徒刑2年，罚金5000元；对另一个一次盗窃财物980元的案件，同样对犯罪人判处有期徒刑2年，罚金3000元。刑罚适用的不公平，不仅表现在主刑方面，而且表现在附加刑方面。例如，某区法院在不到一个月的时间内，对第一个盗窃案判处有期徒刑10个月，并处罚金2000元；对第二个盗窃案件，判处拘役3个月，并处罚金3000元。这类显失公平的刑罚适用，与适用刑罚的目的是明显相悖的。

公平也要求不同地方的法院在适用同一部刑法的时候，能够对性质和情节大致相同的犯罪人适用大致相同的刑罚。不同地方的法院通常都是各自独立地作出判决的，因而很难做到对大致相同的犯罪判处大致相同的刑罚。但是，不同地方的法院所判处的犯罪人有时可能是在同一个监狱执行刑罚。如果同罪不同罚，犯罪人在一起服刑时，就可能发现刑罚适用的不公平。这对犯罪人的认罪服法、接受改造会带来巨大的负面效应，即使是公正的判决，也会受到犯罪人的抵制。这种情况往往是导致犯罪人再犯罪的祸根。例如，对于贩卖毒品罪，有的法院在判处主刑的同时，并处20万元的罚金；有的法院对类似的案件，在判处主刑的同时，仅判处2万元的罚金。同样是收受贿赂的犯罪，有的法院对受贿55万元的犯罪人判处无期徒刑，有的法院对受贿900万元的犯罪人也判处无期徒刑；有的法院对受贿 100 万多元的犯罪人判处死刑，缓期二年执行；有的法院对受贿 500 多万元的犯罪人也判处死刑，缓期二年执行。这些判决通过新闻媒体公开报道后，使人们在看到犯罪分子受到法律制裁的同时，也会使人们对这种法律制裁的公平性和合理性产生疑惑。

至于不同时期同一法院或不同地方的法院对大致相同的案件判处相差悬殊的刑罚的情况，更是多见。这类情况，都使刑罚的适用对预防犯罪的作用大打折扣。

因此，为了保障刑罚适用的效果，充分发挥其在维护社会正义和预防犯罪中的作用，必须坚持刑罚适用的公平原则，必须保持刑罚适用的稳定性，使大致相同的犯罪在任何时候都要受到大致相同的刑罚处罚。

（原载樊凤林主编《刑罚通论》，
中国政法大学出版社 1994 年版）

刑罚改革的切入点

一、我国刑罚制度改革应以轻刑化为切入点

刑罚的改革，应当是以轻刑化为切入点，即通过改革，使我们国家的刑罚实现轻刑化，以趋向世界刑罚发展的潮流。

轻刑化的理由很多，笔者认为，最主要的有三个：

（一）轻刑化是社会发展的必然要求

当人们处于吃不饱、穿不暖的境地时，人们的主要关注点在生存问题上，因而对于尊严、自由和权利往往看得并不重，对尊严的崇尚、对自由的追求、对权利的主张，也往往被认为是奢侈品，甚至许多人对于自己的生命，也会认为"不值几个钱"。在这样的社会存在环境中，刑罚太轻，确实不足以产生遏制犯罪冲动的效果，因而也难以实现刑罚的使命。但是，随着社会的发展，生命、尊严、自由和权利本身的价值，无论是对社会还是对个人，都越来越大，人们对之的认识和关注度也越来越高。随着人们对生命、尊严、自由、权利的价值的认识进一步提高，珍惜生命、崇尚自由、主张权利的意识，使对其些许的剥夺或限制，就会感到是严重的惩罚，而保护这些价值不受侵犯、限制和剥夺的要求也就越来越强烈。而刑罚恰恰是以限制或者剥夺这些价值为内容的，即使是在为了更大的和更多的人的利益必须限制或剥夺这些价值的场合，人们也希望尽可能地把限制、剥夺的范围缩小到最低限度，把限制、剥夺的程度降低到最轻。并且，人们对刑罚轻重的评价标准是以其对刑罚所限制和剥夺的权利或利益的认识为转移的。随着人们对自身价值的认识的提高和社会生活水平的提高，人们对刑罚所限制和剥夺的权利或利益的价值评价会越来越大，进而对刑罚轻重程度的评价也会越来越重。同样一种刑罚，如5年有期徒刑，过去认为比较轻缓的刑罚，随着社会的发展，人们会认为它是比较严重的刑罚。过去，一个人坐一年牢，可能觉得"一晃就过去了"，现在就可能会感到"受不了"。因此，轻刑化的呼声，将随着社会的发展越来越强烈。刑罚改革只有顺应社会发展的这种客观要求，才能得到社会最大多数人的认同和支持。

（二）刑罚的发展历史证明重刑容易导致被判刑人的人格缺失

所谓"重刑"，主要是指剥夺人的生命以及无期限地或长时间地限制人的自由的刑罚。关于死刑，贝卡里亚和福柯都曾形象地描述过它所造成的人们的心理扭曲。例如："聪明的司法官员和严厉的执法牧师泰然自若地用缓慢的仪式把犯人慢慢带向死亡；不幸者在痛苦的抽搐中等待做最后的致命一击；而法官却熟视无睹、漠然置之，或许还暗暗地对自己的权威感到得意，品味生活的惬意和乐趣。人们看到这种情景会怎么想呢？他们将叹道：'咳，这些法律只不过是施加暴力的借口，煞费苦心、残酷横暴的司法手续只不过是为了更稳妥地把我们当作牺牲品，奉祀给贪得无厌的暴政偶像而订立协约用语罢了。''杀人被说成是一种可怕的滔天大罪，我们却看到有人在心安理得地实施它。这一事例使我们受益匪浅。过去，我们根据一些描述，把暴力致死看作一种可怕的场面，然而，现在我们却把它看做是一瞬间的事情。对于那些并不等待死亡，因而几乎尝不到死刑痛苦的人来说，这种事情就更不算什么了。'这些就是那些打算犯罪的人清醒地或者恍惚地做出的危险而有害的推理。"[1]

就无期徒刑和长期徒刑而言，无论是从历史上看，还是从实践中看，它的负面作用都是明显的。一个人如果长期处在被关押的状态，一方面，他因为长时间地重复着同样的被惩罚的痛苦，久而久之，便会对这种惩罚习以为常、麻木不仁，最初所感受到的失去自由的痛苦，在经过一定时间而达到极限之后会逐渐减弱，以致不再感到惩罚之苦；另一方面，他因为与社会隔离的时间过长而无法像其他在社会上生活的人那样进行正常的思维，不了解社会生活和社会观念发展变化的情况，因而也难以适应社会的要求、难以跟上社会发展变化的步伐，一旦其回归社会，其重新犯罪的概率往往很高。而这与对其适用刑罚的初衷恰恰是背道而驰的。因此，重刑除了在犯罪十分猖獗以致威胁到社会的安定而不得不采取镇压的手段来遏制时具有立竿见影的效果之外，在社会平稳发展的时期，不仅与社会基本的价值取向相冲突，而且容易导致被判刑人的人格扭曲和仇恨心理，不利于刑罚目的的实现。

正是由于人们看到了重刑的副作用，所以刑法在对犯罪普遍规定比较重的刑罚的同时，规定了一系列的减刑措施。如对于判处死刑的犯罪分子，刑法规定可以"如果不是必须立即执行的，可以判处死刑同时宣告缓期二年执行"，而"判处死刑缓期执行的，在死刑缓期执行期间，如果没有故意犯罪，二年

---

[1]〔意〕贝卡里亚：《论犯罪与刑罚》，黄风译，中国大百科全书出版社1993年版，第50页。

期满以后，减为无期徒刑；如果确有重大立功表现，二年期满以后，减为十五年以上二十年以下有期徒刑"。对于被判处管制、拘役、有期徒刑、无期徒刑的犯罪分子，刑法也规定："在执行期间，如果认真遵守监规，接受教育改造，确有悔改表现的，或者有立功表现的，可以减刑；有下列重大立功表现之一的，应当减刑：（一）阻止他人重大犯罪活动的；（二）检举监狱内外重大犯罪活动，经查证属实的；（三）有发明创造或者重大技术革新的；（四）在日常生产、生活中舍己救人的；（五）在抗御自然灾害或者排除重大事故中，有突出表现的；（六）对国家和社会有其他重大贡献的。"这种对被判刑人减刑的制度，虽然有利于鼓励被判刑人接受改造、悔过自新，但是这种根据被判刑人的接受改造的情况改变原判刑罚的制度，从根本上违背了罪责刑相适应的刑法基本原则。因为，刑罚是犯罪人基于自己的犯罪行为所应当承担的法律后果。刑罚的轻重只有根据犯罪行为实施时罪行的严重程度和犯罪人责任的大小来决定才是正当的和合理的。如果原判刑罚正确，那么对犯罪分子所判的刑罚必定是根据刑法的规定和犯罪分子所犯罪行及其对自己的罪行应当承担的责任作出的，因而是犯罪分子依照刑法必须接受的惩罚。而在这种刑罚的执行过程中，因为犯罪分子接受了本该接受的惩罚就改变刑罚的轻重，显然与其犯罪行为所应受到的惩罚不相适应。[1] 不仅如此，在刑罚执行过程中改变刑罚的轻重，也在客观上导致了刑罚权威性的丧失。

---

[1] 在此，有必要区分减刑与假释在刑法中的不同意义。假释并不改变原判刑罚，只是有条件地改变了刑罚的执行方法，因而不涉及犯罪分子应当承担的刑事责任大小的问题。但是减刑则是直接改变了刑罚的轻重，而刑罚的轻重并不是根据犯罪分子在服刑期间的表现来决定的，而是根据犯罪行为实施时犯罪分子所犯罪行的严重程度及其应当承担的责任大小决定的。

（三）刑罚的威慑作用不在于刑罚的严厉性，而在于刑罚的不可避免性

许多赞成重刑的人认为，重刑有利于遏制犯罪。其实，重刑对犯罪的遏制功能是十分有限的。早在两百多年前，贝卡里亚就提出了"对于犯罪最强有力的约束力量不是刑罚的严酷性，而是刑罚的必定性"的著名论断。他认为，"即使刑罚是有节制的，它的确定性也比联系着一线不受处罚希望的可怕刑罚所造成的恐惧更令人心悸。因为，希望——这一天赐物，往往在我们心中取代一切，它常常使人想入非非，吝啬和软弱所经常容许的不受处罚更加使它具有力量"[1]。按照贝卡里亚的观点，严峻的刑罚具有三个副作用：一是罪犯所面临的恶果越大，也就越敢于规避刑罚。为了摆脱对一次罪行的刑罚，人们会犯下更多的罪行。刑罚最残酷的国家和年代，往往就是行为最血腥、最不人道的国家和年代。因为支配立法者双手的残暴精神，恰恰也操纵着杀人者和刺客们的双手。二是不容易使犯罪与刑罚之间保持实质的对应关系。因为无论多么殚精竭虑地翻新刑罚的花样，刑罚终究超越不了人类器官和感觉的限度。一旦达到这个极点，对于更有害和更凶残的犯罪，人们就找不出更重的刑罚以作为相应的预防手段。三是严酷的刑罚会造成犯罪不受处罚的情况。[2]

从现实情况看，我们国家自从对贿赂罪规定死刑以来，虽然在实践中确实对一些极其严重的受贿犯罪分子执行了死刑，但是贿赂犯罪并没有因之而减少。因为刑法在加重贿赂犯罪刑

---

[1]〔意〕贝卡里亚：《论犯罪与刑罚》，黄风译，中国大百科全书出版社1993年版，第59页。

[2] 参见〔意〕贝卡里亚：《论犯罪与刑罚》，黄风译，中国大百科全书出版社1993年版，第43—44页。

罚的同时也给贿赂犯罪的构成规定了更加严格的限制条件，从而使一些严重的行贿受贿行为不构成犯罪，以致受到刑罚惩罚的人只是在贿赂中获益的人中极少的一部分。这在客观上就不可避免地"造就"了一大批抱着不受刑罚处罚的希望铤而走险的犯罪分子。并且刑法在对贿赂犯罪规定较重的刑罚的同时也为一般的贿赂行为不受刑罚处罚提供了法律保障。一边是极刑，一边是不受刑罚处罚。刑法规定上的这两个极端，在无形之中就为滋生贿赂犯罪铺垫起了温床。这种事实，每天都在提示我们，在预防犯罪方面，与其在实行重刑的同时放弃对某些同类行为的刑罚，不如实行较轻的刑罚而使任何实施同类行为的人都不能逃脱惩罚。

二、轻刑化需要解决的问题

实现轻刑化，从刑罚改革的视角，需要重点解决以下几个问题：

（一）减少死刑

轻刑化的首要问题是减少死刑。死刑作为最严重的刑罚，应当尽可能地减少其适用。

第一，减少可以适用死刑的罪名。目前，我国刑法中可以适用死刑的罪名太多。许多学者主张废除职务犯罪、经济犯罪的死刑。即使这么做目前尚有一定的难度，至少首先应当废除那些违背罪责刑相适应原理因而不具有合理性的死刑。如虚开增值税专用发票、用于骗取出口退税、抵扣税款发票罪，传授犯罪方法罪，组织卖淫罪，受贿罪等，与其他规定死刑的可比较的犯罪相比，对之规定死刑，显然是不合理的。

第二，严格限制死刑适用的权限和程序，减少实际判处的死刑。为了限制死刑的适用，刑法明确规定"死刑除依法由最高人民法院判决的以外，都应当报请最高人民法院核准"。但是多年来，最高人民法院将死刑核准权下放给高级人民法院，而高级人民法院又将死刑核准程序与死刑案件的二审程序合二为一，以致没有真正发挥核准权本应具有的限制死刑的作用。现在，虽然最高人民法院决定收回死刑核准权，但是仍然面临着如何行使核准权的问题。真正达到通过行使死刑核准权来减少死刑适用的目的，最高人民法院就既需要在指导思想上严格控制死刑的适用面，又需要在程序上设定严格的规则，保证能够全面审查死刑案件的事实和证据，保证判处死刑标准的一致性，防止死刑复核出现"走过场"的局面。

第三，转变刑罚选择的思维模式。我国刑法关于死刑的规定，有三种情况：一是作为可选择的法定刑之一。如在绝大多数可以判处死刑的条文中，刑法都规定"处十年以上有期徒刑、无期徒刑或者死刑"，唯有第232条对故意杀人罪规定的法定刑例外，将死刑放在可选择刑罚的最前面，即"处死刑、无期徒刑或者十年以上有期徒刑"。在这类犯罪案件中，如何决定实际判处的法定刑，都有一个可以在不同刑种之间进行选择的问题。二是作为"情节特别严重"的法定刑。如刑法第113条、第151条、第199条、第205条第2款、第206条第2款、第240条、第264条、第295条、第317条第2款、第358条第2款、第383条、第426条、第433条。在这些条款中，无论是把死刑作为唯一的法定刑还是作为与无期徒刑并列的选择性法定刑，在选择具体适用的法定刑时，都存在着一个如何认定情节是不是"特别严重"或者"特别恶劣"的问题，因而在确定的法定刑中也还存在一个可供选择的问题。三是作为特定情节的法定刑。如刑法第121条对劫持航空器罪致人重伤、死亡或者使航空器遭受严重破坏的情况，第239条对绑架罪中致人死亡的情况，就是把死刑作为一种绝对法定刑来规定的。这可以说是刑法中的例外性规定。刑法中有关死刑的这些规定表明，除了上述第三种情况的例外之外，在刑法规定的法定刑包含死刑的犯罪中，都还存在着一个可以适用也可以不适用死刑的选择问题。但是多年来在司法实践中，受"严打"政策的影响，对于这些比较严重的犯罪，审判机关在选择刑罚的时候，往往会首选比较重的刑罚以体现自己在贯彻"严打"的刑事政策，以致形成思维定式。因此，笔者认为，为了实现刑罚的轻刑化，审理死刑案件的各级人民法院，在刑罚选择上应当破除原有的思维定式，强调在死刑、无期徒刑和10年以上有期徒刑的法定刑中首先选择10年以上有期徒刑，而不是首先选择死刑，以便将死刑这种极其严重的刑罚仅适用于最严重的犯罪。

（二）减轻法定最低刑

我国刑法中有相当一部分犯罪，其法定最低刑是三年有期徒刑，甚至刑法对有些犯罪规定的法定最低刑为十年有期徒刑。虽然这类犯罪的性质通常都比较严重，但是它们本身也有一个情节轻重的问题。如果无论情节轻重，一旦构成犯罪，就要受到非常严厉的处罚，那就使刑事司法难以做到罪责刑相适应。这样的规定，既丧失了威慑的理性基础，也容易导致犯罪分子孤注一掷，实施更严重的犯罪。因此，在刑罚改革中应当注意减轻刑法中关于最低法定刑的规定（或者对需要规定重刑的情况作为基本犯罪的加重情节加以规定），使刑法中规定的刑罚，能够适应同类犯罪中情节较轻而又没有其他减轻或者免除处罚条件的犯罪，并使刑罚在总体上达到轻缓的目的。

（三）扩大非监禁刑的适用，增强非监禁刑的监管力度

在我国的刑罚体系中，只有管制刑属于非监禁刑。但是缓刑、假释等刑罚执行方式也意味着不在监禁状态下对犯罪分子

执行刑罚，因而也可以视为对犯罪分子适用非监禁刑。

非监禁刑对于减少监禁刑状态下犯罪人之间的交叉感染，对于培养其适应社会的能力，对于减少犯罪人及其家属对社会的对抗，都是非常有意义的。因此，为了增加管制刑的适用，非常有必要对现在的管制刑的执行方式进行改造，以便尽可能地发挥管制刑在惩罚犯罪和帮助犯罪人改过自新中的作用。

但是在司法实践中，非监禁刑的适用率是非常低的。目前，我国刑法中规定可以判处管制刑的犯罪有101个罪名，也就是说，我国刑法规定的犯罪中有近1/4是可以判处管制的。但是实践中实际判处管制的案件微乎其微。有的法院甚至多年来没有判处过一个管制刑。除了刑罚适用中重刑主义刑事政策思想的指导之外，另一个很重要的原因，就是管制刑的适用在实践中很难发挥刑罚的作用。一个人犯了罪，一旦被判处管制，就意味着几乎处于不受任何约束的状态。对此，不仅司法机关中许多人认为管制没有作用而不愿对犯罪分子判处管制，而且许多被害人及其亲属也不答应对犯罪人判处管制。至于缓刑，也主要是适用于个别职务犯罪分子。因此，刑罚改革应当在扩大非监禁刑的适用上多下功夫。

扩大非监禁刑的适用，需要解决的首要问题是非监禁刑的执行方法，以便增强对在非监禁状态下服刑的人的监管力度，使非监禁刑真正发挥教育改造犯罪人的作用。解决这个问题，主要涉及两个方面：一是改革非监禁刑执行的内容；二是建立专门化的、严格有效的社区矫治监管系统，切实保障对在社会上服刑的人的教育改造。从内容上看，刑法对非监禁刑的执行可以说没有任何强制性的规定。无论是被判处管制的犯罪分子，还是被宣告缓刑的犯罪分子或被宣告假释的犯罪分子，刑法只是规定其在执行期间，应当遵守下列规定：遵守法律、行政法规，服从监督；按照执行（考察、监督）机关规定报告自己的活动情况；遵守执行（考察、监督）机关关于会客的规定；离开所居住的市、县或者迁居，应当报经执行（考察、监督）机关批准。对被判处管制的犯罪分子增加了一项内容即"未经执行机关批准，不得行使言论、出版、集会、结社、游行、示威自由的权利"。这些内容，对于在社会上服刑的人几乎不具有任何约束力。因此，有必要增强对管制、缓刑、假释的执行增加一些强制性的内容，如定期进行强制性的义务劳动，对其实行宵禁，限制其可以从事的职业或活动等，使其虽然身处社会但又随时都能意识到自己还处在服刑期，自己有接受教育改造的义务。另外，按照我国刑法的规定，管制由公安机关执行，缓刑由公安机关考察，假释由公安机关监督。但是公安机关如何对这些在社会上服刑的人的进行监督考察，既缺乏专门的机构和人员，也没有严格的规定。增加对在社会上服刑的人的强制性监管内容，就需要有相应的专门机构和人员，需要有严格的监管规则。

当然，扩大非监禁刑的适用，还需要不断破除许多人头脑中根深蒂固的只有监禁才是服刑的观念，正确对待在社会上服刑的人。

(四) 增加资格刑的适用，扩大罚金的数量及其监管执行

目前，我国刑罚体系中，只有剥夺政治权利这一种资格刑。对于职务犯罪和某些利用职务或业务上的便利实施的经济犯罪和侵犯公民人身权利、财产权利的犯罪，刑法中没有关于剥夺或者限制其在相应方面的从业资格的规定，以致更多的是依赖监禁刑来制裁这些犯罪。但是实际上，剥夺或者限制其从业资格，对于惩罚和预防那些利用职务或业务上的便利实施犯罪的人而言，其惩罚的力度并不亚于判处几年徒刑而服刑完后

又可以重操旧业的刑罚。作为刑罚改革的一个方向，我国刑法应当对那些利用职务或业务上的便利实施犯罪的人规定资格刑，根据犯罪的性质及其严重程度剥夺或者限制其从事那些职业或者担任那些职务的资格。

此外，我国刑法虽然有关于罚金刑的规定，但是：第一，对罚金的数额，刑法在许多条款中都规定了明确的上限，其最高的为犯罪数额（非法销售或违法所得）的 5 倍以下或者 50 万元以下，有的甚至是 5% 以下。没有规定明确数额的，在司法实践中考虑到犯罪人的支付能力实际判处的罚金数额往往更低。对于以谋取经济利益为目的的犯罪而言，罚金数额低，不足以引起犯罪分子的重视，起不到惩罚犯罪的作用。第二，虽然刑法规定"对于不能全部缴纳罚金的，人民法院在任何时候发现被执行人有可以执行的财产，应当随时追缴"，但是在实践中往往难以执行。因为法院职能的被动性使其无法发现"被执行人有可以执行的财产"，特别是在被执行人隐匿转移财产或者被判刑后获得财产的情况下，法院往往无暇去查究，以致实际判处的罚金，除了当时缴纳之外，以后很难发现，更难"随时缴纳"。这些情况就使罚金刑的适用及其应当具有的作用在实践中大打折扣。因此笔者认为，为了多适用罚金刑以减少监禁刑的适用，应当对现有的罚金刑进行改造，以更充分地发挥其惩罚犯罪的作用。改造罚金刑的方案，应当突出两个重点：一是大幅度增加罚金的数额。对于以谋取经济利益为目的而实施犯罪的人，刑法规定的罚金以及司法实践中实际判处的罚金在数额上都应当达到令犯罪分子难以承受的额度。这样才能真正发挥儆戒和惩罚的作用，使其知难而退，不敢轻易冒险。二是改革罚金刑的执行。除了判处罚金后一定时间内一次性缴纳的，由人民法院执行以外，罚金刑应当交由专门的执行机构执行，罚金刑（包括没收财产刑）的执行机构应当有义务和权力随时调查被判处罚金、没收财产刑罚的人的财产状况，以便真正实现"在任何时候发现被执行人有可以执行的财产，应当随时追缴"的立法主旨。

（原载《法学家》2006 年第 1 期）

论行政处罚与刑事处罚的衔接问题
——以知识产权侵权行为处罚标准为视角[*]

我国法律根据违法行为的性质及其危害程度,规定了不同种类的法律责任。刑法中规定的许多犯罪,就其行为本身而言,都是有关行政法规中规定的可以给予行政处罚的行为。有些行政法规中规定的应当给予行政处罚的行为,与刑法中规定的应当给予刑事处罚的行为,不仅表现形式完全相同,甚至在危害程度上也没有明确的区别。对于这类违法行为,究竟是由行政执法机关给予行政处罚还是由司法机关追究刑事责任,既涉及行政处罚与刑事处罚的衔接问题,也涉及适用法律的严肃性、准确性的问题。为了确保对构成犯罪确实需要依法追究刑事责任的行为依照法定程序追究行为人的刑事责任,避免行政执法机关以行政处罚代替刑事处罚,刑法中专门规定了"徇私舞弊不移交刑事案件罪"。按照该规定,行政执法人员徇私舞弊,对依法应当移交司法机关追究刑事责任的案件不予移交,情节严重的,要承担刑事责任(刑法第402条)。因此,深入研究和协调解决行政处罚与刑事处罚的衔接问题,是法

---

[*] 本文系与王锐合作撰写。

律适用中一个十分重要的问题。

关于行政处罚与刑事处罚的衔接问题,从实践中看,主要涉及处罚标准、案件管辖、行政执法的证据效力,以及行政处罚结果对刑事处罚的影响等问题。本文仅就处罚标准问题加以探讨。

一、关于处罚的实体标准

在许多行政法规[1]的罚则中都有"构成犯罪的,依法追究刑事责任"的规定。例如,专利法第58条[2]规定:"假冒他人专利的,除依法承担民事责任外,由管理专利工作的部门责令改正并予公告,没收违法所得,可以并处违法所得三倍以下的罚款,没有违法所得的,可以处五万元以下的罚款;构成犯罪的,依法追究刑事责任。"在类似这样的规定中,如何理解"构成犯罪的,依法追究刑事责任",是行政处罚与刑事处罚衔接的关键。

这里涉及两个问题:第一,行政法规中规定的违法行为是否都存在"构成犯罪"的问题;第二,在存在着"构成犯罪"可能性的违法行为中如何划定行政处罚与刑事处罚的界限。

笔者认为,违法行为是否构成犯罪,不能仅依据行政法规的规定来认定,而应当结合刑法的规定来认定。尽管从行政法规所用立法语言的逻辑上看,似乎有关条款所列举的违法行为都可能构成犯罪,但是实际上,行政法规中规定的违法行为,如果没有得到刑法的认可,即没有上升为刑法规范,即使情节很严重,也不能将其作为犯罪来追究。从行政法规和刑法的相关规定来看,在行政法规中规定"构成犯罪的,依法追究刑事

---

[1] 狭义上的行政法规仅指行政机关制定的规章条例等;广义的行政法规不仅包含狭义上的行政法规,而且包括立法机关制定的有关行政管理方面的法律。本文采其广义。

[2] 这里引用的是2000年第二次修正后的条文。——编者注

责任"的场合，存在着两种不同的情况。一种是行政法规中规定的违法行为，是单一行为，并且与刑法中规定的犯罪行为在表现方式上完全相同；另一种是行政法规中规定了多个违法行为，其中只有部分行为与刑法中规定的犯罪行为表现形式相吻合。在后一种情况下，所谓"构成犯罪的，依法追究刑事责任"，就只能是针对与刑法中的规定相吻合的那一部分违法行为而言，而不是意味着该条规定的所有违法行为，只要情节严重，就构成犯罪，就要依法追究刑事责任。对于这类条款规定的行为，是否构成犯罪，就要仔细分析行政法规中规定的违法行为是否符合刑法中规定的相关犯罪的实体标准。

以侵犯著作权的行为为例。著作权法第 47 条[1]规定："有下列侵权行为的，应当根据情况，承担停止侵害、消除影响、赔礼道歉、赔偿损失等民事责任；同时损害公共利益的，可以由著作权行政管理部门责令停止侵权行为，没收违法所得，没收、销毁侵权复制品，并可处以罚款；情节严重的，著作权行政管理部门还可以没收主要用于制作侵权复制品的材料、工具、设备等；构成犯罪的，依法追究刑事责任：（一）未经著作权人许可，复制、发行、表演、放映、广播、汇编、通过信息网络向公众传播其作品的，本法另有规定的除外；（二）出版他人享有专有出版权的图书的；（三）未经表演者许可，复制、发行录有其表演的录音录像制品，或者通过信息网络向公众传播其表演的，本法另有规定的除外；（四）未经录音录像制作者许可，复制、发行、通过信息网络向公众传播其制作的录音录像制品的，本法另有规定的除外；（五）未经许可，播放或者复制广播、电视的，本法另有规定的除外；（六）未经

---

[1] 这里引用的是 2001 年修正后的条文。

著作权人或者与著作权有关的权利人许可，故意避开或者破坏权利人为其作品、录音录像制品等采取的保护著作权或者与著作权有关的权利的技术措施的，法律、行政法规另有规定的除外；（七）未经著作权人或者与著作权有关的权利人许可，故意删除或者改变作品、录音录像制品等的权利管理电子信息的，法律、行政法规另有规定的除外；（八）制作、出售假冒他人署名的作品的。"

对于这个规定，国家版权局 2003 年 7 月 24 日发布的《著作权行政处罚实施细则》将其全部纳入行政处罚的范围。也就是说，著作权法中规定的上述八种行为都可以构成行政违法行为，予以行政处罚。其中唯一受到的限制是"损坏公共利益"，而这种限制仅仅使侵权行为区别于为个人使用目的侵犯他人著作权的行为，并且与著作权法的规定是一致的。

但是，侵犯著作权的行为构成犯罪，按照刑法第 217—218 条的规定，必须符合三个条件：第一，必须是以营利为目的。虽然实施了著作权法第 47 条规定的侵犯著作权的行为，如果不是以营利为目的，就不能构成侵犯著作权的犯罪，就不能追究刑事责任。第二，必须是复制发行、出版或者制作、出售的行为。尽管著作权法规定"有下列行为……构成犯罪的，依法追究刑事责任"，但是其所列举的八种行为并没有被刑法全部吸纳。其中只有"未经著作权人许可，复制发行其文字作品、音乐、电影、电视、录像作品、计算机软件及其他作品的""出版他人享有专有出版权的图书的""未经录音录像制作者许可，复制发行其制作的录音录像的""制作、出售假冒他人署名的美术作品的"四种行为，才能构成犯罪。这四种行为，无论是在表现形式上还是在具体范围上，都与著作权法的规定不尽相同。从理论上讲，在刑法中没有规定的，不能构成犯罪；

刑法中虽有规定但与著作权法的表述不相同的，要以刑法的规定来确定追究刑事责任的范围。如著作权法中规定的"制作、出售假冒他人署名的作品的"行为，在刑法中有规定，但是刑法中规定的构成犯罪的，只是"制作、出售假冒他人署名的美术作品的"行为。按照刑法的规定，虽然实施了制作、出售假冒他人署名的作品的行为，但是如果制作、出售的不是美术作品，同样不能构成犯罪。第三，必须是违法所得数额较大或者有其他严重情节的侵权行为。虽然符合刑法规定的行为特征，但是数额不大或者没有其他严重情节，同样不能构成犯罪。

这表明，行政处罚与刑事处罚在质的规定性上是有差别的。行政法规中有关"构成犯罪的，依法追究刑事责任"的规定，并不完全适用于该条款中规定的所有违法行为。是否构成犯罪，不能仅仅看有关行政法规的规定，还必须根据刑法的明文规定来认定。事实上，能够"构成犯罪"的，只是违法行为中很小的一部分。这也符合刑罚作为"最后手段"的要求。由于这种实体上的差别，行政执法机关向司法机关移送案件，就不能单纯根据行政法规的规定，所移交的案件必须符合刑法中规定的犯罪构成要件。如果违法行为不符合刑法规定的实体条件，即使危害十分严重或者情节十分恶劣，也不能适用行政法规中"构成犯罪的，依法追究刑事责任"的规定。

在此出现的问题是：对于行政法规中规定的违法行为与刑法中规定的犯罪行为完全重合的部分，如何界分。以前面列举的侵犯著作权的行为为例。对于以营利为目的实施的侵犯著作权的复制发行、出版和销售行为，如何区分行政处罚和刑事处罚？从理论上讲，这类行为，由于在违法的性质上、表现形式上完全相同，其区别仅在于危害程度的差别，因此给予行政处罚还是追究刑事责任，应当以危害程度为依据。危害程度达到一定程度的，作为犯罪来追究刑事责任；没有达到该程度的，作为一般违法行为给予行政处罚。但是在实践中，由于行政执法机关与司法机关对同一行为的危害程度往往会有不同的判断标准，从而导致行政处罚与刑事处罚不能完全对接的现象。笔者认为，解决这个问题的出路，关键在于最高司法机关与最高行政执法机关统一执法理念和对同类违法行为危害程度的认识，以便制定能够相互衔接的处罚标准。其中，对最高司法机关制定的作为追究刑事责任的最低标准，行政执法机关应当认可，并将其作为构成犯罪、移交刑事案件的标准。低于这个标准的，由行政执法机关予以行政处罚，达到或高于这个标准的，就应当无条件地将案件移送司法机关，由司法机关依照法定程序追究刑事责任。司法机关认为虽然存在违法行为但不构成犯罪的，应当将案件退回行政执法机关依法予以行政处罚。

二、关于处罚的数额标准

就上文提到的第二个问题而言，行政法规中规定的违法行为如果与刑法中规定的犯罪行为重合（无论是部分重合还是全部重合），那么，在这些行为中区分是否构成犯罪，是否需要给予刑事处罚，就应当根据违法行为的情节轻重来衡量。

在行政法规中规定的违法行为与刑法中规定的犯罪行为相重合的行为中，有些直接表现为经营活动，其危害程度主要是通过经营的规模、获利的多少来衡量的，因而区分应当对其予以行政处罚还是刑事处罚的标准也主要是通过数额来判断的。在这类行为中，数额便是行政处罚与刑事处罚相衔接的关节点。但是，从实践中看，目前我国行政执法机关规定的给予行政处罚的数额标准与司法机关规定的构成犯罪的数额标准并不完全衔接，以致对行政执法机关是否存在着徇私舞弊不移交刑事案件的问题，认识不一，严重影响了法律的统一正确实施。

以侵犯知识产权行为的处罚标准为例：

2003年国家版权局制定的《著作权行政处罚实施办法》第2条规定，国家版权局以及地方人民政府享有著作权行政执法权的有关部门，在法定职权范围内就本办法列举的违法行为实施行政处罚。按照其第3条的规定，违法行为是指：（1）著作权法第47条列举的侵权行为，同时损害公共利益的；（2）《计算机软件保护条例》第24条列举的侵权行为，同时损害公共利益的；（3）其他法律、法规、规章规定的应予行政处罚的著作权违法行为。该办法第31条规定："违法行为情节严重的，著作权行政管理部门可以没收主要用于制作侵权复制品的材料、工具、设备等。前款所称'情节严重'，是指：（一）个人违法所得数额（即获利数额）在五千元以上，单位违法所得数额在三万元以上的；（二）个人非法经营数额在三万元以上，单位非法经营数额在十万元以上的；（三）个人经营侵权复制品两千册（张或盒）以上，单位经营侵权复制品五千册（张或盒）以上的；（四）因侵犯著作权曾经被追究法律责任，又侵犯著作权的；（五）造成其他重大影响或者严重后果的。"

最高人民法院和最高人民检察院根据刑法第217—218条的规定作出司法解释，明确规定：以营利为目的，实施刑法第217条所列侵犯著作权行为（即未经著作权人许可，复制发行其文字作品、音乐、电影、电视、录像作品、计算机软件及其他作品的；出版他人享有专有出版权的图书的；未经录音录像制作者许可，复制发行其制作的录音录像的；制作、出售假冒他人署名的美术作品的）之一，违法所得数额在 3 万元以上，或者非法经营数额在 5 万元以上的，或者未经著作权人许可，复制发行其文字作品、音乐、电影、电视、录像作品、计算机软件及其他作品，复制品数量合计在 500 张（份）以上，或者有其他严重情节的情形，即构成侵犯著作权罪，应当依法追究刑事责任；以营利为目的，实施刑法第 218 条规定的行为（即销售明知是刑法第 217 条规定的侵权复制品），违法所得数额在 10 万元以上的，应当以销售侵权复制品罪论处。[1]

比较上述两个规定，可以看出，在行政处罚与刑事处罚的衔接方面，至少有三个问题值得研究：

第一，关于违法所得数额和非法经营数额。

按照司法解释的规定，违法所得数额在 3 万元以上，或者非法经营数额在 5 万元以上的，构成犯罪。按照版权局的规定，个人违法所得数额在 5000 元以上，或者非法经营数额在 3 万元以上的，构成情节严重的违法，给予较重的行政处罚。

这里出现的问题有两个：首先，违法所得与非法经营的比例不同。在司法机关的数额标准中，没有违法所得或者违法所得难以计算时，非法经营的数额达到违法所得数额的 3/5，就构成犯罪。但是在行政执法机关的数额标准中，非法经营的数额达到违法所得数额的 6 倍时，才能对之给予相同的法律评价和处罚。其次，由于 2003 年《著作权行政处罚实施办法》中没有关于数额上限的规定，个人违法所得数额在 5000 元以上

---

[1] 最高人民法院、最高人民检察院先后发布过两个有关知识产权的司法解释，即 2004 年 12 月 8 日发布的《关于办理侵犯知识产权刑事案件具体应用法律若干问题的解释》和 2007 年 4 月 5 日发布的《关于办理侵犯知识产权刑事案件具体应用法律若干问题的解释（二）》。后一个解释对前一个解释的个别内容和处罚原则作了修改。本文以两个解释中现行有效的规定为准。

或者非法经营数额在 3 万元以上的,到什么程度才移送司法机关处理,不得而知。从理论上讲,个人违法所得在 5000 元以上达到 3 万元的,或者非法经营数额在 3 万元以上达到 5 万元的,就符合构成犯罪的标准,就应当移送司法机关追究刑事责任。但是由于行政法规中没有明确规定处罚的上限,个人违法所得数额即使在 10 万元以上,或者非法经营数额在 30 万元以上的,行政执法机关都可以予以行政处罚而不移送司法机关追究刑事责任,似乎并不违反行政法规的规定。事实上,不仅实践中大量存在这种现象,而且有些地方行政执法机关规定的具体处罚标准也意味着对个人违法所得超过定罪标准的,仍然予以行政处罚。例如,按照河南省政府法制网 2009 年 7 月 31 日公布的《河南省新闻出版行政处罚裁量标准(试行)》[1] 的规定,假冒或者盗用他人名义,印刷出版物,或者盗印他人出版物,违法经营额 3 万元以上 5 万元以下,没收违法所得,并处违法经营额 7—9 倍的罚款,责令限期停业整顿;违法经营额 5 万元以上,或曾因此受过处罚而屡教不改,没收违法所得,并处违法经营额 9—10 倍的罚款,吊销许可证。按照这种规定,非法经营数额即使达到甚至超过了司法机关规定的定罪标准,行政执法机关仍然可以以行政法规为依据,仅仅给予行政处罚而不移送司法机关追究刑事责任。

第二,关于经营侵权复制品的数额。

按照现行司法解释的规定,以营利为目的,未经著作权人许可,复制发行其文字作品、音乐、电影、电视、录像作品、计算机软件及其他作品,复制品数量合计在 500 张(份)以上的,构成犯罪,应当追究刑事责任。但是按照国家版权局的规

---

[1] 载 http://www.hnfzw.gov.cn。

定,"个人经营侵权复制品两千册(张或盒)以上,单位经营侵权复制品五千册(张或盒)以上的",才属于行政处罚中的"情节严重"。按照河南省新闻出版局的规定,发行、附赠明知侵犯他人著作权的的电子出版物的,流入社会的违法出版物超过500—1000册,造成较大的负面社会影响的,是严重违法行为,所给予的行政处罚是没收电子出版物和违法所得,并处以违法所得4—6倍罚款,并停业整顿;发行、附赠明知侵犯他人著作权的电子出版物的,流入社会的违法出版物超过1000—3000册,造成严重的负面社会影响,或阻碍执法,隐匿销毁证据,态度恶劣的,是特别严重违法行为,没收电子出版物和违法所得,并处以违法所得7—10倍罚款,并吊销许可证。[1] 对于完全相同的违法行为,行政处罚的标准在此就高出刑事处罚标准的6倍。这种情况表明,行政执法机关对复制发行侵权制品的违法行为所规定的处罚标准,与司法机关规定的定罪标准之间,存在着较大的差距。这种差距,必然影响到法律的具体适用。

第三,关于销售侵权复制品的数额。

在刑法中,关于侵犯著作权的犯罪,规定了两个罪名,即侵犯著作权罪和销售侵权复制品罪。这两个罪名的构成要件是不同的。根据刑法的规定,司法解释对销售侵权复制品的行为构成犯罪的数额标准,也作了不同于侵犯著作权行为构成犯罪数额标准的规定。按照最高人民法院、最高人民检察院2004年12月8日发布的《关于办理侵犯知识产权刑事案件具体应用法律若干问题的解释》第6条的规定,以营利为目的,实施刑法第218条规定的行为,违法所得数额在10万元

---

[1] 载http://www.hnfzw.gov.cn。

以上的，属于"违法所得数额巨大"，应当以销售侵权复制品罪判处 3 年以下有期徒刑或者拘役，并处或者单处罚金。与该解释第 5 条的规定相比，销售侵权复制品的行为构成犯罪的数额标准是复制发行侵权制品行为构成犯罪数额标准的 3 倍多。

但是在行政法规中则没有这样的区分。2003 年《著作权行政处罚实施办法》中规定的违法所得数额适用于所有违反著作权法规定的违法行为。在一些地方规定的处罚标准中，也没有对这两种行为的处罚标准作出任何区分。

显然，对于销售侵权复制品的行为，司法机关掌握的定罪标准是违法所得 10 万元，即高出复制发行侵权制品的行为 3 倍，而行政执法机关掌握的处罚标准是个人违法所得 5000 元以上、单位违法所得 3 万元以上，即属于"情节严重"的违法行为，即与复制发行侵权制品的行为完全相同。这就意味着，对于销售侵权复制品的违法行，在刑法评价上，其社会危害性远远轻于复制发行侵权制品的违法行为。而在行政法的评价上，销售侵权复制品的违法行为与复制发行侵权制品的违法行为具有完全相同的社会危害性。

第四，关于单位与个人的处罚标准。

最高人民法院 1998 年 12 月 23 日发布的《关于审理非法出版物刑事案件具体应用法律若干问题的解释》第 2 条规定，以营利为目的，实施刑法第 217 条所列侵犯著作权行为之一，个人违法所得数额在 5 万元以上，单位违法所得数额在 20 万元以上的，属于"违法所得数额较大"。这实际上是规定，单位实施侵犯著作权行为构成犯罪的数额标准，是个人构成犯罪数额标准的 4 倍。最高人民法院、最高人民检察院 2004 年 12 月 8 日发布的《关于办理侵犯知识产权刑事案件具体应用法律若干问题的解释》第 15 条明确规定：单位实施刑法第 213 条至第 219 条规定的行为，按照本解释规定的相应个人犯罪的定罪量刑标准的 3 倍定罪量刑。但是在 2007 年 4 月 4 日发布的《关于办理侵犯知识产权刑事案件具体应用法律若干问题的解释（二）》中，最高人民法院、最高人民检察院修改了这一规定，强调"单位实施刑法第二百一十三条至第二百一十九条规定的行为，按照《最高人民法院、最高人民检察院关于办理侵犯知识产权刑事案件具体应用法律若干问题的解释》和本解释规定的相应个人犯罪的定罪量刑标准定罪处罚"（第 6 条）。

但是在行政执法机关的相关规定中，对单位的处罚标准并不是按照对个人的处罚标准的倍数确定的。例如，2003 年《著作权行政处罚实施办法》第 31 条规定："违法行为情节严重的，著作权行政管理部门可以没收主要用于制作侵权复制品的材料、工具、设备等。前款所称'情节严重'，是指：（一）个人违法所得数额（即获利数额）在五千元以上，单位违法所得数额在三万元以上的；（二）个人非法经营数额在三万元以上，单位非法经营数额在十万元以上的；（三）个人经营侵权复制品两千册（张或盒）以上，单位经营侵权复制品五千册（张或盒）以上的……"在此，违法所得的数额，单位是个人的 6 倍；非法经营的数额，单位是个人的 3 倍多；经营侵权复制品的数额，单位则是个人数额的 2.5 倍。而在上文所引的河南省的规定中，并没有对单位作出特别的规定，这也就意味着单位的违法行为与个人的违法行为是同等对待的。

如果把这两个处罚标准加以比较，就会发现，单位实施侵犯著作权的行为，按照司法解释的规定，非法经营数额 5 万元的，就构成犯罪；但是按照行政法规的规定，非法经营在 10

万元以上的，仅仅构成"情节严重"的违法。显然，行政处罚与刑事处罚的标准相去甚远。

三、处罚标准引发的问题

如上所述，对于完全相同的违法行为，行政执法机关规定的行政处罚标准与司法机关规定的刑事处罚标准之间，存在着不能完全对接的现象。同一个违法行为，如果按照司法机关规定的定罪标准，就可能构成犯罪，应当受刑事处罚；如果按照行政执法机关规定的行政处罚标准，就只构成行政违法，受行政处罚。由此引发的问题有两个方面：

第一，对当事人不公平。

两个人实施了完全相同的违法行为，并且其违法的程度基本相同（即违法所得的数额或者非法经营的数额相同），一个可能直接由行政执法机关给予行政处罚，另一个则可能被移送到司法机关追究刑事责任，并且很可能就被定罪处罚。一个单位实施了违法行为，如果被行政执法机关查处，可能仅仅给予行政处罚，但是如果被公安机关查处，就可能被交付法庭审判，并且可能被判处刑罚。这种结果，会使当事人对法律的适用感到严重的不公平，达不到教育行为人的效果。

第二，对徇私舞弊不移交刑事案件罪难以查处。

在实践中，由于行政执法活动缺乏必要的法律监督，一些行政执法人员徇私舞弊，擅自处理本应移交司法机关处理的构成犯罪的案件，致使刑法的规定得不到有效执行的情况屡屡发生。而行政处罚标准与刑事处罚标准不能完全对接的状况，也增大了查处行政执法人员徇私舞弊不移交刑事案件的行为的难度。因为，一些行政执法人员明明是徇私舞弊擅自处理构成犯罪的案件，却可以堂而皇之地搬出行政法规规定的处罚标准来为自己辩护，把徇私舞弊说成是对处罚标准的理解问题。其理由就是：行政法规只规定了违法所得或者非法经营多少元以上，并没有明确规定涉嫌犯罪的标准。而在一些案件中，确实存在着给予行政处罚或刑事处罚都可以的情况。在这种情况下，行政执法人员是把案件移交司法机关处理还是自行处理，更难以分辨孰对孰错。但是对于同样的违法行为，如果有的行政执法机关按照司法机关的标准移交刑事案件，有的行政执法机关按照行政执法机关的标准不移交达到定罪标准的案件，在实践中就势必导致法律适用的不公平，妨害法律的统一正确实施。

四、处罚标准相互衔接的基本思路

为了法律适用的严肃性，也为了公平地对待案件当事人，很有必要协调解决相同违法行为的行政处罚标准与刑事处罚标准，使这两种处罚之间保持必要的衔接，以避免适用哪个处罚都可以的情况。

解决行政处罚标准与刑事处罚标准的衔接问题的基本思路是：在行政处罚的范围内明确划定刑事处罚的部分，并保持这部分行为与行政处罚行为在理解上的一致；对行为性质和表现形式相同的违法行为，以数额或者情节来区分处罚的界限，并保持划界标准的统一性。

在行为性质相同且以数额为处罚标准的违法行为中，为了保证行政处罚与刑事处罚的衔接，应当从三个方面入手：

一是明确规定行政处罚的上限，并使行政处罚的上限与刑事处罚的下限相衔接。行政处罚的有关规定中应当明确规定处罚原则，即违法所得数额或者非法经营数额达到刑法和司法解释规定的定罪标准时，行政执法机关即应将案件移送司法机关依法处理，不得再对其进行行政处罚或以行政处罚为理由不移交案件。

二是协调规定处罚标准的名称，使行政执法与刑事司法之间保持对接的可能性。行政处罚与刑事处罚如果是源自同一部法律，就应当使用相同的法律语言，以保证行政执法与刑事司法具有对接的可能性。例如，同样是源自著作权法而对侵犯著作权的行为进行处罚，在相互关联的情形中就应该使用相同的语言，以避免执法过程中产生歧义。如"违法所得""非法经营""复制发行"等表述，是渊源性法律中使用的，应当在有关的处罚规定中统一使用。如果像有的处罚规定中使用的"发行、附赠明知侵犯他人著作权的电子出版物的，流入社会的违法出版物超过3000册"这样的表述，就使人难以理解其所指的是不是有关法律中所规定的"复制发行"或"销售"行为，在处罚标准上也就难以判断并保持衔接。

三是保持数额计算方式的同一性，以保证行政处罚与刑事处罚能够有效衔接。最高人民法院、最高人民检察院在《关于办理侵犯知识产权刑事案件具体应用法律若干问题的解释》第12条明确规定："本解释所称'非法经营数额'，是指行为人在实施侵犯知识产权行为过程中，制造、储存、运输、销售侵权产品的价值。已销售的侵权产品的价值，按照实际销售的价格计算。制造、储存、运输和未销售的侵权产品的价值，按照标价或者已经查清的侵权产品的实际销售平均价格计算。侵权产品没有标价或者无法查清其实际销售价格的，按照被侵权产品的市场中间价格计算。多次实施侵犯知识产权行为，未经行政处理或者刑事处罚的，非法经营数额、违法所得数额或者销售金额累计计算。本解释第三条所规定的'件'，是指标有完整商标图样的一份标识。"但是在行政处罚的有关规定中并没有关于非法经营数额计算方式的内容。实践中，行政执法机关在计算非法经营数额时各地使用的计算方式并不完全一致，这就对判断非法经营数额是否达到了刑事处罚的标准,带来认定上的困难,甚至引起当事人对案件处理结果的申诉。为了保证处罚的公正性,在以数额为处罚标准的违法行为中,明确规定和统一对数额的计算方式,实属必要。

(原载《人民检察》2010年第9期)

网络犯罪：传统刑法面临的挑战

随着经济全球化和信息现代化的迅猛发展，网络已经走进了亿万人的生活。特别是互联网、通信网、广电网推行"三网合一"[1]以来，网络成为人们工作方式乃至日常生活中不可或缺的部分。根据国家互联网信息中心2014年1月16日发布的《中国互联网络发展状况统计报告》：截至2013年12月，中国网民规模达6.18亿，中国手机网民规模达5亿，域名总数为1844万个，全国企业使用计算机办公的比例为93.1%，使用互联网的比例为83.2%，固定宽带使用率为79.6%。中国网站数量为320万，中国网页数量为1500亿个。同时，开展在线销售、在线采购的比例分别为23.5%和26.8%，利用互联网开展营销推广活动的比例为20.9%。截至2013年12月，我

---

[1] "三网合一"，意指电信网络、有线电视网络和计算机网络的相互渗透、互相兼容，并逐步整合成为全世界统一的信息通信网络，其中互联网是其核心部分。2009年1月，中国移动、中国电信、中国联通分别获得TD-SCDMA、CDMA2000和WCDMA的3张3G牌照。2009年8月11日，广电总局发出《广电总局〈关于加强以电视机为接收终端的互联网视听节目服务管理有关问题〉的通知》，被解读为与三网融合相关。2010年6月底，三网融合12个试点城市名单和试点方案正式公布，三网融合终于进入实质性推进阶段。

国使用网上支付的用户规模达到 2.60 亿,在网上预订过机票、酒店、火车票或旅行行程的网民规模达到 1.81 亿。中国互联网的发展主题已经从"普及率提升"转换到"使用程度加深",网络应用塑造了全新的社会生活形态,网络社会已经成为对人们日常生活中的衣食住行均有很大影响的真实社会。

伴随网络发展而来的是网络犯罪的急速增长。一些犯罪分子利用网络实施犯罪,严重侵犯公民合法权益,妨害社会经济发展,对社会的危害越来越大。一方面,网络犯罪的形态十分复杂。不仅包括最初出现的针对计算机网络实施的犯罪,如破坏计算机信息系统罪、非法获取计算机信息系统数据罪、非法控制计算机信息系统罪,以及提供侵入、非法控制计算机信息系统程序、工具罪,而且包括利用网络实施的传统犯罪,如网络恐怖、网络诈骗、网络盗窃等犯罪;不仅有直接在网络上实施的犯罪,如网络色情、网络诽谤等犯罪,而且有在网络应用中引起的犯罪,如网络经营中的侵犯知识产权、不正当竞争、非法经营等犯罪。另一方面,网络犯罪的危害有时非常严重。在网络上制造谣言,往往会引起众多人群的恐慌,甚至造成严重的群体性事件。

网络犯罪的急剧增长,对传统刑法带来了严峻的挑战。这方面的挑战突出地表现在以下几个方面:

一、网络犯罪对传统刑法观念的挑战

"网络社会"的存在已经成为一个事实,亿万人的金钱、时间、喜怒哀乐倾注在网络中。网络社会的高度复杂性使它具有不确定性、非中心性和突发性,但它确实是一个实实在在的存在。它与传统社会的巨大差异,使传统刑法中的某些基本观念难以适用。

(一) 虚拟空间是不是刑法中规定的"公共场所"

在传统刑法中，公共场所是供公众从事社会生活的、由三维空间构成的各种场所。公众是指不同性别、年龄、职业、民族或国籍、不同健康状况、不同人际从属关系的个体组成的流动人群。公共场所是提供公众进行工作、学习、经济、文化、社交、娱乐、体育、参观、医疗、卫生、休息、旅游和满足部分生活需求所使用的一切公用建筑物、场所及其设施的总称。刑法中规定的聚众扰乱公共场所秩序、交通秩序罪，"是指聚众扰乱车站、码头、民用航空站、商场、公园、影剧院、展览会、运动场或者其他公共场所秩序，聚众堵塞交通或者破坏交通秩序，抗拒、阻碍国家治安管理工作人员依法执行职务，情节严重的行为"。[1]《公共场所卫生管理条例》第2条对公共场所作了详尽的列举："（一）宾馆、饭馆、旅店、招待所、车马店、咖啡馆、酒吧、茶座；（二）公共浴室、理发店、美容店；（三）影剧院、录像厅（室）、游艺厅（室）、舞厅、音乐厅；（四）体育场（馆）、游泳场（馆）、公园；（五）展览馆、博物馆、美术馆、图书馆；（六）商场（店）、书店；（七）候诊室、候车（机、船）室、公共交通工具。"如果按照传统刑法的观念，网络空间是一种虚拟空间，就不可能构成公共场所。

但是在现实生活中，一些人利用网络捏造、散布虚假信息，虽然不是直接在特定场所实施，但同样可以引起众多人的心理恐慌，造成社会秩序的混乱；一些人在网络上辱骂、恐吓他人，虽然不是当着很多人的面实施，但同样可以很快为众多

---

[1] 高铭暄、马克昌主编：《刑法学》，北京大学出版社、高等教育出版社2000年版，第546页。

的人知晓，在不特定多数人中间发酵，对他人构成严重的伤害，甚至给社会秩序造成混乱。网络虽然是一种虚拟空间，但是它又是真实存在的，网络社会是现实社会的一个组成部分。因此，虚拟空间能不能作为公共场所对待，就需要对传统刑法观念进行反思和重构。

最高人民法院、最高人民检察院 2013 年 9 月 9 日发布的《关于办理利用信息网络实施诽谤等刑事案件适用法律若干问题的解释》第 5 条规定："利用信息网络辱骂、恐吓他人，情节恶劣，破坏社会秩序的，依照刑法第二百九十三条第一款第（二）项的规定，以寻衅滋事罪定罪处罚。编造虚假信息，或者明知是编造的虚假信息，在信息网络上散布，或者组织、指使人员在信息网络上散布，起哄闹事，造成公共秩序严重混乱的，依照刑法第二百九十三条第一款第（四）项的规定，以寻衅滋事罪定罪处罚。"对于这个规定，如果固守传统刑法的观念，就可能认为是违反罪刑法定原则的。因为它确实不符合传统刑法所理解的"公共场所"和"公共秩序"的概念。但是如果充分考虑到网络对现实社会的影响，考虑到网络犯罪发展变化的情况，就会认同"两高"的解释。

（二）虚拟财产是不是刑法保护的财产

虚拟财产是指通过计算机终端，免费或者支付对价进入某一虚拟环境中存在的财产，如 QQ 币、游戏装备、手机上网流量包等。最近，一个盗窃手机上网的"流量包套餐"案件引起刑法学家的争论。[1] 有的学者认为，流量包是服务，不是财产；盗窃流量包进入流通领域，给电信服务商造成财产损失的，才构成盗窃罪。有的学者认为，虚拟财产具有法律意义上

---

[1] 参见《人民检察》2013 年第 23 期。

的财产的一般属性，可以视为刑法第 92 条关于财产形态兜底条款中的"其他财产"，直接按照盗窃罪认定。还有学者认为，电信运营商提供手机流量需要前期投入的建设成本、维护成本和运营成本；手机流量能为电信运营商带来经济利益；手机流量有计量单位，能被电信运营商所控制、分配和使用，虽然没有物质形态，但具备财物的主要特征，因此可以比照刑法第 265 条的规定认定为盗窃罪。但也有人不同意直接比照刑法第 265 条的规定，因为该条规定的是"以牟利为目的，盗接他人通信线路、复制他人电信码号或者明知是盗接、复制的电信设备、设施而使用的"，"通信线路""电信码号""电信设备、设施"是具体而明确的，不能包括电视信号及其设备、设施，更不能包括通信服务、信息服务，不能以电视信号与网络流量具有高度相似性而把盗窃电视信号的行为定性为刑法上的盗窃财产行为。这个争论所反映的问题，实际上是如果理解刑法所保护的"财产"。

按照传统刑法的观念，刑法所保护的"财产"包括两类：一类是公共财产，即刑法第 91 条规定的"国有财产""劳动群众集体所有的财产""用于扶贫和其他公益事业的社会捐助或者专项基金的财产""在国家机关、国有公司、企业、集体企业和人民团体管理、使用或者运输中的私人财产"。另一类是公民私人所有的财产，即刑法第 92 条规定的"公民的合法收入、储蓄、房屋和其他生活资料""依法归个人、家庭所有的生产资料""个体户和私营企业的合法财产""依法归个人所有的股份、股票、债券和其他财产"。除了刑法中具体列举的这些类型之外，其他东西都不能视为刑法所保护的财产。否则，刑法这两个条文的规定就丧失了立法意义。

但是，在互联网时代，随着网络社会的形成，网络上流行的各种虚拟形式的财产或者服务,虽然不具备传统财产的外在形式,但实际上具备了传统财产概念所包含的所有实质性内容。因此能不能将其直接纳入刑法保护的财产范围,就需要认真研究。

(三)非法取得的数据、控制权是不是"犯罪所得"

2011年8月1日最高人民法院、最高人民检察院发布了《关于办理危害计算机信息系统安全刑事案件应用法律若干问题的解释》第7条规定:"明知是非法获取计算机信息系统数据犯罪所获取的数据、非法控制计算机信息系统犯罪所获取的计算机信息系统控制权,而予以转移、收购、代为销售或者以其他方法掩饰、隐瞒,违法所得五千元以上的,应当依照刑法第三百一十二条第一款的规定,以掩饰、隐瞒犯罪所得罪定罪处罚。"

这个规定,把网络犯罪所获取的数据、计算机信息系统控制权,直接作为刑法第312条规定的"犯罪所得"来追究刑事责任。这对传统刑法无疑是一个挑战。因为在传统刑法中,"犯罪所得"被认为是"赃物",是指通过实施犯罪行为而得到的财物。[1] 即使是后来对其作了扩大解释,也只是包括通过实施犯罪行为而获得的财物和财产性利益。计算机信息系统的数据、控制权,虽然能够给使用者带来某种财产性利益甚至直接带来财产,但它本身并不是传统意义上的财物及其财产性利益,它只有通过使用,才有可能获得财物。要不要扩大刑法中"财物"概念的范围,就是一个值得研究的问题。

---

[1] 刑法第312条规定的犯罪原为窝藏、转移、收购、销售赃物罪。"赃物"在刑法中通常解释为"犯罪所得的财物"。《刑法修正案(六)》将该罪修改为"掩饰、隐瞒犯罪所得、犯罪所得收益罪"。"所谓犯罪所得,指通过犯罪行为直接获得的财物及其财产性利益。"——参见曲新久:《刑法学》(第2版),中国政法大学出版社2009年版,第484页。

二、社会危害性评价面临的挑战

社会危害性理论是传统刑法中一个十分重要的概念。一个行为，只有本身具有社会危害性并且对社会的危害达到了一定的程度，才会进入刑法的视野，成为刑法规制的对象。

传统的刑法理论认为，社会危害性是行为给社会带来一定不利后果的属性。社会危害性是指犯罪行为对于某一社会形态中各种利益以及整体利益的危害的特征。[1] "所谓社会危害性，即指行为对刑法所保护的社会关系造成或可能造成这样或那样损害的特性。"[2] 作为犯罪最本质特征的社会危害性，通常理解为行为本身直接对某种社会关系所造成的损害或者威胁。一个人明知自己的行为会发生危害社会的结果，并且希望或者放任这种结果发生；或者应当预见自己的行为可能发生危害社会的结果，因为疏忽大意而没有预见，或已经预见而轻信能够避免，以致发生这种结果，是刑法将这种行为规定为犯罪的根据，也是刑法要求一个人对自己的行为承担刑事责任的正当化理由。由于社会危害性是"自己的行为"造成的危害社会的结果，所以评价一个行为的社会危害性程度，在传统刑法中，总是把行为人自己的行为在客观上实际造成或者可能造成的危害结果，作为评价对象。但是，随着网络犯罪的出现，传统刑法关于社会危害性的理论，面临着诸多挑战。

(一) 关于点击率的争论

2013年9月9日最高人民法院、最高人民检察院发布的《关于办理利用信息网络实施诽谤等刑事案件适用法律若干问题的解释》，向传统刑法的社会危害性理论提出了挑战。该解

---

[1] 杨春洗、杨敦先主编：《中国刑法论》，北京大学出版社1994年版，第34页。
[2] 高铭暄主编：《新编中国刑法学》（上册），中国人民大学出版社1998年版，第66页；高铭暄、马克昌主编：《刑法学》，北京大学出版社、高等教育出版社2000年版，第47页。

释第 2 条规定，利用信息网络诽谤他人，同一诽谤信息实际被点击、浏览次数达到 5000 次以上，或者被转发次数达到 500 次以上的，应当认定为刑法第 246 条第 1 款规定的"情节严重"。对此，许多人认为，这是把他人的"点击率"作为评价诽谤者个人行为的社会危害性的标准，即用他人的行为来评价在网络上发布信息的人的行为。

在互联网 2.0 时代，网络的显著特点是"相互性"。在互联网上，行为的危害性有时是行为人自己所无法控制的。行为人对他人行为的影响和预期是危害性的表现之一。因而，对社会危害性的评价，就不能完全局限于本人的行为。自己的行为如果在互联网上直接引起了其他人的连锁反应，其他人因为发起者的行为而追随所引起的危害结果，应当能够归责于发起者。但是，在这种情况下，社会危害性如何来评价，恐怕不能完全按照传统刑法来进行。特别是对于刑法中规定的情节严重、后果严重、情节恶劣等要件，到底应当根据什么标准来衡量，仍然是一个值得研究的问题。

（二）关于"放任"的理论

在传统刑法理论中，"放任"是故意犯罪形态中对间接故意犯罪心理特征的描述。直接故意犯罪的心理特征是明知自己的行为会发生危害社会的结果，并且"希望"这种结果发生；间接故意犯罪的心理特征是明知自己的行为会发生危害社会的结果，并且"放任"这种结果发生。作为故意犯罪心理特征的表现形式之一，"放任"是指行为人对自己的行为可能产生的危害社会的结果持有听之任之的态度。

2010 年 2 月 2 日，最高人民法院、最高人民检察院发布了《关于办理利用互联网、移动通讯终端、声讯台制作、复制、出版、贩卖、传播淫秽电子信息刑事案件具体应用法律若干问题的解释（二）》，明确规定了网站建立者、直接负责的管理者的刑事责任。按照该解释第4—5条的规定，网站建立者、直接负责的管理者，如果以牟利为目的，明知他人制作、复制、出版、贩卖、传播的是淫秽电子信息，允许或者放任他人在自己所有、管理的网站或者网页上发布，数量达到第1条第2款第1项至第5项规定标准5倍以上的，依照刑法第363条第1款的规定，以传播淫秽物品牟利罪定罪处罚；如果不以牟利为目的，明知他人制作、复制、出版、贩卖、传播的是淫秽电子信息，允许或者放任他人在自己所有、管理的网站或者网页上发布，数量达到第1条第2款第1项至第5项规定标准10倍以上的，依照刑法第364条第1款的规定，以传播淫秽物品罪定罪处罚。

　　这个规定，对传统刑法中间接故意犯罪的理论，提出了挑战。一方面，放任不再局限于对自己的行为可能造成的危害结果的放任，而是包括了对他人违法行为的放任；另一方面，放任他人实施危害社会的行为，在社会危害性程度的评价上，与放任自己实施危害社会的行为相比，其对社会危害的程度，相差5倍或者10倍。这在理论上就引起了对间接故意犯罪的重新认识和对社会危害性程度评价标准的重新确定。如果从广义上讲，对自己的行为可能造成的危害结果的放任，勉强可以包括对他人实施违法行为的放任，因为这种违法行为本身可能造成危害社会的结果，那么，对他人的违法行为所造成的危害结果，在多大程度上可以归责于放任他人实施违法行为的人，就是一个需要慎重对待的问题。上述司法解释在第4条中用"放任"的数量达到自己实施传播淫秽物品数量的"五倍"作为定罪标准，而第5条中却用"放任"的数量达到自己实施传播淫秽物品数量的"十倍"作为定罪标准。这种差别的根据到底是什么？是因为前者具有牟利的目的、后者没有牟利的目的吗？应该不是。因为有牟利的目的，构成的是传播淫秽物品牟利罪，没有牟利的目的，构成的是传播淫秽物品罪。二者所构成的犯罪不同，处罚的轻重本身就不同，这与社会危害性的评价标准是两码事。因此，用什么标准来评价网络犯罪的社会危害性程度，仍然是刑法学面临的一个新课题。

（三）共同犯罪理论面临的挑战

我国刑法第 25 条规定，共同犯罪是指二人以上共同故意犯罪。在传统刑法中，构成共同故意犯罪，必须同时具备三个要件：一是共同犯罪的主体必须是两个以上达到刑事责任年龄、具有刑事责任能力的人或单位；二是必须具有共同的犯罪行为，即各个行为人的行为都指向同一犯罪，互相联系，互相配合，形成一个统一的犯罪活动整体；三是必须具有共同的犯罪故意，即各共同犯罪人都认识到自己与他人互相配合共同实施犯罪，都认识到自己行为的性质并认识共同犯罪行为的性质，都希望或者放任自己的行为引起的危害结果和共同犯罪行为会发生的危害结果，"为了成立共同犯罪，共同犯罪人之间必须存在意思联络"，即共同犯罪人双方在犯罪意思上互相沟通。[1]

但是，在互联网时代，网络犯罪中的共同犯罪人，有的从未谋面，甚至互不认识，即可形成犯罪的共同故意。共同犯罪的行为人，往往只认识到自己的行为和他人行为的一部分，很难达到传统刑法对共同犯罪认识因素的要求，对明知的认定，有时不得不采取推定的方式。如最高人民法院、最高人民检察

---

[1] 参见高铭暄、马克昌主编：《刑法学》，北京大学出版社、高等教育出版社 2000 年版，第 167—169 页。

院《关于办理利用互联网、移动通讯终端、声讯台制作、复制、出版、贩卖、传播淫秽电子信息刑事案件具体应用法律若干问题的解释（二）》第8条规定："实施第四条至第七条规定的行为，具有下列情形之一的，应当认定行为人'明知'，但是有证据证明确实不知道的除外：（一）行政主管机关书面告知后仍然实施上述行为的；（二）接到举报后不履行法定管理职责的；（三）为淫秽网站提供互联网接入、服务器托管、网络存储空间、通讯传输通道、代收费、费用结算等服务，收取服务费明显高于市场价格的；（四）向淫秽网站投放广告，广告点击率明显异常的；（五）其他能够认定行为人明知的情形。"

在网络犯罪中，明知他人利用互联网实施犯罪行为而积极主动地参与其中的，甚至相互之间形成一种"利益链"的，是构成共同犯罪还是按照独立的个人犯罪处理，也是网络犯罪对传统刑法的一个挑战。

在有关网络犯罪的司法解释中，对明知他人犯罪而提供帮助的，通过违法所得数额或者行为次数认定是否构成共同犯罪。这实际上否认了传统刑法中帮助犯行为对实行犯行为的依附性原理。如最高人民法院、最高人民检察院《关于办理利用互联网、移动通讯终端、声讯台制作、复制、出版、贩卖、传播淫秽电子信息刑事案件具体应用法律若干问题的解释（二）》第6条第1款规定："电信业务经营者、互联网信息服务提供者明知是淫秽网站，为其提供互联网接入、服务器托管、网络存储空间、通讯传输通道、代收费等服务，并收取服务费，具有下列情形之一的，对直接负责的主管人员和其他直接责任人员，依照刑法第三百六十三条第一款的规定，以传播淫秽物品牟利罪定罪处罚：（一）为五个以上淫秽网站提供上述服务的；

(二) 为淫秽网站提供互联网接入、服务器托管、网络存储空间、通讯传输通道等服务,收取服务费数额在二万元以上的;(三) 为淫秽网站提供代收费服务,收取服务费数额在五万元以上的;(四) 造成严重后果的。"按照这个规定,尽管明知是淫秽网站,而为其提供互联网接入、服务器托管、网络存储空间、通讯传输通道、代收费等服务,并收取服务费,如果达到规定的数额标准,就要按照独立的犯罪来定罪处罚(没有达到规定的数额标准,是作为共同犯罪定罪处罚还是不作为犯罪处理,不得而知)。与之相反,该解释第7条第1款规定:"明知是淫秽网站,以牟利为目的,通过投放广告等方式向其直接或者间接提供资金,或者提供费用结算服务,具有下列情形之一的,对直接负责的主管人员和其他直接责任人员,依照刑法第三百六十三条第一款的规定,以制作、复制、出版、贩卖、传播淫秽物品牟利罪的共同犯罪处罚:(一) 向十个以上淫秽网站投放广告或者以其他方式提供资金的;(二) 向淫秽网站投放广告二十条以上的;(三) 向十个以上淫秽网站提供费用结算服务的;(四) 以投放广告或者其他方式向淫秽网站提供资金数额在五万元以上的;(五) 为淫秽网站提供费用结算服务,收取服务费数额在二万元以上的;(六) 造成严重后果的。"这就意味着,直接为淫秽网站提供帮助的,达到规定的数额标准,就按照独立的犯罪定罪处罚,而间接为淫秽网站提供帮助的,达到规定的数额标准,则按照共同犯罪处罚。这不仅与传统刑法中有关共同犯罪的原理不相吻合,而且与传统刑法中对共同犯罪的处罚应当重于对个人犯罪的处罚原理,似乎也是不吻合的。如何在传统刑法与网络犯罪之间建立沟通的桥梁,看来还需要进一步研究。

综上所述,网络犯罪出现的新情况对传统刑法提出了许多新问题。为了应对网络犯罪的挑战，司法实践中通过刑法解释解决了刑法适用方面遇到的难题。但是这些解决方式是否正确、是否合理，还需要进一步研究。我们既要坚守刑法的基本原理，又要面对网络社会发展的实际，及时调整刑法的应对措施，使传统刑法跟上时代发展的步伐。

（原载《法学杂志》2014年第12期）

试论网络犯罪的立法完善

在经济全球化和信息现代化的时代,"网络社会"的存在已经成为一个不争的事实。网络已经成为许多人的一种工作方式,乃至成为人们日常生活中不可或缺的部分。与此同时,一些不法之徒利用网络的快速发展和广泛应用,实施犯罪活动,严重危害到国家安全和人民生活的各个方面。进一步完善打击网络犯罪的刑事立法,不仅是立法机关的重要职责,也是社会各界普遍关注的一个热点问题。完善网络犯罪的刑事立法,笔者认为,应当从以下几个方面入手:

一、弥补现行刑法之缺憾

我国刑法关于网络犯罪的立法起步较晚,并且缺乏经验。所制定的法律规范中存在着一定的漏洞和不尽合理的地方,需要通过进一步完善立法加以弥补。

(一)刑法保护的对象存在漏洞

1997年刑法针对危害计算机信息系统的犯罪,规定了非法侵入计算机信息系统罪和破坏计算机信息系统罪,把违反国家规定,侵入国家事务、国防建设、尖端科学技术领域的计算机信息系统的行为,以及对计算机信息系统功能进行删除、修改、增加、干扰,造成计算机信息系统不能正常运行,或者对计算机信息系统中存储、处理或者传输的数据和应用程序进行删除、修改、增加的操作,或者故意制作、传播计算机病毒等破坏性程序,影响计算机系统正常运行,后果严重的行为规定为犯罪。同时规定,"利用计算机实施金融诈骗、盗窃、贪污、挪用公款、窃取国家秘密或者其他犯罪的,依照本法有关规定定罪处罚"。根据网络犯罪的新情况,为了弥补1997年刑法的不足,打击非法获取网络金融、网络游戏等计算机信息系统中的个人数据,《刑法修正案(七)》又增加了非法获取计算机信息系统数据、非法控制计算机信息系统罪和提供侵入、非法控制计算机信息系统程序、工具罪,即把"违反国家规定,侵入前款规定以外的计算机信息系统或者采用其他技术手段,获取该计算机信息系统中存储、处理或者传输的数据,或者对该计算机信息系统实施非法控制,情节严重的"行为和"提供专门用于侵入、非法控制计算机信息系统的程序、工具,或者明知他人实施侵入、非法控制计算机信息系统的违法犯罪行为而为其提供程序、工具,情节严重的"行为规定为犯罪。

　　这些规定,为打击网络犯罪提供了有力的法律武器。但是从这些法律规定的内容及其实际适用的情况看,本身存在着进一步完善的必要。1997年修改刑法时,为了慎重起见,把非法侵入计算机信息系统罪的犯罪对象限定在"国家事务、国防建设、尖端科学技术领域的计算机信息系统",从而大大缩小了该罪的适用范围。而《刑法修正案(七)》在规定非法获取计算机信息系统数据、非法控制计算机信息系统罪时,又把犯罪对象限定为"前款规定以外的计算机信息系统",导致这两个罪涵盖面出现缺憾:非法侵入计算机信息系统罪不能适用于非法侵入对人民生活关系密切的甚至关系到国计民生的计算机信息系统,如商业银行的计算机信息系统和个人邮件系统;非法获取计算机信息系统数据、非法控制计算机信息系统罪又明确地把关系到国家安全的"国家事务、国防建设、尖端科学技术领域的计算机信息系统"排除在外。如果采用非法侵入以外的技术手段获取"国家事务、国防建设、尖端科学技术领域的计算机信息系统"中存储、处理或者传输的数据,就不构成犯罪。

(二)罪行轻重不够均衡

罪责刑相适应是我国刑法的基本原则之一。作为基本原则,不仅应当体现在司法中,更应当体现在立法中。

按照《刑法修正案(七)》第9条新增的刑法第285条第2款的规定,非法侵入"国家事务、国防建设、尖端科学技术领域"以外的计算机信息系统获取数据的,如果情节特别严重,可以判处3年以上7年以下有期徒刑,并处罚金,但是非法侵入法律重点保护的"国家事务、国防建设、尖端科学技术领域的计算机信息系统",无论情节是否特别严重,都只能按照刑法第285条第1款的规定,判处3年以下有期徒刑或者拘役。这种立法的结果,与立法的初衷显然是相悖的,也不符合重点保护国家事务、国防建设、尖端科学技术领域的计算机信息系统的客观需要。

(三)立法用语不够规范

我国刑法中多次使用"后果严重""情节严重"等用语,作为犯罪构成的要件,以提高入罪门槛,防止刑法适用的打击面过大。但是这两个用语的使用具有一定的区别,即在把危害后果作为入罪门槛时,通常使用"后果严重";在入罪门槛不限于客观上的危害后果时,通常使用"情节严重"。"情节严重"既包括客观上造成的危害严重,也包括犯罪的手段、规模、收益等客观方面的情况以及主观方面的情况严重,具有较强的涵盖力。从刑法条文的规定看，使用最多的也是"情节严重"，刑法只有在规定过失犯罪时才单独使用"后果严重"作为入罪门槛（即第419条规定的失职造成珍贵文物损毁、流失罪）[1]。刑法第285条第2—3款即《刑法修正案（七）》规定的非法获取计算机信息系统数据、非法控制计算机信息系统罪和提供侵入、非法控制计算机信息系统程序、工具罪，都是把"情节严重"作为定罪要件来规定的。但是，同样是网络犯罪，刑法第286条规定的破坏计算机信息系统罪却将"后果严重"作为定罪要件加以规定。

从刑法立法的协调性上看，仅仅把"后果严重"作为破坏计算机信息系统罪的入罪门槛显然是不当的。一方面，该罪不是过失犯罪，刑法第286条规定的对计算机信息系统功能进行删除、修改、增加、干扰，对计算机信息系统中存储、处理或者传输的数据和应用程序进行删除、修改、增加的操作，故意制作、传播计算机病毒等破坏性程序等危害行为对计算机信息系统的破坏并不仅仅表现在后果方面，其行为本身的严重程度，如反复多次实施这类行为，或者对多台计算机信息系统实施这类行为，或者制作、传播破坏性极大的计算机病毒等，都应当作为入罪的标准。另一方面，在司法实践中，对破坏计算机信息系统罪的认定，客观上存在着不能仅仅考虑危害后果的需求。最高人民法院、最高人民检察院在《关于办理危害计算机信息系统安全刑事案件应用法律若干问题的解释》第4条中，把"对二十台以上计算机信息系统中存储、处理或者传输的数据进行删除、修改、增加操作的""违法所得五千元以上

---

[1] 刑法第158—160条中虽然也使用了后果严重，但规定的方式是把"数额巨大、后果严重或者有其他严重情节"一并作为入罪门槛。

的""提供计算机病毒等破坏性程序十人次以上的"解释为应当认定为刑法第286条规定的破坏计算机信息系统"后果严重"的情形。这实际上已经突破了"后果"的本意[1],说明司法实践中有这样一种需要。

基于以上分析,建议在修改刑法时,取消第285条第2款中关于"前款规定以外的"限制,使非法获取计算机信息系统数据、非法控制计算机信息系统罪的规定能够适用于非法获取"国家事务、国防建设、尖端科学技术领域的计算机信息系统"的数据以及非法控制这类计算机信息系统的行为。同时,建议把刑法第286条中的"后果严重"修改为"情节严重",以便与第285条保持网络犯罪中相同的评判标准,使刑法的规定具有内在的协调性,并且可以避免刑事立法与司法实践脱节,更好地发挥刑法的功效。

二、吸纳司法解释中较为成熟的规定

近年来,最高人民法院、最高人民检察院根据打击网络犯罪司法实践的需要,作了一系列有关网络犯罪的司法解释,如《关于办理利用互联网、移动通讯终端、声讯台制作、复制、出版、贩卖、传播淫秽电子信息刑事案件具体应用法律若干问题的解释》《关于办理利用互联网、移动通讯终端、声讯台制作、复制、出版、贩卖、传播淫秽电子信息刑事案件具体应用法律若干问题的解释(二)》《关于办理危害计算机信息系统安全刑事案件应用法律若干问题的解释》《关于办理利用信息网络实施诽谤等刑事案件适用法律若干问题的解释》等。这些

---

[1] 刑法中规定的"后果严重"是指行为在客观上造成的危害严重。而"对二十台以上计算机信息系统中存储、处理或者传输的数据进行删除、修改、增加操作",只是一种行为表现,并不反映其危害后果的严重与否。至于"违法所得"的多少,仅仅反映行为人从危害行为中获得的利益多少,与其破坏计算机信息系统的行为对社会的危害程度没有直接的关系。

司法解释反映了司法机关在打击网络犯罪中遇到的新情况、新问题，满足了在网络社会运用刑法保护国家利益和公民个人利益的客观需要。

但是，这些解释中的一些规定，实际上超越了就具体适用法律问题进行解释的权限，有必要通过立法的方式将其上升为刑法规范。

（一）刑法用语的扩张解释

《关于办理利用互联网、移动通讯终端、声讯台制作、复制、出版、贩卖、传播淫秽电子信息刑事案件具体应用法律若干问题的解释》将淫秽电子信息解释为淫秽物品，虽然二者在内容上具有同质性，但"信息"毕竟是"物品"所涵盖不了的。直接把制作、复制、出版、贩卖、传播淫秽电子信息的行为规定为传播淫秽物品牟利罪，就超越了司法解释的范围，是一种违反罪刑法定的扩张解释。

《关于办理利用信息网络实施诽谤等刑事案件适用法律若干问题的解释》第5条第2款规定："编造虚假信息，或者明知是编造的虚假信息，在信息网络上散布，或者组织、指使人员在信息网络上散布，起哄闹事，造成公共秩序严重混乱的，依照刑法第二百九十三条第一款第（四）项的规定，以寻衅滋事罪定罪处罚。"这也是一种越权解释。因为，刑法第293条第1款第4项规定的行为是"在公共场所起哄闹事，造成公共场所秩序严重混乱的"。网络空间与传统意义上的"公共场所"是不同的，"公共场所秩序严重混乱"与网络引起的网民恐慌也是不同的。

当然，从维护网络社会的安宁与秩序，打击网络犯罪的实际需要看，这类规定是很有必要的。因为网络社会已经成为人民群众实实在在的一个生活空间。把网络社会的秩序作为社会秩序的一个组成部分是很有必要的，也是理所当然的。只是，这种解释超越了司法解释的权限，有必要通过立法的方式将其上升为法律规范。

(二) 帮助行为独立定罪的法律拟制

《关于办理利用互联网、移动通讯终端、声讯台制作、复制、出版、贩卖、传播淫秽电子信息刑事案件具体应用法律若干问题的解释 (二)》第4条第1款规定："以牟利为目的，网站建立者、直接负责的管理者明知他人制作、复制、出版、贩卖、传播的是淫秽电子信息，允许或者放任他人在自己所有、管理的网站或者网页上发布，具有下列情形之一的，依照刑法第三百六十三条第一款的规定，以传播淫秽物品牟利罪定罪处罚：(一) 数量或者数额达到第一条第二款第 (一) 项至第 (六) 项规定标准五倍以上的；(二) 数量或者数额分别达到第一条第二款第 (一) 项至第 (六) 项两项以上标准二倍以上的；(三) 造成严重后果的。"

这是一种超越司法解释权限的规定。因为，网站建立者、直接负责的管理者，即使具有牟利的目的，但是如果没有实施传播淫秽物品的行为，是不能直接构成传播淫秽物品罪或者传播淫秽物品牟利罪的。而该解释所列举的行为，是指"允许或者放任他人"在自己所有、管理的网站或者网页上发布其所制作、复制、出版、贩卖、传播淫秽视频、音频文件或者淫秽电子刊物、图片、文章的行为，而不是网站建立者、管理者自己实施该行为，因而并不是刑法第363条第1款规定的行为。即使认为这种放任行为对真正实施"发布其所制作、复制、出版、贩卖、传播淫秽视频、音频文件或者淫秽电子刊物、图片、文章的行为"有帮助作用，那也只是一种帮助的行为。帮助行为是否构成犯罪、构成什么罪，要看实行犯的行为是否构成犯罪、构成什么犯罪来确定,并且要符合共同犯罪的构成要件,特别是要有犯罪的共同故意。对这种帮助行为直接按照刑法第363条第1款的规定来定罪处罚,就改变了刑法中规定的该罪的构成要件。这种规定实际上是一种立法上的设定,需要通过立法的方式来规定。

对这种帮助行为作为独立的犯罪来定罪,是互联网时代出现的新问题。因为就在网络上发布淫秽、有害电子信息的犯罪而言,网站建立者、管理者以及网络服务提供者在犯罪实施过程中起着重要的作用,即使不是与发布淫秽、有害电子信息的人共同犯罪,也对犯罪得以实施提供了必不可少的条件。正如有的学者指出的:在传统犯罪网络异化的过程中,为犯罪行为提供网络技术帮助的行为成为一个关键性因素,也起着极为重要的作用。随着犯罪的重心由现实向网络平台的移转,此类为犯罪行为提供网络技术帮助的行为也就越来越重要,应当给予此类行为在犯罪中的地位予以恰当评价,并建立起独立的评价和制裁机制。[1] 上述司法解释正是考虑到网络犯罪过程中网络服务提供者的行为的重要性,对之作出了独立定罪的规定。但是这种规定毕竟改变了刑法中规定的犯罪构成要件,需要由立法来解决。

笔者建议立法机关根据司法实践中相对比较成熟的经验,把司法解释中那些符合立法原意、适应打击网络犯罪需要但又不属于司法解释范围的内容,通过刑法修正案的方式,纳入刑法的规定之中,以使其名正言顺地成为法律规范。

三、增加规制网络犯罪的新形态

近年来,网络犯罪出现的新情况,引起了立法机关和司法

---

[1] 于志刚:《传统犯罪的网络异化研究》,中国检察出版社2010年版,第373—374页。

机关的关注。其中有三个方面的问题值得研究：

（一）关于编造、传播虚假信息

在互联网时代，人们日常工作和生活中的信息主要是通过网络获得的。网络上的信息，对社会的稳定，对人民群众的日常生活，特别是对国家安全和公民权利的影响，十分重要。加强对网络信息的监管应当成为刑法立法关注的重要方面。

关于网络信息，2000年9月25日国务院发布的《电信条例》第57条就明确规定："任何组织或者个人不得利用电信网络制作、复制、发布、传播含有下列内容的信息：（一）反对宪法所确定的基本原则的；（二）危害国家安全，泄露国家秘密，颠覆国家政权，破坏国家统一的；（三）损害国家荣誉和利益的；（四）煽动民族仇恨、民族歧视，破坏民族团结的；（五）破坏国家宗教政策，宣扬邪教和封建迷信的；（六）散布谣言，扰乱社会秩序，破坏社会稳定的；（七）散布淫秽、色情、赌博、暴力、凶杀、恐怖或者教唆犯罪的；（八）侮辱或者诽谤他人，侵害他人合法权益的；（九）含有法律、行政法规禁止的其他内容的。"随着网络的发展和广泛应用，在网络上发布有害信息的现象不断出现，对社会安宁和公民权利构成严重威胁。于是，全国人大常委会根据网络领域的新情况，适时通过刑法修正案的方式，规定了编造、故意传播虚假恐怖信息罪（《刑法修正案（三）》第8条），出售、非法提供公民个人信息罪和非法获取公民个人信息罪（《刑法修正案（七）》第7条第1、2款）。最高人民法院、最高人民检察院也先后于2004年9月3日、2010年2月2日、2013年9月9日联合发布了两个《关于办理利用互联网、移动通讯终端、声讯台制作、复制、出版、贩卖、传播淫秽电子信息刑事案件具体应用法律若干问题的解释》和《关于办理利用信息网络实施诽谤等刑事案件适用法律若干问题的解释》，都涉及在互联网上发布有害信息行为的法律适用问题。

这些规定，对打击在网络上发布有害信息的行为，发挥了积极的作用。但是，这些规定，在总体上还不完整、不全面，难以满足保护互联网安全和社会稳定的需要，并且有些规定（如"两高"的司法解释）还没有上升为刑事立法。因此有必要在修改刑法的时候，对涉及网络信息的问题作出系统而完整的规定。

为了完善这方面的刑事立法，《刑法修正案（九）（草案）》拟增加规定三个方面的犯罪：一是将"通过信息网络等宣扬恐怖主义、极端主义的，或者煽动实施暴力恐怖活动的"行为规定为犯罪；二是修改完善《刑法修正案（七）》增加的出售、非法提供公民个人信息罪和非法获取公民个人信息罪，将"违反国家规定，将在履行职责或者提供服务过程中获得的公民个人信息，出售或者提供给他人，情节严重的""窃取或者以其他方法非法获取公民个人信息，情节严重的""未经公民本人同意，向他人出售或者非法提供其个人信息，情节严重的"等行为规定为犯罪；三是将"编造虚假的险情、疫情、警情、灾情，在信息网络或者其他媒体上传播，或者明知是上述虚假信息，故意在信息网络或者其他媒体上传播，严重扰乱社会秩序的"行为规定为犯罪。

对这类行为进行法律规制是完全必要的。它既关系到人民群众的安宁、社会秩序的稳定，也关系到公民个人的信息安全。其中，情节严重，危害很大的，作为犯罪予以刑事追究，也是理所当然的。但是，如何把"编造虚假的险情、疫情、警情、灾情，在信息网络或者其他媒体上传播，或者明知是上述虚假信息，故意在信息网络或者其他媒体上传播，严重扰乱社会秩序的"行为规定为犯罪,值得研究。

1. 在立法技术上,应当考虑罪名的类型化

刑法中规定的每个罪名,都是对现实社会中出现或者可能出现的犯罪行为进行类型化的结果。罪名的涵盖力越强,其适用的范围就越广。当然,罪名过于宽泛,且缺乏精确性。所以在立法技术上,需要解决罪名的可容性问题。当已有的罪名难以容纳新的犯罪现象时,就有必要增加新的罪名,但是如何通过改造已有的罪名,可以更好地解决刑法适用的问题时,就没有必要增加新的罪名,以防止罪名的过分繁多。从增加新罪名的必要性上看,社会上出现编造、传播虚假恐怖信息的行为,刑法中就规定一个编造、故意传播虚假恐怖信息罪;社会上出现编造、故意传播虚假险情信息的行为,刑法中就规定一个编造、故意传播虚假险情罪。如果社会上再出现编造、故意传播其他虚假信息的行为,还要不要规定新的罪名?如此一来,刑法中的罪名就会无限增多。这种立法方式,有悖罪名科学化的要求。

2. 罪名的规定应当考虑刑法规范的严密性

从立法的严密性上看,现在发现了编造、故意传播虚假的险情、疫情、警情、灾情信息的问题,就只把编造、故意传播这四种信息的行为规定为犯罪,容易出现立法上的漏洞。因为从理论上讲,除了上述四种虚假信息可能引起公众的恐慌,严重扰乱社会秩序之外,编造和传播其他虚假信息同样可以造成这样的危害结果,如编造、故意传播有关政治动乱、政变、重大政治决策、战争等虚假信息的行为。立法时对这些具有同样社会危害性的类似行为应当一并予以考虑。

依笔者之见,在现有的刑法体系中增加新的规定,既要考虑与已有规定的协调问题,防止重复性规定,避免交叉性规

定，又要注意新规定的涵盖力，防止出现新的漏洞。从现行刑法的规定看，《刑法修正案（三）》已经在刑法第291条中增加了编造、故意传播虚假恐怖信息罪。该罪的基本特征就是编造、传播虚假的信息，其社会危害性表现为"严重扰乱社会秩序"。而《刑法修正案（九）》拟增加的犯罪，也是编造、传播虚假信息，其社会危害性也表现为"严重扰乱社会秩序"。所不同的只是虚假信息的内容：已有犯罪是虚假的恐怖信息，拟增加的犯罪是虚假的险情、疫情、警情、灾情信息；已有的犯罪没有限定传播的方式，拟增加的犯罪则把传播的方式限定为"在信息网络或者其他媒体上传播"。并且，拟增加的犯罪就虚假信息的内容只规定了"险情、疫情、警情、灾情"四种，如果出现其他虚假信息，该罪又涵盖不了了。

3. 刑法对同一用语的评价应当考虑同一性

从社会危害的严重程度上看，虚假的恐怖信息可能引起公众的恐慌，严重扰乱社会秩序；虚假的"险情、疫情、警情、灾情"信息，同样可能引起公众的恐慌，严重扰乱社会秩序。很难判断究竟是虚假恐怖信息的危害性更大，还是虚假"险情、疫情、警情、灾情"的危害性更大。在现实社会生活中，一则关于重大瘟疫的虚假信息如果广为流传，其在公众心理上产生的恐慌，所引起的社会骚乱，并不亚于一则关于爆炸威胁的虚假信息所能引起的恐慌。更何况，这两种行为的入罪门槛都是"严重扰乱社会秩序"。对这个要件，在刑法上也应当进行相同的评价。因此在法定刑方面，就不应该作出不同的规定。无论是编造、传播虚假的恐怖信息，还是编造、传播其他虚假的有害信息，只要严重扰乱社会秩序，都应当按照其严重程度受到刑法上相同的评价和对待。

总之，应对编造、故意传播虚假的险情、疫情、警情、灾情等情况，首选的方案不应当是规定一个新的犯罪，而是改造已有犯罪的构成要件，使之具有更大的涵盖力，以适应制裁新类型犯罪的需要。只有在已有的犯罪无法包含新的犯罪类型时才有必要将其作为独立的犯罪加以规定。

有鉴于此，笔者建议在《刑法修正案（九）（草案）》第29条拟增加的刑法第291条之一第2款之外，修改刑法第291条之一的规定，以避免不适当地增加新罪名。修改的方案是：把现行刑法第291条之一中的"编造爆炸威胁、生化威胁、放射威胁等恐怖信息，或者明知是编造的恐怖信息而故意传播，严重扰乱社会秩序的"从原条文中独立出来作为第3款，并修改为："编造并传播虚假的有害信息，或者明知是编造的有害信息而故意传播，严重扰乱社会秩序的，处五年以下有期徒刑、拘役或者管制；造成严重后果的，处五年以上有期徒刑。"这样一来，原有的罪名不仅包含了新出现的犯罪行为，而且可以应对以后可能出现的类似的危害行为。同时，犯罪的手段也不仅仅局限于在"信息网络或者其他媒体上"，采取任何手段编造、故意传播有害信息，只要可能严重扰乱社会秩序，都将作为犯罪追究刑事责任。

（二）关于犯罪的预备行为

我国刑法第22条规定："为了犯罪，准备工具、制造条件的，是犯罪预备。对于预备犯，可以比照既遂犯从轻、减轻处罚或者免除处罚。"但是在司法实践中，对预备犯追究刑事责任的案件，微乎其微。这是因为：第一，我国刑法第13条但书明确规定："情节显著轻微危害不大的，不认为是犯罪。"而犯罪的预备行为，由于还没有进行到实行犯罪构成要件的阶段，也就是说，还没有实施刑法规定的危害行为，所以通常都会因为情节显著轻微危害不大而不被认为是犯罪。第二，在司法实践中要证明一个行为是"为了犯罪而准备工具、制造条件"的行为，十分困难。即便是为了杀人去购买一把刀，只要还没有进入实行阶段，就很难证明买刀的行为是杀人的预备行为，因为行为人完全可以把买刀的行为说是为了其他目的。即使是行为人承认自己买刀的目的是杀人，司法机关仅仅根据本人的口供，也不敢轻易认定他预备实施杀人犯罪而定其故意杀人罪。

在理论上，有的学者主张把刑法中规定的犯罪预备中的"为了犯罪"，理解为"为了实行犯罪"。这样可以把为了进一步实施实行行为而做的准备与为预备行为而做的准备区别开来。例如，为了实行杀人而购买毒药的行为是犯罪的预备行为，但为了购买毒药而打工挣钱的行为，就不是犯罪的预备行为。[1] 有的学者认为，在犯罪预备中，行为人进行犯罪预备活动的意图和目的是为了顺利地着手实施和完成犯罪，犯罪之所以在实行行为尚未着手时停止下来，是由于行为人意志以外的原因所致。行为人在着手犯罪实行行为前停止犯罪，是被迫的而不是自愿的，所以要追究其刑事责任。[2] 这些解释，都是要限制对预备行为追究刑事责任的范围。

在互联网时代，网络为人们实施各种行为包括犯罪行为提供了更多的通道。于是，有人主张把网络犯罪的预备行为作为独立的犯罪来追究刑事责任。《刑法修正案（九）（草案）》也试图把网络犯罪的预备行为直接规定为独立的犯罪，即在刑法第287条后增加一个规定："利用信息网络实施下列行为之一，情节严重的，处三年以下有期徒刑或者拘役，并处或者单处罚

---

[1] 参见张明楷：《刑法学》（第二版），法律出版社2003年版，第285页。
[2] 参见高铭暄、马克昌主编：《刑法学》，北京大学出版社、高等教育出版社2000年版，第153页。

金：（一）设立用于实施诈骗、传授犯罪方法、制作销售违禁物品、管制物品等违法犯罪活动的网站、通讯群组的；（二）发布制作、销售毒品、枪支、淫秽物品等违禁物品、管制物品或者其他违法犯罪信息的；（三）为实施诈骗等违法犯罪活动发布信息的。"这种立法是否具有必要性、可行性，值得研究。

1. 从刑法的价值判断上看，对犯罪的预备行为没有必要规定为独立的犯罪

为实施诈骗、销售违禁品和管制物品等违法犯罪活动而设立网站、通讯群组、发布信息的行为，充其量是一种犯罪的预备行为。对这种预备行为要不要追究刑事责任，应当考虑两个因素：

第一，要看准备实施的犯罪是不是严重犯罪。无论是按照我国刑法第13条关于犯罪概念的规定，还是按照刑法理论界流行的观点，犯罪总是一种具有社会危害性并且这种危害性的程度达到了应受刑罚处罚的程度的行为。如果一种行为，虽然具有社会危害性，但是尚未达到应受刑罚处罚的程度，就不应该作为犯罪来对待。即使是实施了刑法中规定的犯罪行为，如果情节显著轻微危害不大，也不应当认定为犯罪，更何况在立法的时候，对危害不大的行为，就不应该规定为犯罪。

为实施违法犯罪活动而设立网站、通讯群组、发布信息的行为，本身包含了为实施违法行为而设立网站、通讯群组、发布信息的行为，这些行为的实行行为尚且不构成犯罪，把其预备行为作为犯罪来追究刑事责任，在刑法的价值判断上，显然是违反常理的。即便是为了实施犯罪活动而设立网站、通讯群组、发布信息的行为，如果所实施的犯罪活动本身是一种轻罪，那么，对其预备行为是否需要追究刑事责任、有没有追究刑事责任的必要性，就值得慎重考虑。从刑法的谦抑性出发，

如果准备实施的犯罪本身不是十分严重的犯罪，对其预备行为是不应该追究刑事责任的。

第二，即使是应当追究刑事责任，也要根据准备实施的犯罪性质来决定如何追究刑事责任。为实施诈骗犯罪而发布信息、为实施毒品犯罪而发布信息、为实施恐怖犯罪而发布信息，虽然都是利用网络发布信息的行为，但其可能构成的犯罪，无论是在性质上还是在可能被判处的刑罚轻重程度上，都具有很大的差异。如果仅仅看到发布信息这一共同性，就把这些犯罪的预备行为作为同一个犯罪对待，有悖刑法价值判断的精确性。

2. 从司法认定的可行性上看，把预备行为作为独立的犯罪追究刑事责任，会造成很多认定上的困难

"设立用于实施诈骗、传授犯罪方法、制作销售违禁物品、管制物品等违法犯罪活动的网站、通讯群组"的行为，从行为特征上看，作为构成要件的行为实际上只有设立网站、通讯群组的行为。它与设立网站、通讯群组的合法行为，没有任何可以区别的地方。唯一可以作为定罪根据的是这种行为的目的在于用网站、通讯群组为实施诈骗等违法犯罪活动做准备。而这种目的，在设立网站、通讯群组的人尚未实施诈骗、传授犯罪方法等行为之前，是没有客观性证据可以证明的，因而在司法实践中是难以认定的。如果行为人进一步实施了诈骗、传授犯罪方法等犯罪行为，就可以直接根据其所实施的具体犯罪行为来追究其刑事责任。其为实施犯罪所做的准备活动就只是犯罪的一个情节在量刑时予以考虑，而没有必要再对预备行为单独定罪。再比如，在网络上发布信息的行为，是否为了实施犯罪，在犯罪着手实施之前，只有发布信息的人知道，司法机关是不可能提供充分的证据来证明的。把这种行为规定为犯罪，

将会给司法机关带来很大的麻烦。

3. 从立法目的的实现途径上看，不把这些犯罪的预备行为规定为独立的犯罪，同样可以达到立法的目的

如前所述，这些预备行为一旦进入犯罪的实施阶段，完全可以根据其实际实施的犯罪追究刑事责任。在尚未进入具体犯罪的实施阶段之前，要想禁止这类行为的发生，更好的办法不是将其设定为犯罪，而是对其进行有效的监管。一方面，可以通过提高网站、通讯群组设立的门槛，严格设立的审查程序，防止设立用于犯罪活动的网站、通讯群组；另一方面，一旦发现网站、通讯群组被用于犯罪活动，网络监管部门可以通过行政处罚措施及时关闭这类网站、群组。2000年9月25日国务院发布的《电信条例》中就有禁止利用电信网络制作、复制、发布、传播含有淫秽、色情、赌博、暴力、凶杀、恐怖或者教唆犯罪等内容的信息的规定。公安部1997年12月16日发布的《计算机信息网络国际联网安全保护管理办法》中也明令禁止利用国际联网制作、复制、查阅和传播包含宣扬封建迷信、淫秽、色情、赌博、暴力、凶杀、恐怖、教唆犯罪等信息等行为。对于这类行为，重要的是如何加强网络监管，通过有效的监管，严格执行已有的规定，预防其大范围的频繁地发生。如果有关监管部门没有尽到责任，应当首先追究监管者的责任。违反有关管理规定发布有害信息，造成严重后果的，才应当交给司法机关依法追究行为人的法律责任。

基于以上分析，笔者认为，对于利用网络设立网站、通讯群组、发布信息，为实施违法犯罪活动做准备的行为，没有必要作为独立的犯罪来规定。即使将其规定为独立的犯罪，也难以对其进行有效的追诉。

（三）关于单位犯罪

1997年刑法在规定非法侵入计算机信息系统罪和破坏计算机信息系统罪时，没有规定单位犯罪。《刑法修正案（七）》在规定出售、非法提供公民个人信息罪和非法获取公民个人信息罪时，增加了单位犯罪。立法机关在《刑法修正案（九）（草案）》中，试图对所有的网络犯罪都规定单位犯罪。这种立法倾向值得研究。

1. 在刑法中不宜过多地规定单位犯罪

我国刑法中规定的单位犯罪，是指公司、企业、事业单位、机关、团体实施的依法应当承担刑事责任的危害行为。单位犯罪的主体中包括了国家机关、人民团体以及国有的公司、企业、事业单位。这些单位与私营的公司、企业、事业单位一样，犯了罪要依法追究刑事责任。但是，要不要把一种犯罪规定为单位犯罪，需要慎重考虑。特别是在互联网时代，几乎所有的国家机关都有自己的网站，都在使用互联网进行信息处理和信息发布。网站的管理一旦出现漏洞或者被利用而触犯刑律，就可能使国家机关陷于犯罪的境地。如果真的出现一些国家机关在互联网使用过程中实施的行为构成犯罪的情况，司法机关就不得不依照法律的规定将有关的国家机关认定为犯罪主体。如果国家机关真的成了犯罪主体，就将面临执政合法性的危险。因此，立法机关应当尽量避免把单位规定为犯罪主体，尤其是对互联网使用过程中出现的犯罪。

2. 单位犯罪本质上仍然是自然人实施的犯罪

单位是由具体的自然人构成的。单位的决定是由单位的负责人依职权作出的或者是由单位决策机构中的自然人通过集体决策程序作出的。单位的行为是通过自然人具体实施的。在任何单位犯罪的场合，单位实施的犯罪行为都只是在形式上表现为单位的行为或者为了单位的利益，实际上始终是由自然人以单位的名义实施的。正因为如此，在单位犯罪的场合，法律除了规定单位的刑事责任之外，都无一例外地规定了有关自然人的刑事责任。对于可能出现的以单位名义实施的网络犯罪，不将其规定为单位犯罪，而直接规定为自然人犯罪，并不会妨碍对这类犯罪的刑事制裁，反而可以防止单位陷入犯罪的泥潭，更有利于对这类犯罪的查处。

3. 对单位犯罪中的自然人进行处罚，完全可以达到遏制这类犯罪的目的

对于即便是以单位名义实施的网络犯罪，甚至确实是为了单位的利益而实施的网络犯罪（这种情况并不多见），直接追究有关责任人员的刑事责任，实际上就已经达到了制裁这类犯罪的目的。特别是当这种犯罪涉及国家机关或者国有单位的情况下，对单位判处罚金无异于国家自己罚自己，并没有什么实际意义，唯有对自然人的责任追究才具有惩罚的意义。与其使国家机关陷入犯罪的危险，不如只规定有关责任人员的刑事责任，更具有立法上的合理性。

（原载《北京联合大学学报（人文社会科学版）》2015年第2期）

论拒不履行信息网络安全管理义务罪

拒不履行信息网络安全管理义务罪是《刑法修正案（九）》新增加的一个罪名。按照新法的规定，拒不履行信息网络安全管理义务罪是指网络服务提供者不履行法律、行政法规规定的信息网络安全管理义务，经监管部门责令采取改正措施而拒不改正，致使违法信息大量传播，或者致使用户信息泄露，造成严重后果，或者致使刑事案件证据灭失，情节严重，或者有其他严重情节的行为。

在立法征求意见过程中，不少刑法学者就对该罪名的罪状设计提出过不同的看法。在《刑法修正案（九）》正式通过之后，该罪在具体适用过程中仍然存在着一些值得进一步研究的问题。本文试图就该罪的犯罪构成要件进行深入的研讨，以期有助于该罪的正确适用。

一、关于该罪的主体范围

按照刑法第 286 条之一[1]的规定，拒不履行信息网络安全

---

[1] 即经《刑法修正案（九）》修正后的刑法。

管理义务罪的犯罪主体只能是"网络服务提供者",即只有"网络服务提供者"实施了拒不履行网络安全信息管理义务的行为,才有可能构成该罪。因此,合理界定"网络服务提供者"的范围,也就成为适用该罪所面临的首要问题。

  对于"网络服务提供者",既可以做广义的理解,也可以做狭义的理解。网络是由计算机或者其他信息终端及相关设备组成的按照一定的规则和程序对信息进行收集、存储、传输、交换、处理的系统[1]。这个系统,通常被认为是由"信源""信道""信宿"组成的。其中,信源是信息的发布者,信宿是信息的接收者,信道则是信息发布的通道。这个通道的提供者、管理者和控制者正是网络服务提供者。因此,从广义上看,网络服务提供者泛指一切为信息的发布和接收提供通道的单位和个人。提供通道的单位或者个人,既包括提供设备、平台的单位或个人,也包括提供产品或者技术的单位或个人,还包括提供信息或者服务的单位或个人,当然更包括同时提供设备、产品、技术等多项服务的单位或个人;可以是网络接入服务提供者、网络平台服务提供者、网络内容及产品服务提供者,可以是提供设施、信息和中介、接入等技术服务的个人用户、网络服务商以及其他非营利组织。在中国,中国移动、中国联通、中国电信、中国网通、中国铁通和中国卫通,被认为是最大的网络服务提供者。但是,在狭义上,网络服务提供者是相对于网络平台的所有制、管理者而言的。网络安全法第76条明确规定:"网络运营者,是指网络的所有者、管理者和网络服务提供者"。这就意味着,"网络服务提供者"是一个与网

---

[1] 1994年2月18日发布的《计算机信息系统安全保护条例》第2条规定:"本条例所称的计算机信息系统,是指由计算机及其相关的和配套的设备、设施(含网络)构成的,按照一定的应用目标和规则对信息进行采集、加工、存储、传输、检索等处理的人机系统。"

络的所有者、管理者相区别的概念，或者说，按照该法的规定，并不是所有的网络运营者都是"网络服务提供者"。因此，在网络安全法中，网络服务提供者，应该是指为用户提供网络连线和技术支持的单位或个人。网络服务提供者不包括网络平台和设施的提供者，也不包括网络系统的管理者。

从效力上看，网络安全法是全国人民代表大会常务委员会通过的法律，并且是最新颁布实施的法律，它应当比人大常委会先前通过的法律或者国务院颁布的法规，具有更高的法律效力。也就是说，网络服务提供者的范围，应当按照该法的规定来界定，即把"网络服务提供者"限制在狭义的范围内。

但是，从刑法适用的角度看，应当对"网络服务提供者"做广义的理解。其理由是：

第一，网络安全法虽然是在狭义上使用"网络服务提供者"的概念的，但并没有对网络服务提供者的义务作出专门的或者特别的规定，而是在"网络运营者"的概念下规定有关义务的。网络服务提供者应当遵守的义务与其他网络运营者应当遵守的义务，在该法中并没有明确的区别。如果网络服务提供者拒不履行义务就可能承担刑事责任，那么，其他的网络运营者拒不履行义务时要不要承担刑事责任？如果不承担，就可能使该法的规定陷入不公平的境地；如果承担，又缺乏相关的法律依据。相反，如果对网络服务提供者做广义的理解，就可以避免由于该法在概念使用上的原因而出现法律适用上的缺憾。

第二，自从 1994 年以来，随着互联网的不断发展，我们国家的法律法规中对网络服务提供者使用了多种不同的称谓。1994 年 2 月 18 日国务院发布的《计算机信息系统安全保护条例》使用的是"计算机信息系统的使用单位"。1997 年 12 月

11日国务院批准1997年12月30日公安部发布的《计算机信息网络国际联网安全保护管理办法》则使用了"互联单位、接入单位及使用计算机信息网络国际联网的法人和其他组织"。国务院2000年9月25日发布、2011年1月8日修订的《互联网信息服务管理办法》中使用的是"互联网信息服务提供者"[1]。2017年6月1日起实施的《网络产品和服务安全审查办法（试行）》使用的是"产品和服务提供者""网络产品和服务提供者"。2017年6月1日起施行的《互联网新闻信息服务管理规定》使用的是"互联网新闻信息服务提供者"。这些与互联网有关的法律法规都明确规定了网络信息服务的提供者应当遵守的义务，以及违反义务时的处罚。如果拘泥于名称的特定化，以前制定的、至今仍然有效的法律法规就很难适用。

第三，以前制定的这些法律法规虽然明确规定了网络服务提供者的义务，同时规定了违反义务时，网络监管者可以责令纠正，有的甚至规定了"构成犯罪的，依法追究刑事责任"，但如何追究刑事责任，当时的法律没有明确规定。而《刑法修正案（九）》通过补充修改刑法的方式弥补了这方面的立法不足，对于违反有关法律法规规定的义务造成严重后果的行为，依照刑法的新规定追究刑事责任，可以说是顺理成章的。但这就需要对刑法中新出现的名称"网络服务提供者"做广义的理解，使其可以涵盖以前法律法规中规定的义务主体。

---

[1] 该办法第2条中规定："本办法所称互联网信息服务，是指通过互联网向上网用户提供信息的服务活动。"第3条中规定："互联网信息服务分为经营性和非经营性两类。经营性互联网信息服务，是指通过互联网向上网用户有偿提供信息或者网页制作等服务活动。非经营性互联网信息服务，是指通过互联网向上网用户无偿提供具有公开性、共享性信息的服务活动。"

因此，有必要对"网络服务提供者"做广义的、实质性的理解，凡是从事提供互联网平台、设施、产品、技术、信息等服务的单位和个人，都应当纳入"网络服务提供者"的范围，以便在其拒不履行法律法规规定的义务，造成严重后果时，依法追究其刑事责任。

二、关于该罪的客观方面

按照《刑法修正案（九）》的规定，该罪的客观方面有三个要素组成：一是"不履行法律、行政法规规定的信息网络安全管理义务"；二是"经监管部门责令采取改正措施而拒不改正"；三是"有下列情形之一"（这些情形包括：致使违法信息大量传播的；致使用户信息泄露，造成严重后果的；致使刑事案件证据灭失，情节严重的；有其他严重情节的）。这些要素如何理解，直接关系到该罪的法律适用。

（一）如何界定该罪的义务范围

构成该罪，在客观方面，首先必须有"不履行法律、行政法规规定的信息网络安全管理义务"的事实，即没有遵守法律法规对网络服务提供者关于网络安全管理的要求，履行规定的管理义务。那么，如何界定这些义务的范围，就是确定是否存在"不履行法律、行政法规规定的信息网络安全管理义务"事实的关键。

从我国法律法规已有的规定看，网络服务提供者的信息网络安全管理义务，主要有：（1）1994年2月18日国务院发布的《计算机信息系统安全保护条例》第13条规定："计算机信息系统的使用单位应当建立健全安全管理制度，负责本单位计算机信息系统的安全保护工作。"第14条规定："对计算机信息系统中发生的案件，有关使用单位应当在24小时内向当地县级以上人民政府公安机关报告。"（2）根据该条例，公安部经国务院批准，于1997年12月11日发布的《计算机信息网络国际联网安全保护管理办法》第10条规定："互联单位、接入单位及使用计算机信息网络国际联网的法人和其他组织应当履行下列安全保护职责：（一）负责本网络的安全保护管理工作，建立健全安全保护管理制度；（二）落实安全保护技术措施，保障本网络的运行安全和信息安全；（三）负责对本网络用户的安全教育和培训；（四）对委托发布信息的单位和个人进行登记，并对所提供的信息内容按照本办法第五条进行审核；（五）建立计算机信息网络电子公告系统的用户登记和信息管理制度；（六）发现有本办法第四条、第五条、第六条、第七条所列情形之一的，应当保留有关原始记录，并在二十四小时内向当地公安机关报告；（七）按照国家有关规定，删除本网络中含有本办法第五条内容的地址、目录或者关闭服务器。"（3）《互联网信息服务管理办法》第14条规定："从事新闻、出版以及电子公告等服务项目的互联网信息服务提供者，应当记录提供的信息内容及其发布时间、互联网地址或者域名；互联网接入服务提供者应当记录上网用户的上网时间、用户账号、互联网地址或者域名、主叫电话号码等信息。互联网信息服务提供者和互联网接入服务提供者的记录备份应当保存60日，并在国家有关机关依法查询时，予以提供。"第15条规定："互联网信息服务提供者不得制作、复制、发布、传播含有下列内容的信息：（一）反对宪法所确定的基本原则的；（二）危害国家安全，泄露国家秘密，颠覆国家政权，破坏国家统一的；（三）损害国家荣誉和利益的；（四）煽动民族仇恨、民族歧视，破坏民族团结的；（五）破坏国家宗教政策，宣扬邪教和封建迷信的；（六）散布谣言，扰乱社会秩序，破坏社会稳定的；（七）散布淫秽、色情、赌博、暴力、凶杀、恐怖或者教唆犯罪的；（八）侮辱或者诽谤他人，侵害他人合法权益的；（九）含有法律、行政法规禁止的其他内容的。"第16条规定："互联网信息服务提供者发现其网站传输的信息明显属于本办法第十五条所列内容之一的，应当立即停止传输，保存有关记录，并向国家有关机关报告。"（4）网络安全法第9条规定："网络运营者开展经营和服务活动，必须遵守法律、行政法规，尊重社会公德，遵守商业道德，诚实信用，履行网络安全保护义务，接受政府和社会的监督，承担社会责任。"第10条规定："建设、运营网络或者通过网络提供服务，应当依照法律、行政法规的规定和国家标准的强制性要求，采取技术措施和其他必要措施，保障网络安全、稳定运行，有效应对网络安全事件，防范网络违法犯罪活动，维护网络数据的完整性、保密性和可用性。"该法第21—28条、第33—38条、第40—42条、第47条、第49条等，都是关于网络服务提供者应当履行的有关网络安全管理方面的义务。（5）《互联网新闻信息服务管理规定》第11—18条规定了互联网新闻信息服务提供者在提供服务过程中应当遵守的信息安全管理义务。

这些都是网络服务提供者必须履行的义务。不履行这些义务，都应当承担相应的法律责任。问题在于，没有履行这些义务，是否都可以构成拒不履行信息网络安全管理义务罪？笔者认为，应当区别网络服务提供者在资质方面应当履行的义务、在活动方面应当履行的义务、在管理方面应当履行的义务。只有在管理方面依法应当履行的义务，才是"信息网络安全管理义务"。因为网络服务提供者在自身的活动中没有遵守法律法规所规定的义务，关系到的是其自身的生存问题，即有没有提供网络服务的资质问题。如果因为没有履行法律法规规定的义务而威胁到网络安全，网络服务提供者要直接承担法律责任，而不是要等到别人责令以后，更不是要等到出现危害结果以后，才承担责任。没有履行管理义务，与其自身积极主动实施的违法行为，不是同一概念。管理义务是针对别人实施的危害网络安全的行为，应当及时地予以制止或消除，以维护网络安全的责任。如"网络运营者应当按照网络安全等级保护制度的要求，履行下列安全保护义务，保障网络免受干扰、破坏或者未经授权的访问，防止网络数据泄露或者被窃取、篡改"；"网络运营者应当加强对其用户发布的信息的管理，发现法律、行政法规禁止发布或者传输的信息的，应当立即停止传输该信息，采取消除等处置措施，防止信息扩散，保存有关记录，并向有关主管部门报告"等。按照刑法的规定，网络服务提供者只有在没有履行与信息网络安全相关的管理义务的情况下，才可能构成该罪中的"不履行信息网络安全管理义务"的事实要素。

（二）如何认定"拒不改正"

"拒不改正"是在客观上存在着"不履行信息网络安全管理义务"事实的情况下，信息网络安全监管部门责令其采取改正措施后，拒不改正的行为。"拒不改正"是构成拒不履行信息网络安全管理义务罪的行为要素，对该罪的法律适用关系重大。如何认定"拒不改正"需要认真研究。

笔者认为，《刑法修正案（九）》在设置该罪时同时规定了三个方面的客观要件，说明立法者对拒不履行信息网络安全管理义务罪的设置采取了十分慎重的态度，认定"拒不改正"也应当从严掌握。

首先，"拒不改正"的前提是网络安全监管部门提出了责令改正的要求，并且网络服务提供者收到了这种要求。如果网络安全监管部门没有提出责令改正的要求，就排除了网络服务提供者因为没有履行网络安全信息管理义务而导致危害结果发生的刑事责任。虽然网络安全监管部门提出了责令改正的要求，但是如果网络服务提供者尚未收到这种要求，或者在收到这种要求时危害结果已经发生，就不能认定网络服务提供者"拒不改正"。如果网络安全监管部门提出责令改正的要求不明确具体，而网络服务提供者认为自己的管理已经达到了监管部门的要求，就不能认定网络服务提供者"拒不改正"。

其次，"拒不改正"的"拒"，本身是抵抗、拒绝的意思。也就是说，网络服务提供者在接到信息网络安全监管部门的责令后，能够采取措施予以改正，而对监管部门的"责令"置之不理，坚持不采取改正措施。如果在接到监管部门的"责令"后，网络服务提供者确实无法采取监管部门所要求采取的措施，不论是因为技术原因，还是受客观条件的限制，就不能认为是"拒不改正"。同时，在网络服务提供者对监管部门的责令提出异议的情况下，亦不能简单认定为"拒不改正"。在接到监管部门的指令后，网络服务提供者如果及时地提出了异议，并且这种异议具有一定的合理性，就不能认定其"拒不改正"。因为监管部门也可能有不了解情况的时候，或者犯错误的时候，应当允许网络服务提供者对信息网络安全监管部门的监管活动提出不同意见。但是如果网络服务提供者所提意见明显的不具有合理性，甚至以通过提出异议的方式抗拒监管部门的监管，就可以认定为"拒不改正"。虽然所提异议具有一定的合理性，但监管部门已经作出明确答复，并再次责令其改正时，网络服务提供者仍然以异议为由，不采取改正措施，就超出了异议的应有之意，应当认定为"拒不改正"。

再次，从监管部门发出"责令"到网络服务提供者拒不改正之间必然有一个过程，这个过程的时间节点应该合理。网络服务提供者没有履行管理义务，监管部门责令其改正，网络服务提供者应当及时采取改正措施予以改正。但是客观上，从接到监管部门的责令到采取具体的改正措施，总是需要一定的时间。如果网络服务提供者在接到监管部门的责令后，及时向主管领导汇报，主管领导指示有关部门和人员尽快研究采取改正措施，而有关人员已经在着手研究改正措施；网络服务提供者接到监管部门的责令后正在积极研究改正方案、解决技术难关；或者由于主管领导或技术人员在外出差还没来得及采取改正措施，只要是在一个合理的时间限度内，就不能认定网络服务提供者"拒不改正"。即使是在这个时间限度内出现了法律规定的危害结果，也不应当追究其刑事责任。因为法律只能要求人们把自己的行为控制在能够达到的限度内，而不能要求人所不能及的行为。当然，合理的时间节点要根据应当采取的改正措施的具体内容而定。对于接到指令后可以立即采取的措施，由于网络服务提供者的拖延，没有及时采取改正措施，导致危害结果发生的，就应当追究刑事责任。对于不可能立即采取的改正措施，特别是需要高难度技术支持的改正措施，或者需要较大资源投入的改正措施，则应当允许网络服务提供者有一个研究、攻关或者招聘人员的过程。如果网络服务提供者已经在最短的时间内启动了相关程序，开展了相应的工作，就不能认为"拒不改正"。当然，如果网络服务提供者在接到监管部门的指令后，能及时采取改正措施的没有及时采取，或者有意推延，迟迟不启动相关工作；或者对监管部门的指令无动于衷，没有作出任何应有的反应；甚至故意搪塞，弄虚作假，欺骗监管部门，就应当认定为"拒不改正"。

最后，监管部门责令采取改正措施后，如果网络服务提供者认为自己已经采取了有效措施来履行信息网络安全管理义务，无法再采取措施，并向监管部门作出了说明，并得到监管部门的默认，就不能因为事后发生了危害结果而认定网络服务提供者"拒不改正"。同样地，如果网络服务提供者根据监管部门"责令"，采取了监管部门所要求的改正措施，但仍然出现了刑法规定的危害结果，也不能认定网络服务提供者"拒不改正"。

（三）如何认定"其他严重情节"

《刑法修正案（九）》对该罪设定了构成犯罪的四个"情形"，明确规定拒不履行信息网络安全管理义务的行为只有具有这四种情形之一的，才能构成犯罪。这四种情形是：（1）致使违法信息大量传播的；（2）致使用户信息泄露，造成严重后果的；（3）致使刑事案件证据灭失，情节严重的；（4）有其他严重情节的。其中，前三种情形都包含了具体的危害结果，相对比较容易把握。而第四种情形由于没有具体限定，如何适用就需要进一步研究。

从字面上看，第四个情形中取消了"致使"，即没有危害结果，似乎只是要求"情节"严重。这种情节可以是不包含任何具体危害结果的行为实施情况。但是，如果网络服务提供者在监管部门三番五次责令采取改正措施的情况下，始终采取阳奉阴违、弄虚作假、欺上瞒下等手段拒不改正，但并没有造成任何具体的危害结果，能否认定为"有其他严重情节的"？笔者认为，不能。因为这种情况虽然是一个严重情节，但不属于该罪构成要件中的"有其他严重情节的"情形。因为"拒不改正"本身就包含了对监管部门的责令不理不睬的抵制态度，如果把这种情况认定为"其他严重情节"，就混淆了第二个要件"拒不改正"与第三个要件（"有下列情形之一的"）之间的区别。

从逻辑上讲,"其他"应该是与前面相类似的情形。前面三种情形中都包含了一个具体的危害结果,如"致使违法信息大量传播的""致使用户信息泄露,造成严重后果的""致使刑事案件证据灭失,情节严重的"。第四种情形虽然法律没有明确指出是什么样的危害结果,但是,从法律用语的一致性和连贯性角度考虑,也应当是一个包含具体危害结果的情形。并且,这种情形中应当包含的危害结果,与前三种情形中的危害结果应当具有相似性,如"致使国家秘密泄露""引起社会动乱"等。如果没有对具体危害结果的要求,就无法与前三种情形并列,也就难以称为"其他"。

不仅如此,从前三个情形看,该罪无疑属于结果犯,即以具体危害结果的发生为构成要件的犯罪。但是如果认为"有其他严重情节的"不包括具体危害结果,就难以满足结果犯的要求,使该罪的构成要件出现矛盾。

因此,"有其他严重情节的"情形,应当理解为与前三种情形相类似的、包含某种具体危害结果的情形。只是,这种危害结果的具体内容,具有"兜底"的性质,即属于前三种情形没有包含的、拒不履行信息网络安全管理义务的行为可能导致的危害结果。

(四)如何理解三个客观要素之间的关系

如前所述,《刑法修正案(九)》对该罪设置的客观要件中包含了三个要素,即不履行信息网络安全管理义务、在监管部门责令改正时拒不改正、具有致使违法信息大量传播等情形。只有同时具备这三个要素,才符合该罪的客观要件。问题在于:第三个要素即危害结果的发生与前两个要素之间的关系如何处理?如果在监管部门责令改正之前,网络服务提供者不履行信息网络安全管理义务的行为就已经造成了危害结果即出现了第三个要素,能不能追究网络服务提供者的刑事责任?

从法条上看,监管部门责令采取改正措施,是构成该罪的前置条件。"监管部门",是指代表政府参与网络监管的主要职能部门。按照有关法律法规的规定,主要包括通信管理部门、互联网新闻宣传管理部门、公安部门、文化部门,广播电影电视管理部门和新闻出版管理部门等。监管的内容包括网络营运监管、网络内容监管、网络版权监管、网络经营监管、网络安全监管、网络经营许可监管等。其中,与该罪有关的,主要是网络安全监管。

从理论上讲,没有监管部门责令改正的行为,就不存在"拒不改正"的构成要件,因而也就不能构成该罪。但是从立法意图上看,该罪禁止的是网络服务提供者没有履行信息网络安全管理义务,造成严重后果的行为,其目的是增强网络服务提供者的管理意识,要求网络服务提供者采取有效措施,防止危害结果的发生。如果网络服务提供者不履行信息网络安全管理义务,情节严重,并且造成了严重的危害结果,但由于监管部门没有及时提出改正意见,网络服务提供者也就不存在"拒不改正"的情况,也就不能追究其刑事责任。这与该立法的目的似乎并不吻合。但是,按照罪刑法定原则的要求,既然法律明确地把"拒不改正"作为犯罪构成的要素之一,那么,不具备这个要素,显然不能追究网络服务提供者的刑事责任。在此,涉及监管部门的监管责任。如果监管部门没有尽到监管责任,即没有及时地向网络服务提供者发出责令改正的通知,网络服务提供者就免除了因失职引起的刑事责任。

此外,如果网络服务提供者按照监管部门的意见,及时采取了改正措施,甚至得到了监管部门的认可,但因技术原因或者网络服务提供者所在单位个别人的失职,以致发生了刑法规定的危害结果时,网络服务提供者要不要承担刑事责任?在实践中,监管部门提出责令采取改正措施后,网络服务提供者及时按照监管部门的意见采取了改正措施,如安排专人负责检查服务对象在本单位提供的网络上发表的信息源,但由于该人业务不熟练,或者由于技术问题,致使违法信息大量传播时,能否按照该条追究网络服务提供者的刑事责任?笔者认为,不能。因为这种情况下,并不存在"拒不改正"的要素,不完全符合刑法规定的犯罪构成要件,就不能认定为犯罪。这是刑法的基本原理。

三、关于该罪的主观方面

刑法学界普遍认为,拒不履行信息网络安全管理义务罪的主观方面是故意[1],甚至有的学者认为,该罪的主观方面只能是直接故意[2]。在笔者看来,这种观点,既违反了故意犯罪的基本原理,也违背了刑法关于该罪的立法精神。其理由如下:

(一)区别故意与过失的标准是对危害结果的态度

刑法中的犯罪故意与过失都是针对危害结果而言的。刑法第14条明确规定:"明知自己的行为会发生危害社会的结果,并且希望或者放任这种结果发生,因而构成犯罪的,是故意犯罪。"也就是说,犯罪的故意首先是"明知自己的行为会发生危害社会的结果"。如果对行为引起的危害社会的结果并不明

---

[1] 参见陈兴良主编:《刑法学》(第三版),复旦大学出版社2016年版,第455页;张明楷:《刑法学》(第五版),法律出版社2016年版,第1049—1050页;雷建斌:《中华人民共和国刑法修正案(九)释解与应用》,人民法院出版社2015年版,第153页;扶宗元:《解读:拒不履行信息网络安全管理义务罪》,载ww.hnhxsbn.com;《拒不履行信息网络安全管理义务罪的罪名解析》,载罪名网(zuiming.net),2015年12月11日。

[2] "就本罪而言,值得关注的乃是本罪的心理要素只能是直接故意。"——谢望原:《论拒不履行信息网络安全管理义务罪》,载《中国法学》(文摘)2017年第2期。

知，就不可能构成故意犯罪，也就不存在犯罪的故意。同样地，过失也是对危害结果的心理态度。刑法第 15 条规定："应当预见自己的行为可能发生危害社会的结果，因为疏忽大意而没有预见，或者已经预见而轻信能够避免，以致发生这种结果的，是过失犯罪。"刑法第 16 条进一步规定："行为在客观上虽然造成了损害结果，但是不是出于故意或者过失，而是由于不能抗拒或者不能预见的原因所引起的，不是犯罪。"这些规定都表明，刑法中所说的故意犯罪还是过失犯罪，都是针对危害结果而言。对于自己的行为导致的危害结果，行为人具有明知和希望或者放任的心理态度，就是故意；行为人应当预见而没有预见或者已经预见而轻信能够避免但没有避免，就是过失。区分犯罪的故意与过失，应当以行为人对危害结果的态度为标准。进而言之，区分犯罪的故意还是过失，不是看行为人对其行为的心理态度，而是看其对行为结果的心理态度。在刑法中，任何构成犯罪的行为都是在行为人的意志支配下实施的，因而都是有意识的行为。"我国刑法中危害社会的行为，必须是受人的意志支配的。因为只有这样的人体外部动静即危害行为，才可能由刑法来调整并达到刑法调整所预期的目的。因此，人的无意志和无意识的身体动静，即使客观上造成损害，也不是刑法意义上的危害行为，不能认定这样的人构成犯罪并追究其刑事责任。"[1] 事实上，所有过失犯罪的行为，与故意犯罪的行为一样，都是行为人有意实施的。所不同的，仅仅在于对刑法规定的危害结果的心理态度：希望或者放任危害结果发生的，就是故意；不希望、也没有放任，只是因为疏忽大意没有预见以致没有采取预防措施，或者因为轻信能够避免

---

[1] 高铭暄、马克昌主编：《刑法学》，北京大学出版社 2000 年版，第 68—69 页。

而未能避免危害结果发生的,是过失。就拒不履行信息网络安全管理义务罪而言,其法律规定的危害结果是"致使违法信息大量传播的""致使用户信息泄露,造成严重后果的""致使刑事案件证据灭失,情节严重的"等[1]。对于这样的危害结果,在多数情况下,恐怕都是出乎网络服务提供者的意愿之外的。如果网络服务提供者完全没有意识到自己的行为会发生这样的危害结果,就根本谈不上"希望或者放任"其发生的问题,何来犯罪的故意?

在实践中,网络服务提供者不履行信息网络安全管理义务的行为,可能是故意不履行,也完全有可能是因为疏忽大意而没有履行。在监管部门责令改正后还不履行管理义务,无疑是故意。但是,这种"故意"只是对行为的故意,并不能代表或者表明对危害结果的故意。至于危害结果的发生,网络服务提供者完全有可能是主观上没有危害信息网络安全的故意,只是因为失职造成了危害结果(当然也有可能是故意危害信息网络

---

[1] 有的学者认为,当网络上出现违法信息,监管部门责令删除,网络服务提供者拒不删除,就反映了网络服务提供者对危害结果的故意。应该说,这种观点曲解了刑法规定的该罪构成要件之间的逻辑顺序,颠倒了刑法中的因果关系。按照《刑法修正案(九)》的规定,只有在"拒不改正"导致违法信息出现的情况下,网络服务提供者拒不履行信息网络安全管理义务的行为才能构成犯罪。如果是在监管部门"责令改正"之前,违法信息就已经出现,显然不能认定是因为"拒不改正"的行为导致了违法信息的出现。此外还应当看到,一方面,这种情况只是"拒不履行信息网络安全管理义务"的极小部分。法律规定的网络服务提供者的管理义务是多方面的,比如,"制定内部安全管理制度和操作规程,确定网络安全负责人,落实网络安全保护责任"的义务,"采取防范计算机病毒和网络攻击、网络侵入等危害网络安全行为的技术措施"的义务,"要求用户提供真实身份信息"的义务,等等。拒不履行这些义务,并不必然导致"违法信息大量传播"等危害结果。另一方面,监管部门并不是总在危害结果出现以后才责令网络服务提供者采取改正措施的。实践中,更多的是网络监管部门在日常的监管工作中发现网络服务提供者没有履行信息网络安全管理义务,即责令其改正的。这时候,危害结果尚未发生,无法确定网络服务提供者对可能发生的危害结果持有故意的心理态度。在危害结果尚未发生前,监管部门责令改正,而网络服务提供者拒不改正,导致危害结果发生,即使网络服务提供者对危害结果没有故意,同样应当按照《刑法修正案(九)》的规定追究其刑事责任。而这种情况下,只能是追究过失犯罪的刑事责任。

安全而拒不履行信息网络安全管理义务。但如果把该罪的主观方面定义为过失，行为人故意危害社会的，照样可以追究其刑事责任。而如果把该罪的主观方面定义为故意，过失实施时就无法追究其刑事责任）。即使是在监管部门责令采取改正措施的情况下，也完全有可能是因为轻信能够避免危害结果的发生而没有采取改正措施。毕竟，在实践中，网络服务提供者虽然没有履行信息网络安全管理义务，但刑法中规定的危害结果并没有发生的情况是大量存在的。如果在网络服务提供者没有履行信息网络安全管理义务，并且在监管部门责令改正时拒不采取改正措施的情况下，导致了危害结果的发生，而网络服务提供者并没有认识到自己的行为会发生危害社会的结果时，能否因为网络服务提供者不存在犯罪故意而不以该罪来追究其刑事责任？如果在不履行信息网络安全管理义务而又存在"拒不改正"的情形下，网络服务提供者不仅没有明知会发生危害社会的结果，甚至在危害结果发生之后还没有注意到危害结果的情况下，能否因为其对危害结果不存在希望或者放任的意志因素而不以该罪追究其刑事责任？显然不能。因为在这种情况下，刑法规定的拒不履行信息网络安全管理义务罪的全部构成要件都已经齐备，没有理由不按照该罪追究其刑事责任。也就是说，拒不履行信息网络安全管理义务罪，按照刑法的规定，并不是以故意为主观要件的犯罪。

（二）"拒不"并不意味着犯罪的故意

学者们之所以认为该罪的主观方面是故意，恐怕都是因为看到了"拒不"二字，便望文生义地认为该罪肯定是故意犯罪了。其实不然。"拒不"只能表明行为的故意，而不是犯罪的故意。

在刑法中，确实存在着带"拒不"字样的犯罪是故意犯罪的情况。如刑法第 202 条规定的拒不缴纳税款的行为；第 270 条规定的将代为保管的他人财物非法占为己有拒不退还，或者将他人的遗忘物或者埋藏物非法占为己有拒不交出的行为；第 276 条之一规定的拒不支付劳动报酬的行为；第 313 条规定的对人民法院的判决、裁定有能力执行而拒不执行的行为等。这些行为的确都是故意犯罪。但是，应当看到，这些行为本身就是犯罪行为。刑法在把这些行为规定为犯罪的时候，并没有关于危害结果的规定。以刑法第 276 条之一规定的拒不支付劳动报酬罪为例，刑法的规定是："以转移财产、逃匿等方法逃避支付劳动者的劳动报酬或者有能力支付而不支付劳动者的劳动报酬，数额较大，经政府有关部门责令支付仍不支付的，处三年以下有期徒刑或者拘役，并处或者单处罚金；造成严重后果的，处三年以上七年以下有期徒刑，并处罚金。"从中可以看出，刑法对该罪规定的构成要件是行为人有义务支付劳动报酬，并且有能力支付而不支付，经政府有关部门责令支付，仍不支付。也就是说，拒不支付劳动报酬的行为本身就构成了犯罪，不需要有其他任何具体的危害结果发生。这是典型的行为犯。

在行为犯中，刑法所禁止的是这种行为本身，只要有人实施了这种行为，按照刑法的规定，就构成了犯罪。因为这种行为本身是危害社会的行为，或者说，这种行为对社会的危害性，表现在这种行为本身。因此，对行为本身的明知和追求就包含了对危害社会的结果的明知和追求。只要行为人故意实施了这种行为，就意味着行为人明知自己的行为会发生危害社会的结果并且希望或者放任这种结果发生。如刑法第 112 条规定的资敌罪，行为人只要实施了战时供给敌人武器装备、军用物资资敌的行为，就构成该罪。第 170 条规定的伪造货币罪，行为人只要实施了伪造货币的行为，就构成该罪。因为这些行为本身就是危害社会的行为，行为一旦实施，对社会的危害就伴随出现。所以，对行为的故意本身就包含了对危害结果的故意。但是，与之不同的是结果犯。当刑法不仅规定了某种行为，而且规定了特定的危害结果时，这种行为要构成犯罪，就必须有特定的结果出现（未完成形态只是它的例外），没有发生刑法规定的危害结果，仅仅是实施了刑法规定的行为，本身是不能构成犯罪的。如刑法第138条规定的教育设施重大安全事故罪，"明知校舍或者教育教学设施有危险，而不采取措施或者不及时报告"，未必就是危害社会的行为，但是如果这种行为"致使发生重大伤亡事故"，就构成了犯罪。又如，第397条中规定的滥用职权的行为，其本身是错误的，并且都是行为人故意实施的，有的甚至是不听劝阻，强行实施的，但其对社会的危害没有达到犯罪的程度，仅仅有滥用职权的行为，并不构成犯罪，所以刑法规定这种行为只有在"致使公共财产、国家和人民利益遭受重大损失的"情况下，才能构成犯罪[1]。刑法之所以要把特定的危害结果规定为犯罪构成的要件之一，是因为这种行为本身不一定对社会有危害，只有当这种行为的实施造成了一定的危害结果时，才成为刑法禁止的对象，或者是因为这种行为本身对社会的危害程度还没有达到刑法禁止的程度，只有当这种行为的实施与特定的危害结果相结合，才有必要用刑法来禁止。在这种情况下，行为与危害结果之间并不具有必然的联系，这两个要素在刑法的评价体系中是独立存在的。要认定行为构成犯罪，不仅要认定有没有实施刑

---

[1] 关于滥用职权罪的罪过形式，传统观点一直认为是过失。目前，虽有学者认为是故意，但缺乏推翻传统观点的有说服力的论据。

法规定的行为，而且要认定是否发生了刑法规定的结果。只有当实施了刑法规定的行为，而且发生了刑法规定的结果，并且这种行为与尽管之间存在着因果关系时，才有可能认定为犯罪。因此，在结果犯中，对行为的故意并不意味着对结果的故意。行为人明知自己所实施的行为本身，并不代表着他就明知自己的行为会发生危害社会的结果，更不意味着他就希望或者放任危害结果的发生。犯罪故意所定义的"明知自己的行为会发生危害社会的结果，并且希望或者放任这种结果发生"的心理态度，必须是对刑法规定的危害结果的明知和希望或者放任，而不是对行为本身的明知和希望或者放任。

拒不履行信息网络安全管理义务罪，与刑法中规定的其他包含"拒不"字样的犯罪的区别正在于：上文列举的犯罪都是行为犯，刑法对其规定的犯罪构成要件中没有包含对危害结果的规定；而本罪则是结果犯，刑法不仅规定了本罪的行为要件，而且规定了本罪的结果要件。"拒不改正"的要件，只是表明网络服务提供者对不履行信息网络安全管理义务的行为具有明知和希望或者放任的心理态度，并不能表明网络服务提供者对可能发生的危害结果具有明知和希望或者放任的心理态度。因此，很难从"拒不改正"中得出该罪的主观方面就是直接故意的结论。

（三）认为该罪的主观方面是故意既不符合立法的精神，也不符合该罪的实际情况

有的学者指出，刑法设立拒不履行信息网络安全管理义务罪主要是针对"拒不改正"的行为，这种行为就是故意。应该说，对立法精神的这种理解是没有根据的。一方面，从立法机关对设立该罪的说明中看，设立该罪所针对的，并不是"拒不改正"的行为，而是造成严重后果的情况。全国人大常委会法

制工作委员会主任李适时 2014 年 10 月 27 日在第十二届全国人民代表大会常务委员会第十一次会议上所作《关于〈中华人民共和国刑法修正案（九）（草案）〉的说明》中明确指出："针对一些网络服务提供者不履行网络安全管理义务，造成严重后果的情况，增加规定：网络服务提供者不履行网络安全管理义务，经监管部门通知采取改正措施而拒绝执行，致使违法信息大量传播的，致使用户信息泄露，造成严重后果的，或者致使刑事犯罪证据灭失，严重妨害司法机关追究犯罪的，追究刑事责任。"[1] 可见，立法时设立该罪所考虑的、所针对的是"造成严重后果"的情况，而不是"拒不改正"的行为。另一方面，从刑法条文对该罪设置的构成要件看，刑法不仅规定了不履行管理义务和拒不改正的行为要素，而且还明确规定了危害结果的要素。显然，立法的意图是惩罚不履行信息网络安全管理义务导致危害结果发生的行为，而不仅仅是拒不履行信息网络安全管理义务的行为。因此对该罪主观方面的认定，就不能只看对行为本身的心理态度，而要看对危害结果的心理态度。只有对危害结果的心理态度才是决定该罪主观方面的要素。

那么，从该罪的实际情况看，网络服务提供者对危害结果的心理态度究竟是怎样的呢？网络服务提供者的功能是为网络用户提供服务，其本身不是网络信息的发布者。刑法所规定的"违法信息大量传播""用户信息泄露""刑事案件证据灭失"等危害结果，并不是有网络服务提供者不履行信息网络安全管理义务直接造成的，而是由网络用户在网络上发布违法信息或者其他用户信息，或者删除源文件造成的。对于这种有害信息的发布，网络服务提供者有义务及时发现并予以阻止，但不能

---

[1] 载 www.npc.gov.cn/npc/lfz。

决定这种有害信息是否发布以及何时发布。网络用户在网络上是否发布以及何时发布有害信息，对于网络服务提供者而言，永远是事后得知的（如果网络服务提供者与网络信息发布者实现通谋，那就不是拒不履行信息网络安全管理义务罪的问题，而是非法利用信息网络罪或其他犯罪的问题），不可能在有害信息发布之前就"明知"会发布有害信息，更谈不上希望或者放任这种结果发生的心理态度，因此也就不存在犯罪故意的问题。充其量，只有可能是"应当预见"自己拒不履行信息网络安全管理义务的行为会发生危害结果而没有预见，或者已经预见而轻信能够避免以致发生了危害结果的情况。

正因为如此，立法者在关于该罪危害结果的规定中使用了"致使"一词，而没有使用"造成"一词[1]。这也意味着，在立法者看来，该罪的危害结果并不是网络服务提供者直接造成的，而是因为拒不履行信息网络安全管理义务，导致了危害结果的发生。对于他人的行为所造成的危害结果，要求网络服

---

[1] 在我国刑法中，对于行为人的行为直接引起的危害结果，多使用"造成"一词，对他人行为直接引起的危害结果，多使用"致使""导致""使"等词。特别是在渎职罪中，刑法通常都是使用"致使"等。如刑法第131条规定的重大飞行事故罪、第132条规定的铁路运营安全事故罪、第138条规定的教育设施重大安全事故罪、第167—169条规定的国有企业事业单位工作人员失职罪，以及刑法分则第九章规定的国家机关工作人员渎职罪，都使用了"致使"危害结果发生的规定方式。这些犯罪都是过失犯罪。当然，在刑法中，也有在构成要件中使用了"致使"但主观方面普遍认为是故意的，如刑法第203条规定的逃避追缴欠税罪、第290条规定的聚众扰乱社会秩序罪等，在犯罪构成要件中也使用了"致使"。但是在这些复杂中，危害行为与危害结果之间具有必然的因果关系，因此行为人对行为的故意本身就包含了对危害结果的故意。如："纳税人欠缴应纳税款，采取转移或者隐匿财产的手段，致使税务机关无法追缴欠缴的税款"，其中，"采取转移或者隐匿财产的手段"本身，就是"致使税务机关无法追缴欠缴的税款"这种危害结果发生的直接原因。"聚众扰乱社会秩序，情节严重"的行为，同样是"致使工作、生产、营业和教学、科研、医疗无法进行，造成严重损失"的危害结果发生的直接原因。所以，对行为的故意能够包含对结果的故意。相反，在渎职类犯罪中，行为本身并不必然导致危害结果的发生，对行为的故意无法包含对结果的故意，故意实施渎职行为，并不意味着行为人对危害结果的发生就持有希望或者放任的心理态度。

提供者具有故意甚至直接故意，显然是过分的。

综上所述，作为犯罪构成的主观要件，拒不履行信息网络安全管理义务罪的主观方面，应当认定为过失，而不是故意。把该罪的主观方面认定为过失，可以吸纳网络服务提供者在知道他人发布违法信息的情况下有意放任的情况。但是如果把该罪的主观方面认定为故意，则无法包含实践中大量存在的网络服务提供者仅仅是拒不履行网络信息安全管理义务而并不了解他人利用这种管理上的漏洞实施违法行为，致使刑法规定的危害结果发生的情况。因为在这种情况下，司法机关无法证明网络服务提供者对发生的危害结果具有希望或者放任的心理态度。

受贿罪立法问题研究

在反腐败斗争中，受贿罪可以说是最常见的罪名，也是多年来刑法学界研究的热点问题之一。特别是随着《联合国反腐败公约》在中国的生效实施和中国对反腐败斗争的高度关注，如何运用法律武器更好地惩治腐败犯罪，很有必要从根本上研究解决。从立法层面看，围绕受贿罪的立法，有以下四个问题值得研究：

一、关于受贿罪立法的指导思想

1979年刑法可以说对贿赂犯罪的规定是比较严格的。1979年刑法第185条规定："国家工作人员利用职务上的便利，收受贿赂的，处五年以下有期徒刑或者拘役。赃款、赃物没收，公款、公物追还。犯前款罪，致使国家或者公民利益遭受严重损失的，处五年以上有期徒刑。向国家工作人员行贿或者介绍贿赂的，处三年以下有期徒刑或者拘役。"这个规定意味着：第一，国家工作人员只要是利用职务上的便利收受了贿赂，就构成受贿罪；第二，犯受贿罪，如果没有给国家或者公民的利益造成严重损失，最多只能判处5年有期徒刑；第三，犯受贿罪，只有同时给国家或者公民的利益造成严重损失的情况下，才可以判处15年以下有期徒刑。

改革开放之初,鉴于受贿犯罪在计划经济向商品经济转型过程中的急剧增加,全国人民代表大会常务委员会1982年3月8日通过的《关于严惩严重破坏经济的罪犯的决定》将刑法第185条第1款和第2款修改为"国家工作人员索取、收受贿赂的,比照刑法第一百五十五条贪污罪论处;情节特别严重的,处无期徒刑或者死刑"。

1988年1月21日全国人大常委会在制定《关于惩治贪污罪贿赂罪的补充规定》时,一方面继续保持"严打"的刑事政策,对受贿罪规定了包括无期徒刑和死刑的严厉刑罚,另一方面又为了防止扩大打击面,对贿赂犯罪规定了严格的限制条件。该补充规定第4条规定:"国家工作人员、集体经济组织工作人员或者其他从事公务的人员,利用职务上的便利,索取他人财物的,或者非法收受他人财物为他人谋取利益的,是受贿罪。"[1] 1997年刑法延续了1988年补充规定的立法精神,其第385条规定:"国家工作人员利用职务上的便利,索取他人财物的,或者非法收受他人财物,为他人谋取利益的,是受贿罪。国家工作人员在经济往来中,违反国家规定,收受各种名义的回扣、手续费,归个人所有的,以受贿论处。"按照1988年的补充规定和1997年修改后的刑法,国家工作人员索取或者收受他人财物的行为构成受贿罪,除了利用职务上的便

---

[1] 该条同时还规定:"与国家工作人员、集体经济组织工作人员或者其他从事公务的人员勾结,伙同受贿的,以共犯论处。国家工作人员、集体经济组织工作人员或者其他从事公务的人员,在经济往来中,违反国家规定收受各种名义的回扣、手续费,归个人所有的,以受贿论处。"但是,1997年刑法取消了"以共犯论处"的规定,从而引起了理论上关于受贿罪共同犯罪的立法依据的争论。

利之外，还必须有"为他人谋取利益"的要件[1]，并且收受他人财物的行为还必须是"非法"的。这就大大缩小了收受他人财物的行为构成受贿罪的范围。

这在立法思想上出现了一个明显的矛盾：一方面，要严惩受贿罪，对之规定了很重的刑罚；另一方面，又给受贿罪规定了严格的限制条件，使相当一部分受贿行为不构成犯罪，难以追究其刑事责任。

这种立法思想上的矛盾，实际上也是对待受贿问题刑事政策上的矛盾。这种矛盾给反腐败斗争平添了诸多障碍，在一定程度上加剧了国家工作人员中腐败现象的发生。

首先，"非法收受"模糊了收受他人财物行为的性质。按照1979年刑法的规定，国家工作人员利用职务上的便利收受贿赂的，就构成受贿罪。这表明，国家工作人员不得利用职务上的便利收受他人财物的立法思想是非常明确的。但是按照新刑法的规定，只有"非法"收受他人财物的才构成受贿罪。这就有意无意地给人们透露了一种立法思想，即国家工作人员利用职务上的便利收受他人财物的行为本身，还存在着一个合法与非法的问题，并且法律所禁止的只是"非法收受"，而没有禁止合法收受他人财物的行为。这种立法，从根本上动摇了"国家工作人员不得利用职务上的便利收受他人财物"的传统观念和廉政意识，为一些国家工作人员利用职务上的便利收受他人财物的行为找到了辩解的法律漏洞。从立法的初衷上分析，用"非法"来限定收受他人财物的行为，可能是为了把民间逢年过节给国家工作人员"送红包"或者日常的请客送礼等

---

[1] 一般认为，刑法的规定意味着索贿不要求为他人谋利益即可构成犯罪，受贿要求必须以为他人谋利益才构成犯罪。但是也有学者认为，为他人谋利益是受贿罪的构成要件，索贿同样要求为他人谋利益，否则，不能解释"凭何而索"的问题。

情况从受贿犯罪中区别开来,以缩小刑法的打击面。然而,这样一来,一方面由于法律上默许了请客送礼,其结果势必加重原本就存在的请客送礼之风,使国家工作人员的廉洁,在观念上受到冲击;另一方面,由于在收受他人财物中哪些属于合法收受、哪些属于非法收受,并没有明确的规定和界定,从而为认定受贿罪增加了法律上的难度。

其次,"为他人谋利益"的要件在增加了认定受贿罪的难度的同时,也加剧了某些国家工作人员的道德堕落。1997年刑法明确规定,国家工作人员利用职务上的便利收受他人财物的行为,只有在"为他人谋利益"的情况下,才构成犯罪。这就使"为他人谋利益"成为认定受贿罪必须证明的要件。没有证据能够证明收受他人财物的国家工作人员为对方谋取利益,就不能认定其收受他人财物的行为构成受贿罪。而在实践中,一些国家工作人员收受他人财物的行为本身虽然表示其答应为对方谋取利益,但是在收取他人财物的时候有时并没有明示答应对方的要求为其办事;一些国家工作人员收受他人财物之后虽然准备满足对方的要求,但是由于各种原因还没有来得及给对方办事或者没有办成事;一些人给国家工作人员以财物,也并不都是要求国家工作人员立即为其办具体事,而是作为一种"感情投资",以便"以后用得着"。在诸如此类的情况下,国家工作人员利用职务上的便利收受他人财物的行为,都难以认定构成了受贿罪。更为严重的是,由于法律明确规定收受他人财物的行为只有"为他人谋利益"的才构成犯罪,一些国家工作人员便挖空心思地去钻法律的空子,借别人求其办事之际,收受他人财物别人之后,违背信义,昧着良心不给人家办事。一旦组织追问,还振振有词地说"我压根儿就没有打算为他办事"。所以,在受贿罪的犯罪构成中规定"为他人谋利益"的要件，不仅不能促进国家机关的廉政建设，反而可能使某些国家工作人员在亵渎职务的廉洁性的同时，也丧失了做人的最低道德标准。这些年来，尽管国家一直在大力推进廉政建设，但是对国家工作人员请客送礼之风屡禁不止。仔细研究其原因，一个不容否认的事实就是，在国家工作人员的内心深处存在着一个理念，即只要不给对方办事，收受再多的钱都不过是一个不正之风的问题，不会断送自己的政治生命。

再次，严格限制受贿罪的构成要件加剧了某些国家工作人员的侥幸心理。由于刑法在受贿罪的犯罪构成中附加了"为他人谋利益"和"非法"的限制条件，从而使一些国家工作人员削弱了对刑罚的畏惧心理。尽管刑法对受贿罪规定了严厉的刑罚，也确有个别国家工作人员包括高级领导干部因受贿罪被判处死刑的实例，但是一些国家工作人员由于看到了刑法的漏洞，便认为最终受到刑罚处罚的毕竟是极个别人，即使被追究，也有可以辩解的理由，以致千方百计地钻刑法的空子，利用职务上的便利，通过各种方式，肆无忌惮地收受他人财物，以敛取不义之财。实践中也确有一些国家工作人员在收受他人财物而被追究时，虽然在证据面前不得不承认收受了他人财物，但仍然存在侥幸心理，寻找各种借口为自己的行为辩解，声称受贿行为与自己的职务没有关系，不是"非法收受"，或者千方百计地证明没有为他人谋利益。而检察机关如果不能有效地证明国家工作人员收受他人财物的行为，是利用了职务上的便利，并且存在着"为他人谋利益"的情况，受贿的人就不能受到法律的制裁。这在一定程度上又反过来加剧了一些国家工作人员的侥幸心理。正如贝卡里亚曾经指出的，对于犯罪最强有力的约束力量不是刑罚的严酷性，而是刑罚的确定性和必定性。即使刑罚是有节制的，它的确定性也比联系着一线不受处罚希望的可怕刑罚所造成的恐惧更令人印象深刻。因为，即便是最小的恶果，一旦成了确定的，就总令人心悸。然而，希望——这一天赐物，往往在我们心中取代一切，它常常使人想入非非，吝啬和软弱所经常容许的不受处罚更加使它具有力量。[1]

最后，重刑罚和严入罪的反差导致了某些国家工作人员心理上的不平衡。由于刑法对构成受贿罪的规定了严厉的刑罚，同时又给受贿罪的构成规定了严格的限制条件，这就使一些国家工作人员同样是利用职务上的便利收受他人财物的行为，有的构成犯罪，受到严厉惩罚；有的不构成犯罪，从而不受刑罚处罚。这样的刑法，在结果上就导致了那些受到刑罚处罚的国家工作人员心理上的不公平感，认为"谁撞上了谁倒霉"，而不认为自己的行为理应受到刑法的制裁。这些年来，尽管我们对一些受贿数额巨大的高官判处了很重的刑罚包括死刑，但是并未能遏制腐败犯罪的蔓延，其中一个很重要的原因[2]，就是受贿罪的立法漏洞在很大程度上抵消了严厉刑罚的威慑作用。

因此，如何解决立法上的这个矛盾，可以说是迫在眉睫的问题。这个问题的关键是受贿罪的法网究竟应当严密一些还是应当宽松一些。如何在这二者之间进行抉择，既涉及腐败犯罪立法的价值选择，也涉及对刑法功能的正确认识。

笔者认为，从我们国家的法律文化传统上看，严格控制刑法的打击面是完全应该的。腐败问题不能完全期望用刑罚手段来解决，而应当按照制度、教育和惩治"三位一体"的工作思

---

[1] 参见〔意〕贝卡里亚：《论犯罪与刑罚》，黄风译，中国大百科全书出版社1993年版，第59页。

[2] 当然也还存在着其他方面诸如市场经济伴随的副作用、干部管理制度、权力制约机制等原因。

路来解决。但是，问题在于如何运用好刑法手段来惩治腐败犯罪。刑法之所以要惩罚受贿罪，是因为受贿罪侵害了国家工作人员职务的廉洁性，从而可能丧失人民群众对国家工作人员职务行为的信任。因此，一个行为是否构成受贿罪，应当根据国家工作人员是否利用职务上的便利收受他人的贿赂。至于国家工作人员是否利用职务上的便利为他人谋利益，则要具体分析：国家把公共权力交给国家工作人员，其本义就是要国家工作人员为人民群众谋利益，其中包括为作为贿赂案件当事人的人谋利益。如果一个国家工作人员在自己的职权范围内为他人谋利益，可以说是做了他应该做的事情。这与那些本应为人民群众谋利益而不认真地或者积极地履行职责，不给老百姓办事的国家工作人员相比，应该说是无可厚非的。把这种为他人谋利益的行为作为构成犯罪的要件，[1] 无论是在道义上还是在法理上，都是难以令人信服的。当然，如果国家工作人员在收受了贿赂之后利用职务上的便利，违反职责，为对方谋取了不正当的利益，那自然是要严厉惩罚的。但这不是是否构成犯罪的问题，而是从重处罚的问题。因此，影响一个行为是否构成受贿罪的，应当是国家工作人员是否利用职务上的便利收受了贿赂，而不是国家工作人员是否为他人谋取了利益，在受贿罪的构成要件中不分青红皂白地规定"为他人谋利益"的要件是缺乏合理性的。

由此可能引起的问题是，如果取消了"为他人谋利益"和"非法"的要素，会不会扩大刑法的打击面。这种担心当然是

---

[1] 刑法在把"为他人谋利益"作为构成受贿罪的必备要件时并没有区分为他人谋取的是他人本应得到的合法利益还是不应该得到的非法利益。在司法实践中，无论是非法利益还是合法利益，只要收受财物的国家工作人员利用职务上的便利为对方谋取了利益，都符合该要件。

不无道理的。但是这个问题完全可以通过其他方式解决。比如，在立法上取消了受贿数额与刑罚的对应关系，刑法第13条犯罪定义中的但书就可以发挥控制打击面的作用，对于国家工作人员利用职务上的便利收受他人财物数额不大，并且没有违反职责的情况或者其他严重情节的，就可以不以犯罪论处；对于构成犯罪但是情节轻微，并且案发后积极退赃的，就可以根据刑法第37条的规定免予刑罚处罚。这样既可以保持刑法法网的严密性，又可以防止扩大打击面。

二、关于受贿罪的犯罪对象

在1979年刑法中，并没有限定受贿犯罪的对象，而是规定为"收受贿赂"。但是从1988年的《关于惩治贪污罪贿赂罪的补充规定》开始，我国刑法就把受贿罪的犯罪对象规定为"财物"，以后在每次修改法律的时候都有学者要求把"财物"修改为"财产性利益"，有的学者还要求将其扩大到所有非法利益，包括"性贿赂"等。但是立法机关坚守了"财物"的范围。其原因主要是认为"财物"以外的利益是难以界定的，担心把受贿罪的犯罪对象扩大到财物以外，会导致与"缩小打击面"的立法精神相去甚远的结果。

但是近年来，随着腐败犯罪的严重性和受贿手段的多样性，要求将财物以外的某些财产性利益纳入贿赂犯罪对象的呼声此起彼伏。最高人民法院和最高人民检察院于2007年7月联合发表司法解释，即最高人民法院、最高人民检察院《关于办理受贿刑事案件适用法律若干问题的意见》，根据贿赂犯罪的新形式规定了十种情况下受贿罪的认定，其中前八种情形既涉及行为特征，也涉及贿赂犯罪对象，实际上是把受贿罪的犯罪对象从"财物"扩大到了"财产性利益"。比如，以交易形式收受贿赂问题，实际上是把交易过程中获取的不正常利润即交易中形成的明显高于或低于市场价格的价格差作为受贿对象的；收受干股，以及以合作开办公司、委托投资证券期货等虚假出资的问题，实际上是把某种权益而不是财物作为受贿对象的；以赌博的形式收受贿赂与直接收受他人财物的行为方式毕竟是难以等同的。这个司法解释，虽然超越了司法解释的权限，但确实适应了惩治贿赂犯罪的现实需要，有利于打击社会上存在的严重的受贿犯罪。问题在于，这种通过越权的司法解释来扩大贿赂犯罪对象的做法，与依法治国所要求的法治精神，并不是吻合的。我们本应通过立法解决的问题，没有必要通过司法机关的越权解释来实现。

关于贿赂犯罪对象应当扩大到财产性利益的观点，许多学者都有论述。如，有的学者指出：从贿赂的本质及危害作用上看，把贿赂仅限制为财物，是不适当的。因为，事实上，要收买公务人员为自己效力，并非一定要财物，而且，有的公务人员利用职权谋取私利，也并非只追求财物。我们惩罚受贿，是要推进廉政建设，而推进廉政的核心，就是反对以权谋私。受贿是以权谋私的突出表现，是对职务行为廉洁性的严重危害。那么，为什么一定要把贿赂限制为财物呢？更重要的是，我们看受贿罪的危害性，不能只看受贿人获得的是什么性质的非法利益，还要看受贿人受贿之后，利用职务给国家、集体和人民群众造成多大的损失。实践证明，因收受财物以外的非法利益，而给国家、集体和人民群众造成损失的程度，并不见得比收受财物轻。因此，为使我国刑事立法更加完善，修改刑法，扩大贿赂的范围，是必要的。[1] 亦有学者认为：将财产性利益和非财产性的不正当利益排除在贿赂的范围之外，有违罪责刑

---

[1] 王作富：《刑法论衡》，法律出版社2004年版，第538—539页。

相适应原则的要求,容易引起罪刑关系的不相协调。因为任何一种受贿行为,不管其交易的对象是财物还是财产性利益,抑或非财产性利益,也不管行为人在客观方面是被动收受还是主动索取,都必然违反国家工作人员"为政清廉"的基本要求,损害到国家机关和政府在社会公众心目中的威信,而这才是受贿罪的危害实质所在。由此决定,无论行为人收受的"贿赂"具体内容如何,其受贿行为给国家工作人员职务行为廉洁性所造成的危害并没有任何实质性的差别。[1]

从理论上讲,把贿赂犯罪的对象扩大到财产性利益是完全应该的。因为打击贿赂犯罪的根本目的是保持国家工作人员职务的廉洁性,以维护公共权力的不可收买性。而可能使国家工作人员丧失职务廉洁性的并不仅仅是财物。这些年的实践证明,许多财产性利益都具有与"财物"完全相同的功能,都可以收买国家工作人员使之违反职务的廉洁性并为对方谋取不正当利益。把贿赂犯罪的对象严格限制在"财物"的范围内,为一些人规避法律提供了机会,使他们利用各种可以给国家工作人员带来经济利益或实用价值的好处来收买国家工作人员为其办事而不受惩罚,使国家工作人员在得到好处后心安理得地为对方办事而不担心构成犯罪。同时也给国家长期进行的廉政教育造成了困难,使一些国家工作人员在明显的得到了各种不应得到的好处之后,不但不会受到法律的制裁,而且可以堂而皇之地大讲廉政建设。

此外,中国已经加入了《联合国反腐败公约》。该公约明确地把贿赂犯罪的对象规定为"不正当好处"(an undue ad-

---

[1] 安斌:《受贿罪若干问题研究》,载高铭暄、马克昌主编:《刑法热点疑难问题探讨》(下册),中国人民公安大学出版社2002年版,第1117—1118页。

vantage)[1]。"不正当好处"既包括了"财物",也包括了其他好处,其范围要比财物宽泛得多。"不正当好处"涉及两个概念,即"好处"和这种好处的"不正当"性。所谓"好处"(advantage),就是利益,包括可以通过金钱购买的、能够满足人的某方面需要的、有形的和无形的各种物品或服务,以及无法用金钱购买的某种利益。在美洲国家组织制定的《美洲反腐败公约》中,贿赂犯罪的对象包括"任何财物或其他利益如礼物、便利、承诺、或优惠待遇等"(any article of monetary value, or other benefit, such as a gift, favor, promise or advantage)。"不正当"(undue)是对行贿人所给予或允诺给予的好处亦即受贿人所收受的好处的性质的界定。所谓不正当,实际上就是不应当得到的好处。这样既反映了贿赂犯罪是利用公共权力谋取个人私利的本质特征,也便于司法认定。为了有效地保障《联合国反腐败公约》在中国的实施,有必要修改刑法的规定,使中国刑法对贿赂犯罪的打击面与中国加入的国际公约的打击面,至少在立法上保持一致。这样做,不仅有利于中国与外国开展打击腐败犯罪方面的国际合作,而且有利于加强中国自身的反腐败斗争。

三、受贿罪与行贿罪的关系

1952年4月21日我国中央人民政府颁布的《惩治贪污条例》中,对行贿罪的处罚规定是十分严格的,并且考虑到行贿的不同情节。该条例第6条规定:"一切向国家工作人员行使

---

[1]《联合国反腐败公约》第15条"贿赂本国公职人员"规定:"各缔约国均应当采取必要的立法措施和其他措施,将下列故意实施的行为规定为犯罪:(一)直接或间接向公职人员许诺给予、提议给予或者实际给予该公职人员本人或者其他人员或实体不正当好处,以使该公职人员在执行公务时作为或者不作为;(二)公职人员为其本人或者其他人员或实体直接或间接索取或者收受不正当好处,以作为其在执行公务时作为或者不作为的条件。"

贿赂、介绍贿赂者，应按其情节轻重参酌本条例第三条的规定处刑。其情节特别严重者，并得没收其财产之一部或全部；其彻底坦白并对受贿人实行检举者，得判处罚金，免予其他刑事处分。凡为偷税而行贿者，除依法补税、罚款外，其行贿罪，依本条例的规定予以惩治。凡胁迫或诱惑他人收受贿赂者，应从重或加重处刑。凡因被勒索而给予国家工作人员以财物并无违法所得者，不以行贿论；其被勒索的财物，应追还原主。"对此，彭真在1952年4月18日向中央人民政府委员会所作的《关于中华人民共和国惩治贪污条例草案的说明》中也明确指出："因为向国家工作人员行使贿赂或介绍贿赂，是一种恶劣的犯罪行为，应按其情节轻重参酌本条例第三条的规定去处刑。"该条例第3条是关于贪污罪[1]法定刑的规定。按照该规定，行贿罪和贪污罪（包括受贿）情节特别严重的，都可以判处死刑。该条例还明显体现了不让行贿者在经济上占便宜的精神和鼓励行贿人检举揭发受贿人的精神。1979年刑法对行贿罪和受贿罪规定了不同的刑罚，但是差别不大：单纯受贿罪的最高法定刑是5年有期徒刑，行贿罪的最高法定刑是3年有期徒刑，最低法定刑都是拘役。并且在构成要件上反映了对合性犯罪的特点。[2]

然而，1982年决定把受贿罪的最高法定刑提高到死刑以后，对行贿罪的处罚没有作出相应的调整，即仍然按照1979

---

[1] 该条例第2条规定："一切国家机关、企业、学校及其附属机构的工作人员，凡侵吞、盗窃、骗取、套取国家财物，强索他人财物，收受贿赂以及其他假公济私违法取利之行为，均为贪污罪。"

[2] 1979年刑法第185条规定："国家工作人员利用职务上的便利，收受贿赂的，处五年以下有期徒刑或者拘役。赃款、赃物没收，公款、公物追还。犯前款罪，致使国家或者公民利益遭受严重损失的，处五年以上有期徒刑。向国家工作人员行贿或者介绍贿赂的，处三年以下有期徒刑或者拘役。"

年刑法的规定，行贿罪的最高法定刑为3年有期徒刑。1988年《关于惩治贪污罪贿赂罪的补充规定》提高了行贿罪的法定刑，即"对犯行贿罪的，处5年以下有期徒刑或者拘役，因行贿谋取不正当利益，情节严重的，或者使国家利益、集体利益遭受重大损失的，处5年以上有期徒刑；情节特别严重的，处无期徒刑，并处没收财产"。该补充规定同时规定："行贿人在被追诉前，主动交代行贿行为的，可以减轻处罚，或者免予刑事处罚。"但是，该补充规定同时也对行贿罪规定了严格的限制条件，其第7条规定："为谋取不正当利益，给予国家工作人员、集体经济组织工作人员或者其他从事公务的人员以财物的，是行贿罪。"这就明确地把"为谋取不正当利益"作为构成犯罪的必备条件，从而与受贿罪中的"为他人谋利益"形成明显的不对应关系，以致违反了对合性犯罪的基本特征。1997年刑法沿用了该补充规定对行贿罪的规定，同时把单位贿赂犯罪（即单位受贿罪和向单位行贿罪）作为独立罪名，从受贿罪和行贿罪中独立出来。

从立法过程看，我国刑法对行贿罪的处罚规定，前后所遵循的精神是不一致的，这反映了对行贿罪的危害性及其程度缺乏一以贯之的认识。

在中国刑法中，为了突出从严治吏的精神，把受贿罪作为刑法打击的重点，而把行贿罪作为一种附带的犯罪来规定（1979年刑法将行贿罪规定在"渎职罪"一章中，1997年刑法将其规定在国家工作人员的贪污贿赂罪中），因而对行贿罪的规定与对受贿罪的规定极不相称。在司法实践中，更是集中查办受贿犯罪案件，而很少重视对行贿犯罪的打击。尽管最高人民检察院曾经专门发出通知，要求各级人民检察院认真查处行贿犯罪，但是在许多案件中，检察机关为了让行贿人作证以保证对受贿罪的查处，往往把行贿人作为污点证人而不对其立案侦查。

值得研究的问题是，这样的规定是否有利于遏制贿赂犯罪的发生。从实践中看，国家工作人员主动索取贿赂的，只是受贿罪中的极少部分，大量的受贿罪都是行贿人主动送财物的，有的甚至是通过各种手段千方百计地用财物拉拢腐蚀国家工作人员。在这种现实面前，只是一味地打击受贿罪，而不追究行贿人的刑事责任，要遏制受贿罪是十分困难的。许多地方出现的"前腐后继"现象也证明，只打击受贿罪而不打击行贿罪是难以有效预防和遏制腐败犯罪的。并且，向国家工作人员行贿的行为只有在"为谋取不正当利益"的情况下才构成犯罪，这样的立法，在客观上就向人们透露了一种信息，即法律只是禁止为谋取不正当利益而行贿的行为，并没有禁止为谋取正当利益而行贿的行为。于是，一些人为了谋取自认为是正当的利益，便可以理直气壮地向国家工作人员行贿，国家工作人员不收受反而被认为是"不懂世故"而嗤之以鼻。在行贿之风盛行的情况下，片面强调遏制受贿，在一定程度上可以说是隔靴搔痒。

因此，为了从源头上遏制腐败犯罪，有必要重新评价行贿行为的危害性。

首先，行贿与受贿是一种对合性犯罪，二者之间具有相互依存、互为因果的密切联系。在通常情况下，没有行贿就没有受贿，并且是先有行贿而后有受贿。《联合国反腐败公约》正是按照这种逻辑，把行贿与受贿规定在同一个法条中。《联合国反腐败公约》第15条规定的贿赂本国公职人员罪、第16条规定的贿赂外国公职人员和国际公共组织官员罪、第18条规定的影响力交易罪、第21条规定的私营部门内的贿赂罪，都是先规定行贿犯罪，再规定受贿犯罪。这是因为，在实践中，总是先有行贿，而后才会有受贿；并且除了索取贿赂的情况之外，行贿总是表现为主动许诺和给予的行为，受贿则表现为被动接受的行为。因此，对行贿罪与受贿罪，无论是在构成要件上还是在法定刑轻重上，都应当充分考虑其对合性的特点，对之作出大致相对应的规定，而不应该使二者差别悬殊。

其次，行贿罪的危害性在一定程度上并不亚于受贿罪。实事求是地看，在现代社会里，被迫行贿的人在行贿大军中毕竟是少数。绝大多数行贿人往往都具有某种企图，希望通过行贿的方式笼络国家工作人员使其为自己谋取利益，其主观上具有主动贿赂的故意。而在客观上，行贿行为对国家工作人员具有巨大的腐蚀作用，破坏了国家机关的正常活动，使一批又一批国家工作人员走上了犯罪的道路。行贿行为破坏商务活动的行业规则，导致经济领域某些违反公平竞争原则的潜规则实际取代正常的行业规则和法律规范，动摇了市场经济自由竞争的根基。行贿行为向人们宣示了"有钱好办事""有钱能使鬼推磨"等腐朽庸俗的思想意识，败坏了社会风气，导致了人际关系的扭曲。因此，在新的历史条件下，实有必要破除"被迫行贿论"的认识误区，重新评价行贿行为的社会危害性，确立打击受贿与行贿并重的指导方针，从源头上治理腐败。

最后，随着我们国家依法治国方略的实施，国家工作人员职务活动的规范性不断加强。对于应该为当事人办的事，国家工作人员不予办理的，完全可以通过其他途径来解决。没有必要担心老百姓不行贿就没人给办事的问题。如果说，1988年制定《关于惩治贪污罪贿赂罪的补充规定》时在一定程度上考虑到社会转型期经济管理比较混乱，一些国家工作人员对该办的事不予办理，人们为了谋取某些正当的利益或者为了满足某种正常的需求不得不给国家工作人员行贿，从而对行贿行为采取了宽容的政策，那么，现在对行贿行为采取宽容政策的社会基础应该说已经基本上不复存在。因此有必要调整对行贿行为过分宽容的政策，正视其对国家机关廉政建设带来的负面影响，采取有效措施遏制行贿行为的蔓延，进而为国家工作人员的清正廉洁创造必要的良好的社会环境。

从外国刑法的有关规定看，大陆法系国家通常对行贿罪规定的刑罚与对受贿罪所规定的刑罚往往是完全相同的。如法国旧刑法典第179条规定："任何人为获取他人完成或放弃某项行为，或者为获取第177条及第178条所指之优惠待遇或利益，采取殴打、威胁、许诺、赠送、馈赠或礼金，或者顺从于旨在进行贿赂的请求，即使此种要求并非其本人主动提出，也不论强制手段或贿赂手段是否产生效果，均处第177条及第178条对受贿人规定的相同刑罚。"法国新刑法典第433-1条对行贿罪规定的刑罚与第342-11条对受贿罪规定的刑罚也是完全相同的，第433-2条则明确规定斡旋受贿与斡旋行贿"处相同之刑罚"。意大利刑法典第321条"对行贿者的刑罚"也明确规定："第318条第1款、第319条、第319-2条、第319-3条以及与第318条和第319条相联系的第320条规定的刑罚，也适用于向公务员或受委托从事公共服务的人员给予或者许诺给予钱款或其他利益的人。"[1]德国刑法典把收受贿赂与索取贿赂分别规定并对索取贿赂规定了比收受贿赂更重的刑罚，同时把仅仅是给予贿赂的行为与要求公职人员违反职责而提供贿赂的行贿行为相区别，并对后一种行贿行为的特别严重情形与索贿的特别严重情形一起加以规定（见德国刑法典第

---

[1] 意大利刑法典第318条为"因职务行为受贿"、第319条为"因违反职责义务的行为受贿"、第319-2条为"加重情节"、第319-3条为"在司法行为中受贿"、第320条为"受委托从事公共服务的人员受贿"，这些条款都是关于受贿罪的规定。

331—335条)。经济合作与发展组织还专门制定了《禁止在国际商业交易中贿赂外国公职人员公约》，重点强调打击向外国公职人员行贿的行为。这说明，在西方国家，人们对行贿行为危害性的评价并不低于对受贿行为危害性的评价。而这种评价与中国20世纪50年代制定惩治贪污罪条例是对行贿行为的评价是一致的。

四、刑罚轻重与受贿数额的关系

1979年刑法关于受贿罪的规定中，并没有把受贿数额与刑罚轻重直接对应起来，而是根据受贿是否给国家和人民利益造成重大损失，规定了两个法定刑档次。关于受贿罪的处罚，1988年《关于惩治贪污罪贿赂罪的补充规定》第5条规定："对犯受贿罪的，根据受贿所得数额及情节，依照本规定第二条的规定处罚；受贿数额不满1万元，使国家利益或者集体利益遭受重大损失的，处10年以上有期徒刑；受贿数额在1万元以上，使国家利益或者集体利益遭受重大损失的，处无期徒刑或者死刑，并处没收财产。索贿的从重处罚。因受贿而进行违法活动构成其他罪的，依照数罪并罚的规定处罚。"这个规定，明确地把受贿罪的法定刑与受贿数额联系起来，要求按照贪污罪的法定刑来处罚受贿罪，但实际上，其对受贿罪规定了比贪污罪更重的刑罚。同时，这个规定也体现了1979年刑法中对收受贿赂没有给国家利益或者集体利益造成损失的情况与造成损失的情况区别对待的精神，以及收受贿赂与索取贿赂区别对待的精神。1997年刑法再次沿用了1982年《关于严惩严重破坏经济的罪犯的决定》的立法精神，对于受贿罪，完全按照对贪污罪规定的法定刑来处罚，并不再区分受贿行为是否使国家利益或者集体利益遭受重大损失。但是从1988年《关于惩治贪污罪贿赂罪的补充规定》到1997年刑法，都对受贿罪的刑罚，与贪污罪的刑罚一样，几乎是完全按照受贿数额来规定法定刑档次的。这种按照受贿数额规定法定刑档次的做法导致了司法实践中极不合理的现象。

(一) 完全按照受贿数额来确定法定刑档次，缺乏科学性

按照刑法第383条的规定，个人受贿数额在10万元以上的，处10年以上有期徒刑或者无期徒刑，个人受贿数额在5万元以上不满10万元的，处5年以上有期徒刑。这实际上就意味着，在一般情况下，一个人受贿1万元，大致上要判处1年的有期徒刑。但是实际上，受贿数额较小的，可以按照刑法规定的标准来判刑，而受贿数额巨大的，就无法按照这个标准来判刑。如一个人受贿几百万元甚至几千万元，按照受贿1万元判处1年有期徒刑的标准就会作出极为荒谬的判决。因此在司法实践中，往往难以按照刑法规定的标准来对受贿数额巨大的犯罪分子进行判刑。这在很大程度上影响了刑法的权威性和刑事司法的严肃性，也使一些国家工作人员一旦走上受贿的道路，就一直走下去，根本不再顾忌受贿数额的多少。另外，随着经济的发展，货币的价值也在不断地发生着变化，人们拥有货币的量及其对人们的实际生活的影响也在随之发生变化，一定量的货币在社会生活中的意义同样在随之变化。以货币的量来确定法定刑的档次，违背了刑法需要相对稳定的基本要求，无法适应刑法适用的需要。

(二) 完全按照贪污罪中的数额标准确定对受贿罪的处罚，缺乏合理性

贪污罪是国家工作人员及其他依法从事公务的人员利用职务上的便利，侵吞、窃取、骗取或者以其他手段非法占有公共财物的行为。这种犯罪在非法取得公共财物方面具有明显的主动性，并且非法占有多少公共财物，在很大程度上取决于行为

人的主观意志。所以其贪污的数额在很大程度上反映了贪污行为的社会危害性的程度，刑法按照个人贪污的数额规定法定刑的档次，可以说是具有合理性的。但是，受贿罪不同于侵犯财产的犯罪，它的社会危害性及其程度并不完全是由受贿财物的数额决定的，而是在很大程度上取决于受贿人违反职责给国家和人们利益造成损失的大小。并且，在绝大多数场合，受贿数额的多少并不取决于受贿人的意志，而是取决于行贿人的"慷慨程度"。当然，这种所谓的慷慨程度往往是与受贿人为其谋取利益的多少联系在一起的，但并不尽然。如果完全按照受贿数额决定对受贿人的处罚，就有可能使其应当受到的处罚处于某种不确定的状态。例如，一个国家工作人员利用职务上的便利为他人办了一件事，对方给其一个银行卡，并说明是为了答谢其帮助。在这种情况下，国家工作人员收受他人财物的行为包括为他人谋利益的行为已经全部完成，其应当受到什么样的刑罚处罚，也应当是确定的。但是如果以受贿的数额为标准，对该人的刑罚处罚就会处于不确定的状态：银行卡中如果只有很少的钱，该人可能不构成犯罪，或者刑罚很轻；如果银行卡中有很多钱，该人可能就要受到很重的刑罚处罚。而这个银行卡中到底有多少钱，并不是该国家工作人员所决定的。如果完全按照受贿数额决定对受贿人的处罚，难免有客观归罪之嫌。

（三）完全按照受贿的数额决定对犯受贿罪的人的处罚，不利于发挥刑法的教育作用

由于受贿数额的大小直接决定着受贿人的刑罚轻重，一些国家工作人员在因收受贿赂而被追究刑事责任时，往往斤斤计较对自己受贿数额的计算，而无暇顾及刑法的教育功能。数额在受贿案件中的重要性也容易把办案人员的注意力包括审判人员的注意力集中在对受贿数额的认定上，而忽视对受贿之后国

家工作人员履行职责或滥用职权的行为给国家和人民利益造成的损失。而实践中受贿的具体数额有时又是很难准确计算的。一些本来受贿行为十分清楚的案件，由于具体的受贿数额一时难以算清或认定而使受贿人长期不能受到法律的追究。

鉴于这种情况，笔者认为，无论是从立法完善的角度，还是从司法实践的角度，都有必要重新审视和正确评价受贿数额在受贿犯罪中的作用。

首先，应当承认，受贿的数额在一定程度上反映了受贿行为的社会危害性，因而应当作为对行为人适用刑罚的一个不能不考虑的因素。特别是在一个人多次收受多人的贿赂，数额巨大的情况下，受贿数额客观地反映了行为人的主观恶性和腐败程度，理应受到严厉的处罚。

其次，也应当看到，受贿的数额并不是反映或者决定受贿罪社会危害性的唯一因素。在许多情况下，案件中的其他情节比受贿数额更能反映受贿行为的危害程度和行为人的主观恶性。尤其是国家工作人员在受贿之后，通过违反职责或者滥用职权的方式，为行贿人谋利益，或者为行贿人谋取不正当利益的行为，比受贿数额所反映的社会危害性更为严重。正如王作富教授指出的：受贿数额是量刑的一个重要依据，但不是唯一的依据，受贿情节的轻重，同样决定着量刑的轻重，即受贿罪的数额和情节是相互制约的，它们共同决定着受贿罪的刑事责任的有无和大小。受贿罪的情节，是指影响受贿犯罪罪行大小、量刑轻重的各种因素。这些因素主要包括：索取贿赂还是收受贿赂；"贪赃枉法"还是"贪赃不枉法"，贪赃枉法的社会危害性比贪赃不枉法的社会危害性更大；受贿给国家和集体造成的损失大小；受贿的次数和持续时间；受贿对象，乘他人之危索取贿赂的，收受外商、华侨、港澳同胞贿赂造成不良影响的，应对作为从重情节；犯罪后的态度，有无自首、立功、悔改或者积极退赃的表现，是否在案发后转移赃物、销毁罪证，或与他人订立攻守同盟，掩盖罪行等，也是量刑时应当考虑的情节。[1]

因此，刑法关于受贿罪法定刑档次的规定，应该更多地考虑受贿犯罪的不同情节而不主要是受贿数额。

1952年《惩治贪污条例》第3条对贪污罪处刑档次的规定，可以说几乎完全是按照数额的大小来规定的，但是该条例第四条又专门规定了从重或加重处罚的情形。该条例第4条规定："犯贪污罪而有下列情形之一者，得从重或加重处刑：一、对国家和社会事业及人民安全有严重危害者；二、出卖或坐探国家经济情报者；三、贪赃枉法者；四、敲诈勒索者；五、集体贪污者；六、屡犯不改者；七、拒不坦白或阻止他人坦白者；八、为消灭罪迹而损坏公共财物者；九、为掩饰贪污罪行嫁祸于人者；十、坦白不彻底，判处后又被人检举出严重情节者；十一、犯罪行为有其他特殊恶劣情节者。因贪污而兼犯他种罪者，合并处刑。"1988年《关于惩治贪污罪贿赂罪的补充规定》虽然规定对受贿罪按照贪污罪的法定刑处罚，但是同时规定了按照情节轻重从重处罚的情形。

从外国的刑法规定看，有的国家刑法中只规定构成贿赂犯罪的最高处什么样的刑罚，而没有法定刑档次的区分。有的国家在刑法中明确规定了贿赂犯罪的不同情况，并对之规定了不同的刑罚，体现了对索取贿赂的行为从重处罚、对收受贿赂的行为从轻处罚；对普通受贿行为从轻处罚、对违反职责的受贿行为从重处罚；对一般公务员的受贿行为从轻处罚、对司法人

---

[1] 参见王作富：《刑法论衡》，法律出版社2004年版，第582—583页。

员的受贿行为从重处罚、对司法人员枉法裁判的行为尤其从重处罚的精神。这种规定，应该说，更准确地反映了惩治贿赂犯罪的立法精神，具有合理性和导向性，可以为我所鉴。

综上所述，我国刑法关于受贿罪的构成要件和法定刑，均有必要在认真研究的基础上予以修改完善。

修改的基本思路是：在犯罪构成方面，参照《联合国反腐败公约》的规定模式，把受贿罪与行贿罪作为对合性犯罪，作出基本对应的规定；在法定刑方面，按照反腐败公约关于使其受到"与其严重性相当的制裁"的要求，参照我国过去的立法精神和其他国家的立法例，按照受贿罪的不同情节规定法定刑档次，即明确区分索贿与受贿，违反职责的受贿与没有违反职责的受贿以及因受贿而实施违反职责行为给国家和人民利益造成重大损失的情形。[1]

此外，对于受贿罪应当增加关于资格刑的规定。受贿罪是一种利用职务进行的犯罪，实施这种犯罪的行为本身表明这种人已经丧失了担任公共职务的资格。如果允许实施了其在犯罪之后（包括刑满释放之后）继续担任公共职务，就可能给社会带来新的危险，也不利用教育改造犯罪人。因此，应该在刑法中明确规定犯有受贿罪的人在服刑结束后的一定期限内（对于犯罪特别严重的可以规定终身）不得担任相关的公共职务。刑法应当明确规定，在贿赂犯罪中获得的不正当好处一律没收或者取消，特别是对于国家工作人员因收受贿赂而实施违反职责的行为为行贿人所谋取的利益应当予以取消。

（原载《法学研究》2009年第5期）

---

[1] 这种修改必然要涉及刑法中与受贿、行贿有关的其他犯罪，如单位受贿罪、向单位行贿罪等。刑法在修改时应当考虑到相关犯罪之间的协调问题。

单位贿赂犯罪之检讨

在外国刑法中鲜有单位贿赂犯罪的规定,我国 1979 年刑法中也没有单位贿赂犯罪的规定。但是在 1997 年修改后的刑法中,对单位贿赂犯罪作了专门规定。如何看待我国刑法关于单位贿赂犯罪的规定,或者说,我国刑法中关于单位贿赂犯罪的规定有无合理性、合理性在什么地方,是一个值得研究的问题。本文仅就这个问题作一简要的分析。

一、我国刑法中单位贿赂犯罪的立法特点

我国刑法中有关单位贿赂犯罪的规定,涉及以下五个条文:刑法第 164 条对公司、企业人员行贿罪,第 387 条单位受贿罪,第 391 条对单位行贿罪,第 393 条单位行贿罪,《刑法修正案(六)》第 8 条。

从修改后的刑法关于单位贿赂犯罪的规定中,可以看出如下特点:

一是所有公司、企业、事业单位、机关、团体都可以构成行贿罪的主体,但是只有国有公司、企业、事业单位和机关、团体才能构成受贿罪的主体。单位行贿罪既规定在刑法第 164 条第 2 款,也规定在第 391 条第 2 款和第 393 条,但是单位受贿罪仅有第 387 条的规定。

二是单位对个人行贿与个人对个人行贿，构成犯罪的标准不相同，处罚也不相同。按照刑法第 164 条、第 383 条、第 385 条、第 386 条、第 393 条的规定，以及最高人民检察院、公安部《关于经济犯罪案件追诉标准的规定》，在没有其他严重情节的情况下，个人向个人行贿 1 万元，即构成行贿罪，但是单位向个人行贿，数额达到 20 万元的，才构成行贿罪。个人向个人行贿的，按照刑法第 390 条的规定，法定最高刑为无期徒刑，可以并处没收财产；单位向个人行贿的，按照第 393 条的规定，除了对单位判处罚金之外，对直接负责的主管人员和其他直接责任人员，法定最高刑为 5 年有期徒刑。

三是单位对公司、企业和其他单位人员[1]行贿与单位对国家工作人员行贿，构成犯罪的标准相同，处罚却不同。就刑法的规定而言，单位对公司、企业人员行贿与个人对公司、企业人员行贿所规定的犯罪构成是相同的，即都是"为谋取不正当利益，给予公司、企业的工作人员以财物，数额较大的"（此处的"数额较大"，在上述司法解释中被规定为个人行贿 1 万元，单位行贿 20 万元）。而单位向国家工作人员行贿，不仅与单位对公司、企业人员行贿的规定不同，而且与个人向国家工作人员行贿的规定亦不相同，即"单位为谋取不正当利益而行贿，或者违反国家规定，给予国家工作人员以回扣、手续费，情节严重的"。但是按照最高人民检察院、公安部《关于经济犯罪案件追诉标准的规定》的规定，此处的"情节严重"，在没有其他严重情节的情况下，与"数额较大"相同，都是行贿 20 万元。然而，按照刑法第 164 条的规定，单位向公司、企业

---

〔1〕 刑法原第 164 条对公司、企业人员行贿罪中仅有向公司、企业的工作人员行贿的规定，但是 2006 年全国人大常务委员会通过的《刑法修正案（六）》中将该罪的犯罪主体扩大到其他单位的工作人员。

人员行贿的,除了对单位判处罚金之外,对直接负责的主管人员和其他直接责任人员,按照个人对公司、企业人员行贿的规定处罚,即法定最高刑为 10 年有期徒刑;但是按照第 393 条的规定,单位向国家工作人员行贿的,除了对单位判处罚金之外,对直接负责的主管人员和其他直接责任人员的处罚,法定最高刑为 5 年有期徒刑。

四是单位对国有公司、企业、事业单位、机关、团体行贿与个人对国有公司、企业、事业单位、机关、团体行贿,构成犯罪的标准不同,处罚相同。按照刑法第 391 条的规定,单位和个人对单位行贿罪的犯罪构成都是"为谋取不正当利益,给予国家机关、国有公司、企业、事业单位、人民团体以财物的,或者在经济往来中,违反国家规定,给予各种名义的回扣、手续费的",并且在单位犯行贿罪的场合,除了对单位判处罚金之外,对直接负责的主管人员和其他直接责任人员,也是按照个人犯该罪的法定性判处刑罚的,即法定最高刑为 3 年有期徒刑。但是按照最高人民检察院、公安部《关于经济犯罪案件追诉标准的规定》的规定,在没有其他严重情节的情况下,个人对国有公司、企业、事业单位、机关、团体行贿 10 万元构成犯罪,而单位对国有公司、企业、事业单位、机关、团体行贿 20 万元才构成犯罪。

五是国有公司、企业、事业单位、机关、团体受贿与国家工作人员受贿,构成犯罪的标准不相同,处罚也不相同。按照刑法第 383 条、第 385 条及第 386 条的规定,国家工作人员受贿 5000 元,即构成受贿罪(不满 5000 元的,必须是"情节较重"的,才构成受贿罪),受贿罪的法定最高刑为死刑。但是按照第 387 条的规定,国家机关、国有公司、企业、事业单位、人民团体受贿,只有"情节严重的",才构成受贿罪。按照最高人民检察院、公安部《关于经济犯罪案件追诉标准的规定》，在没有其他严重情节的情况下，单位受贿10万元才构成受贿罪。单位犯受贿罪，除了对单位判处罚金之外，对其直接负责的主管人员和其他直接责任人员的处罚，法定最高刑为5年有期徒刑。

二、单位贿赂犯罪立法之缺憾

我国刑法关于单位贿赂犯罪的规定，具有一定的合理性，符合我国社会转型时期不同利益主体客观存在的现实。但是在某些方面也存在与刑法的基本精神不协调的问题。这些问题主要有：

（一）某些规定违反刑法关于贿赂犯罪立法的基本原则

我国刑法关于贿赂犯罪立法的基本原则是受贿从严、行贿从宽。尽管笔者并不认为这种规定具有合理性，但是改革开放以来，我国刑法一直坚持这样的立法原则。1979年颁布的我国第一部刑法第185条规定："国家工作人员利用职务上的便利，收受贿赂的，处五年以下有期徒刑或者拘役。赃款、赃物没收，公款、公物追还。犯前款罪，致使国家或者公民利益遭受严重损失的，处五年以上有期徒刑。向国家工作人员行贿或者介绍贿赂的，处三年以下有期徒刑或者拘役。"按照这个规定，行贿罪的法定最高刑只有3年有期徒刑，而受贿罪的法定最高刑可达15年有期徒刑。1982年3月8日全国人大常务委员会通过的《关于严惩严重破坏经济的罪犯的决定》在修改受贿罪犯罪构成的同时，把刑法第185条第1款和第2款关于受贿罪的法定刑提高到死刑，而对行贿罪的法定刑仍然保留3年以下有期徒刑或者拘役的规定，使行贿罪与受贿罪的法定刑差距极大。1988年1月21日全国人大常务委员会通过的《关于惩治贪污罪贿赂罪的补充规定》和1997年3月14日修订后的刑法都将行贿罪的法定最高刑提高到无期徒刑,但是相较于受贿罪,行贿罪的法定刑还是要轻于受贿罪。

在修改后的刑法中,对单位行贿罪与单位受贿罪的规定,却采取了与刑法立法一贯坚持的立法原则相悖的原则。按照刑法第387条、第393条的规定,单位犯受贿罪的,与单位犯行贿罪的,其法定刑完全相同,即都是"对单位判处罚金,并对其直接负责的主管人员和其他直接责任人员,处五年以下有期徒刑或者拘役"。这就意味着,任何国有单位,实施受贿犯罪行为所应受到的惩罚与其实施行贿犯罪行为时所应受到的惩罚是完全相同的[1]。显然,立法者在此对受贿罪与行贿罪进行刑法评价所采取的标准,与立法者在对个人实施的受贿罪与行贿罪进行刑法评价时所采取的标准是不同的,即在个人贿赂犯罪的场合,刑法认为,受贿行为的社会危害性大于行贿行为的社会危害性,因而需要给受贿行为以重于行贿行为的处罚;但是在单位贿赂犯罪的场合,刑法认为,受贿行为的社会危害性与行贿行为的社会危害性完全相同,所以对这两种行为应当给予完全相同的处罚。而这种在同类犯罪行为中采取不同刑法评价标准的立法,显然违背了刑法评价的同一律原理。

(二) 某些规定导致罪刑关系的不协调

刑法第164条关于单位犯贿赂公司、企业人员罪的规定,既违反我国刑法历来坚持的单位贿赂犯罪与个人贿赂犯罪相区别的原则,也缺乏内在的合理性。

我国对单位贿赂犯罪采取了从宽的立法精神,是有历史根源的。我国在刑法中规定单位犯罪,最早出现在1987年1月

---

[1] 当然,犯受贿罪的单位与犯行贿罪的单位,在范围上并不是完全相同的。但是犯受贿罪的个人与犯行贿罪的个人在范围上也同样存在这种差别。

22 日全国人大常务委员会通过的海关法。其第 47 条第 4 款规定："企业事业单位、国家机关、社会团体犯走私罪的，由司法机关对其主管人员和直接责任人员依法追究刑事责任；对该单位判处罚金，判处没收走私货物、物品、走私运输工具和违法所得。"关于单位贿赂犯罪，最早出现在全国人大常委会 1988 年 1 月 21 日与《关于惩治走私罪的补充规定》同时通过的《关于惩治贪污罪贿赂罪的补充规定》中。《关于惩治贪污罪贿赂罪的补充规定》第 6 条规定："全民所有制企业事业单位、机关、团体，索取、收受他人财物，为他人谋取利益，情节严重的，判处罚金，并对其直接负责的主管人员和其他直接责任人员，处 5 年以下有期徒刑或者拘役。"第 9 条规定："企业事业单位、机关、团体为谋取不正当利益而行贿，或者违反国家规定，给予国家工作人员、集体经济组织工作人员或者其他从事公务的人员以回扣、手续费，情节严重的，判处罚金，并对其直接负责的主管人员和其他直接责任人员，处 5 年以下有期徒刑或者拘役。因行贿取得的违法所得归个人所有的，依照本规定第八条的规定处罚。"（该规定第 8 条即关于个人行贿罪的处罚规定。）这样规定的理由体现在全国人大常务委员会秘书长、法制工作委员会主任王汉斌就该补充规定草案向全国人大常务委员会所作的说明中。该说明中指出："六、关于单位行贿、受贿。近几年，不少企业事业单位通过行贿进行投机倒把、套购倒卖甚至诈骗活动，推销劣货、次货、假货，严重破坏社会主义经济秩序，损害国家和人民利益。这些犯罪活动往往是经过单位领导同意或集体决定的，由于没有法律规定，司法机关感到难以追究法律责任。因此，草案规定：全民所有制企业事业单位、机关、团体为谋取非法利益而行贿或者给予国家工作人员、集体经济组织工作人员和其他从事公务的人员回扣、手续费，或者非法索取、收受他人财物为他人谋取利益，情节严重的，对直接负责的主管人员和其他直接责任人员，处五年以下有期徒刑或者拘役；情节较轻的，由主管部门酌情予以行政处分。其他企业事业单位为谋取非法利益而行贿或者给予国家工作人员、集体经济组织工作人员和其他从事公务的人员回扣、手续费的，对直接负责的主管人员和其他直接责任人员，参照本规定第八条的规定处罚。"这个说明，明确表达了当时立法的思想，即：第一，对单位贿赂犯罪的处罚，明显地轻于对个人贿赂犯罪的处罚。第二，该补充规定第9条中规定的单位行贿罪的主体"企业事业单位、机关、团体"，仅指全民所有制企业事业单位和国家机关、团体，而不包括其他企业事业单位。第三，由于全民所有制单位行贿都有"为公"的因素，所以从轻处罚；非全民所有制单位的行贿行为，按照个人的行贿行为处理，即重于单位行贿罪。这样规定，符合当时对全民所有制单位特殊保护的历史背景，具有一定的合理性。

在修改后的刑法中，虽然扩大了单位行贿罪犯罪主体的范围，但是对单位向国家工作人员行贿的处罚，仍然坚持了轻于个人向国家工作人员行贿的处罚的立法原则。如刑法第393条规定："单位为谋取不正当利益而行贿，或者违反国家规定，给予国家工作人员以回扣、手续费，情节严重的，对单位判处罚金，并对其直接负责的主管人员和其他直接责任人员，处五年以下有期徒刑或者拘役。"而按照第390条的规定，个人犯行贿罪的，"处五年以下有期徒刑或者拘役；因行贿谋取不正当利益，情节严重的，或者使国家利益遭受重大损失的，处五年以上十年以下有期徒刑；情节特别严重的，处十年以上有期徒刑或者无期徒刑，可以并处没收财产"。在此，单位犯行贿罪，不仅构成犯罪的条件要严格，即必须是"情节严重的"才构成行贿罪，而且法定刑远远轻于个人犯行贿罪的法定刑。

但是，刑法第 164 条关于对公司、企业人员行贿罪的规定，却违反了刑法立法的上述原则。按照第 164 条的规定，单位对公司、企业人员行贿构成犯罪的，除了对单位判处罚金之外，对直接负责的主管人员和其他直接责任人员，完全按照个人对公司、企业人员行贿的规定处罚。

对单位犯行贿罪与个人犯行贿罪采取不同的标准、规定不同的刑罚，其合理性本身是一个值得研究的问题。特别是随着市场经济的发展，这种做法的合理性越来越受到质疑。这个问题姑且不论。仅就刑法规定的内在逻辑而言，对同样的情况采取相同的处理方式，应该是立法的基本规则。但是刑法在对待单位行贿的问题上，对于同样是单位的行贿行为，并且同样是为了单位的利益而实施的行为，却采取了两种不同的处理方式，即对单位向国家工作人员行贿的行为，刑法规定的刑罚远远轻于个人对国家工作人员行贿的刑罚，而对单位向公司、企业人员行贿的行为却规定了与个人向公司、企业人员行贿完全相同的刑罚。这种规定，首先是导致了罪刑关系的不协调，使刑法的规定缺乏逻辑上的一贯性。从刑法的相关规定中，人们看不出立法者在处理单位行贿罪与个人行贿罪的问题上到底是主张对单位行贿罪从轻处罚还是与个人行贿罪同样处罚，以致引起对这两种处罚原则价值选择的争论。

另外，在我国刑法立法中，一个基本精神是对国家工作人员的犯罪从严规定的。例如，贪污罪与职务侵占罪、受贿罪与公司、企业人员受贿罪，都体现了在实施完全相同的行为的情况下，对国家工作人员规定了比较重的刑罚，而对非国家工作人员规定了比较轻的刑罚。这是我国从严治吏的基本政策的必然要求。与之相联系，对于贿赂国家工作人员的行为，刑法也规定了比贿赂公司、企业人员更重的刑罚。例如，按照刑法第390条的规定，个人对国家工作人员行贿的，最高可以判处无期徒刑，可以并处没收财产；按照第164条的规定，个人对公司、企业人员行贿的，最高只能判处10年有期徒刑，并处罚金。这种规定的理由是：在刑法评价上，对国家工作人员行贿比对公司、企业人员行贿具有更大的社会危害性，因为对国家工作人员行贿所危害的是公权力的廉洁性，而公权力的不当行使对社会所具有的危害性要大于私权利不当行使可能产生的危害。然而遗憾的是，刑法立法并没有把这种立法精神贯彻到单位贿赂犯罪中来。比较一下刑法第164条与第393条的规定，就会发现：单位对公司、企业人员行贿的，除了对单位判处罚金之外，对直接负责的主管人员和其他直接责任人员，最高可以判处10年有期徒刑；但是，单位对国家工作人员行贿的，除了对单位判处罚金之外，对直接负责的主管人员和其他直接责任人员，最高只能判处5年有期徒刑。如果一个单位，为了获取某种不正当的利益而同时向多个个人行贿，其中有的是国家工作人员，有的是公司、企业人员，按照刑法的规定，其直接负责的主管人员和其他直接责任人员，向国家工作人员行贿的，无论数额多大，最多只能判处5年有期徒刑，但是如果是向公司、企业人员行贿的，反而可能被判处更重的刑罚。这样的规定，不仅不符合我们国家一贯倡导的从严治吏的精神，而且违背了社会危害性评价的同一律原理，从而也违背了社会最基本的公平正义的理念。

三、关于单位贿赂犯罪司法解释中的缺憾

刑法修改之后，关于单位的内设机构能否成为单位犯罪的主体，在刑法学界曾经引起了争论。有的学者认为，单位的内设机构不能成为单位犯罪的主体[1]；有的学者认为，单位的内设机构可以成为单位犯罪的主体[2]；也有的学者认为，对单位内设机构能否成为单位犯罪主体的问题，不能一概而论[3]。

2001年1月21日最高人民法院在《全国法院审理金融犯罪案件工作座谈会纪要》中规定："以单位的分支机关或者内设机构、部门的名义实施犯罪，违法所得亦归分支机关或者内设机构、部门所有的，应认定为单位犯罪。不能因为单位的分支机关或者内设机构、部门没有可供执行罚金的财产，就不将其认定为单位犯罪，而按照个人犯罪处理。"2006年9月12日，最高人民检察院法律政策研究室在《关于国有单位的内设机构能否构成单位受贿罪主体问题的答复》中也指出："国有单位的内设机构利用其行使职权的便利，索取、非法收受他人财物并归该内设机构所有或者支配，为他人谋取利益，情节严重的，依照刑法第三百八十七条的规定以单位受贿罪追究刑事责任。上述内设机构在经济往来中，在账外暗中收受各种名义的回扣、手续费的，以受贿论。"上述两个解释，虽然都不是最高司法机关所作出的正式司法解释，但是由于它以文件的形式下发，具有一定的司法解释的效力，对于司法实践中认定单位贿赂犯罪，具有直接的指导意义。这在一定程度上也平息了刑法学界关于单位内设机构能否成为单位贿赂犯罪主体的争论。

然而，这种解释的科学性、合理性却是值得质疑的。

首先，把单位的内设机构作为单位对待，不符合刑法用语

---

[1] 参见周其华：《我国刑法对单位犯罪的规定及使用研究》，载丁幕英等主编：《刑法实施中重点难点问题研究》，法律出版社1998年版，第302—303页。

[2] 参见何秉松主编：《刑法教科书》，中国法制出版社1998年版，第224页。

[3] 参见陈兴良：《刑法适用总论》（上卷），法律出版社1999年版，第599—600页。

的逻辑含义。从刑法规定所使用的语言上看，刑法第387条、第391条所使用的都是"国家机关、国有公司、企业、事业单位、人民团体"，第393条、第164条虽然使用的是单位，但是按照第30条的规定，单位也是指"公司、企业、事业单位、机关、团体"。这表明，刑法中所规定的单位贿赂犯罪，是以国家机关、国有公司、企业、事业单位、人民团体等"单位"为犯罪主体的，而不是以这些单位的内设机构为犯罪主体的。有人认为，单位的内设机构本身也是单位，把内设机构作为单位犯罪的主体，没有超出单位的内涵。其实不然，单位的内设机构与单位本身不仅在语言表述上是有区别的，而且在职权范围上也是不同的。以国家机关为例：国家机关的内设机构，虽然可以以内设机构的名义，对外行使职权，但是其行使职权的活动并不代表国家机关本身。如果经国家机关授权，能够代表国家机关对外行使职权，它就不再是内设机构的行为了，而是以国家机关的名义对外发生效力的国家机关自身的行为。这种名义上的区别所包含的效力上的区别也意味着，国家机关与国家机关的内设机构是有区别的。刑法中规定的"国家机关"不能任意地将其解释为内设机构。

其次，单位的内设机构通常并不具有承担法律责任的能力，难以成为单位犯罪的主体。在民事诉讼中，国家机关、国有公司、企业、事业单位、人民团体的内设机构是不能作为独立的诉讼主体进行起诉或者应诉的，因为它不具有独立主体的资格，不能独立地承担民事责任。在行政诉讼中，国家机关、国有公司、企业、事业单位、人民团体的内设机构，如果不能独立承担法律责任，同样不能作为独立主体来参与诉讼。如果一个行政机关的内设机构是作为的具体行政行为被起诉，只能由设立该内设机构的行政机关作为主体去应诉[1]（当然，行政机关有大小之分。在一个大的行政机关中，其所属的机构如果是法律、法规明确授予其行使某些行政职能，并且纳入独立财政预算的单位，其本身就是独立的行政机关，也是具有法律责任能力的单位）。同理，在刑事诉讼中，国家机关、国有公司、企业、事业单位、人民团体的内设机构也不具有刑事责任能力，没有自己独立的财产可以承担刑事责任。上述司法解释强调，不能因为单位的分支机关或者内设机构、部门没有可供执行罚金的财产，就不将其认定为单位犯罪。但是，如果对单位的内设机构定罪，刑法规定的对单位判处罚金的规定将如何适用？由单位代替内设机构缴纳罚金，实质上就是将内设机构的刑事责任转嫁给了单位，不符合罪责自负的原理；如果对内设机构定罪后不判处罚金，就违背了刑法的明文规定。所以不考虑能否执行所判刑罚的做法本身是不明智的。况且，能否对其执行刑罚的问题，本身反映了主体是否具有刑事责任能力的问题。按照刑法的基本原理，把没有刑事责任能力的主体作为犯罪主体是缺乏正当性的，也是缺乏合理性的。刑事诉讼法第15条规定的绝对不负刑事责任的情况中就包含了丧失刑事责任能力的情况。就单位犯罪而言，同样存在着一个刑事责任能力的问题。如果一个单位不具有刑事责任能力，在客观上就不可能把它作为犯罪主体来追究其刑事责任。从单位内设机构的实际情况看，国家机关、国有公司、企业、事业单位、人民团体

---

[1] 最高人民法院2000年3月8日颁布的《关于执行〈中华人民共和国行政诉讼法〉若干问题的解释》第20条规定："行政机关组建并赋予行政管理职能但不具有独立承担法律责任能力的机构，以自己的名义作出具体行政行为，当事人不服提起诉讼的，应当以组建该机构的行政机关为被告。"这个规定表明，行政机关的内设机构，如果不具有独立承担法律责任的能力，就不能成为行政诉讼中的被告，不具有独立主体的资格。其所作出的具体行政行为被起诉时，只能以该行政机关而不是作出具体行政行为的内设机构为被告。

的内设机构，应该说都不具有刑事责任能力。一方面，它不是一个完整的单位，不具有身份的独立性；另一方面，它没有独立支配的财产，不能以自己的财产承担刑法对单位犯罪规定的刑罚。就其他公司、企业、事业单位而言，其内设机构绝对多数也不具有独立性，难以以自己的财产承担刑法规定的罚金。有人认为，"对于没有独立的财产或者经费的单位内设机构而言，由于情况特殊，也完全可以对单位不判处罚金，只追究其直接负责的主管人员和其他直接责任人员的刑事责任"。[1] 这种规定，在法理上是难以成立的。既然认定为单位犯罪，却不对单位判处刑法规定的罚金，本身就是一种违反法律的做法；既然法律对相关的单位犯罪规定了"双罚制"，而在认定单位犯罪的同时只追究有关个人的刑事责任，就明显违背了刑法明文规定的罪责刑相适应的原则。这种规定，不仅于法无据，而且于理不通。

最后，对单位内设机构受贿不以单位受贿罪论处并不意味着对这种行为不能追究。从实质上看，国家机关、国有公司、企业、事业单位、人民团体的内设机构受贿，实际上是一种自然人共同受贿的行为。因为这些单位的内设机构并没有独立支配的财产，通常也没有独立对外的经济往来。其所需的正常经费都是由其所属的单位支付的，因而没有内设机构自身的经济利益。利用内设机构的职权为他人谋取利益所收受的财物，名义上似乎没有归个人所有而是作为内设机构的"小金库"或账外账，但是由于该内设机构的正常支出并不需要用受贿的财物来支付而是完全由单位支付，所以收受贿赂所得实际上所支付

---

[1] 张玉梅：《〈关于国有单位的内设机构能否构成单位受贿罪主体问题的答复〉的理解与适用》，载《刑事司法指南》（2007年第1辑），法律出版社2007年版，第127页。

的都是本应由有关个人支付的费用，或者被用来为内设机构的人员发放各种名目的"加班费""奖金"，或者被用于支付其他各种"开支"。从实践中出现的案件看，国家机关、国有公司、企业、事业单位、人民团体的内设机构所收受的财物的真实去向，最终都是由内设机构的有关人员花掉的（当然也有还没来得及花完而被扣押的，或者被单位没收的）。这种名义上收受贿赂后归内设机构所有实际上由有关个人支配的情况，实质上，与个人受贿别无二致。因此应当按照个人受贿罪来处罚，而不是勉强地按照单位受贿罪来处罚。此外，刑法第393条在关于单位行贿罪的规定中指出"因行贿取得的违法所得归个人所有的，依照本法第三百八十九条、第三百九十条的规定定罪处罚"。这就表明，刑法立法的倾向是：以单位的名义实施贿赂犯罪，而违法所得归个人所有的，应该按照个人贿赂犯罪来追究刑事责任，而不应按照单位贿赂犯罪来对待。就受贿而言，尽管刑法没有明文规定，但是按照这种立法精神，以单位内设机构的名义收受贿赂，名义上归内设机构，实质上由有关个人支配的情况，也应当按照个人受贿罪来处罚。

  当然，由于我们国家目前机构设置和企业管理上的混乱，单位与内设机构的关系比较复杂，特别是在一些大中型企业，单位与内设机构的权责利比较分明。对于这些单位的内设机构，由于其客观上存在着独立的财产和利益，其所实施的贿赂犯罪，应当按照单位贿赂犯罪来认定和追究。但是这种情况，毕竟是内设机构的例外，不能作为一般原则来对待。确属这种特殊情况的，可以作为单位贿赂犯罪的例外，加以规定，而不应该将例外情况作为一般原则来规定。

（原载《政法论坛》2007年第6期）

试论《刑法修正案（七）》第13条的法律适用

2009年2月28日第十一届全国人民代表大会常务委员会第七次会议通过《中华人民共和国刑法修正案（七）》第13条规定：

在刑法第三百八十八条后增加一条作为第三百八十八条之一："国家工作人员的近亲属或者其他与该国家工作人员关系密切的人，通过该国家工作人员职务上的行为，或者利用该国家工作人员职权或者地位形成的便利条件，通过其他国家工作人员职务上的行为，为请托人谋取不正当利益，索取请托人财物或者收受请托人财物，数额较大或者有其他较重情节的，处三年以下有期徒刑或者拘役，并处罚金；数额巨大或者有其他严重情节的，处三年以上七年以下有期徒刑，并处罚金；数额特别巨大或者有其他特别严重情节的，处七年以上有期徒刑，并处罚金或者没收财产。

"离职的国家工作人员或者其近亲属以及其他与其关系密切的人，利用该离职的国家工作人员原职权或者地位形成的便利条件实施前款行为的，依照前款的规定定罪处罚。"

这是我国刑法针对实践中腐败犯罪的新情况作出的一个新规定。这个规定，在一定程度上完善了惩治腐败犯罪的法律体系。但是，如何理解和适用这个新的规定，还需要研究。本文试图按照个人学习理解的体会，探讨这个规定的法律适用问题。

一、罪名问题

《刑法修正案（七）》颁布以后，许多学者都认为，其第13条规定了一个独立的罪名。因为刑法第388条原本并不是一个独立的罪名，而是"以受贿论"的一种情况。修正后的第388条之一，不仅有独立的犯罪构成，而且有独立的法定刑，完全符合独立罪名的规定模式。

但是，该罪用什么名称来概括，即罪名怎么叫更能反映该罪的特点，存在着不同的看法。有的认为，应当参照"非国家工作人员受贿罪"的罪名，叫"特定关系人受贿罪"；有的认为参照学术界对原388条的理解，叫"斡旋受贿罪"，并认为修正案的规定完善了我国刑法关于斡旋受贿罪的规定；有的认为，《刑法修正案（七）》第13条的规定本身构成一个完整的罪名体系，即原第388条规定的犯罪叫斡旋受贿罪，第388条之一中第1款规定的犯罪叫非国家工作人员斡旋受贿罪，第2款规定的犯罪叫离职的国家工作人员斡旋受贿罪；有的认为，应当参照《联合国反腐败公约》的称谓，叫"影响力交易罪"。[1]

笔者认为，上述这些主张都在一定程度上反映了《刑法修正案（七）》第13条规定的内容，有一定的道理，但也都存在

---

[1] 参见于志刚：《刑法修正案（七）出台后受贿犯罪罪名体系的调整》，周道鸾：《刑法修正案（七）新增、修改和保留的罪名探析》，侯国云、么惠君：《刑法修正案（七）的罪名如何确定》，载《检察日报》2009年4月3日第3版。

某些欠妥当的地方。在刑法上,"斡旋受贿罪"并不是我国刑法中规定的一类犯罪,而是受贿罪的一种情况,因而不能作为一个独立的罪名。在理论上,斡旋受贿罪原指国家工作人员利用本人职权或者地位形成的便利条件,通过其他国家工作人员职务上的行为,为请托人谋取不正当利益,索取请托人财物或者收受请托人财物的行为。如果用其指称第388条之一所规定的犯罪,至少难以与刑法第388条原来规定的"以受贿罪论处"的行为区别开来。斡旋受贿罪的提法,也不符合我国刑法关于受贿型犯罪的规定方式。"影响力交易罪"是联合国反腐败公约中规定的犯罪。但是在《联合国反腐败公约》中,影响力受贿罪包括造意人"直接或间接向公职人员或者其他任何人员许诺给予、提议给予或者实际给予任何不正当好处,以使其滥用本人的实际影响力或者被认为具有的影响力,为该行为的造意人或者其他任何人从缔约国的行政部门或者公共机关获得不正当好处"的行为和"公职人员或者其他任何人员为其本人或者他人直接或间接索取或者收受任何不正当好处,以作为该公职人员或者该其他人员滥用本人的实际影响力或者被认为具有的影响力,从缔约国的行政部门或者公共机关获得任何不正当好处的条件"的行为。这两种行为之间具有明显的"权钱交易"的性质,而不是直接用收受不正当好处的公职人员本人的职权为造意人谋取不正当好处,所以是一种利用"本人的实际影响力或者被认为具有的影响力"进行交易的犯罪。而我国刑法第388条之一所规定的犯罪,虽然具有利用本人的影响力为请托人谋取不正当利益的行为,但其中既不包含双方的行为,也不能体现"权钱交易"的本质特征,因为不是出钱的人与有权的人之间所进行的交易。所以把刑法第388条之一规定的犯罪称为"影响力交易罪",可能导致概念上的混乱。

给予（包括许诺给予、提议给予和实际给予）公职人员和非公职人员以不正当好处，利用公职人员的影响力受贿的情况。而我们国家把公职人员利用其影响力受贿的情况规定为受贿罪的一种特殊情况，如果用影响力交易罪来概括非国家工作人员的受贿罪，至少在概念上是不周延的。

相比之下，"特定关系人受贿罪"的罪名，比较适合《刑法修正案（七）》第13条规定的犯罪。其理由有三：

第一，"特定关系人受贿罪"的提法符合刑法立法的主旨。《刑法修正案（七）》之所以要在刑法第388条之后增加一条，其立法的初衷和本意就是要把与国家工作人员有"特定关系的人"利用国家工作人员的影响力为请托人谋取不正当利益并索取或者收受请托人财物的行为犯罪化。这个提法正是这种立法意图的直接表达方式。

第二，"特定关系人受贿罪"的提法符合我国刑法关于受贿型犯罪的立法模式。从刑法的规定看，第385条规定了受贿罪，第387条规定了单位受贿罪，第163条和《刑法修正案（六）》第7条规定了非国家工作人员受贿罪。这些规定，都是以犯罪主体的身份特征和受贿的本质要件相结合来确定罪名的。对于《刑法修正案（七）》第13条的规定，也应该按照相同的思路、相同的模式来确定罪名。而最接近的罪名就是特定关系人受贿罪。

第三，"特定关系人受贿罪"的提法可以涵盖该条规定的行为。除了第1款的犯罪主体是"特定关系人"之外，《刑法修正案（七）》第13条第2款的规定，虽然是"离职的国家工作人员"和"其近亲属以及其他与其关系密切的人"，但是这些人，在本质上，与第1款所规定的人员并没有区别，他们都是国家工作人员以外的人，都是利用国家工作人员的职权或者地位形成的便利条件（包括离职的国家工作人员"原"职权或者地位形成的便利条件），为请托人谋取不正当利益，并收受请托人财物的行为。

二、犯罪构成问题

按照《刑法修正案（七）》第13条的规定，特定关系人受贿罪，是指国家工作人员的近亲属或其他与该国家工作人员关系密切的人，通过该国家工作人员职务上的行为或利用该国家工作人员职权或者地位形成的便利条件，或者离职的国家工作人员或其近亲属以及其他与其关系密切的人，利用该离职的国家工作人员原职权或者地位形成的便利条件，通过其他国家工作人员职务上的行为，为请托人谋取不正当利益，索取请托人财物或者收受请托人财物，数额较大或者有其他较重情节的行为。简言之，特定关系人受贿罪是指与国家工作人员具有特定关系的人，通过国家工作人员为他人谋取不正当利益，并索取或者收受他人财物，数额较大或情节较重的行为。

从《刑法修正案（七）》第13条的规定看，构成特定关系人受贿罪，应当具备以下要件：

（一）主体要件

特定关系人受贿罪的犯罪主体，无疑是"特定关系人"。按照《刑法修正案（七）》第13条的规定，特定关系人包括五类人员：

一是国家工作人员的近亲属。关于"近亲属"的范围，刑法中没有明确的规定。但是刑事诉讼法中把"近亲属"明确地界定为"夫、妻、父、母、子、女、同胞兄弟姊妹"。由于刑法和刑事诉讼法都是刑事法律，属于同一领域的法律，在刑法中没有明文规定的情况下，近亲属的范围应该遵从刑事诉讼法的规定。

二是其他与国家工作人员关系密切的人。其他与国家工作人员关系密切的人，可以是被请托的国家工作人员的同事、同学、战友、亲戚、伙伴、情人等长期交往和关系固定的人，也可以是被请托的国家工作人员临时认识的朋友或有一次性利益关系的人；可以是非国家工作人员，也可以是其他国家工作人员。

在"两高"关于受贿罪的司法解释中，"特定关系人"，被界定为"与国家工作人员有近亲属、情妇（夫）以及其他共同利益关系的人"[1]。这就意味着，其他特定关系人是指与国家工作人员有其他共同利益关系的人，没有共同的利益关系，就不属于"特定关系人"的范围。但是，《刑法修正案（七）》第13条把犯罪主体界定为"与国家工作人员关系密切的人"。"关系密切的人"在范围上，可以说是大于"有共同利益关系的人"。因为，就人与人的关系而言，有利益关系，也有情感关系、工作关系，还有社交关系，有人与人之间直接联系的关系，也有通过共同第三人间接联系的关系。有共同利益关系的人必定是关系密切的人，但是关系密切的人之间并非都有共同利益关系。《刑法修正案（七）》之所以没有使用"共同利益关系的人"而使用"关系密切的人"，恐怕是考虑到"有共同利益关系的人"的概念上范围太窄，难以涵盖实践中的各种情况。

至于"关系密切的人"要不要在范围上加以限制，是一个值得研究的问题。从逻辑上讲，能够通过该国家工作人员职务

---

[1] 2007年7月8日最高人民法院、最高人民检察院《关于办理受贿刑事案件适用法律若干问题的意见》第11条。

上的行为，或者利用该国家工作人员职权或者地位形成的便利条件，通过其他国家工作人员职务上的行为，为请托人谋取不正当利益的人，必定是与国家工作人员关系密切的人。但是在实践中，人托人、被托的人再托人的现象并不鲜见。最初托人的人与最终办成事的人之间，可能没有任何关系，甚至根本就不认识，更谈不上"关系密切"。如果该规定处罚的对象只是与国家工作人员"关系密切的人"，那么，在与国家工作人员"关系密切的人"没有收受请托人财物，而是请求与国家工作人员"关系密切的人"办事的人收受请托人财物的情况下，就没有可以处罚的人了。这恐怕并不是立法的本意。例如，丁为了给自己谋取不正当利益，请托丙想办法找国家工作人员甲办一个批件。丙找到自己以前的战友乙，乙找到自己的同学甲。甲看在老同学的份儿上，批准了丁请求的事项。就丙而言，他根本不认识甲，甲也不会承认丙是与自己密切关系的人。如果丙索取或者收受丁的财物，丙是否属于该规定中所指的"其他与国家工作人员关系密切的人"？从立法精神上看，丙应当属于该规定所要惩治的对象，但是要将其解释为与甲"关系密切的人"，在情理上恐怕就比较困难。笔者认为，就该条规定的本意而言，应当对"关系密切的人"作广义的理解，即所有通过与国家工作人员关系密切的人为请托人谋取不正当利益并且收受请托人财物的人，都应当视为"其他关系密切的人"，纳入本罪处罚的范围。从这个意义上讲，本罪的犯罪主体，实际上（至少在情理上应当）包括请托人与被请托的国家工作人员以外的任何人。

三是离职的国家工作人员。离职的国家工作人员，是指离开国家工作人员岗位的人员。在理论上，离职的国家工作人员应当包括正式办理了离休或者退休手续的国家工作人员，尚未办理离休或者退休手续但已经"退居二线"的国家工作人员，辞职或者被辞退的原国家工作人员，调离国家工作人员岗位的原国家工作人员等。离职的国家工作人员，因为其本人已经丧失了直接为他人谋取不正当利益的职务条件，必须借助于其他国家工作人员的职务行为才能为请托人谋取不正当利益，所以与其他特定关系人一样，属于与能够为请托人谋取不正当利益的国家工作人员有"特定关系"的人。这个"特定关系"，就是他原来的职权或者地位所形成的便利条件。这种便利条件，使他虽然已经离职，但是仍然可以很容易地接近有关的国家工作人员，得到有关的国家工作人员的"特别关照"，甚至可以对其施加某种影响力，从而促使国家工作人员按照自己的请求办事。

四是离职的国家工作人员的近亲属。

五是与离职的国家工作人员关系密切的其他人。

上述五类人员均可以单独成为特定关系人受贿罪的主体。这些人员以外的任何人，不论是否具有国家工作人员或特定关系人的身份，只要其伙同与国家工作人员关系密切的人，共同利用国家工作人员的职权或影响力，为请托人谋取不正当利益，并收受请托人的财物，就可以成为特定关系人受贿罪的主体。

（二）行为要件

在特定关系人受贿罪中，存在着两个行为链：一个是请托行为链，即从提出请托事项，到寻找关系人，再到联系上国家工作人员，最后到通过国家工作人员的职务行为为请托人谋取不正当利益，构成一个完整的行为链；另一个是受贿行为链，即请托人与受贿罪之间索取或者主动给予财物、收受财物的行为链。由于在这类犯罪中，客观上必然存在的两个行为链之间，并不总是合为一体，所以认定起来比较困难，有必要进行深入的研究。

在请托行为链中，至少存在着三个行为：一是请托人的请托行为。请托人即所谓造意人，提出请托事项，并把自己所要请托的事项托付给中间人。中间人可以是国家工作人员的近亲属或者其他与国家工作人员关系密切的人，也可以是离职的国家工作人员及其近亲属或者与其关系密切的人。如果请托人把自己的请托事项直接托付给现职的国家工作人员，该人再托付其他国家工作人员为其谋取不正当利益，并收受或者通过第三人收受请托人财物，那就直接构成受贿罪，而不是特定关系人受贿罪。二是中间人的"中转"行为。中间人在接受请托人的请托事项后，将请托事项托付给与自己关系密切的国家工作人员，或者将请托事项托付给受与自己关系密切的国家工作人员职权或地位影响的其他国家工作人员，或者将请托事项托付给受离职的国家工作人员原职权或地位影响的其他国家工作人员，要求该国家工作人员为请托人谋取不正当利益。三是国家工作人员的职务行为。受请托的国家工作人员通过自己的职务行为，为请托人谋取到不正当利益。在该罪中，国家工作人员的职务行为，一般应当是违反职责的行为。

在受贿行为链中，至少存在着两个行为，即中间人向请托人索取或者收受财物的行为；请托人给予中间人财物的行为。只有当请托行为链与受贿行为链在"特定关系人"身上交叉的时候，才会构成特定关系人受贿罪。

按照《刑法修正案（七）》第13条的规定，在该罪中，国家工作人员为请托人谋取的必须是"不正当利益"。因此，在请托行为链中，就存在一个对请托事项的认识问题。如果特定关系人在不知道请托事项中包含着不正当利益的情况下，通过与自己有密切关系的国家工作人员为请托人谋取了不正当利益，并且收受了请托人的财物。其行为是否构成特定关系人受贿罪，就值得研究。笔者认为，在刑法中设立特定关系人受贿罪，其目的是禁止特定关系人利用其与国家工作人员的特殊关系，为请托人谋取不正当利益，而不是规范国家工作人员的职务行为。并且，为请托人谋取不正当利益的行为，是由国家工作人员实施的行为，而不是由特定关系人自己实施的行为。有的特定关系人甚至不了解与其关系密切的国家工作人员的职权范围或职务行为的运作方式。因此，国家工作人员职务行为的性质以及对利用这种行为所谋取的利益的性质的认识，不应当成为该罪的构成要件，不能要求特定关系人对其具有十分明确的认识。特定关系人即使不清楚甚至不知道请托人所谋取的是不正当利益，只要他通过与其关系密切的国家工作人员为其谋取了不正当利益，并且收受了请托人的财物，就应当构成特定关系人受贿罪。至于请托人和受请托的国家工作人员是否明知其为请托人谋取的利益是不正当利益，并不影响特定关系人受贿罪的构成。在实践中，请托人关心的是自己的利益能否实现，而不是这种利益的性质是正当的还是不正当的，有的未必明知自己的请托事项包含着不正当利益。而为请托人谋取不正当利益的国家工作人员必定知道这种利益是不正当的。如果国家工作人员虽然违反职责为请托人谋取了不正当利益，但没有收受请托人的财物，就可能不构成犯罪。当然，在这类案件中，国家工作人员违反职责的行为如果造成了严重后果，则可能构成滥用职权罪。

当请托人的请托事项不明确的情况下，受请托的国家工作人员按照特定关系人的要求，实施一定的职务行为，为请托人谋取了正当利益，特定关系人收受请托人财物的行为，是否构成特定关系人受贿罪？按照《刑法修正案（七）》第13条的规定，为请托人谋取不正当利益，是构成该罪的必须具备的要件。为请托人谋取的不是不正当利益，就不构成特定关系人受贿罪。但是，对这个要件应当具体分析。在请托事项不明确的情况下，请托事项本身包含着正当利益和不正当利益，特定关系人向国家工作人员转达的也是包含着为请托人谋取不正当利益内容的请托。尽管国家工作人员按照与其关系密切的人的请求，为请托人谋取的是正当利益，特定关系人索取了请托人的财物或者收受请托人的财物数额很大，就应该按照该罪来论处。因为该罪惩治的对象是与国家工作人员关系密切的人收受财物的行为，而不是实施职务行为的国家工作人员。只要与国家工作人员关系密切的人主观上具有为请托人谋取不正当利益的故意，就应当认为符合该罪中"为请托人谋取不正当利益"的要件。至于国家工作人员通过自己的职务行为最终为请托人谋取的是正当利益还是不正当利益，不应该成为决定特定关系人是否构成犯罪的根据。在实践中，特定关系人往往并不关心请托人请托事项的性质，甚至也不清楚请托事项的性质，他们所关心的只是利用自己与国家工作人员的关系给请托人办事并收受请托人的财物。因此，在该罪中，不能把"为请托人谋取不正当利益"简单地作为一个客观要件看待。

与特定关系人关系密切的国家工作人员，虽然通过自己的职务行为为请托人谋取了不正当利益，但是并没有违反自己的职责，收受请托人财物的特定关系人是否构成该罪？如在招投标过程中，或者在政府采购过程中，同时存在若干个符合条件的投标人或产品，国家工作人员从中选择任何一个，都没有违反自己的职责。但是对于投标人或产品供应商而言，通过特定关系人与国家工作人员的密切关系，使这种不确定的利益变为确定的利益，就是一种不正当利益。请托人得到了这种不正当利益，并且给与国家工作人员关系密切的人以数额较大的财物，收受财物的人是否构成特定关系人受贿罪？笔者认为，对于这种情况，应当认定特定关系人构成该罪。因为在请托人的请托事项为某种不确定利益的情况下，特定关系人请求国家工作人员为请托人谋取的自然是不正当利益。至于国家工作人员是否实施了违反职责的职务行为，对特定关系人是否构成犯罪，应该没有直接的影响。该罪所惩治的是与国家工作人员关系密切的人，而不是国家工作人员的职务行为。国家工作人员的职务行为对该罪的构成所具有的影响仅仅在于其是否实施了一定的职务行为、这种职务行为是否为请托人谋取了不正当利益。

（三）条件要件

在这类犯罪中，索取或者收受请托人财物的行为人，无论本人是不是国家工作人员，都不是亲自为请托人谋取不正当利益的，而是通过国家工作人员或者其他国家工作人员为请托人谋取不正当利益的。因此，在该罪中，作为第三人的国家工作人员为请托人谋取不正当利益，就是构成该罪的一个必要条件，并且因为《刑法修正案（七）》的明确规定，这个条件对于构成特定关系人受贿罪，具有不可或缺的意义。

按照《刑法修正案（七）》的规定，构成该罪的条件要件，包括两种情况：一是通过国家工作人员职务上的行为。这种情况是指非国家工作人员，利用与国家工作人员的密切关系，请求国家工作人员为请托人谋取不正当利益，而国家工作人员基于与提出请求的人之间的密切关系，而利用自己的职权，实施某种职务行为，从而实现了为请托人谋取不正当利益的目的。在这种情况下，只要能够确定索取或者收受请托人财物的人与国家工作人员之间的密切关系和国家工作人员为请托人谋取不正当利益的事实,这个条件要件就完全具备了。二是利用国家工作人员职权或者地位形成的便利条件,通过其他国家工作人员职务上的行为。在这种情况下,索取或者收受请托人财物的人不是利用他与国家工作人员的密切关系通过国家工作人员本人为请托人谋取不正当利益,而是通过作为第四人(即请托人、受贿人、与受贿人关系密切的国家工作人员之外的人)的其他国家工作人员的职务行为来为请托人谋取不正当利益的。这种情况中的利用人包括国家工作人员,也包括与国家工作人员密切关系的人、离职的国家工作人员及其近亲属或与其关系密切的人,利用的对象是作为第四人的国家工作人员的职务行为。作为第四人的国家工作人员之所以会被他人所利用,有一个重要的条件,即国家工作人员的职权或地位形成的或者离职的国家工作人员原职权或地位形成的"便利条件"。这种"便利条件",实质上就是国家工作人员的职权或地位对其他国家工作人员的影响力。与请托人毫不相关的国家工作人员之所以会实施某种职务行为为请托人谋取不正当利益,是因为受到了对其有影响力的其他国家工作人员或离职的国家工作人员的影响。而这种影响力,对于索取或者收受请托人的财物并为请托人谋取不正当利益的人(不论其是否具有国家工作人员的身份)而言,就是所谓的"便利条件"。因此在这种情况下,其他国家工作人员或离职的国家工作人员对实施了为请托人谋取不正当利益的职务行为的国家工作人员是否具有"影响力",就成为判断条件要件是否具备的一个关键。在理论上,要断定一个国家工作人员的职权或地位对另一个国家工作人员具有影响力,需要根据两个国家工作人员各自的级别大小、职权范围以及相互之间的联系甚至包括两个人之间以往的关系等因素来分析。但是在实践中，一个国家工作人员只要是基于另一个国家工作人员的关系，为一个与自己毫不相关的人谋取了不正当利益，就应当认定其受到了另一个国家工作人员的职权或地位形成的"便利条件"的影响，除非他本人与自己所实施的职务行为之间具有利益关系。

（四）情节要件

《刑法修正案（七）》第13条的规定，改变了刑法中关于贪污贿赂罪立法的模式，没有把绝对的数额作为犯罪构成的要件和确定法定刑档次的依据，而是使用了我国刑法关于财产型犯罪立法的一贯做法，用"数额较大"或情节较重作为构成犯罪的量的要件，并以"数额较大"或者有其他较重情节、"数额巨大"或者有其他严重情节、"数额特别巨大"或者有其他特别严重情节也区分法定刑档次。因此，按照《刑法修正案（七）》第13条的规定，构成特定关系人受贿罪，必须是索取或者收受请托人财物数额较大或者有其他较重情节的行为。

在此，值得研究的问题是数额较大的标准如何确定，能不能完全按照刑法中关于受贿罪的数额标准来确定，或者说，特定关系人受贿罪的构成犯罪的数额标准要不要与受贿罪构成犯罪的数额标准保持一致。笔者认为，特定关系人受贿罪的数额标准应该高于受贿罪的数额标准，而不能要求二者保持一致。其理由主要有二：其一，国家工作人员担负着管理公共事务的法定职责，并且由国家所供养，理应对其提出更严格的廉洁从政的要求，对其利用职权谋取私利的行为，理应从严惩处。对于非国家工作人员，则应当适当从宽，不能像国家工作人员一样来要求。其二，在特定关系人受贿的场合，收受财物的人并不具有国家工作人员的身份，他所利用的都是别人的职务行为，即与其有密切关系的国家工作人员的职务行为，或者与其有密切关系的国家工作人员的职权或地位所能影响到的国家工作人员的职务行为,是通过别人的职务行为为请托人谋取不正当利益的。在这种情况下,实施职务行为的国家工作人员,尽管没有收受请托人的财物,但其职务行为对于特定关系人收受财物的行为具有重要的作用。国家工作人员的职务行为在一定程度上就减弱了行为人收受请托人财物行为的社会危害性。这种情况,与国家工作人员直接利用自己手中的职权进行权钱交易相比,毕竟不可同日而语。因此在构成犯罪的标准方面,应当宽于国家工作人员受贿罪。

三、与受贿罪的关系问题

在《刑法修正案(七)》颁布之前,特定关系人利用其与国家工作人员的关系收受他人财物的行为,往往作为其与国家工作人员共同受贿来处理。这在一定程度上具有客观归罪的成分。《刑法修正案(七)》把特定关系人利用其与国家工作人员的关系收受他人财物的行为,从受贿罪中剥离出来,规定为一个独立的犯罪,颇具合理性。但是由此产生的问题是:如何区分特定关系人受贿罪与特定关系人伙同国家工作人员共同受贿罪?

笔者认为,特定关系人受贿罪与受贿罪界分的基本原则是国家工作人员是否收受了财物。如果经过与国家工作人员关系密切的人的请求,国家工作人员通过自己的职务行为或者其他国家工作人员的职务行为为请托人谋取了不正当利益,并且与特定关系人共同收受了请托人的财物,国家工作人员与特定关系人就构成共同受贿罪。如果国家工作人员只是通过自己的或者其他国家工作人员的职务行为为请托人谋取了不正当利益,而没有收受任何财物,则不构成共同受贿罪。

但是在实践中,可能存在另外一种情况,即收受请托人财物的人是与国家工作人员具有共同财产关系的人,如国家工作人员的配偶包括与其同居的情人、与其共同生活的父母或子女等。这些人,由于国家工作人员与其共享家庭财产,所以其收受请托人的财物,与国家工作人员亲自收受请托人的财物,具有相同的性质;对于国家工作人员而言,客观上也具有相同的意义,因此应当视为国家工作人员收受请托人的财物。这些人收受请托人的财物,国家工作人员利用职权或者利用其职权或地位形成的便利条件,通过自己的职务行为或者其他国家工作人员的职务行为,为请托人谋取利益(无论这种利益是否正当)的,都应当按照共同受贿罪来定罪处罚。在这种情况下,与国家工作人员关系密切的人,不再独立构成特定关系人受贿罪。

在特定关系人受贿罪与共同受贿罪的界分方面,值得研究的问题有二:

其一,国家工作人员虽然没有与特定关系人共享请托人所给财物,但其知道与其关系密切的人收受了请托人的财物,这种情况应当按照特定关系人受贿罪论处还是应当按照共同受贿罪论处?按照共同犯罪的一般理论,这种情况应当按照共同受贿罪论处。因为,在主观上,他们之间具有共同故意:国家工作人员在知道与其关系密切的人收受请托人财物的情况下,按照收受财物的人的请求,为请托人谋取不正当利益,而与其关系密切的人也明知自己利用国家工作人员的职务行为或者利用国家工作人员的职权或地位形成的便利条件,为请托人谋取不正当利益。在整个行为过程中,国家工作人员和与其关系密切的人具有共同的故意,不仅彼此知道对方的意图,也彼此知道对方的行为与自己的行为结合在一起才能完成。在客观上,请托人即行贿人所要求的"权钱交易",是通过国家工作人员和与其关系密切的人的共同行为来实现的，仅有其中任何一方的行为，都难以完成这个权钱交易的过程。但是从另一方面看，《刑法修正案（七）》把特定关系人受贿罪从受贿罪中独立出来，单独成罪，尽管其初衷是为了惩治特定关系人利用与国家工作人员的密切关系收受贿赂的行为，但其在客观上，这种立法方式就把特定关系人收受贿赂的行为与国家工作人员收受贿赂的行为在罪名上加以区分。特定关系人单独收受贿赂的行为，应当按照《刑法修正案（七）》的规定，单独定罪处罚。并且，受贿罪惩治的对象国家工作人员利用职务上的便利收受他人财物的行为，如果国家工作人员没有收受他人的财物，就将其作为犯罪主体予以刑罚处罚，也不符合该罪的立法愿意。因此，笔者认为，收受请托人财物的人，如果不是与国家工作人员具有财产共享关系的人，并且其收受请托人财物之后没有转交国家工作人员，也没有与国家工作人员分享收受的财物，即使国家工作人员知道其收受了请托人的财物，也不应当按照共同受贿罪来论处，而应当作为特定关系人受贿罪来论处，对国家工作人员则可以按照行政纪律来处罚。

其二，特定关系人收受请托人财物后拿出一部分给予国家工作人员，双方是否构成共同受贿罪？例如，某甲为了自己的儿子能在录取分数线较低的某市参加高考，托某乙想办法把儿子的户口转到某市，并给5万元。该乙遂请在公安局户籍科工作的中学同学某丙帮忙办理。丙说这种事不好办。乙便给了丙两万元，让丙再想想办法。丙随后找到自己辖区内某派出所的户籍民警某丁，给其1万元，并要其从派出所的户籍网上申报，他自己批准，帮甲的儿子办理了户口迁移手续。在随后的一年多时间内，乙先后分批拿来30多个类似的户籍资料，通过丙和丁，将外地户口迁入本市，并按照每一个两万元的标准向丙丁提供好处费。在该按中，丙和丁构成受贿罪的共犯没有问题。问题是乙的行为应该按照受贿罪的共犯论处，还是单独构成特定关系人受贿罪，就值得研究。在《刑法修正案（七）》颁布以前，对乙的行为，可以按照法律推定的原理，认定乙与丙、丁构成共同受贿罪。因为后来办的30多个户口，显然不可能都是乙的亲朋好友，乙没有好处不可能那么热心地为那么多人办事。所以丙和丁应该知道乙也从中得到了好处。也就是说，乙、丙、丁三个人，在客观上有共同的行为，只是分工不同，共同完成了收受他人财物并为他人谋取利益的行为；在主观上，有共同的故意，不仅知道彼此合作的事实而且知道彼此都得到好处的事实。但是在《刑法修正案（七）》颁布以后，还能否这样处理，就存在问题。一是在该案中，丙和丁只是"应该"知道乙从中得到了好处，但是究竟得到没有、得到了多少，他们并不真的知道。事实上，如果他们知道乙得到的好处比他们两个人得到的总数还多，他们未必同意一起干。以前只是碍于没有其他的法律规定可以据以追究乙的刑事责任，而为了维护法律的利益，又不得不把乙作为受贿罪的共犯一并予以追究。在《刑法修正案（七）》颁布之后，对乙完全可以按照《刑法修正案（七）》的规定予以追究，没有必要再牵强附会地作为受贿罪的共犯予以追究。二是该案中乙的行为，与丙、丁二人的行为相比，在客观上更具有独立性。乙自己单独寻找请托人，并私自收受请托人的财物，然后利用与丙的"老同学"关系，通过丙和丁的职务行为，为请托人谋取不正当利益。其全部行为特征完全符合《刑法修正案（七）》第13条第1款规定的犯罪。因此对其应当按照《刑法修正案（七）》第13条的规定定罪处罚（如果其行为发生在《刑法修正案（七）》颁布以后）。三是在类似这样的案件中，乙的行为性质如何看待？笔者认为，实际上，乙的行为应当分割为两个行为，即利用与国家工作人员的密切关系收受贿赂的行为和向国家工作人员行贿的行为。就前一个行为而言，乙收受请托人的财物，并利用与国家工作人员丙是"老同学"的关系，通过国家工作人员丙和丁的职务行为，为请托人谋取了不正当利益。其行为完全符合特定关系人受贿罪的构成要件。并且，该罪只要求通过国家工作人员的职务行为，为请托人谋取不正当利益，并不要求国家工作人员收受财物的行为。所以国家工作人员是否收受财物，与通过国家工作人员的职务行为为请托人谋取不正当利益的行为之间没有必然联系。在第一个行为完成之后，特定关系人给予国家工作人员财物的行为，就应当作为一个独立的行为，单独论处。尽管特定关系人给予国家工作人员的财物，是从请托人那里得来的财物的一部分，但是这部分财物是完全由特定关系人自己处置的，因此应当单独论处，如果符合行贿罪的构成要件，就应当按照行贿罪追究刑事责任。

但是有两种情况应该例外：一是特定关系人收受请托人的财物之后，全部交给了国家工作人员，并向国家工作人员转达了请托人的请托事项，国家工作人员全部收受了请托人的财物并为请托人谋取了不正当利益。在这种情况下，与国家工作人员关系密切的人，在整个事件中，只是起了"传话"和"转交财物"的作用，自己并没有从中得到好处。因此，其行为不构成特定关系人受贿罪。如果其行为情节严重需要追究刑事责任，则应当按照刑法第392条的规定，以介绍贿赂罪来追究刑事责任（但是如果其与国家工作人员之间具有共享财产的关系，则另当别论）。二是特定关系人与国家工作人员事先通谋收取请托人财物的数量，特定关系人按照约定，在收受请托人的财物之后将其中一部分自留，一部分交给国家工作人员，或者特定关系人将收受和处理请托人财物的情况告知了国家工作人员,并得到国家工作人员的明示或默许。在这种情况下,由于收受请托人财物的事实是国家工作人员和特定关系人共同知晓的,并且所收受财物的处理情况也在国家工作人员和特定关系人的共同故意之中,所以,特定关系人应当与国家工作人员共同构成受贿罪。

四、与中介收费的关系问题

在实践中,有些人,借助其与国家工作人员的特殊关系,在行贿与受贿之间进行撮合,并收取"中介费"。这种行为,与特定关系人受贿罪的行为,非常相似。如果予以界分,需要慎重。例如,某私营企业董事长丙和总经理丁,得知国家工作人员某甲负责本单位国有石化公司的转股工作后,希望低价收购,遂请某乙出面做中间人,并承诺事成后给甲和乙1000万元。某乙从中活动,使该国有石化公司顺利被丙和定所在的公司收购。丙和丁以"中介费"的名义先后给乙1000万元,乙将其中的大部分送给了甲。在该案中,如果认定乙收取的是中介费,则丙和丁给乙1000万元的行为,就不构成行贿罪,乙与甲也不构成共同受贿罪,而是乙构成行贿罪,甲构成受贿罪。但是如果认定乙所收取的根本就不是什么中介费,而是丙和丁给对方的贿赂,那么,甲和乙就构成共同受贿罪(因为甲知道乙给其钱的原因和来源)。笔者认为,类似案件中是否存在正当的中介费,关键是看收取中介费的人是否在买卖双方的交易过程中提供了正当的必要的中介服务。如果中间人确实在交易过程中为买卖双方或者付费一方提供了技术性、智能性的服务,在交易过程中其了不可替代的作用,那么,交易一方给其支付中介费,即使中介费超出了一般的市场价格,也应当将其视为正当的中介收入,而不是行贿受贿行为。在这种情况下，中间人在收取中介费之后将其中一部分给予国家工作人员，应该视为中间人向国家工作人员行贿、国家工作人员单独收受贿赂。但是如果中间人根本没有为买卖双方的交易提供任何正当的中介服务，只是为双方的行贿受贿牵线搭桥、从中撮合，并收转贿赂款，那么这种所谓的中介费就不是正当的中介费用，而是行受贿款。无论中间人与国家工作人员事先双方有约定，其与国家工作人员共同分享这种"中介费"的，就应当按照共同受贿罪来认定处理。

（原载《法学杂志》2009年第7期）

论贿赂犯罪的刑罚适用

全国人大常委会 2015 年 8 月 29 日通过的《刑法修正案（九）》，根据国家治理现代化的要求，适应社会发展的客观需要和社会管理面临的实际状况，对现行刑法作出了重大修改。特别是其中关于惩治贿赂犯罪的立法完善，突破了多年来我们国家惩治腐败犯罪刑事立法的思维模式，调整了贿赂犯罪的刑罚结构和处罚原则，增加了罚金刑。这些修改，对于更有效地惩治贿赂犯罪，具有直接的指导意义。因为它进一步完善了惩治腐败犯罪的刑事法网，彰显了我们国家同腐败犯罪作斗争的决心，有助于推进当前的反腐败斗争。同时也使刑法中关于贿赂犯罪刑罚的规定更具有合理性，更能适应同贿赂犯罪作斗争的需要。

正确理解、准确适用刑法的新规定，对于更好地发挥刑法在惩处腐败犯罪中的作用，具有重要的意义。尽管最高人民法院、最高人民检察院 2016 年 4 月 18 日发布了《关于办理贪污贿赂刑事案件适用法律若干问题的解释》（以下简称《关于贪污贿赂的解释》），但是关于贿赂犯罪刑罚适用的问题，仍然有进一步研究的必要。本文仅就贿赂犯罪的刑罚适用问题加以探讨，以期促进刑法新规定的正确适用。

一、贿赂犯罪刑罚观的重大转变

《刑法修正案（九）》通过对贪污罪量刑标准的修改，调整了受贿罪的法定刑档次及其划分的标准，完善了惩治贿赂犯罪的刑罚体系。这是我国惩治贿赂犯罪刑事立法模式从"数额思维"到"情节思维"的重大转变，也是《刑法修正案（九）》的一大亮点。

1988年以来，我国刑法开始按照受贿的数额规定受贿罪的法定刑[1]。1997年修改刑法时沿用了这种立法模式（只是就数额的额度作了调整），并进一步淡化了情节对法定刑档次的影响，以致在司法实践中受贿的数额逐渐成为对犯受贿罪的人裁量决定刑罚的主要依据甚至唯一依据。只要受贿的数额达到了刑法规定的法定刑档次，法院就必须判处相应档次的刑罚；如果对受

---

[1] 1979年刑法第185条关于受贿罪，只规定了"国家工作人员利用职务上的便利，收受贿赂的，处五年以下有期徒刑或者拘役。赃款赃物没收，公款公物追还。犯前款罪，致使国家或者公民利益遭受严重损失的，处五年以上有期徒刑"。1982年3月8日全国人大常委会通过的《关于严惩严重破坏经济的罪犯的决定》把刑法第185条第1—2款受贿罪的规定修改为："国家工作人员索取、收受贿赂的，比照刑法第一百五十五条贪污罪论处；情节特别严重的，处无期徒刑或者死刑。"1988年1月21日全国人大常委会通过的《关于惩治贪污罪贿赂罪的补充规定》再次修改了关于贿赂罪的刑罚，即"对犯受贿罪的，根据受贿所得数额及情节，依照本规定第二条的规定处罚；受贿数额不满1万元，使国家利益或者集体利益遭受重大损失的，处10年以上有期徒刑；受贿数额在1万元以上，使国家利益或者集体利益遭受重大损失的，处无期徒刑或者死刑，并处没收财产。索贿的从重处罚。因受贿而进行违法活动构成其他犯罪的，依照数罪并罚的规定处罚"。该决定第2条规定的法定刑档次是："（1）个人贪污数额在5万元以上的，处10年以上有期徒刑或者无期徒刑，可以并处没收财产；情节特别严重的，处无期徒刑，并处没收财产。(2) 个人贪污数额在1万元以上不满5万元的，处5年以上有期徒刑，可以并处没收财产；情节特别严重的，处无期徒刑，并处没收财产。(3) 个人贪污数额在2000元以上不满1万元的，处1年以上7年以下有期徒刑；情节严重的，处7年以上10年以下有期徒刑。个人贪污数额在2000元以上不满5000元，犯罪后自首、立功或者有悔改表现、积极退赃的，可以减轻处罚，或者免予刑事处罚，由其所在单位或者上级主管机关给予行政处分。(4) 个人贪污数额不满2000元，情节较重的，处2年以下有期徒刑或者拘役；情节较轻的，由其所在单位或者上级主管机关酌情给予行政处分。"之所以要作出这样的规定，主要是考虑没有具体数额的规定，各地不好掌握量刑标准，同时也是针对当时对受贿罪的刑罚适用各地相差悬殊的状况，为了防止刑罚适用的标准不统一和办"关系案""人情案""金钱案"的情况。但是，这种"数额思维"的立法模式，不仅导致了司法实践中对受贿罪适用刑罚时的尴尬（难以做到罪责刑相适应），而且难以发挥刑罚在惩治腐败犯罪中的功能作用。

贿一定数额的人没有按照刑法规定的相应法定刑档次判处刑罚，人们就会怀疑法院或者法官包庇职务犯罪分子。但是随着近年来受贿数额的不断升级，这种完全根据受贿的数额来决定刑罚的做法，已经难以维系。例如，按照刑法第383条的规定，受贿数额在10万元以上的，处10年以上有期徒刑或者无期徒刑，可以并处没收财产；情节特别严重的，处死刑，并处没收财产。过去，受贿数额几百万元的，就认为是情节特别严重，可能判处死刑。后来，受贿数额上千万元的不断出现，就把受贿数额几千万元的，作为情节特别严重，判处死刑。现在，出现了受贿数额上亿元的，死刑适用的标准如何掌握，就成了司法机关难以应对的问题。此外，受贿数额在十万元以上的要判处10年以上有期徒刑，受贿数额百万元以上甚至数千万元以上的，也是10年以上有期徒刑，难以给人们一个合理的解释，也导致刑法适用的不公平。总之，完全根据受贿的数额来划分法定刑的档次，既缺乏科学性，也缺乏合理性，难以发挥刑罚的教育作用。[1]

这次刑法修改，改变了多年来形成的按受贿数额确定法定刑档次的思维模式，受贿数额不再是划分法定刑档次的唯一标准，受贿数额也不再是一个固定的数值，这就回归到按照受贿罪的本质特征即受贿罪对社会的危害程度来确定法定刑的思维，从而使刑法关于受贿罪刑罚档次的划分更具合理性，使受贿罪立法中犯罪与刑罚的关系更具科学性（遗憾的是，这种转变还不够彻底）。

首先，受贿数额不是反映受贿罪社会危害性程度和行为人人身危险性大小的唯一标志，甚至不是最重要的标志。仅仅根据受贿数额确定刑罚的适用，难以做到罪责刑相适应。

---

[1] 参见拙作《受贿罪立法问题研究》，载《法学研究》2009年第5期。

受贿罪是基于贪财的动机而实施的行为，因此受贿的数额在一定程度上反映了行为人贪财图利的主观恶性；受贿的数额也在一定程度上反映了受贿人可能为行贿人谋取利益的大小。因此，把受贿数额作为确定法定刑档次和适用刑罚的依据，是有一定道理的。但是，受贿数额只是反映行为人的主观恶性和行为社会危害性程度的一个方面，甚至不是最主要的方面，仅仅根据受贿数额来适用刑罚，并不能完全反映罪行大小与刑罚轻重之间的关系。在实践中，受贿罪的社会危害性和受贿人的主观恶性，首先是通过受贿的行为方式反映出来的，即一个人是主动索取贿赂还是被动地收受贿赂，最能反映其犯罪的主观恶性。如果利用手中掌握的公共权力，借他人求其办事之机，主动索取贿赂，即使受贿的数额不大，其主观恶性很大，应该处以较重的刑罚。而被动受贿的人，虽然收受了不该收受的财物，但与主动索取贿赂的人相比，其主观恶性就要小得多。就被动收受贿赂而言，一个手中握有公共权力的人，是偶然收受了他人的财物，还是经常利用手中的权力收受他人财物，其主观恶性是不同的。并且，收受财物的数额多少，不仅取决于行贿人希望谋取的利益大小，而且取决于行贿人的"慷慨"程度。一个"大方"的行贿人，或者一个希望在今后继续谋取利益的行贿人，可能给受贿人的财物比较多，而一个"吝啬"的行贿人，或者一个不打算以后再与受贿人来往的行贿人，为了谋取同样的利益，可能不愿"付出"太多的钱财。有时候，行贿人给受贿人一个银行卡，卡里有多少钱，受贿人并不知道。如果完全根据受贿数额来判处刑罚，就可能使受贿人感到"冤得慌"。

其次，受贿数额的实际价值是随着社会经济的发展而变化的。按照一个固定的数额标准判处刑罚，无法适应社会经济发展变化的实际情况。

这些年来，我们国家经济发展的速度十分惊人，20世纪80年代的"万元户"曾经让人们羡慕不已,到90年代,百万元户已不足为奇。进入21世纪后,一些一线城市的普通居民因为有两三套房屋,就身价千万。就受贿罪而言,行为人受贿的数额在社会经济发展的不同时期,代表着不同价值的财富。如果按照一个固定不变的数额标准作为适用刑罚的根据,就可能导致刑罚适用的不公平[1]。

---

[1] 从2015年全国各地判处的原省部级干部受贿案的情况看,受贿数额除了对法定刑档次的确定有关之外,对其刑期长短的影响并不大。多受贿3000万元,判处的刑罚多不过1年有期徒刑。这与受贿1万元判处1年有期徒刑的立法规定相去甚远。如:

(1) 四川省委原副书记李春城受贿3979万元,湖北省咸宁市中级人民法院判处其有期徒刑12年,并处没收个人财产人民币100万元(李还犯有滥用职权罪,数罪并罚决定执行有期徒刑13年,并处没收个人财产人民币100万元);

(2) 江西省人大常委会原副主任陈安众受贿810余万元,安徽省蚌埠市中级人民法院判处其有期徒刑12年,并处没收个人财产人民币80万元;

(3) 云南省原副省长沈培平受贿1615万元,北京市第一中级人民法院判处其有期徒刑12年,并处没收个人财产人民币200万元;

(4) 国务院国有资产监督管理委员会原主任蒋洁敏受贿1403万元,湖北省汉江中级人民法院判处其有期徒刑12年,并处没收个人财产人民币100万元(蒋还犯有巨额财产来源不明罪和国有公司人员滥用职权罪,数罪并罚决定执行有期徒刑16年,并处没收个人财产人民币100万元);

(5) 重庆市人大常委会原副主任谭栖伟受贿1143万余元,河北省衡水市中级人民法院判处其有期徒刑12年,并处没收个人财产人民币100万元;

(6) 四川省政协原主席李崇禧受贿1109万元,江西省南昌市中级人民法院判处其有期徒刑12年,并处没收个人财产人民币100万元;

(7) 湖北省原副省长郭有明受贿2379万元,河南省南阳市中级人民法院法院判处其有期徒刑15年,并处没收个人财产人民币200万元;

(8) 中石油原副总经理王永春受贿4856万元,湖北省襄阳中级人民法院判处有期徒刑15年,没收个人财产200万元(王还犯有巨额财产来源不明罪、国有公司人员滥用职权罪,数罪并罚决定执行有期徒刑20年,并处没收个人财产200万元);

(9) 四川省文联原主席郭永祥受贿4346万元,湖北省宜昌市中级人民法院判处其有期徒刑15年,并处没收个人财产人民币200万元(郭还犯有巨额财产来源不明罪,数罪并罚决定执行有期徒刑20年,并处没收个人财产人民币200万元);

(10) 陕西省政协原副主席祝作利受贿854万余元,河北省廊坊市中级人民法院判处其有期徒刑11年,并处没收个人财产人民币50万元;

(11) 湖南省政协原副主席阳宝华受贿1356万余元,广西壮族自治区桂林市中级人民法院判处其有期徒刑11年,并处没收个人财产人民币100万元;

(12) 江西省原副省长姚木根受贿2302余万元,福建省厦门市中级人民法院判处其有期徒刑13年,并处没收个人财产300万元。

因此，受贿数额与法定刑的关系应该是一个随着社会经济发展状况而变化的关系，但是由于法律的相对稳定性的要求，刑法中一旦规定了一个数额标准，就不可能轻易地不断地修改，以至于刑法规定的数额标准难以适应社会经济发展的实际状况。

最后，受贿罪的社会危害性不仅在于是否收受了他人的财物，而且在于为他人谋取了什么样的利益。

受贿罪的本质在于侵害了职务行为的廉洁性[1]。因此，受贿罪的构成总是离不开一定的职务行为。行贿人行贿的目的是追求受贿人实施一定的职务行为来为自己谋取利益，而受贿人之所以收受他人的贿赂，也是承诺利用自己职务上的便利为行贿人谋取利益。所以，我国刑法把"为他人谋取利益"作为构成受贿罪的必备条件。受贿人在收受他人的贿赂之后，是否为他人谋取利益、如何为他人谋取利益，就成为评价受贿行为社会危害性及其程度的重要因素。

从实践中看，国家工作人员在收受他人的贿赂之后，"为他人谋取利益"的行为往往表现为以下几种情况：

第一，为他人谋取的利益是他人本应得到的利益。比如，一个人申请设立一个公司，所有手续齐全，完全符合有关法律和政策规定，但是工商登记部门的承办人就是不审批。当事人给承办人一笔"辛苦费"之后，才拿到注册登记的证明文件。

---

[1] "受贿罪是腐败的一种主要表现形式，禁止受贿是我国廉政建设的基本内容。受贿行为严重腐蚀国家肌体，妨碍国家职能的正常履行。因而，将受贿罪的直接客体界定为国家工作人员的职务廉洁性更有利于把握受贿罪的本质特征。"——高铭暄、马克昌主编：《刑法学》，北京大学出版社、高等教育出版社2000年版，第635页。"因为其职务行为除了从国家领取薪酬以外，不得从公务活动相对人处收取报酬。这既是法律对国家工作人员的基本要求，也是国家工作人员自律的道德行为准则。这一准则是保证国家工作人员保持廉洁性的基本前提，而国家工作人员的廉洁性又是保证公务行为公正、诚实的基本条件。受贿行为，破坏了公务行为的不可收买性和国家工作人员必须保持清正廉明的行为准则，势必破坏公务行为的廉洁公正。"——曲新久：《刑法学》，中国政法大学出版社2008年版，第793页。

在这种情况下，行贿人谋取的是合法的、应当得到的利益，但由于国家工作人员的不作为，迫使其不得不向国家工作人员行贿。国家工作人员收受贿赂之后，为对方谋取的是他人本来就应该得到的利益。

第二，为他人谋取的利益是不确定的利益。在招投标过程中，行贿人谋取的大多是不确定的利益。在重大建设项目招投标过程中，符合条件的可能有多个主体，国家工作人员按照招投标的有关文件或者规定，让其中任何一个中标，都是可能的，并且都不违背职务的要求。因为收受了其中一个单位或个人的好处而让该主体中标，为其谋取的就是不确定的利益。类似地，在干部提拔任用的过程中，往往也是多人符合条件，而提拔的名额有限。在这种情况下，提拔谁或不提拔谁，全在于有关领导的选择。行贿人因为行贿而使收受贿赂的领导作出了提拔他的决定，他所谋取的就是不确定的利益。

第三，为他人谋取的利益是不应得到的利益。同样是在招投标过程中，或者在干部提拔任用过程中，明显不符合条件或者不具备资格的主体，因为行贿，国家工作人员让其中标或者提拔，就是为其谋取了不应得到的利益。此外，在谋取应得利益之外通过行贿的方式谋取了额外的利益，也是谋取不应得到的利益。如在办理采矿许可证的过程中，虽然符合国家规定的资质和条件，但通过行贿的方式请求国家工作人员在许可证中扩大开采范围或开采量。国家工作人员如果因为收受贿赂，违规为其扩大了开采范围或者开采量，就是为其谋取了不应得到的利益。

第四，为他人谋取的利益是非法利益。通过违反国家或部门、行业规定的方式，或者不惜损害国家、社会或他人利益，而为行贿人谋取的利益，就是非法利益。例如，违反国家规定,给行贿单位批准不应立项或不符合条件的建设项目,受贿人为行贿者谋取的就是一种非法利益。又如,服刑人员完全不符合保外就医的条件,监狱管理部门的人员由于收受了服刑人员或者其亲属的贿赂,为其伪造有关证明文件,或者明知服刑人员提供的证明文件是伪造的,而批准其保外就医,就是为他人谋取了非法利益。

在收受贿赂的情况下,利用职务上的便利,为他人谋取上述任何一种利益,都危害了职务的廉洁性。为他人谋取不应得到的或者非法的利益,必然与滥用权力的职务行为有关。因为在合法履行职务行为的情况下是不可能为他人谋取非法利益的。即使是为他人谋取合法的应得利益,他人之所以会行贿,通常都是因为国家工作人员没有认真履行自己的职责,该办的事不给人家办或者不及时办,甚至故意刁难,才迫使当事人不得不通过行贿的方式请求予以办理(当然,不排除个别人为了通过这种方式拉近与国家工作人员的关系,为以后办事打下基础)。至于不确定利益,虽然从表面上看给谁都可以,但因收受贿赂而把不确定的利益确定的给予行贿人,显然丧失了职务的廉洁性和职务行为的公正性。

因此,对犯受贿罪的人适用刑罚,应当重点考虑的,不是受贿的数额,而是受贿行为对社会的危害程度,即受贿人是在什么情况下收受贿赂的,是长期多次收受贿赂还是偶然收受贿赂的,收受贿赂之后,是如何为他人谋取利益的,有没有违背职务要求的行为等。根据受贿的情节包括数额来确定应当受到的刑罚处罚,才能保持犯罪与刑罚之间的平衡,才能符合罪责刑相适应的刑法基本原则。这也就是《刑法修正案(九)》把情节作为划分法定刑档次的因素的理论基础。

二、关于受贿罪刑罚的具体适用

《刑法修正案（九）》关于受贿罪法定刑的修改，进一步完善了贿赂犯罪的刑罚结构，促进了刑罚适用的合理性。

按照1997年刑法的规定，受贿罪的法定刑分为四个档次，即"（一）个人贪污数额在十万元以上的，处十年以上有期徒刑或者无期徒刑，可以并处没收财产；情节特别严重的，处死刑，并处没收财产。（二）个人贪污数额在五万元以上不满十万元的，处五年以上有期徒刑，可以并处没收财产；情节特别严重的，处无期徒刑，并处没收财产。（三）个人贪污数额在五千元以上不满五万元的，处一年以上七年以下有期徒刑；情节严重的，处七年以上十年以下有期徒刑。个人贪污数额在五千元以上不满一万元，犯罪后有悔改表现、积极退赃的，可以减轻处罚或者免予刑事处罚，由其所在单位或者上级主管机关给予行政处分。（四）个人贪污数额不满五千元，情节较重的，处二年以下有期徒刑或者拘役；情节较轻的，由其所在单位或者上级主管机关酌情给予行政处分。"[1]

这个法定刑档次的划分不够严谨，因为不同档次的法定刑之间存在着相互交叉的情况，如第二个法定刑档次与第三个法定刑档次、第三个法定刑档次与第四个法定刑档次之间，都存在着交叉的情况。按照这个规定，个人受贿数额不满10万元的，按照第二档次的法定刑，可以判处15年有期徒刑；但是，受贿数额超过10万元的，按照第一档次的法定刑，可以判处10年有期徒刑。也就是说，在不考虑任何其他犯罪情节的情况下，一个人受贿不满10万元的，可以判处15年有期徒刑，而一个人受贿10万元以上甚至百万元以上的，可以判处10年有

---

[1] 刑法第386条规定，犯受贿罪的，按照第383条的规定处罚。

期徒刑。同样地,个人受贿数额在 5 万元以上不满 10 万元的,按照第二档次的法定刑,可以判处 5 年有期徒刑;而个人受贿在 5 万元以下的,按照第三档次的法定刑,就可以判处 7 年有期徒刑,而这中间不包括任何其他因素的考虑。这种刑罚规定的不合理,在司法实践中就很难做到刑法适用的公平性。

《刑法修正案(九)》克服了这种弊端,对受贿罪(包括贪污罪)的法定刑档次作了调整,即把该罪的法定刑划分为:3 年以下有期徒刑或者拘役,并处罚金;3 年以上 10 年以下有期徒刑,并处罚金或者没收财产;10 年以上有期徒刑或者无期徒刑,并处罚金或者没收财产;无期徒刑或者死刑,并处没收财产这样四个档次。各个档次之间互不交叉但又相互连接,出现一个完整的刑罚阶梯,保证了刑罚结构的合理性。此外,对法定刑阶梯的排法,改变了原来从重到轻的方法,出现了从轻到重的法定刑档次,反映了立法倾向的变化。

《刑法修正案(九)》关于受贿罪法定刑的规定,可以说是此次刑法修改中的一个亮点,也是最受社会各界关注的问题之一。对受贿罪适用新的刑罚,涉及三个方面,即:法定刑档次的适用、新增加的第 3 款的适用和新增加的第 4 款的适用。

(一)关于法定刑档次的适用问题

如前所述,受贿罪法定刑档次的划分,改变了"数额思维"的模式。这种改变主要表现在三个方面:一是不再把受贿的确定数额作为划分法定刑档次的标准,而是用数额"较大""巨大""特别巨大"这样一些不确定的数额代替了 1997 年刑法规定的 10 万元以上、5 万元以上不满 10 万元、5000 元以上不满 5 万元、不满 5000 元这样一些划分法定刑档次的固定数额标准;二是不再把受贿的数额作为划分法定刑档次的基本标准[1]，而是把数额与"有其他较重情节""有其他严重情节""有其他特别严重情节"一起，作为划分法定刑档次的标准；三是取消了"数额不满五千元，情节较重的，处二年以下有期徒刑或者拘役"的法定刑档次，改变了分析档次之间相互交叉的状况，使受贿罪的法定刑档次划分更为科学合理。

按照《刑法修正案（九）》的规定，结合上述原理，在司法实践中认定受贿罪的情节是否"较重""严重""特别严重"，以确定具体适用的法定刑档次，应当重点考虑以下因素：

一是职务行为。违反廉洁性的职务行为，既反映了受贿行为的社会危害性，也反映了行为人的主观恶性。在受贿犯罪案件中，评价职务行为的情节轻重，重点要考虑两个方面：一方面，受贿人是否实施了违反职务要求的行为。所谓违反职务要求，既包括违反岗位职责的明文规定和职权范围的规定，擅自用权、滥用职权等渎职行为，也包括不认真履行岗位职责，玩忽职守，故意刁难等不作为行为，还包括隐瞒自己的真实意图，假借组织程序、集体决策等名义，把自己的意志变为组织的决定，为他人谋取利益的行为。另一方面，职务行为是否给国家利益、集体利益或者他人利益造成了损害。受贿人通过自己的职务行为为行贿人谋取利益，有时会损害到其他主体的利益。如违反规定给不具备采矿条件、不符合国家要求的主体办理采矿许可证，或者超范围地批准其采矿，就损害了国家的利益；让一个不具备建筑资质的企业承包建设项目，就可能危害到建设单位乃至人民群众的利益；在多个符合条件的主体竞标

---

[1] 原来的规定，虽然也提出"根据情节轻重"分别规定处罚，但实际上，法定刑的档次基本上是完全根据相对确定的受贿数额来划分的，"情节"是在同一法定刑档次中判处更重的刑罚时考虑的因素。

过程中因受贿而暗箱操作让一个主体中标,就损害了其他竞标者公平竞争的权利。因此,一个人在收受他人的财物之后,实施了什么样的职务行为,这种职务行为中是否存在违反职务要求的情况,是否损害了其他主体的利益,是评价其情节严重与否的最重要的因素。

二是为他人谋取的利益。为他人谋取利益是受贿罪的构成要件之一,为他人谋取什么样的利益,则是评价受贿情节严重与否的重要因素。如果为他人谋取的是合法利益,其行为的社会危害性就要小一些;如果为他人谋取的是不确定利益,其行为的社会危害性就相对要大一些;如果为他人谋取的是非法利益,其行为的社会危害性就要大得多。

三是受贿的情况。受贿的情况主要是指行为人收受贿赂的过程。一个人如果是主动索取贿赂,其权钱交易的意识就十分强烈,犯罪情节就很恶劣。同样地,如果是别人找他办事,按照其职责权限和有关规定,他应该给人家办,但却故意刁难,拖延不办,逼迫人家向他行贿,其情节就比较严重的。如果别人找他办不该办的事或者是超出其职权范围的事,甚至是违反规定的事,而他却明示或暗示人家向自己行贿,或者让第三人传话给当事人"有钱就能办",那么,其受贿的情节就十分严重。相反,如果一个人拒收贿赂,行贿人千方百计地向其行贿,迫使其不得不收受贿赂,甚至在其拒收贿赂的情况下,通过他的亲属或朋友接受贿赂造成既成事实,或者行贿人通过各种渠道寻找其兴趣爱好,投其所好地行贿。在这种情况下,虽然有受贿的事实,但其受贿的情节就要轻得多。有的人是逢年过节、红白喜事时收受朋友、熟人的贿赂,贿赂中具有一定的"交情"的成分;有的人是人家找上门求其办事时收受贿赂,表现为赤裸裸地权钱交易,情节的严重程度自然不一样。此外，受贿的次数也是评价受贿情节的一个要素。有的人，担任领导职务十多年，受贿就一次两次，应该说，其情节要轻一些；如果一个人上任刚一年甚至几个月，就受贿几十次，其情节就严重得多。受贿的情况，通常能够反映受贿人的主观恶性，因而也是评价其受贿情节严重与否的重要因素。

四是受贿的数额。如前所述，受贿的数额在一定程度上反映了权钱交易的规模和对职务廉洁性的破坏程度，因而是评价受贿行为社会危害性的重要因素，是受贿的情节之一。"两高"《关于贪污贿赂的解释》，对"数额较大""数额巨大""数额特别巨大"作出了明确的规定，即：受贿数额在3万元以上不满20万元的，应当认定为"数额较大"；受贿数额在20万元以上不满300万元的，应当认定为"数额巨大"；受贿数额在300万元以上的，应当认定为"数额特别巨大"。

五是犯罪后的表现。由于我国刑法确立了认罪从宽的处罚原则，犯罪人在犯罪之后如果认罪悔罪，特别是在对其进行刑事追诉的过程中，如果真诚悔罪、积极退赃，就可以从宽判处刑罚。

上述五个方面因素的综合评价，可以判断受贿的行为是情节较重、情节严重，还是情节特别严重，从而决定适用3年以下有期徒刑或者拘役，还是3年以上10年以下有期徒刑，或者10年以上有期徒刑或者无期徒刑、死刑。

值得研究的是，"两高"《关于贪污贿赂的解释》规定了认定情节较重、情节严重、情节特别严重的八种情形，即该解释第1条第3款所规定的"受贿数额在一万元以上不满三万元，具有前款第二项至第六项规定的情形之一，或者具有下列情形之一的"，这些情形包括第2款中规定的"（二）曾因贪污、受贿、挪用公款受过党纪、行政处分的；（三）曾因故意犯罪受过刑事追究的；（四）赃款赃物用于非法活动的；（五）拒不交待赃款赃物去向或者拒不配合追缴工作，致使无法追缴的；（六）造成恶劣影响或者其他严重后果的"五种情形，以及第3款规定的"（一）多次索贿的；（二）为他人谋取不正当利益，致使公共财产、国家和人民利益遭受损失的；（三）为他人谋取职务提拔、调整的"三种情形。其中，第3款规定的三种情形，可以说是确实反映了受贿罪的社会危害性，具有这些情形之一的，可以认定为情节比较重。但是第2款中第2—5项规定的情形（适用于受贿罪），能否作为认定受贿罪情节严重的因素就值得研究。因为，刑法第383条虽然是关于贪污受贿罪法定刑的规定，但实际上，该条确立了贪污受贿罪定罪的门槛，是贪污、受贿行为是否构成犯罪的必要条件。作为犯罪构成的要件，它应该是与犯罪行为直接相关的情节，而"曾因贪污、受贿、挪用公款受过党纪、行政处分的""曾因故意犯罪受过刑事追究的"，只能表明行为人的人身危险性，并不与受贿的行为直接相关；"赃款赃物用于非法活动的""拒不交待赃款赃物去向或者拒不配合追缴工作，致使无法追缴的"，也只是行为人的事后表现，这些都不能决定受贿行为本身的社会危害性以及在犯罪行为实施过程中表现出来的人身危险性，因而不应该成为定罪的门槛。把这些情形作为认定情节较重、需要追究刑事责任的因素，有悖刑法的基本原理。

此外，该解释中关于认定"情节较重""情节严重""情节特别严重"所规定的情形，除了受贿数额有区别之外，其他完全一样，都是"具有本解释第一条第三款规定的情形之一的"。这就意味着，刑法中规定的"其他严重情节"和"其他特别严重情节"，与"较重"情节的区别仅仅在于受贿数额上的差异。这就无形中回到了数额思维的模式，违背了刑法修改的意图，并且混淆了"较重""严重""特别严重"之间的界限。按照这种解释，一个人收受贿赂，为他人谋取不正当利益，无论致使公共财产、国家和人民利益遭受多么重大的损失，只要受贿的数额没有达到10万元，就不构成"情节严重"，只要受贿数额没有达到150万元，就不构成"情节特别严重"，也就只能按照"情节较重"来适用刑罚；相反，一个人收受贿赂，只要数额达到了150万元，即使致使公共财产、国家和人民利益遭受的损失很小，也要认定为"情节特别严重"，适用最重档次的法定刑。这将导致受贿罪刑法适用中新的不公平。

按照"两高"《关于贪污贿赂的解释》的思路，"其他较重情节"的情形是：受贿数额在1万元以上不满3万元，并且具有下列情形之一的：（1）索贿的；（2）为他人谋取职务提拔、调整的；（3）为他人谋取不正当利益，致使公共财产、国家和人民利益遭受损失的；（4）造成其他严重后果的。那么，"其他严重情节"的情形，就应该是受贿数额在10万元以上不满20万元，并且具有下列情形之一的：（1）多次索贿的；（2）违反规定为他人谋取职务提拔、调整的；（3）为他人谋取不正当利益，致使公共财产、国家和人民利益遭受重大损失的；（4）造成其他特别严重后果的。"其他特别严重情节"的情形，则应该是受贿数额在150万元以上不满300万元，并且具有两个以上严重情节的。这样才可以把较重情节与严重情节、特别严重情节加以区别，而不至于对严重程度明显不同的三个情节规定除了数额之外完全相同的条件。

（二）关于新增加的刑法第383条第3款的适用问题

《刑法修正案（九）》对受贿罪法定刑的修改，除了第1款之外，增加了第3—4款（第2款保留了原有的内容）的规定。

其中，第3款规定："犯第一款罪，在提起公诉前如实供述自己罪行、真诚悔罪、积极退赃，避免、减少损害结果的发生，有第一项规定情形的，可以从轻、减轻或者免除处罚；有第二项、第三项规定情形的，可以从轻处罚。"在受贿犯罪案件中适用该规定，有三个问题应当注意：

第一，受贿数额较大或者有其他较重情节的，如何适用从轻、减轻或者免除处罚的规定？

按照《刑法修正案（九）》的规定，受贿数额较大或者有其他较重情节的，只要"在提起公诉前如实供述自己罪行、真诚悔罪、积极退赃，避免、减少损害结果的发生"，就可以从轻、减轻或者免除处罚[1]。

"在提起公诉前"，是个时间截点，即把认罪态度作为从轻、减轻或者免除处罚的法定理由的时间界限。所谓"在提起公诉前"，按照刑事诉讼法的规定，是指在人民检察院经审查，认为犯罪嫌疑人的犯罪事实已经查清，证据确实、充分，依法应当追究刑事责任，向人民法院提起公诉，并将案卷材料、证据移送人民法院之前。也就是说，在贿赂犯罪案件的侦查阶段、审查起诉阶段，只要案件还没有起诉到人民法院，犯罪嫌疑人如实供述自己罪行、真诚悔罪、积极退赃的，都可以"从轻、减轻或者免除处罚"。有的受贿人，在司法机关立案之前的组织调查中，就如实供述了自己收受贿赂的事实，甚至在组织还没有调查时，就主动向组织汇报了自己收受贿赂的事实，也应当视为"在提起公诉之前"。至于案件移送到人民法院之后，在审判过程中，犯罪嫌疑人如实供述自己罪行、真诚悔

---

[1] 1997年刑法中虽然也有减轻处罚或者免除处罚的规定，但只适用于5000元以上不满10000元的案件。

罪、积极退赃，就不再是从轻、减轻或者免除处罚的法定理由了，能否从轻、减轻或者免除处罚，就不是看被告人的认罪态度，而要看案件的具体情节。

如何理解"如实供述自己罪行、真诚悔罪、积极退赃"？法律用语在"如实供述自己罪行、真诚悔罪、积极退赃"与"避免、减少损害结果的发生"之间用了逗号，而在前三个词之间用了顿号。按照现代汉语的理解，"如实供述自己罪行、真诚悔罪、积极退赃"与"避免、减少损害结果的发生"是从宽处罚的两个独立因素，而"如实供述自己罪行""真诚悔罪""积极退赃"之间则是必须同时具备的三个关联因素。受贿人只有如实供述自己罪行、真诚悔罪，并且积极退赃的，才能被从宽处罚。问题是，在实践中，有的人受贿之后，把收受的财物已经消费掉了或者消费了一部分，虽然在侦查起诉过程中如实供述了自己的罪行，并且真诚悔罪，但已无力退赃或者无力全额退赃，还能不能适用该款的规定？笔者认为，刑罚的适用应当有利于真诚悔罪的被告人。只要是如实供述自己罪行的，都应当适用从宽处罚的规定。其所收受的财物，如果有"积极退赃"的表示，即使因为赃款赃物已被正常消费而无力全额退赃，也应对其适用减轻处罚或者免除处罚的规定。当然，如果因为受贿人在受贿之后将赃款用于非法活动、经营活动或者非正常的挥霍，以致无力退赃或者无力全额退赃，就不应对其适用减轻处罚或者免除处罚的规定，只能适用从轻处罚的规定。

除了"如实供述自己罪行、真诚悔罪、积极退赃"之外，"避免、减少损害结果的发生"也是从轻、减轻或者免除处罚的法定理由。但是，在贿赂犯罪案件中，"避免、减少损害结果的发生"只发生在某些特殊情况下，即只有当受贿人所实施的职务行为本身是渎职行为，可能造成损害结果的情况下，才会存在避免、减少损害结果发生的问题。比如，在重大建设项目的招投标过程中，行为人因受贿而隐瞒了中标主体不具备该项目施工的必备资质，一旦投入施工，有可能造成工程质量的重大隐患，或者在审批新药的过程中，因为受贿，对明知有害的药品予以批准上市，该药一旦用于临床，就可能危害到病人的身体健康甚至生命安全。受贿人在提起公诉前，主动提醒有关部门中止该中标企业施工，或者提请有关机关撤销新药生产许可证，已经投放市场的新药被收回；或者如实供述自己的罪行，司法机关根据其供述，及时提请有关部门或机关纠正了受贿人的渎职行为，避免了因其渎职行为可能造成的损害，或者减少了损害的范围。只有当受贿人的职务行为在客观上可能造成具体损害结果时，受贿人通过自己主动实施的行为或者他人的行为，避免了这种损害结果的发生或者减少了可能造成的损害，才能作为从轻、减轻或者免除处罚的法定理由。

对于"从轻、减轻或者免除处罚"，应当根据刑法总则的规定，结合该款规定的法定刑来理解和适用。刑法第63条规定："犯罪分子具有本法规定的减轻处罚情节的，应当在法定刑以下判处刑罚；本法规定有数个量刑幅度的，应当在法定量刑幅度的下一个量刑幅度内判处刑罚。犯罪分子虽然不具有本法规定的减轻处罚情节，但是根据案件的特殊情况，经最高人民法院核准，也可以在法定刑以下判处刑罚。"按照这个规定，减轻处罚应当是在法定刑以下判处刑罚。但是，修改后的刑法第383条第1款第1项规定的刑罚只有一个法定刑档次，即"三年以下有期徒刑或者拘役，并处罚金"。因此，对于该款规定的"减轻处罚"，就应当作免除刑罚来理解。这样一来，该款在具体适用时，就应当把握两点：一是犯罪嫌疑人在提起公诉前如实供述自己罪行、真诚悔罪、积极退赃，避免、减少损害结果的发生的，如果受贿数额较大并且具有其他较重情节的，适用从轻处罚的规定，即在"三年以下有期徒刑或者拘役，并处罚金"中判处较轻的刑罚。二是犯罪嫌疑人在提起公诉前如实供述自己罪行、真诚悔罪、积极退赃，避免、减少损害结果规定发生的，如果受贿数额较大，或者具有其他较重情节的，适用免除处罚的规定，即人民检察院可以作出不起诉的决定；已经提起公诉的，人民法院可以作出免除处罚的决定。

第二，受贿数额巨大或者有其他严重情节的，以及受贿数额特别巨大或者有其他特别严重情节的，如何适用从轻处罚的规定？

按照该款的规定，如果受贿数额巨大或者有其他严重情节，而犯罪嫌疑人在提起公诉前如实供述自己罪行、真诚悔罪、积极退赃，避免、减少损害结果的发生的，原则上都应当从轻处罚，即在3年以上10年以下有期徒刑并处罚金或者没收财产的刑罚幅度内选择适用较轻的刑罚。如果受贿数额特别巨大或者有其他特别严重情节，而犯罪嫌疑人在提起公诉前如实供述自己罪行、真诚悔罪、积极退赃，避免、减少损害结果的发生的，则可以在10年以上有期徒刑或者无期徒刑并处罚金或者没收财产的刑罚幅度内选择适用较轻的刑罚，即原则上不判处无期徒刑。[1] 因为该情节的法定刑最高是无期徒刑，判处无期徒刑就没有体现该款规定的从轻处罚的立法精神。当

---

[1] 这个规定，实际上意味着给受贿人一个悔过自新的机会，只要受贿人如实供述自己的罪行，真诚悔罪，无论受贿数额多大，只要没有给国家和人民利益造成特别重大的损失，都不被判处无期徒刑。如四川省委原副书记李春城利用职务便利，为他人谋取利益，直接或者通过其妻等人非法收受财物折合人民币3979.7597万元。湖北省咸宁市中级人民法院认为，对于受贿犯罪，李春城具有如实供述罪行、重大立功、悔罪及积极退赃等情节，依法予以从轻处罚，判处其有期徒刑12年，并处没收个人财产人民币100万元。

然，如果受贿人具有其他减轻处罚的情节，可以在10年以下有期徒刑中决定适用的刑罚。

第三，受贿数额特别巨大，并使国家和人民利益遭受特别重大损失的，如何适用从轻处罚的规定？

如果是受贿数额特别巨大，并使国家和人民利益遭受特别重大损失的，按照刑法的规定，应当判处无期徒刑或者死刑，并处没收财产。犯罪嫌疑人具有"在提起公诉前如实供述自己罪行、真诚悔罪、积极退赃，避免、减少损害结果的发生"这种法定的从轻处罚情节，就应当在上述刑罚幅度内选择适用较轻的刑罚。这就意味着应当判处无期徒刑。但是在实践中，既然已经使国家和人民利益遭受特别重大损失，就不存在避免、减少损害结果发生的问题。对于这种情况，能否适用死刑缓期二年执行？笔者认为，不能。因为死刑缓期二年执行在刑法中并不是一个独立的刑罚种类，而是死刑的一种执行方式。判处死刑缓期二年执行，虽然具有从轻处罚的意义，但毕竟判处的是死刑。而刑法对此种情形规定的刑罚只有无期徒刑和死刑两种，判处死刑，即使是缓期二年执行，也不属于从轻处罚，只是执行的方式变了。因此，对于受贿数额特别巨大，并使国家和人民利益遭受特别重大损失的犯罪分子，如果本人"在提起公诉前如实供述自己罪行、真诚悔罪、积极退赃"，除非犯罪情节特别恶劣实属无法宽恕，就不应判处死刑。这是认罪从宽的立法精神在司法实践中应有的体现。

（三）关于新增加的刑法第383条第4款的适用问题

《刑法修正案（九）》在刑法第383条中增加的第4款规定："犯第一款罪，有第三项规定情形被判处死刑缓期执行的，人民法院根据犯罪情节等情况可以同时决定在其死刑缓期执行二年期满依法减为无期徒刑后，终身监禁，不得减刑、假释。"

在理解这个规定精神之前,首先应该看到,《刑法修正案(九)》改变了1997年刑法关于受贿罪的处罚原则,体现了严格控制死刑适用的立法精神[1]。按照1997年刑法的规定,犯受贿罪,"情节特别严重的,处死刑,并处没收财产"。这意味着,被告人的行为如果构成受贿罪,那么,只要"情节特别严重",就必须适用死刑。而情节特别严重,既包括受贿数额特别巨大,也包括有其他特别严重的情节。所以在以往的司法实践中,仅仅是受贿数额特别巨大,就可以判处死刑。《刑法修正案(九)》修改了这个规定,强调"数额特别巨大,并使国家和人民利益遭受特别重大损失的,处无期徒刑或者死刑"。这就意味着,受贿罪适用死刑必须同时具备两个条件:一是受贿数额特别巨大;二是使国家和人民利益遭受特别重大损失。仅有第一个条件,而缺少第二个条件,是不能判处死刑的。也就是说,按照《刑法修正案(九)》的规定,受贿数额无论多么巨大,只要没有给国家和人民利益造成特别重大的损失,就不能判处死刑;即使是同时具备"数额特别巨大""使国家和人民利益遭受特别重损失"这两个条件,也不是必须判处死刑,而是要首先考虑无期徒刑的适用。因此,按照这个规定,可以对受贿罪适用死刑的案件应该是极为罕见的案件。即使是罪行极其严重、确实应当适用死刑的案件,但是如果被告人有自首、立功等情节,或者在提起公诉前如实供述自己罪行、真诚悔罪、积极退赃等,还可以从轻处罚,即可以不判处死刑。

然而,令人遗憾的是,"两高"《关于贪污贿赂的解释》第3—4条关于死刑的规定,明显违背了《刑法修正案(九)》

---

[1]《刑法修正案(九)》在《刑法修正案(八)》废除13个罪名的死刑的基础上,又废除了9个罪名的死刑,体现了国家限制和减少死刑的精神。

的立法原意，扩大了死刑的适用范围。

"两高"《关于贪污贿赂的解释》第3条规定：

贪污或者受贿数额在三百万元以上的，应当认定为刑法第三百八十三条第一款规定的"数额特别巨大"，依法判处十年以上有期徒刑、无期徒刑或者死刑，并处罚金或者没收财产。

贪污数额在一百五十万元以上不满三百万元，具有本解释第一条第二款规定的情形之一的，应当认定为刑法第三百八十三条第一款规定的"其他特别严重情节"，依法判处十年以上有期徒刑、无期徒刑或者死刑，并处罚金或者没收财产。

受贿数额在一百五十万元以上不满三百万元，具有本解释第一条第三款规定的情形之一的，应当认定为刑法第三百八十三条第一款规定的"其他特别严重情节"，依法判处十年以上有期徒刑、无期徒刑或者死刑，并处罚金或者没收财产。

这个规定的不当之处在于：第一，违反了刑法的明文规定。经《刑法修正案（九）》第44条的修改，刑法第383条第1款的规定是："贪污数额特别巨大或者有其他特别严重情节的，处十年以上有期徒刑或者无期徒刑，并处罚金或者没收财产。"按照刑法的规定，仅仅是贪污或者受贿数额特别巨大或者有其他特别严重情节的，最多只能处无期徒刑，显然不包括"处死刑"。而按照"两高"的解释，贪污受贿只要"数额特别巨大"或者有"其他特别严重情节"的，就可以处死刑。这显然扩大了死刑的适用范围，超越了司法解释的权限。第二，违背了刑法修改的精神。从《刑法修正案（八）》到《刑法修正案（九）》，刑法修改的基本精神是减少和限制死刑。《刑法修正案（九）》虽然没有废除贪污贿赂犯罪的死刑，但是限制了死刑的适用条件。而两高的解释却把死刑的适用范围扩大到刑法限定的范围之外，显然不符合立法的精神。

此外，按照刑法的规定，贪污或者受贿数额特别巨大，并且同时（"并"）使国家和人民利益遭受特别重大损失的，才可以"处无期徒刑或者死刑"。但是，"两高"《关于贪污贿赂的解释》第4条规定："贪污、受贿数额特别巨大，犯罪情节特别严重、社会影响特别恶劣、给国家和人民利益造成特别重大损失的，可以判处死刑。"这个规定，第一，排除了贪污或者受贿数额特别巨大或者有其他特别严重情节的适用无期徒刑的可能。按照《刑法修正案（九）》的规定，贪污受贿数额特别巨大并使国家和人民利益遭受特别重大损失的，首先应当选择适用无期徒刑，其次才是死刑。而不是只能适用死刑。第二，模糊了判处死刑的适用标准，可能产生不同的理解。"贪污、受贿数额特别巨大"与"犯罪情节特别严重、社会影响特别恶劣、给国家和人民利益造成特别重大损失"之间的关系不够明确，究竟是二者必须同时具备，还是二者可以择一适用，语义不够明确。如果是必须同时具备，就在刑法规定的条件之外附加了两个条件；如果是择一适用，又违反了刑法的规定。第三，"犯罪情节特别严重、社会影响特别恶劣、给国家和人民利益造成特别重大损失"是三个选择性的条件还是对一个情节的三种表述，容易产生歧义。按照《刑法修正案（九）》的规定，受贿数额特别巨大，并且使国家和人民利益遭受特别重大损失的，就可以判处死刑。而"两高"《关于贪污贿赂的解释》在这个条件的基础上，附加了"犯罪情节特别严重""社会影响特别恶劣"两个条件，并与之并列，这本身就超出了司法解释的范围。况且，如何理解"社会影响特别恶劣"本身又是一个容易引起争议的问题。

其次，应当看到，这个规定增加了对判处死刑的受贿犯罪分子实行终身监禁的规定。我国刑法中规定的无期徒刑本身是终身监禁的刑罚。但是由于我国刑法中规定了减刑制度，判处无期徒刑的犯罪分子，在服刑期间，如果认真遵守监规，接受教育改造，确有悔改表现的，或者有立功表现，可以减刑，甚至可以多次减刑。按照刑法第50条、第78条的规定，被判处无期徒刑的犯罪分子，实际执行的刑期不能少于13年（包括被判处死刑缓期执行后减为无期徒刑的）；限制减刑的死刑缓期执行的犯罪分子，缓期执行期满后依法减为无期徒刑的，实际执行的刑期不能少于25年，缓期执行期满后依法减为25年有期徒刑的，实际执行的刑期不能少于20年。这就意味着，在我们国家，实际上不存在终身监禁的刑罚。这与教育改造犯罪人的刑罚目的是相适应的。《刑法修正案（九）》在限制对贪污罪受贿罪适用死刑的同时，也限制了对适用死刑的贪污受贿犯罪分子的减刑。其立法主旨是：既然死刑只适用于极个别的罪行极其严重的贪污受贿犯罪分子，那么一旦适用，就应该从严适用。[1] 这个规定，在某种程度上也是针对这些年来一些受贿犯罪分子在被判处死刑缓期执行后，利用自己的影响力，使刑期一减再减，实际执行的刑期很短的现象，作出的防止滥用减刑制度逃避刑罚制裁的举措。

关于该款的适用，需要注意的是，该款只适用于受贿数额特别巨大，并使国家和人民利益遭受特别重大损失，被判处死刑的犯罪分子，而不适用于受贿数额特别巨大，并使国家和人民利益遭受特别重大损失，被判处无期徒刑的犯罪分子，也不适用于受贿数额特别巨大，并使国家和人民利益遭受特别重大损失，但有"在提起公诉前如实供述自己罪行、真诚悔罪、积

---

[1] 这个规定的合理性是应当受到质疑的。我国对极其严重的恐怖犯罪、暴力犯罪只规定限制减刑，而没有规定减为无期徒刑后就不得减刑、假释。贪污受贿犯罪无论情节多么严重，对其社会危害性、人身危险性的法律评价都不应该高于恐怖犯罪、暴力犯罪。

极退赃"的犯罪分子。这样一来，该款规定在司法实践中可能适用的范围将是十分有限的。

三、关于行贿罪的刑罚适用

《刑法修正案（九）》关于行贿罪的刑罚适用，除了增加罚金刑之外，主要作了两个方面的修改：一是在"十年以上有期徒刑或者无期徒刑"的法定刑档次中增加了"使国家利益遭受特别重大损失"的规定；二是严格了行贿犯罪从宽处罚的条件，即行贿人在被追诉前主动交代行贿行为的，不再是一律可以减轻处罚或免除处罚，而是有条件的从宽处罚。

按照《刑法修正案（九）》的规定，对行贿罪的刑罚仍然分为三个档次，即："对犯行贿罪的，处五年以下有期徒刑或者拘役，并处罚金；因行贿谋取不正当利益，情节严重的，或者使国家利益遭受重大损失的，处五年以上十年以下有期徒刑，并处罚金；情节特别严重的，或者使国家利益遭受特别重大损失的，处十年以上有期徒刑或者无期徒刑，并处罚金或者没收财产"。其中应当注意的是"情节严重的，或者使国家利益遭受重大损失的""情节特别严重的，或者使国家利益遭受特别重大损失的"。这种规定方式，意味着刑法把情节严重、情节特别严重，与使国家利益遭受重大损失或特别重大损失区别开来。

在刑法理论上，一般认为，情节严重本身就包括了使国家利益遭受重大损失的情况，因为犯罪行为所造成的危害结果本身是裁量决定刑罚时必须考虑的一个情节。但是在对行贿罪的处罚中，刑法明确地把情节严重与使国家利益遭受重大损失分别开来。这显然是考虑到行贿犯罪的特殊情况而作出的规定。按照这个规定，"情节严重""情节特别严重"应当理解为行贿行为本身的情况，即严重与否的评价对象是行贿行为的实施情况和行贿所要谋取的不正当利益的情况。前者主要是指行贿行为是积极主动实施的还是在迫不得已的情况下实施的，是千方百计地腐蚀引诱国家工作人员受贿还是仅仅按照"潜规则"办事，是反复多次实施行贿行为还是偶然实施，以及行贿的数额大小等。后者主要是指谋取的是合法的不确定利益还是非法利益，是在损害国家利益基础上谋取个人利益还是不涉及国家利益，以及可能给国家利益造成的损害大小等。而是否使国家利益遭受重大损失或特别重大损失，所评价的对象则是行贿行为所引起的后果，即由于行贿所导致的国家工作人员为其谋取不正当利益而实施的职务行为实际造成的危害结果。

"两高"《关于贪污贿赂的解释》对此作了明确的规定，即行贿数额在3万元以上；或者行贿数额在1万元以上不满3万元，但具有以下六种情形之一的，就应当以行贿罪追究刑事责任：向3人以上行贿；将违法所得用于行贿；通过行贿谋取职务提拔、调整；向负有食品、药品、安全生产、环境保护等监督管理职责的国家工作人员行贿，实施非法活动；向司法人员行贿，影响司法公正；造成经济损失数额在50万元以上不满100万元。行贿"情节严重"则是指：行贿数额在100万元以上不满500万元；或者行贿数额在50万元以上不满100万元，但具有向3人以上行贿，将违法所得用于行贿，通过行贿谋取职务提拔、调整，向负有食品、药品、安全生产、环境保护等监督管理职责的国家工作人员行贿，实施非法活动，向司法人员行贿，影响司法公正等五种情形之一；或者有其他严重的情节。行贿"情节特别严重"是指：行贿数额在500万元以上；或者行贿数额在250万元以上不满500万元，但具有向3人以上行贿，将违法所得用于行贿，通过行贿谋取职务提拔、调整，向负有食品、药品、安全生产、环境保护等监督管理职责的国家工作人员行贿，实施非法活动，向司法人员行贿，影响司法公正等五种情形之一；或者有其他特别严重的情节。

1997年刑法规定："行贿人在被追诉前主动交待行贿行为的，可以减轻处罚或者免除处罚。"对此，《刑法修正案（九）》作了如下修改："行贿人在被追诉前主动交待行贿行为的，可以从轻或者减轻处罚。其中，犯罪较轻的，对侦破重大案件起关键作用的，或者有重大立功表现的，可以减轻或者免除处罚。"这个规定意味着，行贿人在被追诉前主动交代行贿行为的，只能是从轻或者减轻处罚的法定理由，而不再作为免除处罚的法定理由。但是对于最低档次的法定刑而言，减轻处罚即意味着免除刑罚处罚。

同时，按照这个规定，对行贿犯罪人可以减轻或者免除处罚的，必须具有三种情形之一，即"犯罪较轻的"，"对侦破重大案件起关键作用的"，或者"有重大立功表现的"。按照"两高"《关于贪污贿赂的解释》，根据行贿犯罪的事实情节，可能判处3年以下有期徒刑的，可以认定为"犯罪较轻"。此外，从司法实践中看，行贿人是初犯或者偶犯，行贿的数额不大，没有谋取非法利益，没有造成严重后果等，也可以认定为犯罪较轻。"对侦破重大案件起关键作用的"，按照"两高"《关于贪污贿赂的解释》，是指具有主动交代办案机关未掌握的重大案件线索的；主动交代的犯罪线索不属于重大案件的线索，但该线索对于重大案件侦破有重要作用的；主动交代行贿事实，对于重大案件的证据收集有重要作用的；主动交代行贿事实，对于重大案件的追逃、追赃有重要作用的四种情形之一。重大案件，则是指可能判处10年以上有期徒刑的案件，或者在本省、自治区、直辖市或者全国范围内有较大影响的案件。"有重大立功表现的"，可以理解为除"对侦破重大案件起关键作用的"以外的其他重大立功表现，因为"对侦破重大案件起关键作用的"本身就是一种立功表现。除此之外的重大立功表现，主要是指行贿犯罪人说服其他重大案件的犯罪嫌疑人投案自首，阻止他人重大犯罪活动，协助司法机关抓获其他重大犯罪嫌疑人，对国家和社会有重大贡献等。

在此，对"被追诉前""侦破重大案件"，应当做广义的理解，即："被追诉前"，不仅包括被立案侦查前，而且应当包括被判刑前，即只要行贿人还没有被人民法院判处刑罚，无论是在立案前，还是在侦查、审查起诉阶段，或者审判阶段，行贿人主动交代行贿行为，并且具有可以减轻或者免除处罚三种情形之一的，就应当减轻或者免除处罚。"侦破重大案件"，不仅应当包括侦查破案，而且应当包括审查起诉阶段和审判阶段的查证和证实案件。"重大案件"，对于行贿人而言，通常是指重大贿赂犯罪案件，但也应当包括其他重大犯罪案件。这样理解和适用，有利于鼓励行贿人主动交代行贿行为，检举揭发他人的犯罪行为，争取减轻或者免除处罚。

在刑法中，减轻处罚是在法定刑以下判处刑罚，免除处罚是不判处刑罚。而刑法对行贿罪规定的法定刑包含三个档次，即：5年以下有期徒刑或者拘役，并处罚金；5年以上10年以下有期徒刑，并处罚金；10年以上有期徒刑或者无期徒刑，并处罚金或者没收财产。对于罪行较轻，本应适用第一档次法定刑的行贿人，如果在被追诉前主动交代行贿行为的，无论是减轻处罚还是免除处罚，都意味着不判处刑罚。对于罪行严重，本应适用第二档次法定刑的行贿人，如果在被追诉前主动交代行贿行为，并且对侦破重大案件起关键作用或者有重大立功表现，就可以在第一档次的法定刑中选择适用的刑罚，或者不判处刑罚。对于罪行特别严重，本应适用第三档次法定刑的行贿人，如果在被追诉前主动交代行贿行为，并且对侦破重大案件起关键作用或者有重大立功表现，就可以在第二档次的法定刑中选择适用的刑罚。但是能否不判处刑罚，可能会有争议。特别是对于本应判处无期徒刑的行贿人，因为其在被追诉前主动交代行贿行为，并且对侦破重大案件起关键作用或者有重大立功表现，就不判处刑罚，可能有悖罪责刑相适应的基本原则[1]。因此，在司法实践中，对于行贿情节特别严重、应当判处10年以上有期徒刑或者无期徒刑的行贿人，尽管在被追诉前主动交代行贿行为，并且对侦破重大案件起关键作用或者有重大立功表现，尽管按照刑法修正案的规定可以不判处刑罚，但是否适用免除处罚的规定，应当从严掌握。并且，刑法修正案中使用了"可以"的用语，也在法律上给不适用免除处罚留下了余地。

此外，应当注意的是：《刑法修正案（九）》对行贿罪从宽处罚规定的修改，只是修改了刑法第390条的规定，而后者规定的刑罚及其处罚原则只是针对第389条规定的行贿罪的。也就是说，《刑法修正案（九）》对行贿罪从宽处罚规定的修改，只适用于对国家工作人员的行贿罪。刑法第164条第4款的规定、第392条第2款的规定并没有修改，在办理对非国家工作人员行贿罪和对外国公职人员、国际公共组织官员行贿罪以及介绍贿赂罪的案件中，行贿人在被追诉前主动交代行贿行为的，仍然要按照刑法的规定，减轻处罚或者免除处罚，而不是按照《刑法修正案（九）》的规定只对犯罪较轻的、对侦破

---

[1] 刑法第5条规定："刑罚的轻重，应当与犯罪分子所犯罪行和承担的刑事责任相适应。"这就意味着，判处刑罚的根据是罪行及其刑事责任，即危害社会的行为及其主观上的罪过。犯罪后的表现只能在一定程度上减轻其应当受到的惩罚，而不能成为决定刑罚的根据。对于罪行严重的犯罪分子，不判处刑罚，违背了刑法的基本原理。

重大案件起关键作用的或者有重大立功表现的这三种情形减轻处罚或者免除处罚。

四、关于罚金刑的适用

《刑法修正案（九）》对贿赂犯罪普遍增加了"并处罚金"的规定。除了受贿罪、行贿罪之外，"并处罚金"的规定还及于对单位行贿罪、单位行贿罪、介绍贿赂罪、对非国家工作人员行贿罪，以及新增加的对有影响力的人行贿罪。

对贿赂犯罪规定罚金刑，具有其合理性。因为，贿赂犯罪，无论是行贿或者受贿，都是为了谋取一定的利益。特别是在市场经济的社会环境下，行贿的人多数是为了经济上的利益。因此对贿赂犯罪给予一定的经济制裁是很有必要的。但是，以往刑法中对贿赂犯罪的处罚主要是自由刑，只有对特别严重的贿赂犯罪才规定了没收财产的刑罚。《刑法修正案（六）》对非国家工作人员受贿罪中"数额巨大的"增设了罚金刑；《刑法修正案（七）》对利用影响力受贿罪增设了罚金刑。《刑法修正案（九）》根据同贿赂犯罪作斗争的实际需要，同时考虑到刑法规范内在平衡性的需要，增加了对所有贿赂犯罪在处以主刑的同时并处罚金或者没收财产的规定。这就使贿赂犯罪的行为人不仅面临着接受刑罚处罚，而且要承受经济上的制裁。

既然刑法对贿赂犯罪普遍规定了罚金刑，那么，如何适用就成为一个不得不高度重视的问题。这个问题涉及两个方面：一是罚金的数额如何确定；二是在免除处罚的情况下能否判处罚金。

关于判处罚金的数额，在刑法的具体条文中没有规定数额比例或原则的情况下，应当按照刑法第52条的规定，根据犯罪情节来决定。在司法实践中，无论是犯受贿罪还是犯行贿罪，都涉及一定的数额，即受贿通常是收受一定数额的财物或者是可以用数量来计算的财物，行贿通常也是给予他人一定数额的财物或者是可以用数量来计算的财物。这种数额的财物能否作为判处罚金的数额，即能不能直接根据受贿、行贿的数额来判处相应数额的罚金？笔者认为，不能。尽管受贿、行贿的数额是受贿罪、行贿罪的犯罪情节之一，并且是判处罚金的主要根据，但不能完全按照受贿、行贿的数额来判处罚金。因为，第一，贿赂犯罪的情节并不是只有数额一个。如前所述，受贿罪的社会危害性并不仅仅表现在收受他人财物方面，更重要的是表现在职务行为及其社会影响方面，受贿人是否利用职务上的便利谋取私利、是否违反了岗位职责的要求、是否给国家和人民利益造成了损害，是衡量受贿罪情节严重与否的重要因素。同样地，行贿罪的社会危害性并不仅仅表现在给国家工作人员多少财物方面，而且表现在行贿所要谋取的利益的性质、行贿所使用的手段、行贿行为给国家和人民利益造成的危害等方面。因此，对受贿罪和行贿罪决定判处罚金的数额，应当是在全面评价受贿或行贿情节的基础上作出的裁量，而不应当是仅仅根据受贿或行贿的数额作出的决定。第二，在贿赂犯罪案件中，受贿、行贿的财物，通常都会作为涉案赃款赃物予以追回并没收，如果根据受贿或行贿的数额判处罚金，可能难以执行。特别是在重大受贿案件中，犯罪人收受的财物数额特别巨大，而他本身作为国家工作人员，除了非法所得之外，可能拥有的财产是很有限的。把受贿得来的财物追缴之后，再判处数额巨大的罚金，其本人是无法缴纳的。例如，据新华社2016年6月15日的报道，湖北省宜昌市中级人民法院对周滨作出判决：犯受贿罪，判处有期徒刑13年，并处罚金人民币1.9亿元；犯利用影响力受贿罪，判处有期徒刑8年，并处罚金人民币1.6亿元；犯非法经营罪，判处有期徒刑3年，并处罚金人民币20万元；决定执行有期徒刑18年，并处罚金人民币3.502亿元；对其违法所得予以追缴，上缴国库。这个判决可以说是按照"两高"《关于贪污贿赂的解释》作出的，但能否执行、是否合理、是否公平，就是一个很耐人寻味的问题。在违法所得已经追缴的情况下，周滨是否有足够的合法财产来支付这笔罚金？如果判处的罚金不能执行，法院判决的权威性就将丧失，这样判处也就失去了应有的意义。即使因为他经营多年，有足够的合法财产可以支付这样的罚金，但理性地思考这个问题，人们不仅要问：一个人，因自己的犯罪行为受到刑罚制裁的同时，还要必要承担超出自己犯罪数额的巨额合法财产被剥夺的重负吗？周滨伙同他人共同受贿9000多万元，被判处1.9亿元的罚金。以前判处的其他受贿人缴纳了如此高的罚金了吗？以后判处的受贿人会不会也判处如此巨额的罚金？笔者不是为任何人辩护，而是站在理性的立场探讨罚金刑适用的原则。因为受贿罪不同于经营型的犯罪，一方面，受贿人在经济上不具有经营的资本，不能完全按照违法经营的数额来判处罚金；另一方面，经营型犯罪人用以交易的是资金或财物，可以根据其在犯罪过程中的涉案资金或财物来判处罚金，但受贿人用以交易的筹码是手中的权力，权力是国家的，国家权力的价值不能用金钱来衡量，更不能用利用权力的人收取财物的数额来衡量。在实践中，同样是为他人谋取一个处级干部的官位，有的人受贿几百万元，有的人受贿只有几万元。前者被判重刑，后者被判轻刑。这已经体现了罪责刑相适应原则。如果再按照本人受贿数额的倍数判处罚金，人们就会猜想：给一个处级职位的权力到底值多少钱？这不仅对犯罪人不公平，而且对国家权力的价值判断亦不公平。因为罚金刑毕竟是一种附加刑，受贿人收受贿赂的情况在判处主刑时已经进行了全面的评价，附加的附加刑只是为了给其一定的经济制裁，以促使其吸取教训，不能把罚金的数额与权钱交易的数额直接挂起钩来。总之，在笔者看来，受贿人在被判处主刑、违法所得被追缴、来源不明的财产被没收之后，其合法财产往往是极为有限的，再对其判处巨额罚金，既不现实，也不具有合理性。

因此，判处罚金的数额要考虑其受贿或行贿的数额，但不能完全按照受贿或行贿的数额来确定罚金的数额。正确的做法应当是：

第一，罚金的数额应当与法定刑档次相适应。《刑法修正案（九）》将受贿罪的法定刑分为三个档次，这三个档次既考虑到受贿的数额大小，也考虑到受贿的情节严重程度。对受贿罪判处罚金，首先应当根据法定刑的不同档次来确定不同的罚金数额幅度，并在可能判处的主刑档次内确定罚金的具体数额。对于行贿罪，刑法同样规定了三个法定刑档次，判处罚金的幅度，也应当根据可能判处的法定刑档次来确定。"两高"《关于贪污贿赂的解释》针对三个档次的法定刑，分别规定了最低 10 万元以上、20 万元以上、50 万元以上三个级差的罚金数额，这是基本合理的。但是该解释规定的上限数额（即受贿数额 2 倍以下）则是在实践中难以实现的。如对受贿数额巨大和特别巨大的判处犯罪数额"二倍以下"的罚金，在实践中就意味着可能判处的罚金高达几千万元甚至几个亿的罚金。无论其合理性还是可行性，都是难以解释的。

第二，罚金的数额应当考虑案件的具体情况。在可能判处的罚金数额幅度内，判处具体的罚金数额，还应当考虑在具体案件中被告人退赃的情况、认罪的情况以及本人家庭生活的情况等，确定罚金的具体数额。对于全额退赃的，罚金可适当少一些，对因赃款赃物已经赠与他人、任意挥霍、非法投资等原因导致无法全额退赃的，判处的罚金就应当多一些。对认罪态度好、真诚悔罪、确有悔改表现的，对需要其扶养的人员较多、家庭生活困难的，可能判处的罚金应适当少一些。

在此，可能遇到的问题是，受贿人的家庭财产状况、行贿人的公司经营状况，能否作为确定罚金数额的因素？笔者认为，不能。在实践中，有的受贿人因其家庭成员经商办企业，家庭财产很多；有的则因为家庭开支较大而又没有其他经济来源，家庭财产相对很少。但是，我国刑法坚持的是罪责自负原则，家庭的财产状况不应当成为个人接受惩罚的因素，不能罪及家人。当然，如果家庭财产的来源与受贿人收受贿赂的行为有关，那么，其财产应当作为涉案款物来处理，而不是作为缴纳罚金的能力来考虑。同样地，行贿人中有的经商办企业，财大气粗；有的可能是用东拼西凑搞来的钱去行贿。对于行贿人判处罚金的数额，也应当是根据其行贿犯罪的情节来决定，而不应因为其财产状况的不同而导致数额悬殊的罚金。

在贿赂犯罪案件中，罚金能否独立适用？罚金作为我国刑法中规定的一种附加刑，本来既可以附加适用，也可以独立适用。但是，在刑法规定"并处罚金"的场合，只能作为附加刑来适用，也就是说，只有在对被告人判处主刑的情况下，才能适用"并处罚金"的规定，同时判处罚金；如果没有判处主刑，就不能单独判处罚金。而我国刑法对贿赂犯罪规定的罚金都是"并处罚金"，没有单处罚金或者把罚金作为选择适用的刑罚的规定。

问题在于，《刑法修正案（九）》对受贿罪和行贿罪都规定了从轻、减轻或者免除处罚的法定理由。当犯罪情节较轻，应当适用最低档次的法定刑，而犯罪人具有减轻或者免除处罚的法定理由时，或者当犯罪情节虽然严重，但有免除处罚的法定理由时，对受贿人或行贿人就不能判处主刑。在这种情况下，还能不能对其判处罚金？一种观点认为，免除处罚是免除应当判处的主刑，并不必然免除附加刑，而且若连附加刑都免除，不符合刑法对贪利性犯罪设置罚金的立法目的。另一种观点认为，"并处罚金"意味着罚金的适用是在判处主刑的同时判处罚金，如果连主刑都不判，就不能判处罚金。笔者认为，按照罪刑法定原则，既然刑法规定的是"并处罚金"，那么，在适用免除处罚的规定时，就应当遵循"并处"的精神，在不判处主刑的同时，也不判处罚金。在适用"减轻处罚"的规定时，既可以减轻主刑，也可以减轻附加刑。如果按照刑法的规定，既要判处3年以下有期徒刑或者拘役，又要判处一定数额的罚金，那么，人民法院根据案件的具体情况，减轻其中任何一个，即在应当判处的刑罚中减轻主刑，或者减少附加刑，并没有违反"减轻处罚"的规定。但是如果免除了其中任何一个，就不再是"减轻处罚"，而成了"免除处罚"。因此，即使在适用最低档次法定刑的受贿人或者行贿人减轻处罚的情况下，也不能只判处主刑而免除罚金，或者只判处罚金而免除主刑。如果是本应适用第二或第三档次法定刑的受贿人或行贿人，减轻处罚只能在下一个法定刑档次内选择适用的刑罚，那就更应当遵守"并处"的规定，不能只判处罚金。而在适用"免除处罚"的情况下，无论对本应适用哪个法定刑档次的受贿人或行贿人，都不能单独判处罚金。

五、关于对有影响力的人行贿罪的法律适用

《刑法修正案（九）》在调整贿赂犯罪法定刑的同时，增加了对有影响力的人行贿罪的规定，使刑法惩治贿赂犯罪的法网更加严密。贿赂犯罪是一种对合性犯罪，有受贿的，必然就

有行贿的。《刑法修正案（七）》根据贿赂犯罪在司法实践中反映出来的突出问题，增加了利用影响力受贿罪。但是，从司法实践中看，仅仅惩罚利用有影响力受贿的人，而不惩罚行贿的人，不利于遏制这类犯罪的蔓延。因此，《刑法修正案（九）》根据同这类犯罪作斗争的实际需要，设置了对有影响力的人行贿罪。

对有影响力的人行贿罪是《刑法修正案（九）》新增加的一个罪名。该罪的犯罪主体既可以是任何一个自然人包括国家工作人员，也可以是单位。犯罪对象即行贿的对象包括五种人：一是国家工作人员的近亲属，即国家工作人员的配偶、父母、子女或同胞兄弟姐妹；二是其他与该国家工作人员关系密切的人；三是离职的国家工作人员；四是离职的国家工作人员的近亲属；五是其他与该离职的国家工作人员关系密切的人。构成该罪，必须是为谋取不正当利益而向有影响力的人行贿。

《刑法修正案（九）》对该罪规定的法定刑，包含了四个档次，即：构成犯罪的，处3年以下有期徒刑或者拘役，并处罚金；情节严重的，或者使国家利益遭受重大损失的，处3年以上7年以下有期徒刑，并处罚金；情节特别严重的，或者使国家利益遭受特别重大损失的，处7年以上10年以下有期徒刑，并处罚金；单位犯该罪的，对单位判处罚金，并对直接负责的主管人员和其他直接责任人员处3年以下有期徒刑或者拘役，并处罚金。

除了前文讨论的共性问题（关于情节严重、情节特别严重以及使国家利益遭受重大损失、特别重大损失等）之外，对有影响力的人行贿罪的法律适用，还有三个问题需要进一步研究。

一是构成犯罪的标准问题。《刑法修正案（九）》增加的对有影响力的人行贿罪,是针对《刑法修正案(七)》中增加的利用影响力受贿罪而设的。因为它们是一种对合性犯罪。有利用影响力受贿的人,就有对有影响力的人行贿的人。但是,《刑法修正案(七)》关于利用影响力受贿罪的规定,是把"数额较大或者有其他较重情节"作为构成犯罪的要件加以规定的。只有受贿的数额达到"较大"的标准或者有其他较重的情节,才能构成利用影响力受贿罪。而《刑法修正案(九)》关于对有影响力的人行贿罪的规定中,并没有数额或者情节的要求。按照《刑法修正案(九)》的规定,似乎只要是向有影响力的人行贿,无论数额多少、情节严重与否,都构成对有影响力的人行贿罪。但是,这样理解并不符合立法的原意,不符合罪责刑相适应的基本原理。一方面,在受贿与行贿之间,刑法打击的重点是受贿,不仅对受贿行为构成犯罪规定的条件严格,而且对受贿的处罚重于对行贿的处罚。因为受贿人拥有公共权力或者影响力,在行贿、受贿中居于优势地位,并且作为国家工作人员负有廉洁奉公的职责。另一方面,行贿人往往是为了自身的利益向特定的人行贿,而受贿人则是利用公共权力或者影响力向不特定的人收受财物,可能接受的财物范围要宽得多。因此在司法实践中,对受贿数额与行贿数额相同的,往往是对受贿人所判处的刑罚重于对行贿人判处的刑罚。因此,在对有影响力的人行贿罪中,虽然没有明文规定"数额较大"或"情节较重"的要件,但在具体适用法律时,应当考虑与其对应的利用影响力受贿罪的构成要件,把"情节较重"作为判处3年以下有期徒刑或者拘役、并处罚金的适用标准。对于行贿数额不大并且没有较重情节的,就不应作为犯罪来处理。

二是法定刑档次划分的标准问题。基于上述理由,对有影响力的人行贿罪的法定刑档次的适用标准,应当参考利用影响力受贿罪法定刑档次的划分标准。《刑法修正案（七）》关于利用影响力受贿罪的法定刑档次的规定是："数额较大或者有其他较重情节的，处三年以下有期徒刑或者拘役，并处罚金；数额巨大或者有其他严重情节的，处三年以上七年以下有期徒刑，并处罚金；数额特别巨大或者有其他特别严重情节的，处七年以上有期徒刑，并处罚金或者没收财产。"参照这个标准，结合《刑法修正案（九）》的规定，对有影响力的人行贿罪法定刑档次的划分应当是：数额较大或者有其他较重情节的，处3年以下有期徒刑或者拘役，并处罚金；严重情节包括数额巨大的，或者使国家利益遭受重大损失的，处3年以上7年以下有期徒刑，并处罚金；情节特别严重包括数额特别巨大的，或者使国家利益遭受特别重大损失的，处7年以上10年以下有期徒刑，并处罚金。至于数额较大、巨大、特别巨大的标准，应当参照行贿罪的数额标准来把握。

三是单位犯罪中自然人的处罚问题。按照《刑法修正案（九）》的规定，在单位犯对有影响力的人行贿罪的场合，除了对单位判处罚金之外，对其直接负责的主管人员和其他直接责任人员，处3年以下有期徒刑或者拘役，并处罚金。这就意味着，在单位犯该罪的情况下，无论情节多么严重，数额多么巨大，使国家利益遭受的损失多么重大，对自然人只能判处3年以下有期徒刑或者拘役，而不能适用自然人犯该罪的刑罚。

当然，这个规定在适用时，应当考虑法律规范的协调性。刑法第164条在规定对非国家工作人员行贿罪和对外国公职人员、国际公共组织官员行贿罪时，确立的处罚原则是：对单位判处罚金，并对其直接负责的主管人员和其他直接责任人员，依照自然人犯罪的规定处罚。刑法第391条在规定对单位行贿罪时，确立的处罚原则，也是对单位判处罚金，并对其直接负责的主管人员和其他直接责任人员，依照自然人犯罪的规定处罚。在规定对有影响力的人行贿罪时，本应遵循相同的处罚原则，因为它们是性质相同、表现形式和社会危害最相类似的犯罪，但由于立法时的疏漏或基于其他考虑，作出了不同的处罚原则。在司法实践中，适用这个规定，应当遵循罪刑法定原则，不能突破刑法的规定，即在单位犯对有影响力的人行贿罪的案件中，对自然人判处的刑罚不能超过3年有期徒刑。但是否适用该款的规定，应当慎重。对以单位名义实施但未经单位集体决策的行贿行为，不能轻易地认定为单位犯罪，构成对有影响力的人行贿罪的，应当以自然人犯罪来追究刑事责任。

（原载《中国刑事法杂志》2018年第4期）

宽严相济政策的司法适用

实施宽严相济的刑事司法政策，是党的十六届六中全会在《中共中央关于构建社会主义和谐社会若干重大问题的决定》中从构建社会主义和谐社会出发，对政法工作提出的明确要求，也是近年来刑事法律学界讨论的一个热点话题。

贯彻落实宽严相济的刑事政策，对于有效打击犯罪和预防犯罪，化解矛盾、维护社会稳定、依法保障人权，实现法律效果与社会效果的有机统一，促进社会和谐，都具有重要意义。但是如果这个政策运用不当，也会导致南辕北辙的结果。因此，贯彻宽严相济的刑事政策，一定要强调和保证它的正确运用。

一、司法实践中如何区分宽与严

一般认为，宽严相济的刑事政策就是对刑事犯罪分清轻重，区别对待，该严则严，当宽则宽，宽中有严，严中有宽。[1] 宽严相济应该包括三层含义、六个方面，即："该严则严，当宽则宽；严中有宽，宽中有严；宽严并用，宽严有度"。其中，

---

[1] 参见马克昌：《宽严相济的刑事政策与死刑的完善》，载《和谐社会的刑事法治》（上卷：刑事政策与刑罚改革研究），中国人民公安大学出版社2006年版，第707页。

第一层含义讲的是区别对待，要按照刑法的规定，对应当从严的，要严厉打击；对应当从宽的，要从宽处理。严厉打击，包括在侦查时要严肃认真，在认定时要从严掌握，在处理时要从重处罚。但是从重处罚不是严打时强调的那种"顶格判处"，而是要根据案件的具体情况，在刑法规定的法定性幅度内考虑从重。从宽处理，也不是放纵犯罪、一概不予追究，而是在查清案件的基本事实的基础上，从宽掌握认定犯罪的标准，从宽适用不起诉，并在被告人认罪的基础上简化案件办理的程序，从轻判处刑罚。第二层含义讲的是合理适用，要根据案件的具体情况，合理地区分行为人的责任，即使是重罪，如果行为人的责任较小或者具有从轻处罚的情节，也要在刑法规定的范围内从宽处理；即使是轻罪，如果行为人的责任较大或者情节比较恶劣，也要在刑法规定的范围内从严处理。第三层含义讲的是平衡执法，在整个司法活动中要保持刑法适用的均衡性，不能顾此失彼，而要兼顾不同的方面；不能说严就严得过分，说宽就宽大无边，而要保证全面正确地执行刑法。

然而，"该严则严，当宽则宽"，说起来很容易，做起来很难。因为，什么情况下"该严"，什么情况下"当宽"，本身需要深入的研究，特别是在具体案件中对具体的行为人究竟该严还是当宽，并没有一个明确的、可以让办案人员直接操作的标尺。

笔者认为，根据刑法的规定及其精神，在司法实践中可以从四个层次来把握该严还是当宽：

（一）从刑法的明示规定上区分宽与严（第一级）

刑法中明确规定从重处罚的，应当从严；明确规定应当或者可以从轻、减轻或者免除处罚的，应当从宽。

刑法总则中规定了应当从轻、减轻或者免除处罚的 12 种情况：(1) 对于尚未完全丧失辨认或者控制自己行为能力的精神病人犯罪的，可以从轻或者减轻处罚；(2) 又聋又哑的人或者盲人犯罪，可以从轻、减轻或者免除处罚；(3) 预备犯可以比照既遂犯从轻、减轻处罚或者免除处罚；(4) 未遂犯可以比照既遂犯从轻或者减轻处罚；(5) 中止犯应当免除处罚或者应当减轻处罚；(6) 从犯应当从轻、减轻处罚或者免除处罚；(7) 胁迫犯应当按照他的犯罪情节减轻处罚或者免除处罚；(8) 被教唆的人没有犯被教唆的罪，对于教唆犯可以从轻或者减轻处罚；(9) 自首可以从轻或者减轻处罚，其中犯罪较轻的，可以免除处罚；(10) 有立功表现的，可以从轻或者减轻处罚；(11) 有重大立功表现的，可以减轻或者免除处罚；(12) 犯罪后自首又有重大立功表现的，应当减轻或者免除处罚。

刑法分则中规定了3种可以从轻或者免除处罚的情况，涉及6个条文7个罪名：第一种情况是贪污罪和受贿罪。按照刑法第383条和第386条的规定，犯贪污罪、受贿罪后有悔改表现、积极退赃的，如果贪污或者受贿数额不大，可以减轻处罚或者免予刑事处罚，由其所在单位或者上级主管机关给予行政处分；如果贪污或者受贿数额较小（但已构成犯罪）并且情节较轻的，由其所在单位或者上级主管机关酌情给予行政处分，即可以不作为犯罪处理。第二种情况是行贿罪。按照刑法第164条、第390条、第392条的规定，犯向公司、企业或者其他单位人员行贿罪、行贿罪、介绍贿赂罪的，行为人在被追诉前主动交代行贿行为的，可以减轻处罚或者免除处罚。第三种情况是非法种植毒品原植物罪。按照刑法第351条的规定，非法种植罂粟500株以上不满3000株或者其他毒品原植物数量较大的，即构成犯罪，应受处5年以下有期徒刑、拘役或者管制的处罚，并处罚金，但是如果行为人在收获前自动铲除的，可以免除处罚。

具体案件中有刑法总则和分则规定的上述情况之一的，就应当考虑对有关犯罪人依照刑法的规定从宽处理。

按照刑法规定，应当从严的情况，总则中有两种，即教唆不满18周岁的人犯罪的，应当从重处罚；累犯应当从重处罚。刑法分则中明确规定从重处罚的有八种情况，对于这八种情况都应当从严。

刑法分则中明确规定从重处罚的，有以下八种情况：

第一，以特定人员（主要是未成年人）为对象实施的犯罪。

（1）刑法第104条第2款规定："策动、胁迫、勾引、收买国家机关工作人员、武装部队人员、人民警察、民兵进行武装叛乱或者武装暴乱的，依照前款的规定从重处罚。"

（2）刑法第279条第2款规定：冒充人民警察招摇撞骗的，依照前款（招摇撞骗罪）的规定从重处罚。

（3）刑法第236条规定：奸淫不满14周岁的幼女的，以强奸论，从重处罚。

（4）刑法第237条第3款规定：猥亵儿童的，依照前两款的规定从重处罚。

（5）刑法第301条第2款规定：引诱未成年人参加聚众淫乱活动的，依照前款（聚众淫乱罪）的规定从重处罚。

（6）刑法第347条第6款规定：利用、教唆未成年人走私、贩卖、运输、制造毒品，或者向未成年人出售毒品的，从重处罚。

（7）刑法第353条第3款规定：引诱、教唆、欺骗或者强迫未成年人吸食、注射毒品的，从重处罚。

(8) 刑法第 364 条第 4 款规定：向不满 18 周岁的未成年人传播淫秽物品的，从重处罚。

第二，以受保护物品为对象的犯罪。

(1) 刑法第 345 条第 4 款规定：盗伐、滥伐国家级自然保护区内的森林或者其他林木的，从重处罚。

(2) 刑法第 384 条第 2 款规定：挪用用于救灾、抢险、防汛、优抚、扶贫、移民、救济款物归个人使用的，（依照挪用公款罪）从重处罚。

第三，有特殊身份的人实施的或者利用职务便利实施的普通犯罪。

(1) 刑法第 109 条第 2 款规定：掌握国家秘密的国家工作人员犯前款罪（叛逃罪）的，依照前款的规定从重处罚。

(2) 刑法第 238 条第 4 款规定：国家机关工作人员利用职权犯前三款罪（非法拘禁罪）的，依照前三款的规定从重处罚。

(3) 刑法第 243 条规定：国家机关工作人员犯前款罪（诬告陷害罪）的，从重处罚。

(4) 刑法第 307 条第 3 款规定：司法工作人员犯前两款罪（妨害作证罪和帮助毁灭、伪造证据罪）的，从重处罚。

(5) 刑法第 349 条第 2 款规定：缉毒人员或者其他国家机关工作人员掩护、包庇走私、贩卖、运输、制造毒品的犯罪分子的，依照前款（包庇毒品犯罪分子罪和窝藏、转移、隐瞒毒品、毒赃罪）的规定从重处罚。

(6) 刑法第 361 条规定：旅馆业、饮食服务业、文化娱乐业、出租汽车业等单位的人员，利用本单位的条件，组织、强迫、引诱、容留、介绍他人卖淫的，依照本法第 358 条、第 359 条的规定定罪处罚。前款所列单位的主要负责人，犯前款罪的，从重处罚。

第四，复合型犯罪[1]（分别实施其中任何一个行为就构成犯罪，而实施了相关的两个行为的）。

（1）刑法第171条第3款规定：伪造货币并出售或者运输伪造的货币的，依照本法第170条的规定定罪从重处罚。

（2）刑法第247条规定：司法工作人员对犯罪嫌疑人、被告人实行刑讯逼供或者使用暴力逼取证人证言的，处3年以下有期徒刑或者拘役。致人伤残、死亡的，依照本法第234条（故意伤害罪）、第232条（故意杀人罪）的规定定罪从重处罚。

（3）刑法第248条规定：监狱、拘留所、看守所等监管机构的监管人员对被监管人进行殴打或者体罚虐待，情节严重的，处3年以下有期徒刑或者拘役；情节特别严重的，处3年以上10年以下有期徒刑。致人伤残、死亡的，依照本法第234条、第232条的规定定罪从重处罚。

（4）刑法第253条第2款规定：犯前款罪（私自开拆、隐匿、毁弃邮件、电报罪）而窃取财物的，依照本法第264条（盗窃罪）的规定定罪从重处罚。

（5）刑法第364条第3款规定：制作、复制淫秽的电影、录像等音像制品组织播放的，依照第2款（组织播放淫秽音像制品罪）的规定从重处罚。

第五，以特定手段实施犯罪的。

（1）刑法第157条规定：武装掩护走私的，依照本法第

---

[1] 在刑法理论上，有吸收犯和牵连犯之说。吸收犯是指实际上是两个以上的行为分别都构成犯罪，但是由于刑法的规定，按一个罪论处；牵连犯是指实际上是一个行为过程，但是其目的行为或者手段行为可以独立构成犯罪，在处理上按一个罪从重处罚。吸收犯与牵连犯之间常常具有交叉或重合关系。

151条第1款、第4款的规定从重处罚。

（2）刑法第386条规定：对犯受贿罪的，根据受贿所得数额及情节，依照本法第383条的规定处罚。索贿的从重处罚。

第六，犯罪中具有特定情节的。

（1）刑法第238条规定：非法拘禁他人或者以其他方法非法剥夺他人人身自由的，处3年以下有期徒刑、拘役、管制或者剥夺政治权利。具有殴打、侮辱情节的，从重处罚。

（2）刑法第356条规定：因走私、贩卖、运输、制造、非法持有毒品罪被判过刑，又犯本节规定之罪的，从重处罚。

第七，特定时期实施犯罪的。

（1）刑法第369条规定：破坏武器装备、军事设施、军事通信的，处3年以下有期徒刑、拘役或者管制；破坏重要武器装备、军事设施、军事通信的，处3年以上10年以下有期徒刑；情节特别严重的，处10年以上有期徒刑、无期徒刑或者死刑。战时从重处罚。

（2）刑法第426条规定：以暴力、威胁方法，阻碍指挥人员或者值班、值勤人员执行职务的，处5年以下有期徒刑或者拘役；情节严重的，处5年以上有期徒刑；致人重伤、死亡的，或者有其他特别严重情节的，处无期徒刑或者死刑。战时从重处罚。

第八，与特定对象结合实施的犯罪。

刑法第106条规定：与境外机构、组织、个人相勾结，实施本章第103条、第104条、第105条规定之罪的，依照各该条的规定从重处罚。

刑法中规定的应当从重处罚的这八种情况，反映了刑法评价的价值取向，即这些情节，在刑法评价上属于刑法强烈否定的情况，所以在处分上对其要坚持从严的精神。这些规定，都是在对犯罪人适用刑法时必须遵守的。有这些情节之一，就是应当从严处理的案件。

(二) 从罪种上区分宽与严（第二级）

从罪种上看，重罪应当从严，轻罪应当从宽，可轻可重的罪应当根据情节来决定从宽还是从严。

1. 轻罪

轻罪是指刑法中规定的法定最高刑为 3 年以下有期徒刑的犯罪。

以法定最高刑为 3 年以下有期徒刑为标志来界定轻罪，其主要理由是：第一，我国刑法中规定的有期徒刑最长为 15 年有期徒刑（数罪并罚的除外），而 3 年以下有期徒刑，在有期徒刑中不超过最高有期徒刑的 1/5，应当属于比较轻的；第二，在社会观念上，两三年一般认为不算什么，但是坐五年七年牢谁也不会说无所谓；第三，在法律上，刑法规定应判刑罚在 3 年以下的，可以适用缓刑，表明在法律评价上，3 年有期徒刑属于较轻的犯罪；第四，刑法中规定最低刑为 3 年以上有期徒刑的犯罪都是比较严重的犯罪，把轻罪界定为法定最高刑为 3 年以下有期徒刑，可以与法定最低刑为 3 年以上有期徒刑的犯罪（即重罪）相衔接。

在刑法中[1]，法定最高刑在三年以下的有 81 个条款，85 个罪名。其中：3 年以下的 68 个条款，71 个罪名；2 年以下的 11 个条款，12 个罪名；1 年以下的 2 个条款，2 个罪名。在这 81 个条款中，58 个条款都是以情节为犯罪构成要件的（情节严重 33 处，情节恶劣 4 处，后果严重或造成严重后果 9 处，造

---

[1] 本文中有关刑法中相关数据的统计仅限于 1997 年修订后的刑法，没有包括此后对刑法的补充修改和修正案。

成重大损失或严重损害8处，数额较大或数量较大2处，数额巨大2处）。这说明在轻罪中，情节的轻重是区分罪与非罪的重要因素。

2. 重罪

刑法规定的法定最低刑为3年以上有期徒刑的犯罪应当属于重罪。

从刑法中的规定看，最低刑在3年以上有期徒刑的犯罪，其最高刑往往是死刑、无期徒刑或者15年有期徒刑，至少是10年有期徒刑。这本身表明，这些犯罪在刑法评价中属于比较严重的犯罪。

刑法中法定最低刑在3年以上有期徒刑的33个条款，37个罪名。这些犯罪，由于刑法规定的刑罚起刑点很高，所以刑法学界一般都认为它们是重罪。对于这些犯罪，自然应当从严适用刑法。

3. 可轻可重的罪

刑法规定的法定刑最低为管制、拘役或者6个月有期徒刑，而最高在5年有期徒刑以上的，应当属于可轻可重的犯罪。

从刑法中的规定看，除了前述两种情况之外，其他犯罪的法定刑，都是从管制、拘役、6个月有期徒刑或者剥夺政治权利、罚金起，到5年、7年、10年、15年有期徒刑或者无期徒刑、死刑。其中，从拘役或者6个月有期徒刑到无期徒刑、死刑的就有50个条款。有的甚至是从不予追究刑事责任一直到可以判处死刑，如贪污罪、受贿罪。这些犯罪，既可以是很轻的罪，也可以是很重的罪。并且这类犯罪在我国刑法中所占的比例很大。也就是说，我国刑法中的大部分犯罪，单纯从罪名上很难说它是重罪还是轻罪，都需要根据犯罪的具体情节来决定从轻还是从重。

(三) 从犯罪情节上区分宽与严（第三级）

情节重的应当从严，情节轻的应当从宽。

1. 刑法中关于情节的规定

情节是刑法中一个非常重要的范畴。"情节"一词在整部刑法中先后就出现过293次（其中总则10处，分则283处），是使用频率最高的一个词。

在我国刑法分则的350个条文中，有519处使用了不确定的词语作为行为构成犯罪的法定要件或者作为划分法定刑档次的事实根据。其中，刑法分则中使用"情节严重"一词就有137处。在137处情节严重的规定中，有66处是关于提高法定刑档次的规定，有71处是关于犯罪构成要件的规定。这71个"情节严重"，涉及68个条文76个罪名。还有一些地方使用了情节、恶劣情节、情节轻重等。另外有41处使用了"数额较大"，46处使用了"数额巨大"，10处使用了"数量较大"，9处使用了"后果严重"，15处使用了"后果特别严重"，59处使用了"造成严重后果"，46处使用了"造成重大损失"。因此，如何正确理解和准确把握情节的含义，是正确贯彻宽严相济司法政策的一个重要方面。

刑法关于情节的规定，有三种方式：一是只规定"情节严重"或者"情节特别严重"；二是只规定"情节恶劣"或者"情节特别恶劣"；三是明确规定具体情节，如数额、数量、造成的后果等。

2. 情节的作用

情节在刑法中的作用，主要有两个：一是影响行为是否构成犯罪；二是影响犯罪行为的法定刑档次。

在具体案件中，情节的作用，根据刑法规定的不同而有所

区别:

（1）在行为犯中,情节影响犯罪的构成。刑法对某些犯罪只规定了行为,如刑法第238条规定:"非法拘禁他人或者以其他方法非法剥夺他人人身自由的,处三年以下有期徒刑、拘役、管制或者剥夺政治权利。"在这类犯罪的构成要件中,没有关于情节的明确要求,似乎只要实施了刑法规定的行为,就构成犯罪了。其实不然。一方面,刑法总则中明确规定,情节显著轻微危害不大的不认为是犯罪。这就意味着虽然实施了刑法规定的行为,但是如果是情节显著轻微危害不大的,就不能作为犯罪来处理。可见,情节是否显著轻微对这类行为是否构成犯罪,具有一定的影响,不能完全断定只要实施了刑法规定的行为就自然构成犯罪。另一方面,我国有一个治安行政管理处罚法。该法中规定的许多行为,与刑法中规定的行为,在表现形式上是完全相同的。在具体案件中决定对行为人适用治安行政管理处罚法还是适用刑法,其依据只能是情节。因此,构成犯罪的行为本身应当是比适用治安行政管理处罚法的行为情节更严重的。

（2）在情节犯中,情节本身是犯罪构成的要件,因而是决定犯罪是否成立的一个必要因素。例如,刑法第248条规定:"监狱、拘留所、看守所等监管机构的监管人员对被监管人进行殴打或者体罚虐待,情节严重的,处三年以下有期徒刑或者拘役;情节特别严重的,处三年以上十年以下有期徒刑。"在这类犯罪的构成要件中,"情节严重"是行为构成犯罪的一个必须具备的要素。虽然实施了刑法规定的行为,但是情节不严重的,仍然不构成犯罪。

（3）在结果犯中,情节是决定对犯罪适用刑罚的重要事实依据之一。结果犯本身也是情节犯,只是它是以一个或几个具体情节即结果或后果为犯罪构成要件的。例如,刑法第 403 条规定:"国家有关主管部门的国家机关工作人员,徇私舞弊,滥用职权,对不符合法律规定条件的公司设立、登记申请或者股票、债券发行、上市申请,予以批准或者登记,致使公共财产、国家和人民利益遭受重大损失的,处五年以下有期徒刑或者拘役。"在这类规定中,情节就具体规定为结果要件,即"致使公共财产、国家和人民利益遭受重大损失"。又如,刑法第 351 条规定:"非法种植罂粟、大麻等毒品原植物的,一律强制铲除。有下列情形之一的,处五年以下有期徒刑、拘役或者管制,并处罚金:(一)种植罂粟五百株以上不满三千株或者其他毒品原植物数量较大的;(二)经公安机关处理后又种植的;(三)抗拒铲除的。"按照这个规定,非法种植罂粟的行为,必须具有条文中明确规定的三种情形之一,才能构成犯罪而被追究刑事责任。这三种情形实际上就是"情节"的三种具体表现形式。在这类犯罪中,行为没有造成危害结果或者危害结果没有达到刑法规定的程度,行为就不能作为犯罪来追究。而情节犯是以"情节严重"或者"情节恶劣"这种综合的情节为犯罪构成要件的。

(4)在未完成的犯罪中,情节是决定要不要追究犯罪人刑事责任的主要事实依据。

(5)在共同犯罪中,情节直接关系到犯罪人之间的责任划分。

3. 情节轻重的区分

情节对犯罪的认定和处理具有重要的意义,那么如何确定情节的轻重呢?笔者认为,应当从以下几个方面来把握:

"情节"严重与否,通常是就行为的客观表现而言的。由于情节严重与否直接关系到行为对社会的危害程度,所以对于行为是否构成犯罪以及是否应当处以较重的刑罚，具有直接的关系。在一个具体案件，衡量情节是否严重，应当考虑以下一些因素：（1）行为的次数；（2）行为所及产物或物品的数量；（3）行为所造成的结果及其危害程度；（4）行为所引起的后果及其影响程度；（5）是否结伙实施；（6）是否在特定的时间、地点实施；（7）是否以特定的方式或者针对特定的对象实施。这些因素都可能影响到行为对社会的危害程度，因而是衡量情节是否严重的主要参数。在刑法将"情节严重"规定为犯罪构成要件的情况下，这些因素直接决定着行为是否构成犯罪；在刑法对"情节严重"或者"情节特别严重"规定了较重的法定刑档次的情况下，这些因素也是适用较重的法定刑的事实依据。而在刑法没有明确规定情节的犯罪中，这些因素也可能影响到对行为是否构成犯罪或者是否适用较重的刑罚。因此，这些因素是决定对犯罪人从严还是从宽时应当考虑的因素。

"情节"恶劣与否，通常是就行为人的主观心态而言的。由于它直接关系到行为的性质和行为人的法律容忍度，因而也会在一定程度上影响犯罪的构成，并且直接影响到人们对行为人可改造程度的认识，进而影响对其应当适用的刑罚。衡量"情节"是否恶劣，应当考虑以下一些因素：（1）行为的动机是否卑劣；（2）行为的目的是否恶毒；（3）对行为危害性的认识程度是否清晰；（4）行为方式、手段所反映的心态被社会接受的程度或者接近一般人心态的程度；（5）犯罪的实施是否具有预谋以及预谋的情况；（6）对犯罪的发生是否具有原因力（行为人先前的行为是否具有引起、导致犯罪发生的作用）；（7）在共同犯罪中是否属于策划、组织、指挥者；（8）在行为实施过程中是否表现出不顾一切后果地去实现犯罪目的，或者刻意排除困难地去实施犯罪行为，或者不听劝阻和告诫执意要实施犯罪行为。这些因素都在一定程度上反映了行为人的主观恶性，有的甚至影响到行为的性质和危害程度或者行为人的责任程度。因此在刑法将"情节恶劣"规定为犯罪构成要件的情况下，直接决定着某个具体行为是否构成犯罪；在刑法没有将"情节恶劣"规定为犯罪构成要件的情况下，这些因素也应当成为考虑是否对犯罪人从严还是从宽的因素。

值得注意的是，刑法在关于情节的一般规定中，往往只使用情节严重或者情节恶劣一个用语，这并不意味着立法者在此只规定了客观方面的情节或者只规定了主观方面的情节。这样规定，一是为了法律语言的简洁；二是因为行为本身的特点不同；三是对行为构成犯罪所要求的侧重点不同（使用"情节严重"的，侧重点一般在于行为的危害，使用"情节恶劣"的侧重点一般在于行为本身的性质和手段）。无论是对于情节严重的认定还是对于情节恶劣的认定，都应该全面考虑行为的主客观方面的表现，进行综合分析。

（四）从犯罪后的表现上区分宽与严（第四级）

饰罪（隐瞒掩饰罪行）的应当从严，悔罪的应当从宽。

关于犯罪人在犯罪后的表现，刑法中明确规定了三种情况：一是犯罪后自首的，可以从轻或者减轻处罚，其中犯罪较轻的可以免除处罚（刑法第67条）；二是犯罪后有立功表现的，可以从轻或者减轻处罚，有重大立功表现的，可以减轻或者免除处罚，犯罪后自首又有重大立功表现的，应当减轻或者免除处罚（刑法第68条）；三是犯罪后有"悔罪表现"，并且被判处拘役、3年以下有期徒刑的，可以宣告缓刑。这些规定表达了刑法的一个基本精神，即对于犯罪分子，如果其犯罪之后有悔改表现，表明其能够真诚悔改，刑法就给予宽大处理。

这既是我国刑法一贯坚持的惩办与宽大相结合刑事政策的内在要求，也是刑法目的的必然要求。

其实，悔罪表现对从严从宽的影响远不止刑法明确规定的这三种情况。比如：犯罪后积极主动地采取补救措施，挽回或减少损失的；真诚向被害人及其亲属道歉，尽力赔偿所造成的损失，取得被害人及其亲属谅解的；主动退还犯罪所得，补偿被害人损失的；犯罪后积极地尽最大努力去消除犯罪影响的，都反映了犯罪人具有悔改表现，其人身危险性较小，因而可以考虑从宽处理。相反，对于那些犯罪后采取种种卑鄙手段为自己开脱罪责的；毁灭证据、破坏现场的；嫁祸他人的；串供、制定攻守同盟的；威胁证人或者被害人及其亲属的；收买办案人员的；用新的犯罪掩饰旧的犯罪的等等，尽管刑法没有明确规定，都应当考虑从严处理。

二、宽严相济与严格执法

贯彻宽严相济的刑事政策并不意味着可以不严格执法。任何以贯彻宽严相济的刑事政策为名，忽视严格执法的倾向和做法都是错误的。

（一）宽严相济与罪刑法定原则的可溶性

罪刑法定是现代刑法的一个基本原则。最先起源于1215年英国国王约翰签署的《大宪章》第39条。其规定是："任何自由人非依同级贵族的合法判决，或遵照法律，国王不得对其加以逮捕、监禁、没收其领地、剥夺其法律所保护的权利或放逐出境。"以后在1689年英国的《权利法案》、1774年美国的《权利宣言》和1789年法国的《人权宣言》中，这个原则得到进一步的确认，并被表述为"法无明文规定不为罪，法无明文规定不处罚"。这个原则在发展过程中又派生出四个规则，即排斥习惯法、排斥不定期刑、禁止有罪类推、禁止重法溯及既往。

我国刑法在 1997 年修改的时候，明确规定了这个原则。第 3 条规定："法律明文规定为犯罪行为的，依照法律定罪处刑；法律没有明文规定为犯罪行为的，不得定罪处刑。"

对我国刑法中规定的罪刑法定原则，学术界有两种理解：一种观点认为，我国刑法中规定的罪刑法定，与西方国家的罪刑法定不同，是积极的罪刑法定与消极的罪刑法定相结合的产物。但是也有学者否定这种说法，认为，罪刑法定只有消极的含义，没有积极的功能。因为罪刑法定原则的指向只是为了防止法外定罪、法外用刑，以保护公民不受法外制裁。其本身不存在积极的意义。

与之相联系，对宽严相济与罪刑法定的关系也有两种相对立的观点：

有的学者认为，没有必要强调宽严相济，因为刑法已经明确规定了罪刑法定原则，并且对于该重的犯罪刑法已经规定了重刑，对于该轻的犯罪刑法也作了较轻的规定，只要严格按照刑法的规定适用刑法就足够了。如果是想在刑法的规定之外来从宽或者从重，那就违背了罪刑法定的基本原则，那就是对法制的破坏。

另一种观点则认为，宽严相济与罪刑法定并不矛盾。刑法虽然对该重的规定了重刑，对该轻的规定了轻刑，但是在刑法规定的范围内还有一个如何处理的问题，因为刑法针对的是类型化了的犯罪，而在刑事司法中，犯罪行为和犯罪人都是个别化的，只有对具体的人和具体的行为进行区别对待，才有利于刑法目的的实现。

笔者认为，在中国刑法中，对罪刑法定原则从两个方面来规定，与我们国家法制建设的实际情况是相适应的。在依法办事还没有成为人们包括司法机关的习惯的情况下，强调严格依法是很有必要的，不能否定其积极意义。但是也要看到，刑法的规定，一方面是类型化的规定，对于同一类型的不同情况，刑法不可能规定得很具体，严格依法也还存在一个如何具体适用刑法的问题；另一方面，我国的立法技术还不够成熟，刑法的规定本身还存在着许多该明确规定的不够明确，该类型化的类型化程度不高的问题，即有些规定过于具体，涵盖面太窄。如刑法第 165 条规定了"国有公司、企业的董事、经理"。总裁、总监、厂长算不算？刑法第 187 条规定，银行或者其他金融机构的工作人员以牟利为目的，"采取吸收客户资金不入账的方式"，将资金用于非法拆借、发放贷款，造成重大损失的。其他方式一概不算，行不行？在这种情况下，没有必要的政策指导，显然不利于刑法的正确实施。宽严相济的刑事政策正是为了保证刑法的正确适用，更好地实现刑法适用的目的而提出来的，是在严格依法的前提下要求司法机关对该严的严，对该宽的宽。因此它与罪刑法定原则不仅不冲突，而且是贯彻罪刑法定原则所需要的。

有的学者认为，讲宽严相济就可能违反罪刑法定原则，导致不严格执法的问题。

事实上，宽严相济与罪刑法定并不矛盾。相反，贯彻宽严相济的刑事司法政策，必须严格执法。只有严格执法，才能保障宽严相济的目的的正确实现，才符合社会主义法治理念的基本要求。

那么，宽严相济与罪刑法定如何融合？

贯彻宽严相济必须严格在法律规定的范围内适用刑法，即必须在法律空间内进行。因为法律在规定罪刑法定原则的同时，为执行法律预留下了必要的空间（我们国家的法律所预留的空间十分大）。法律空间，既是宽严相济的樊篱，贯彻宽严相济不得超越法律空间的范围，也是宽严相济合法性的保障，在法律空间范围内按照宽严相济的精神处理案件就不存在违反罪刑法定原则的问题。

我国法律所预留的法律空间，主要有四个方面：

1. 犯罪定义

刑法第13条规定："一切危害国家主权、领土完整和安全，分裂国家、颠覆人民民主专政的政权和推翻社会主义制度，破坏社会秩序和经济秩序，侵犯国有财产或者劳动群众集体所有的财产，侵犯公民私人所有的财产，侵犯公民的人身权利、民主权利和其他权利，以及其他危害社会的行为，依照法律应当受刑罚处罚的，都是犯罪，但是情节显著轻微危害不大的，不认为是犯罪。"

按照刑法的这个规定，一个行为，即使形式上符合每个犯罪的构成要件，但是如果综合全案的情况可以认定为"情节显著轻微危害不大"的，就可以不认为是犯罪。

2. 犯罪情节

刑事诉讼法第15条规定："有下列情形之一的，不追究刑事责任，已经追究的，应当撤销案件，或者不起诉，或者终止审理，或者宣告无罪：（一）情节显著轻微、危害不大，不认为是犯罪的；（二）犯罪已过追诉时效期限的；（三）经特赦令免除刑罚的；（四）依照刑法告诉才处理的犯罪，没有告诉或者撤回告诉的；（五）犯罪嫌疑人、被告人死亡的；（六）其他法律规定免予追究刑事责任的。"

刑事诉讼法的这个规定，从程序法的角度，为司法机关对构成犯罪的行为不追究刑事责任提供了法律依据。一个案件，如果具有刑事诉讼法第15条规定的情形之一，司法机关就可以不对其进行追究。

3. 免予处罚

刑法第37条规定:"对于犯罪情节轻微不需要判处刑罚的,可以免予刑事处罚,但是可以根据案件的不同情况,予以训诫或者责令具结悔过、赔礼道歉、赔偿损失,或者由主管部门予以行政处罚或者行政处分。"

刑事诉讼法第142条规定:"犯罪嫌疑人有本法第十五条规定的情形之一的,人民检察院应当作出不起诉决定。对于犯罪情节轻微,依照刑法规定不需要判处刑罚或者免除刑罚的,人民检察院可以作出不起诉决定。"

刑法、刑事诉讼法的上述规定,为司法机关贯彻宽严相济的刑事政策,对犯罪情节轻微的案件不予追究刑事责任,提供了法律依据。

4. 减轻处罚

刑法第63条规定:"犯罪分子具有本法规定的减轻处罚情节的,应当在法定刑以下判处刑罚。犯罪分子虽然不具有本法规定的减轻处罚情节,但是根据案件的特殊情况,经最高人民法院核准,也可以在法定刑以下判处刑罚。"

这个规定,也为人民法院在对犯罪分子决定应当判处的刑罚时提供了贯彻宽严相济刑事政策的法律依据。人民法院对犯罪分子适用刑罚,可以根据宽严相济刑事政策的要求,按照刑法规定的条件和程序选择相应的刑罚。

(二) 司法实践中贯彻宽严相济的基本手段

在司法实践中贯彻宽严相济的刑事司法政策,其基本手段是法律赋予司法机关在办理刑事案件中的裁量权。

1. 在立案环节上的裁量权

在职务犯罪案件线索的初查上,对于影响恶劣或者危害严重以及其他应当从严的犯罪线索,要高度重视,认真初查,防止严重犯罪和犯罪人漏网。对于一般的职务犯罪案件线索,可以量力而查。

在决定职务犯罪案件的立案侦查的环节上,对于影响恶劣或者危害严重以及其他应当从严的案件,要严格掌握立案的标准,保证及时查处这类案件。对于应当从宽的案件,在立案的标准掌握上,也应当考虑从宽。

2. 在侦查环节上的裁量权

在犯罪案件的侦查过程中,对于应当从严的,要集中力量,重点侦破。在证据的收集、固定方面,要多下功夫,力求确实、充分。对于可以从宽的案件,则可以根据本单位司法资源的实际情况,组织力量进行侦破,在证据的收集固定方面,可以用"两个基本"来要求。

在行使批准逮捕权的过程中,对于应当从严的案件和犯罪嫌疑人,要认真审查,及时采取必要的强制措施,防止发生社会危险性或者妨碍侦查工作的进行。对于应当从宽的案件及犯罪嫌疑人,要尽可能地坚持不捕的原则。

3. 在起诉环节上的裁量权

在审查起诉过程中,要审慎行使起诉裁量权。对于应当从严的案件和犯罪嫌疑人,要严格犯罪构成的标准,正确认定犯罪性质,坚决予以起诉。对于应当从宽的案件和犯罪嫌疑人,要从宽掌握犯罪构成的标准,可以不认为是犯罪的,就不作为犯罪来处理;确实构成犯罪的,如果有被害人,应当积极做好当事人之间的和解工作。可以不起诉的,及时作出不起诉的决定;对于被不起诉人,要予以训诫或者责令具结悔过、赔礼道歉、赔偿损失,做好化解矛盾纠纷的工作。对于必须提起公诉的,也要依法向人民法院提出从宽处理或简化审理的建议。在证据标准上，对于应当从严的案件要坚持严格的标准，确保证据确实、充分；对于应当从宽的案件，可以考虑适当降低证据标准，特别是对于被告人认罪的案件，证据标准可以低一些，但是用以证明案件事实的证据也必须满足最低标准的要求，不能在基本的案件事实还没有搞清的情况下就对案件作出处理。

4. 在审判环节上的裁量权

在审判环节上，审判机关在贯彻宽严相济的刑事政策方面具有较大的裁量权。首先是对具体案件适用简易程序还是普通程序进行审理时，可以根据案件的具体情况，对可能判处较轻刑罚的适用简易程序，对应当从严处罚的案件适用普通程序。其次是在定罪与否的选择上，可以根据具体案件的情节，决定从严掌握还是从宽认定。对以情节为构成要件的犯罪，如果具有从宽的情节，可以认定为情节显著轻微的，就应当根据刑法第10条但书的规定，认定不构成犯罪。如果具有从严的情节，即使犯罪结果不十分严重，也不能轻易认定情节显著轻微。最后是在实际判处的刑罚选择上，应当根据案件本身是应该从严还是应该从宽决定实际判处的刑罚。对于应当从宽的案件，应该在法定刑范围内尽量选择比较轻的刑种和刑罚幅度，符合适用缓刑条件的，应当适用缓刑。对于应当从严的案件，应该在法定刑范围内适当选择较重的刑罚，应当避免缓刑的适用。

5. 在诉讼监督环节上的裁量权

在诉讼监督工作中，要高度重视宽严相济刑事司法政策的指导作用。对于应当从严的案件和犯罪嫌疑人或被告人，要坚持从严的精神，对没有立案的要及时提出立案意见，督促公安机关立案侦查，以便予以有效地追诉；对于应当逮捕的要及时批准逮捕，对于应当逮捕而公安机关没有提请批准逮捕，要通知公安机关补充提请批准逮捕；对量刑畸轻的，要及时提起抗诉；对不该适用缓刑或者不该假释的，要及时提出纠正意见。对于应当从宽的案件和犯罪嫌疑人或被告人，如果有关机关在处理时没有予以从宽或者违反法律规定过于从宽，检察机关要提出纠正意见，保证法律的正确实施，但是如果是在法律规定的范围内作出处理的，检察机关就应当尊重有关机关所作出的处理决定，不宜过度运用法律监督权。

（三）宽严相济政策的具体运用

司法机关贯彻宽严相济的刑事司法政策，只能在法律规定的范围内按照从宽或者从严的要求来选择适用法律。也就是说，司法机关贯彻宽严相济的刑事司法政策必须严格地在法律规定的范围内进行。

笔者认为，刑法第 13 条、第 37 条、第 61 条和刑事诉讼法第 15 条、第 142 条都是贯彻宽严相济的刑事司法政策的基本法律依据。这些法律条文本身就给司法机关留下了裁量的空间。司法机关应当按照这些规定的精神并在这些规定的范围内，对于应当从严的刑事案件和犯罪嫌疑人、被告人从严适用法律，对于应当从宽的刑事案件和犯罪嫌疑人、被告人从宽适用法律。

1. 正确区分罪与非罪的界限

在具体案件的处理中，贯彻宽严相济的刑事政策，首先要严格依照刑法的规定正确区分罪与非罪的界限，既要防止把不构成犯罪的行为作为犯罪来追究，也要防止对已经构成犯罪应当予以追究的行为不予追究。

区分罪与非罪，要严格依照法律的规定。刑法关于罪与非罪的区分，有三个方面的规定，这也是区分罪与非罪必须坚持的三个标准：一是第 13 条关于犯罪定义的规定；二是刑法分则关于具体犯罪构成要件的规定；三是刑法中关于不负刑事责任或者不是犯罪的规定。

刑法第13条关于犯罪的定义,包含了两层含义:一是一切危害社会依照法律应当受到刑罚处罚的行为都是犯罪;二是行为虽然构成犯罪但是情节显著轻微危害不大的,不认为是犯罪。这个犯罪定义,是区分罪与非罪的根本性法律依据。在任何案件中,区分罪与非罪的界限,都要坚持按照刑法的这个规定进行。

在司法实践中,对于危害社会的行为,是否要作为犯罪来追究刑事责任,重点是把握好两个方面:其一,是否存在"依照法律应当受刑罚处罚"的情况;其二,是否属于"情节显著轻微危害不大"的情况。

所谓"依照法律应当受刑罚处罚",是指行为本身符合法律规定的应当处以刑罚的犯罪的构成要件,并且不存在不应当受处罚的情形。在此,需要判断的是具体案件中行为人的行为是否完全符合法律规定的犯罪构成要件。尽管刑法分则对每一个犯罪都规定了明确的犯罪构成要件,但是在司法实践中,具体案件所表现出来的情况与法律规定的类型化的犯罪构成要件之间,总会存在这样或那样的差异。如何从这种差异中判断案件中的行为是否属于"依照法律应当受刑罚处罚"的情况,就需要准确地理解和把握法律规定的犯罪构成要件,正确区分罪与非罪的界限。有的检察人员总是习惯拿案件的情形与最类似的刑法条文进行比照,定这个罪名不合适,就考虑另一个罪名,那个罪名不合适,再考虑相关的其他罪名。其基本的思维模式是想方设法给被告人找一个可以适用刑法的罪名。这种思维模式片面强调打击犯罪的一面,只担心不能有效地追诉犯罪,而缺乏考虑问题的全面性,没有好好想想对不构成犯罪的,首先就不应当进行追究。

在具体案件中，即使行为符合刑法有关条文规定的犯罪构成的全部要件，还要考察案件的具体情节。如果存在"情节显著轻微危害不大"的情况，就不能作为犯罪来追究。那么，什么样的行为属于"情节显著轻微危害不大"的，就需要研究。

"情节显著轻微危害不大"，包含两个概念，即"情节显著轻微"和"危害不大"。这两个概念是统一的一个要素还是两个独立的要素，在刑法理论上缺乏明确的解释。但是从一些权威的理解来看，通常都认为是一个要素，即"情节显著轻微"表明"危害不大"。其中，"情节显著轻微"是形式要件，"危害不大"是实质要件。"情节显著轻微危害不大"在刑法中的意义，就是标明行为的社会危害性只有达到一定的程度才能构成犯罪。[1] 按照这种理解，判断"情节显著轻微"是认定"危害不大"的其他，并且只要确认"情节显著轻微"，就可以认为"危害不大"，进而可以作为"不认为是犯罪"来处理。

认定情节是否属于显著轻微，要考虑宽严相济的刑事司法政策，对于应当从严的，要严格掌握标准，对应当从宽的，可以适当从宽掌握标准。

2. 审慎行使不起诉权，正确把握宽严相济的精神实质

刑事诉讼法赋予检察机关不起诉的决定权。按照刑事诉讼法的规定，不起诉有三种情况，即绝对不起诉、相对不起诉和存疑不起诉。

对于绝对不起诉，无论是刑法学界还是司法机关人员，普遍认为，一个案件，只要具有刑事诉讼法第15条规定的情形

---

[1] 参见马克昌：《刑法理论探索》，法律出版社1995年版，第33页；高铭暄、马克昌主编：《刑法学》，北京大学出版社、高等教育出版社2000年版，第46—49页。

之一，人民检察院应当作出不起诉的决定。这种理解当然没有错。问题是如何理解和把握刑事诉讼法第15条规定的情形。因为这些情形中，有些是可以通过简单的事实判断就能确定的，如"经特赦令免除刑罚的""依照刑法告诉才处理的犯罪，没有告诉或者撤回告诉的""犯罪嫌疑人、被告人死亡的"，只要有法律规定的事实存在，就可以作出不起诉的决定。但是有些情形则需要复杂的事实判断或者价值判断，如要判断犯罪是否"已过追诉时效期限"，就需要先认定犯罪的性质，再查看刑法关于该犯罪追诉时效的期限规定，还要确定具体案件中追诉时效的起算时间，然后才能作出是否已过追诉时效的判断。要判断是否存在"其他法律规定免予追究刑事责任的"，就首先要查看法律关于免予追究刑事责任的规定，同时要审查具体案件中是否存在与这些规定中描述的情况相同的情形，进而判断能否对具体案件中的被告人适用这些规定中的某一个规定。特别是对于刑事诉讼法第15条中规定的"情节显著轻微、危害不大，不认为是犯罪的"的判断，更是一个值得认真研究、具体分析的问题。

对于相对不起诉，人们更认为是检察机关自由裁量权的重要体现，也是检察机关贯彻宽严相济的刑事政策最有空间的地方。

在运用起诉裁量权的过程中，要注意正确理解和把握"犯罪情节轻微，依照刑法规定不需要判处刑罚或者免除刑罚的"的规定。

按照刑事诉讼法第142条的规定，相对不起诉是指"对于犯罪情节轻微，依照刑法规定不需要判处刑罚或者免除刑罚的，人民检察院可以作出不起诉决定"。这里也存在一个在具体案件中如何理解和判断"犯罪情节轻微，依照刑法规定不需要判处刑罚或者免除刑罚"的问题。

"犯罪情节轻微，依照刑法规定不需要判处刑罚或者免除刑罚"包括两层含义：一是犯罪情节轻微，依照刑法规定不需要判处刑罚；二是犯罪情节轻微，依照刑法规定应当或者可以免除刑罚。

关于免除刑罚，刑法中有明确的规定。刑法中明确规定可以或者应当免除处罚的情况有12种情形：又聋又哑的人或者盲人犯罪（第19条）；正当防卫明显超过必要限度造成重大损害（第20条）；紧急避险超过必要限度造成不应有的损害（第21条）；犯罪预备（第22条）；没有造成损害的中止犯（第24条）；从犯（第27条）；被胁迫参加犯罪（第28条）；犯罪较轻，犯罪以后自动投案，如实供述自己的罪行的（第67条）；有重大立功表现的，或者犯罪后自首又有重大立功表现的（第68条）；向公司、企业的工作人员行贿的人在被追诉前主动交代行贿行为的（第164条）；非法种植罂粟或者其他毒品原植物，在收获前自动铲除的（第351条）；介绍贿赂人在被追诉前主动交代介绍贿赂行为的（第392条）。

但是对于犯罪情节轻微，依照刑法规定不需要判处刑罚，刑法却没有任何明确的规定。这就需要根据刑法的精神和案件的具体情况进行分析判断。

刑法第37条规定"犯罪情节轻微不需要判处刑罚的，可以免予刑事处罚"。这里既包括免除处罚的情形，也包括其他不需要判处刑罚的情形。所谓其他不需要判处刑罚的情形，实际上就是司法机关可以酌定的不予追诉的情形。

判断哪些情形属于"犯罪情节轻微"，就需要与"情节显著轻微""情节严重"或者"情节恶劣"等情形结合起来进行比较分析和评价。治安管理处罚法用了四节54个条文规定了扰乱公共秩序、维护公共安全、侵犯公民人身权利财产权利、妨害社会管理等方面的行为。这些行为，90%以上都与刑法规定的犯罪行为相同。因此，如何区分违反治安管理的行为与犯罪行为的界限，对于贯彻宽严相济的刑事司法政策具有重要的意义。例如，治安管理处罚法第40条规定，以暴力、威胁或者其他手段强迫他人劳动的（第2项），非法限制他人人身自由、非法侵入他人住宅或者非法搜查他人身体的（第3项），处10日以上15日以下拘留，并处500元以上1000元以下罚款；情节较轻的，处5日以上10日以下拘留，并处200元以上500元以下罚款。刑法第238条规定，非法拘禁他人或者以其他方法非法剥夺他人人身自由的，处3年以下有期徒刑、拘役、管制或者剥夺政治权利。刑法第245条规定，非法搜查他人身体、住宅，或者非法侵入他人住宅的，处3年以下有期徒刑或者拘役。刑法第244条规定，用人单位违反劳动管理法规，以限制人身自由方法强迫职工劳动，情节严重的，对直接责任人员，处3年以下有期徒刑或者拘役，并处或者单处罚金。治安管理处罚法和刑法规定的非法限制（剥夺）他人人身自由、非法侵入他人住宅或者非法搜查他人身体的行为，都没有关于情节严重的要求，但是构成犯罪与构成一般违法之间，毕竟还是有区别的。区别的依据只能是情节的轻重。强迫他人劳动的行为，治安管理处罚法没有规定情节，刑法中规定了情节严重。对此，也有一个违反治安管理的行为与犯罪行为的区别和衔接的问题。

在此，值得注意的是：刑法和刑事诉讼法在规定犯罪情节轻微和情节显著轻微时，并没有将其限定在轻重的范围之内。也就是说，无论是轻罪还是重罪，都可能存在情节轻微或者情节显著轻微的情形。如果在具体案件中存在这种情形，以致依照法律的规定或精神不需要判处刑罚或者不认为是犯罪时,就可以按照刑事诉讼法第142条第1款或者第2款的规定,作出绝对不起诉或者相对不起诉的决定。

三、宽严相济与公正执法

司法机关运用刑法处理具体案件的时候,总是具有一定的自由裁量权。正是这种自由裁量权的存在,使司法机关可以自如地把宽严相济的刑事政策贯彻到具体的司法活动之中。但是,贯彻宽严相济的刑事政策,并不意味着司法机关只要是在刑法规定的范围内就可以任意地对犯罪人从严或者从宽,而是无论从严还是从宽都必须受到法治原则的制约,必须符合刑法的基本原则和基本精神,保障执法的公正性,以免宽严相济的政策成为办关系案、人情案或贪赃案的借口而被滥用或错误利用。

在具体案件中,无论是从宽还是从严,首先都应当满足社会正义的要求,有利于在全社会实现公平正义。如果我们在办理具体案件中,不顾社会正义的理念,不顾法律的基本原理,对有钱有势有关系的人从宽,对无钱无势无关系的人就从严,虽然也可以美其名曰贯彻宽严相济的刑事司法政策,但实际上,这样做,只会增加人们蔑视法律、怨恨法律的社会心理,使有钱有势有关系的人更加瞧不起法律,使无钱无势无关系的人更加怀疑法律,使人们对法律公平正义的期盼成为泡影。如果这样贯彻宽严相济的刑事司法政策,那社会的公平正义就黯然失色,执法活动的宗旨就难以实现。

司法实践中就有违反公平正义基本理念的案例。如赵某兄弟俩到外地打工。弟弟在饭馆,哥哥在工地。一日,赵某因与同饭店工作的服务员吴某发生口角,被吴某叫来的男友林某等人在该饭店用啤酒瓶殴打致伤。次日,赵某兄得知弟弟被人打伤后即在商场购买了一把弹簧刀,于当晚到赵某工作和住宿的饭馆看望弟弟。兄弟二人得知林某等人要来饭店为吴某领取工资后,便在饭店等候他们以协商对赵某的赔偿。当林某和陈某来到饭馆后,赵某兄对其提出了赔偿1500元医药费的要求。林某以没钱拒绝,并要陈某打电话召集另外7人来到该饭店。此后,该9人与赵某兄来到店外商议。林某等人在对赵某兄的赔偿要求提出责问后"先开始殴打赵某兄"。赵某兄被打后随即拔出随身携带的弹簧刀向围在他身边打他的陈某、胡某等人乱捅。陈某、胡某及其他一些人分别持拖把、菜刀、啤酒瓶等与赵某兄对打。"赵某见其兄被打",遂从厨房拿出西瓜刀冲进人群乱砍。"在互殴中,陈某被捅伤倒地,经抢救无效死亡";另有一人致重伤、三人致轻微伤;"赵某兄头顶部被钝器击伤成4厘米×0.5厘米的创口,右手四处锐器创口,创口累计10厘米;赵某左下颌有3厘米锐器创口"。赵某兄弟分别住院治疗12天和5天。除3名轻微伤者证明自己的伤情系赵某兄弟所致外,一死一重伤的结果无法证明是谁的行为造成的。对于该案,检察机关分别以赵某兄和赵某二人为被告人向人民法院提起公诉。某中级法院分别以故意伤害罪判处赵某兄死刑,缓期二年执行;判处赵某有期徒刑15年。赵某兄弟对一审判决不服,以正当防卫为由,提出上诉。二审人民法院经审理作出裁定:撤销原判,发回重审。重审后作出的判决与原判决相同。被告人再次提出上诉。二审法院在不开庭审理的情况下,认为事实清楚,裁定驳回上诉,维持原判。

判决书中写道:"对于被告人赵某辩称其是看见他哥赵某兄被打伤,他才到厨房取刀,在被对方先用匕首划伤的情况下,才用刀砍对方的辩护理由,……经查,被告人赵某兄、赵某的供述与证人证言等证据相互印证,证实在店口被告人赵某兄被人踹了一脚，头部被打（4厘米×0.5厘米的创口），后拔出身上的弹簧刀朝人群乱捅，被告人赵某也拔出西瓜刀冲过去乱砍的事实。"

这个案件，起因是林某到赵某工作的地方来打伤赵某。事件的发生也是林某纠集9个人到赵某住的地方去，先打伤赵某兄的头部，然后赵某兄才拔出弹簧刀面对对方的9个人乱捅的，赵某更是看到其兄被打后才到厨房拿西瓜刀乱砍的。这样一个2个人与9个人对打的互殴案件，双方都有重大伤情的情况下，司法机关为什么不追究本身就有过错并纠集多人找上门打架的肇事者林某的刑事责任，而只追究被人家追上门来打而被迫还击者的刑事责任，并且一判就是死刑缓期执行和15年有期徒刑，9个人追上门打2个人的一方却没有一个人承担聚众斗殴的刑事责任？这样的刑法适用，就很难满足人们对公平正义的期盼。

因此，贯彻宽严相济的刑事政策，一定要强调公正执法，要保障公平正义在执法活动中的实现。

公正执法的基本要求是：

第一，要伸张社会正义。在司法实践中贯彻宽严相济的刑事政策，首先要区分是非曲直。对公然违反法律，破坏社会秩序，主动挑衅和伤害他人的，无论其最终表现为加害人还是受害人，都应当依法从严，而不能因为他也受到伤害或者其他原因而放纵。对于共同犯罪中的造意犯，应当坚持从严的原则，而不能以种种理由对其从宽处理。对于互殴事件中被迫还击的一方，或者基于社会正义感而见义勇为的一方，不能因为其行为给对方造成了损害而从严，更不能对有正当性的一方进行追究而对没有正当性的一方不予追究。在基于矛盾纠纷而引起的故意杀人还是故意伤害等案件中，也应当按照社会正义的理念来区分双方的责任。对于引起纠纷或者导致纠纷恶化负有责任的一方,应当从严;对于在纠纷及其恶化的过程中没有责任或者负有次要责任的一方,应当从宽(当然,宽严的程度要根据案件的具体情节)。这样才能够使执法的结果有利于维护社会的基本的正义理念,有利于发挥法律在维护社会正义中的作用。

第二,对待当事人要公平。在因纠纷引起的案件中或者在有被害人的案件中,对犯罪人从严还是从宽,既要考虑对犯罪人是否公平,也要考虑对被害人是否公平。对犯罪人的处罚和对被害人的赔偿,既要符合社会正义的理念,也要符合公平的原则。既不能因为主要责任在被害人一方,就对犯罪人无限地宽大,以致对罪该追究的不予追究或者对罪该重罚的判处很轻的刑罚;也不能因为主要责任在犯罪人一方,就对被害人的任何要求都予以满足而不问是否超出了合理的限度。特别是在共同犯罪的案件中,对共同犯罪人的处理,要坚持公平的原则,根据其所犯罪行的大小决定是否予以追究和如何判处刑罚。如果对罪重的共同犯罪人判处较轻的刑罚,而对罪轻的共同犯罪人判处相对较重的刑罚,同样是有悖公平原则的。这种不公平的对待当事人或者共同犯罪人的做法,如果是在贯彻宽严相济刑事政策的名义下进行的,就更显得执法不公了,就歪曲了宽严相济刑事政策的主旨。

第三,有利于犯罪人的悔过自新。对于犯罪后积极采取措施进行补救,尽力减少犯罪所造成的损失,或者真诚道歉、主动赔偿,取得被害人方面的谅解,或者积极退赃,有悔改表现的,司法机关应当在刑法规定的范围内考虑从宽处理,让其感受到法律对自己悔罪情况的认可和鼓励。这样会有利于促进犯罪人的悔过自新。如果片面强调犯了罪就应当依法受到惩罚,而不考虑犯罪后的悔罪表现，就不利于犯罪的预防，也不利于教育其他的人。

但是，在实践中，有的犯罪人在犯罪之后并没有真诚悔改的意思，而是用钱来堵被害人一方的嘴，或者花钱买通办案人员，通过办案人员来做被害人的工作，甚至花钱收买证人以便让其作出有利于自己的证言。在这种情况下，仅仅从表面现象看，可能会觉得有一些有利于被告人的情形。如果根据这些情况，就对被告人从宽处理，显然是不利于促进被告人的悔过自新，不可能实现预防犯罪的目的，相反会助长被告人蔑视法律的心态。对这类情况中的被告人从宽处理，往往会留下后遗症，导致被害人一方在了解案件处理的真实情况后不断地上访申诉。

宽严相济是以保障法律的遵守和实施为前提的。对于犯罪分子，无论是从宽还是从严，都要有利于维护法律的尊严，有利于教育当事人和其他人尊重和遵守法律。这是法治原则的基本要求。在具体案件的处理过程中，贯彻宽严相济的刑事政策，一定要充分考虑犯罪人在犯罪过程中和犯罪之后对法律的态度。对于明知违法而蓄意为之，或者在犯罪过程中或者犯罪之后想方设法逃避法律制裁的犯罪人，无论罪行轻重，都应当坚持从严的政策。这样才有利于教育其本人并告诫他人尊重和遵守法律。否则，如果仅仅根据其罪行较轻就予以从宽，而没有充分考虑其对法律的蔑视或者敌视的态度，就可能导致这类人更加蔑视法律，法律的尊严也就无从树立。对其从宽处理的结果，也不可能起到教育广大人民尊重和遵守法律的作用。

四、宽严相济与"疑案"处理

疑案是指据以认定案件事实的证据有疑点的刑事犯罪案件，即案件的证据以及据以认定的案件事实缺乏排他性，其中既包括证据本身模棱两可，难以从中得出确定无疑的结论的案件，也包括证据不够充分，不足以据此认定案件事实或者区分责任的案件。有的学者认为，疑罪应当从无。但是在实践中，司法机关要完全按照疑罪从无的原则，往往很难办理刑事案件，政府和人民有时也难以答应。即使是贯彻宽严相济的刑事司法政策，也不可能简单地对疑罪一律采取"从无"的原则。那么，疑罪如何处理？笔者认为，还是要按照宽严相济的精神，实行区别对待。对于罪行较轻并且具有从宽情节的，可以"从无"；但是对于罪行较重或者具有从严情节的，就不能"从无"了事，而应当根据疑点的情况并结合情节的轻重予以处理。

疑案包括多种情况。有的是认定犯罪成立的证据有疑点，案件的基本事实难以认定；有的是认定重罪成立的证据有疑点，但是认定轻重成立的证据没有疑点；有的是认定主要罪行的证据没有疑点，但是认定案件中其他罪行的证据有疑点；有的是认定犯罪成立的证据没有疑点，但是影响罪责承担的个别证据不完全具有排他性；有的是在共同犯罪中，认定犯罪成立的证据没有疑点，但是认定主犯从犯或者区分罪责的证据有疑点；有的是在共同犯罪中，有的案犯尚未追捕归案，已归案的案犯在罪责上否认或者互相推托，主要责任难以划分；有的是犯罪发生的事实有证据证明，并且其中一人犯罪的事实证据确凿，但属于共同犯罪还是单独犯罪证据存疑。因此，不能一提到"疑罪"，就要一律"从无"。

对于这些疑罪，第一，要区别不同情况。如果证据中的疑点足以影响对案件基本事实的认定的，应当坚持"从无"的原则，不予追究。但是如果从全案的证据看，案件的基本事实足以认定，只是由于某些情节或者细节上的证据有疑点，而案件本身具有应当从严的情节的，就应当按照"两个基本"的要求，依法予以追究。第二，要遵循宽严相济的精神，对于犯罪和罪责能够认定并且应当从严的，即使个别证据有瑕疵，也要坚决依法予以追究；对于应当从宽的，可以根据犯罪的轻重，作出有利于犯罪嫌疑人或被告人的处理。

与之相关的是"两可"案件。所谓"两可"案件，是指司法实践中经常提到的"可立可不立、可捕可不捕、可诉可不诉、可判可不判"的案件。在这类案件中，司法机关本身具有一定的选择余地。在"严打"期间，对这类案件，一般采取从严掌握的态度。在贯彻宽严相济的刑事司法政策时，有的人就认为对这类案件要一律从宽掌握，即可立可不立的不立，可捕可不捕的不捕，可诉可不诉的不诉，可判可不判的不判。这样理解和掌握宽严相济，同样是片面的。

正确的做法应当是根据案件的具体情节，区别对待。对于当宽的应当遵循"不"的原则，即可立可不立的不予立案、可捕可不捕的不予逮捕、可诉可不诉的不起诉、可判可不判不予定罪判刑；但是对于该严的，就不能强调从宽，而要遵循"要"的原则，即可立可不立的案件要立案查处、可捕可不捕的要予以逮捕、可诉可不诉要坚决起诉、可判可不判的依法定罪判刑。

（原载《国家检察官学院学报》2007年第6期）

附录：有关刑法学的成果索引

一、著作类

（一）独著

1. 《我国刑法中的流氓罪》，群众出版社1988年版（1991年获北京市高等学校第二届哲学社会科学中青年优秀成果奖）
2. 《企业经营中的犯罪问题》，教育科学出版社1993年版
3. 《刑事责任通论》，警官教育出版社1995年版（1999年获全国检察机关精神文明建设"金鼎奖"图书奖一等奖第一名）
4. 《刑事责任比较研究》，五南图书出版公司1996年版
5. 《理性地对待犯罪》，法律出版社2003年版
6. 《刑法理性论》，北京大学出版社2006年版（2003年12月11日获中国人民大学优秀博士学位论文，2004年获教育部和国务院学位委员会颁发的"全国优秀博士学位论文"）

（二）主编

1. 《刑法新探索》（副主编），群众出版社1993年版（1994年获全国优秀法律图书提名奖）

2. 《刑法争议问题研究》（上、下册）（副主编），河南人民出版社1996年版

3. 《刑法适用手册》（上、中、下三册）（副主编），中国人民公安大学出版社1997年版

4. 《刑法新罪名通论》（副主编），中国法制出版社1997年版

5. 《刑法论丛》（第一辑）（副主编），法律出版社1998年版

6. 《金融犯罪与金融刑法新论》（主编之一），山东大学出版社2006年版

（三）合著或参与编写

1. 《新中国刑法学研究综述》（参与撰写），河南人民出版社1987年版

2. 《新中国刑法的理论与实践》（参与撰写），河北人民出版社1988年版（1991年获全国"光明杯"优秀哲学社会科学学术著作二等奖）

3. 《农村实用法律手册》（参与撰写），中国物资出版社1988年版

4. 《中国刑法的运用与完善》（合著），法律出版社1989年版

5. 《全国刑法硕士论文荟萃》（参与撰写），中国人民公安大学出版社1989年版

6. 《刑法学全书》（参与撰写），上海科学文献出版社1993年版

7. 《经济犯罪和侵犯人身权利犯罪研究》（一）（参与撰写），中国人民公安大学出版社1995年版（该书全文被翻译成法文，同年在法国人文科学院出版社出版）

8. 《中华法学大辞书·刑法学卷》（参与撰写），中国检察出版社1995年版

9. 《刑法完善专题研究》（参与撰写），中央广播电视大学出版社1996年版

10. 《经济犯罪和侵犯人身权利犯罪的国际化及其对策》（二）（参与撰写），中国人民公安大学出版社1996年版（该书全文被翻译成法文，同年在法国人文科学院出版社出版）

11. 《经济犯罪和侵犯人身权利犯罪的国际化及其对策》（三），中国人民公安大学出版社1997年版（该书全文被翻译成法文，同年在法国人文科学院出版社出版）

12. 《香港刑法纲要》（参与撰写），北京大学出版社1996年版

(四) 合译

1. 《肯尼刑法原理》（参与翻译），华夏出版社1989年版

2. 《牛津法律大辞典》（参与翻译刑法词条），光明日报出版社1989年版

3. 《英国刑法导论》（参与翻译），中国人民大学出版社1991年版

4. 《犯罪构成要件理论》（校订），中国人民公安大学出版社1992年版

5. 《香港刑法》（参与翻译），北京大学出版社1996年版

二、文章类

1. 《试论过失犯罪负刑事责任的理论根据》，载《法学研究》1982年第2期

2. 《谈谈不作为犯罪》，载《法学季刊》1983年第4期

3. 《对共同犯罪中几个问题的探讨》，载《法学季刊》1985年第4期

4. 《如何论处以法人名义进行的经济犯罪》，载《法制园林》1985年第4期

5. 《试论流氓罪的罪数问题》，载《政法学刊》1986年第1期

6. 《我国社会主义刑事责任理论初探》，载《法学季刊》1986年第2期（人大复印报刊资料《法律》1986年第5期转载，1988年获中国人民公安大学优秀成果二等奖）

7. 《论共同犯罪中的罪责区分》，载《政法学刊》1986年第3期

8. 《试析侵犯财产罪的犯罪目的》，载《法学与实践》1986年第4期

9. 《谈谈诈骗罪的本质特征》（署名"子恢"），载《学员之家》1986年第4—5期

10. 《刑法学研究的可喜成果》（合写），载《法制心理》（函授通讯）

1986 年第 5 期

11. 《论流氓罪的客体》，载《政治与法律》1987 年第 1 期
12. 《论诈骗罪》，载《辽宁大学学报》1987 年第 2 期
13. 《刑法调整对象的再认识》，载《法学季刊》1987 年第 4 期（人大复印报刊资料《法学》1987 年第 11 期转载，1988 年获中国人民公安大学优秀成果三等奖）
14. 《马克思主义与刑法学》（署名《章辉》），载《法律科学》1989 年第 5 期
15. 《试论罪过的程度》，载《法律学习与研究》1989 年第 2 辑（1990 年 9 月 8 日获中国人民公安大学优秀论文二等奖）
16. 《建立中国自己的刑法理论体系》（合写），载《政法论坛》1989 年第 6 期
17. 《论刑事立法的明确性原则》，载《法学研究》1990 年第 6 期
18. 《论刑法公平观》，载《法学家》1994 年第 1 期［2000 年获中国法学会"海南杯"世纪优秀论文（1984—1999）一等奖］
19. 《侵犯著作权犯罪的罪名探讨》，载《法制日报》1994 年 12 月 22 日
20. 《盗版罪及其刑事责任》，载《山东法学》1995 年第 2 期
21. 《试论侵犯著作权的犯罪》，载《法学家》1995 年第 2 期
22. 《论知识产权刑法保护之立法完善》，载《法学》1995 年第 4 期
23. 《刑事责任根据之争》，载《公安大学学报》1995 年第 6 期
24. 《中法刑法合作研究学术研讨会简述》，载《中国人民公安大学学报》1996 年第 1 期
25. 《知识产权刑法保护的立法完善》，载《刑法完善专题研究》，中央广播电视大学出版社 1996 年版
26. 《应强化对公民正当防卫权利的保护》，载《法制日报》1996 年 6 月 27 日
27. 《应当确立罪刑法定原则》，载《检察日报》1996 年 12 月 16 日

28. 《犯罪定义及其与刑事责任的关系》，载《检察日报》1997年1月6日
29. 《国家工作人员的范围抉择》，载《检察日报》1997年1月13日
30. 《法人犯罪的立法模式》，载《法制日报》1997年1月25日
31. 《论"责任刑罚"原则》，载《现代刑事法与刑事责任》，五南图书出版公司1997年版
32. 《论刑法中的伴随行为》，载《法律科学》1999年第4期
33. 《回首新中国刑法学研究五十年》，载《国家检察官学院学报》2000年第1期
34. 《论身份对刑事责任的影响》，载《刑事实体法学》，群众出版社2000年版
35. 《论滥用职权罪的罪过形式》，载《刑法评论》（第一卷），法律出版社2002年版
36. 《刑法改革的价值取向》，载《中国法学》2002年第6期（2003年获全国检察机关精神文明建设"金鼎奖"文章类一等奖第一名，收入《改革开放三十年刑法学研究精品集锦》，中国法制出版社2008年版）
37. 《论罪责刑相适应原则》，载《现代刑事法治问题探索》（第一卷），法律出版社2003年版
38. 《论刑法立法的完善问题》（合写），载《刑事法治发展研究报告》（2003年卷），中国人民公安大学出版社2003年版
39. 《从严打看我国刑事政策的走向》（合写），载《2003年度中国刑法学年会文集》（第二卷下册），中国人民公安大学出版社2003年版
40. 《论刑罚适用的价值取向》，载《当代刑罚价值研究》，法律出版社2003年版
41. 《虚开增值税专用发票罪死刑当废》，载《法制日报》2003年7月3日

42. 《重刑刑事政策对反酷刑立法的影响》，载《河南省政法管理干部学院学报》2004 年第 2 期（人大复印报刊资料《刑事法学》2004 年第 6 期全文转载）
43. 《虚开增值税专用发票罪的死刑应当废除》，载《刑法评论》（第 3 卷），法律出版社 2004 年版
44. 《论罪责刑相适应原则》，载《刑事法前沿》（第一卷），中国人民公安大学出版社 2004 年版
45. 《刑法有权解释主体辨析》，载《法学家》2004 年第 4 期
46. 《虚开增值税专用发票罪的死刑应当废除》，载《中国废止死刑之路探索》，中国人民公安大学出版社 2004 年版
47. 《论刑法理性》，载《中国法学》2005 年第 1 期
48. 《关于徇私枉法罪认定中几个问题的分析》（合写），载《中国刑法学年会文集》（2005 年度第二卷上册），中国人民公安大学出版社 2005 年版
49. 《利用职务便利假冒他人名义领取补偿款如何定性》，载《人民检察》2005 年第 19 期
50. 《刑罚改革的切入点》，载《法学家》2006 年第 1 期
51. 《互殴案件刑事责任分析》，载《人民司法》2006 年第 7 期
52. 《单位贿赂犯罪之检讨》，载《政法论坛》2007 年第 6 期
53. 《宽严相济刑事政策的司法适用》，载《国家检察官学院学报》2007 年第 6 期
54. 《提高刑法立法的科学化程度》，载《人民检察》2007 年第 19 期
55. 《论〈刑法修正案（七）〉第 13 条的法律适用》，载《法学杂志》2009 年第 7 期
56. 《受贿罪立法问题研究》，载《法学研究》2009 年第 5 期
57. 《行政处罚与刑事处罚的衔接——以知识产权侵权行为处罚标准为视角》，载《人民检察》2010 年第 9 期
58. 《社会危害性的刑法价值》（合写），载《国家检察官学院学报》

2010年第5期（人大复印报刊资料《刑事法学》2011年第1期全文转载，2011年获中国法学会"马克昌杯"刑法学优秀成果特别奖）

59.《宽严相济刑事政策在〈刑法修正案（八）〉中的体现》，载《西南政法大学学报》2011年第4期

60.《网络犯罪：传统刑法面临的挑战》，载《法学杂志》2014年第12期（2016年获中国刑法学研究会优秀论文一等奖）

61.《试论网络犯罪的立法完善》，载《北京联合大学学报（人文社会科学版）》2015年第2期

62.《互联网刑事法治问题》，载《岳麓刑事法论坛》（第5卷），中国检察出版社2015年版

63.《论犯罪构成的客观要件》，载《中国刑事法杂志》2016年第6期

64.《论贿赂犯罪的刑罚适用》，载《中国刑事法杂志》2018年第4期

图书在版编目（CIP）数据

刑事法研究. 第一卷，中国刑法学／张智辉著. —北京：中国检察出版社，2019.10

ISBN 978-7-5102-2210-8

Ⅰ.①刑… Ⅱ.①张… Ⅲ.①刑法-中国-文集 Ⅳ.①D924.04

中国版本图书馆 CIP 数据核字（2018）第 246002 号

刑事法研究（第一卷·中国刑法学）

张智辉　著

出版发行：	中国检察出版社
社　　址：	北京市石景山区香山南路 109 号　（100144）
网　　址：	中国检察出版社（www.zgjccbs.com）
编辑电话：	（010）86423751
发行电话：	（010）86423726　86423727　86423728
	（010）86423730　68650016
经　　销：	新华书店
印　　刷：	鑫艺佳利（天津）印刷有限公司
开　　本：	710 mm × 960 mm　16 开
印　　张：	32.25
字　　数：	370 千字
版　　次：	2019 年 10 月第一版　2019 年 10 月第一次印刷
书　　号：	ISBN 978-7-5102-2210-8
定　　价：	108.00 元

检察版图书，版权所有，侵权必究
如遇图书印装质量问题本社负责调换